LES PRINCIPES
DE LA
SCIENCE DU BEAU

OUVRAGE HONORÉ D'UNE MENTION PAR L'INSTITUT

(Académie des Sciences morales et politiques)

PAR A.-ÉD. CHAIGNET

PROFESSEUR DE SECONDE AU PRYTANÉE IMPÉRIAL MILITAIRE
DE LA FLÈCHE

Traduction autorisée

PARIS
AUGUSTE DURAND, ÉDITEUR
RUE DES GRÈS-SORBONNE, 5

1860

LES PRINCIPES

DE LA

SCIENCE DU BEAU.

LA FLÈCHE, IMPRIMERIE D'EUG. JOURDAIN.

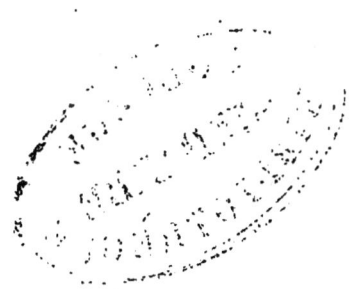

AVERTISSEMENT.

Je crois devoir quelques mots d'explication à ceux qui prendront la peine de lire cet ouvrage.

L'Académie des Sciences morales et politiques avait proposé, en 1857, pour sujet du prix Bordin, la question des *Principes de la Science du Beau*. Ce travail est un mémoire qui n'a obtenu dans le concours qu'une mention honorable. Il pourra paraître dès lors que la publication n'en était pas fort nécessaire : le médiocre n'est guère autorisé à se produire à côté de l'excellent, et n'a rien qui le recommande. La force et la justesse de cette objection, qui se présente naturellement à tout le monde, m'ont frappé moi-même, et je me considère comme obligé de dire par quels motifs je me suis abstenu d'y céder.

L'honorable et savant rapporteur de la section de philosophie, M. Barthélemy Saint-Hilaire, après avoir signalé d'importantes lacunes dans mon travail, ajoutait : « Ces lacunes involontaires sont d'autant plus regrettables que, sans elles, votre section n'aurait pas hésité à vous présenter ce mémoire comme digne de concourir pour le prix; et, tel qu'il est, avec quelques corrections et additions que l'auteur pourrait sans peine y faire, il serait utilement publié, et du moins la science ne perdrait pas un bon nombre d'aperçus nouveaux.[1] »

---

[1] Rapport lu dans les séances des 16 et 20 avril 1859. — (Séances et travaux de l'Académie des Sciences morales et politiques, tom. XXIXᵉ, p. 344, 1859.)

J'extrais encore de ce rapport quelques passages qui contiennent des choses si flatteuses pour moi que j'ai hésité à les reproduire; mais on pardonnera peut-être à un écrivain complètement inconnu, de recommander au lecteur son premier livre, en citant les jugements autorisés des hommes illustres qui l'ont honoré de leurs éloges et de leurs suffrages :

« Ici nous trouvons, dans le Mémoire n° 3, de très belles pages que nous regrettons de ne pouvoir reproduire, sur les rapports de la création en Dieu, et de la création limitée qu'il a permise à l'homme. L'auteur touche ces questions avec toute l'élévation, la délicatesse et la mesure qu'elles réclament, et il n'est nulle part mieux inspiré. » (P. 350.)

« On peut approuver cette théorie, qui voit dans le sentiment du Beau surtout un acte d'amour; et la discussion à laquelle s'est livré l'auteur du

Dans ces éloges, dont je m'honore hautement, je suis loin de méconnaître la preuve de cette bienveillance sympathique que portent les Académies aux écrivains qui se présentent à leurs concours ; cependant personne ne s'étonnera que j'en aie fait un grand cas, et que j'aie pris en très grande considération de pareils encouragements venant de pareils juges. Ils me conseillent de publier mon ouvrage : n'aurais-je pas mauvaise grâce à me montrer plus sévère envers moi-même ? En le publiant, conformément à leur désir, je ne serai pas seul du moins à en porter la responsabilité. On comprendra maintenant et on excusera, je l'espère, ma résolution. Pour la rendre plus excusable encore, j'ai, autant qu'il m'a été permis de le

---

Mémoire n° 3, nous semble un des morceaux les plus distingués et les plus profonds qui aient été écrits sur ce sujet : « *Non possumus amare nisi pulchra*, » a dit saint Augustin, et c'est comme le résumé de tout le système si bien développé dans ce Mémoire. » (P. 351.)

« L'analyse développée que nous venons de vous soumettre a pu vous faire voir le mérite de ce Mémoire, qui a vivement intéressé votre section. La méthode en est irréprochable ; et si nous avons dû parfois combattre les opinions de l'auteur, nous avons dû toujours reconnaître que ses opinions s'appuyaient sur les réflexions les plus profondes, si ce n'est les plus justes. Le talent de l'auteur est déjà presque tout à fait mûr. Son esprit est parfaitement sain, bien qu'il ne soit pas sans quelque exagération. Il a une surabondance de force qui révèle la jeunesse et qui promet un avenir certain. Le style est ferme, sobre, vigoureux, parfois assez brillant, toujours naturel, simple et de bon goût, aussi loin de la recherche que de la négligence. » (P. 358.)

faire, corrigé les erreurs et rempli les lacunes qui m'ont été signalées ; en un mot, j'ai fait tous mes efforts pour tenir les promesses dont l'Académie a bien voulu prendre l'initiative, c'est à dire pour récompenser de quelques résultats utiles la peine de ceux qui m'auront fait l'honneur de me lire.

A.-E<small>D</small>. CHAIGNET.

La Flèche, Novembre 1860.

INTRODUCTION.

C'est une chose au premier abord étrange, et cependant singulièrement honorable pour l'esprit humain, que la curiosité insatiable et indiscrète dont il se sent tourmenté. Non seulement il s'enquiert des faits positifs qu'il peut tourner à son profit et à son usage : mû par un invincible sentiment, il lui faut encore démêler les origines des choses, en trouver les lois, en discuter les raisons, en peser la valeur, en découvrir les principes, et s'élever ainsi à cette connaissance des causes au delà de laquelle il ne désire et ne conçoit plus rien, parce qu'elle constitue la science même. Cet avide besoin de savoir, de tout savoir et de tout savoir avec certitude, n'est nulle part plus remarquable et, en apparence, plus inutile et à la fois plus funeste que lorsqu'il s'attaque aux jouissances mêmes de l'homme. Comment ne lui suffit-il pas d'enchanter ses regards des grands et sublimes spectacles de la nature, de se laisser ravir aux sons mélodieux de ses concerts? Comment ne lui suffit-il pas d'ouvrir son cœur et son âme aux joies intérieures qu'excitent en lui les nobles créations de la peinture, de la musique, de la poésie? Pourquoi troubler un bonheur si serein, un plaisir si pur, et n'en pas goûter la douceur sans mélange? Eh quoi! l'humanité, travaillée de tant d'angoisses, en proie à de si laborieuses épreuves, et souvent à des douleurs si cruelles, trouve dans le monde idéal des arts un refuge, un repos, une consolation, une force, une espérance, et elle n'est pas satisfaite! Enfant toujours destructeur et incrédule, elle brise aussi la poupée dont le ressort mystérieux irrite sa curiosité. Au risque de détruire ce jouet divin, qui fait briller à ses regards consolés le céleste et pur sourire de la beauté, elle veut en connaître, en examiner le secret inconnu, en découvrir le principe caché ; il faut qu'elle sache si ce monde enchanteur est réel, véritable ; si cette grâce a droit de lui plaire, et en quoi consiste au fond cet agrément qui l'a séduite ; il faut qu'elle sache si elle a eu raison de s'émouvoir, de pleurer, de rire, et si tous ces sentiments ne sont pas produits par des illusions menteuses et de fausses et vaines apparences. En effet, quelque bienfaisantes que soient ces émotions, c'est la dignité de l'homme de leur demander ce qu'elles valent, et, s'il n'en reconnaît pas la légitimité, d'en repousser loin de lui le charme perfide. Il ne veut pas acheter même le bonheur, ou au moins le plaisir, au prix de l'erreur et du mensonge. Il s'estime trop haut, et est à la fois trop intelligent, trop honnête et trop fier, pour consentir à être une dupe, même la dupe d'une enchanteresse. N'est-ce pas là un noble spectacle? Ce fier désintéressement, ce courageux dédain d'un plaisir qui ne se justifie pas, ne relève-t-il pas l'homme et ne le grandit-il pas à ses propres yeux? Non, ce n'est pas pour le plaisir qu'il se sent fait; ce n'est pas à jouir qu'il se croit, qu'il se sait appelé : autrement, que lui importeraient les causes et les raisons des choses? Pourvu que le breuvage fût délicieux et enivrât ses sens de voluptés, il viderait la coupe, sans s'inquiéter curieusement de connaître quelle est la liqueur qu'elle contient. Mais plus haut est le but où il aspire : l'infaillible voix de la conscience le persuade qu'il est fait uniquement, ou au moins essentiellement, pour chercher et trouver la vérité, comme pour pratiquer la vertu.

Mais connaître c'est penser, et penser c'est d'abord douter : *pensar*, *dudar*; c'est se questionner, s'interroger soi-même, peser la valeur et la portée de ses idées ; c'est mettre en hypothèse méthodique des faits fournis par l'activité irréfléchie, par la spontanéité naïve de l'esprit, et dont on veut vérifier l'exactitude. Le doute cependant est un état douloureux pour l'âme ; c'est une inquiétude pénible et une agitation tumultueuse qui devient même une souffrance; mais l'âme ne peut s'en affranchir que par l'examen qui la travaille, et qui, seul, peut la conduire enfin à la certitude raisonnée, à l'évidence invincible où elle aspire et où seulement elle se repose. C'est le sort de l'humanité de ne conquérir la vérité qu'au prix douloureux de l'examen et du doute qui le provoque, de ne goûter la paix de l'esprit qu'après les épreuves du combat; mais c'est aussi son honneur. Au bout de la carrière où il se débat et s'agite, l'homme voit briller les palmes triomphales; il apprend à goûter ces tressaillements de la victoire et ces frémissements intérieurs et profonds de l'âme, quand enfin la vérité le visite et quand sa lumière le couronne.

Quoique l'homme n'en ait pas toujours conscience, ce doute n'en subsiste pas moins au fond de notre être, y émousse nos plus vives jouissances, comme il y secoue nos opinions et nos croyances les plus chères et les moins fragiles, semblable à ces vents invisibles, précurseurs des orages, qui plient comme des roseaux les robustes troncs des chênes. Ce n'est que lorsque des recherches laborieuses ont éclairé sa raison et rassuré sa conscience, c'est lorsqu'il s'est convaincu de la légitimité, de la moralité, de la dignité même de ses jouissances intellectuelles, que l'homme jouit sans scrupule des plaisirs de l'art, et qu'il boit sans crainte et sans remords à cette coupe divine que les poètes remplissent à l'envi de leur salutaire ambroisie.

Et non seulement la philosophie du Beau est utile en ce qu'elle rassure la conscience du genre humain sur la légitimité de ses plaisirs, en ce qu'elle montre à l'homme qu'il est, jusque dans ses distractions et ses jeux, un être raisonnable et moral; mais encore elle accroît la vivacité de ses impressions et la pureté comme la grandeur de ses jouissances esthétiques, en les lui faisant toucher de plus près, en les ramenant vers leur origine, en en manifestant clairement le but ; toujours elle les éclaire, souvent elle les épure, quelquefois les corrige et les redresse.

Les arts, en effet, dont le but propre, comme nous le verrons, est de produire, de concert avec la nature, ces prodigieux enchantements de l'âme, les arts ne sont pas uniquement des instruments de plaisir. La psychologie la plus subtile et la morale la plus sévère, après en avoir soigneusement analysé tous les effets, en ont constaté la noblesse et la dignité ; ce sont moins encore des agents de plaisirs inférieurs et suspects, faits pour amuser les oisivetés opulentes ou pour introduire une variété dans les débauches populaires ; ils ne sont pas, ils ne doivent pas être les complices de nos désordres, ni même de nos langueurs morales. La contemplation du Beau n'est pas une vision enivrante, qui fait oublier à ceux-ci le poids du travail et du jour, à ceux-là le cours trop lent de ces heures vides où pèse un inexorable ennui ; ces nobles créations du génie, la science le démontre, ont une portée plus élevée et plus longue. C'est une vérité consolante que cette proposition aujourd'hui démontrée : l'émotion du vrai Beau est saine ; les arts qui se vouent à la produire et à l'exprimer sont des instruments à la fois puissants et doux de la civilisation, et des agents merveilleux du développement intellectuel, de l'éducation morale et religieuse des peuples. En rendant l'homme heureux, ils le rendent aussi meilleur ; ils parlent à son imagination, et en même temps à son esprit et à son âme; ils l'enchantent, et, par surcroît, le moralisent et l'éclairent :

> Mens hebes ad verum per materialia surgit :
> Et demersa prius, hac visa luce, resurgit.

Sous toutes ses formes, charmantes ou sévères, c'est la pensée, le ciel en soit loué, qui gouverne le monde.

Il n'est donc pas indifférent de rattacher les arts à leurs principes, de les rappeler à leur véritable nature quand ils s'en écartent, de leur faire connaître les grandes maximes qui les dominent et les limites justes de leur action salutaire. Si les mœurs corrompent les arts, s'il est difficile de goûter le Beau quand l'esprit n'en connaît plus la véritable essence, quand l'âme n'en possède plus le chaste amour, il n'est pas moins exact de dire que, par une réaction nécessaire, les arts, une fois corrompus, précipitent et étendent la corruption morale et hâtent la dissolution sociale, qui en est la conséquence redoutable et certaine. Que tout le monde le sache bien : pour conserver le goût il faut conserver son âme; cet intérêt est de tous les temps : il n'a jamais été permis impunément d'abandonner les arts sans principes aux caprices qui les altèrent et les dégradent, les hommes sans guide à toutes les impressions qui les séduisent et, sous le nom menteur de la beauté, peuvent les corrompre ; mais on peut dire, sans être accusé de sévérité chagrine, que notre temps en a peut-être plus besoin qu'aucun autre. Dans cet affaissement moral, dans cette langueur des esprits qui caractérise si tristement notre époque, il semble que nous ayons perdu jusqu'au sens poétique, l'amour de la beauté. On a signalé de toutes parts, on a flétri avec beaucoup plus de raison que de succès les tendances matérialistes de toutes les formes où l'art aspire à représenter l'idée du Beau. S'il n'y a rien d'héroïque dans les caractères, rien de chevaleresque dans les âmes, on peut dire, avec plus de vérité encore, qu'il n'y a rien d'idéal, c'est à dire de chaste et de grand dans nos plaisirs. Le côté voluptueux, sensuel, la provocation à des sentiments ou plutôt à des sensations ardentes, mais violentes et grossières, voilà ce qui domine la peinture, la poésie, le théâtre et jusqu'à la musique elle-même ; car cette muse céleste est descendue aussi des régions sublimes et sereines où l'avait emportée le génie des Gluck, des Mozart et des Beethoven, et où Rossini avait eu l'honneur de la maintenir encore. Je ne serais donc pas étonné que le sentiment d'un danger présent, d'autant plus redoutable qu'il se dérobe facilement aux regards, et qu'il plaît alors même qu'il nous menace, je ne serais pas étonné que ce noble et intelligent souci des idées morales eût provoqué la question que l'Académie a mise au concours. Fidèle à son nom et à ses traditions, elle a voulu, peut-être, diriger les études sur un sujet vaste, où l'intérêt de la science, de la société et des arts, l'intérêt de la morale et celui des plus charmants et des plus délicats de nos plaisirs, où enfin une partie de la gloire de ce noble pays, se trouvent confondus et compromis. Non, assurément, il n'est pas hors de propos de rappeler les solutions qu'avaient données, de maintenir plus ferme et plus haut que jamais les immortels principes qu'avaient déjà posés, il y a vingt siècles, la sagesse et le génie antiques. Efforçons-nous donc, comme Platon, comme Plotin lui-même, de rattacher le culte des arts à l'amour du bien, tout en conservant leur originalité propre, et de faire reposer la beauté sur le sein fécond de la vérité et dans les chastes bras de la vertu.

Le sujet se présente ainsi avec tous les caractères qui peuvent solliciter la curiosité et exciter l'ardeur des esprits : problème philosophique élevé, légitime et nécessaire ; problème moral qui porte dans son sein des conséquences fécondes ou funestes à la société ; problème esthétique qui intéresse l'artiste et le poète. La science des principes du Beau n'a pas la prétention d'imposer à l'art des règles pratiques et des procédés d'exécution ; mais comme elle fait mieux connaître son but véritable et ses conditions essentielles, elle règle ses inspirations, conseille le génie, et à son insu quelquefois le gouverne. L'homme d'état ne saurait y rester indifférent, si toutefois sa prévoyance s'étend au delà des intérêts du jour, au delà des difficultés de l'heure présente. Rien n'abaisse plus vite et plus profondément l'âme d'un peuple que les plaisirs violents ou énervants d'un art malsain.

Mais ce qui fait l'intérêt multiple de cette recherche et de cette étude, en crée aussi et en accroît les difficultés. Le problème du Beau a cela de particulier qu'il exige du philosophe qui le veut résoudre, des qualités d'esprit qui sont propres au poète et à l'artiste, c'est à dire la vivacité d'impression et d'imagination la plus riche, et la plus exquise délicatesse du sens esthétique. La nature ordinairement n'est pas assez généreuse pour réunir dans la même organisation intellectuelle des dons si divers, des facultés qui semblent s'exclure, au moins qui se détruisent, et dont le concours est ici nécessaire. Pour analyser avec exactitude toutes les confuses impressions qui agitent l'âme, quand elle aperçoit et admire la beauté, il faut une pénétration, une sûreté de coup d'œil intérieur, l'habitude et le don de l'observation, de l'abstraction et de l'analyse, une puissance de concentration interne jointe à un sens juste, en garde contre les illusions des systèmes, un ensemble enfin de qualités qui ne s'accordent guère avec une imagination enthousiaste, et que d'ailleurs l'échauffement de la pensée inspirée ne peut qu'affaiblir. D'un autre côté cependant, comment analyser ces émotions, étudier et distinguer les caractères, les phases, les transformations du phénomène, et reconnaître l'objet qui cause en nous l'enthousiaste admiration du Beau, si on ne l'a pas partagée et subie? Comment comprendre des transports qu'on ne connaît point? Comment observer, comment analyser, si on n'en a pas déjà ressenti l'atteinte, cette fureur divine qui s'empare des esprits touchés du Dieu, cette inspiration féconde qui crée la beauté, ou du moins en réveille l'invisible harmonie et en dépose la splendide image, dans une forme sensible où seulement l'homme peut la voir et la sentir? Ce délire que célèbre en termes magnifiques le plus grand des disciples de Socrate,[1] et qu'il élève au dessus de toute sagesse, ce délire de l'imagination, si voisin de l'extase que Plotin enseigna et pratiqua plus tard, comment l'accorder avec la raison froide, qui ne se laisse pas éblouir par les images, ni séduire par la splendeur des formes et le luxe des métaphores? comment le concilier avec les opérations lentes et tranquilles de l'observation, du raisonnement, de l'abstraction et de l'analyse? Qui peut espérer de réunir ces dispositions d'esprit, ces tempéraments intellectuels si divers, si opposés, et cependant si nécessaires?

Pour celui qui aura reçu du ciel ce double génie du penseur et de l'artiste, du poète et du philosophe, toute difficulté n'aura pas disparu. La beauté, elle est partout : elle brille dans les œuvres de l'homme; elle éclate et resplendit dans les œuvres de Dieu ; elle est dans la petitesse et elle est dans la grandeur ; dans l'ombre et le silence comme dans le bruit et la lumière ; dans la vie comme dans la mort. Tous les extrêmes la contiennent ou peuvent la contenir. Le chêne gigantesque dans ses luttes héroïques contre l'orage qui le rompt, mais ne le plie pas ; le roseau qui se baisse à tous les souffles et se redresse à tous les vents, le roseau, cette poétique et trop fidèle image de l'inconstance humaine ;

---

[1] Platon : *Le Phèdre*. « Tout délire inspiré par les Dieux est supérieur à la sagesse qui est le fruit de la pensée humaine.....

» Il est un troisième délire inspiré par les muses, et lorsque l'inspiration, remplissant une âme délicate et pure, l'anime, la transporte, et lui fait chanter des hymnes ou d'autres poèmes à la louange des anciens héros, elle sert à instruire les races futures. »

la majesté de la montagne, le désert immense, les tumultes et les colères de l'océan déchaîné, la révèlent, et elle est présente encore au bord du ruisseau qu'Oberon le nain franchirait d'un bond, près de la mare croupissante où dort une eau verdie, où croissent les herbes fangeuses ; on la voit et on la goûte encore dans la feuille sèche que le vent emporte, dans le brin d'herbe qu'on foule aux pieds et où se cache et chante l'insecte invisible. Tous les objets semblent la respirer, et tous les esprits, tous les hommes sont capables de la sentir. On croit qu'il suffit d'étendre la main pour la saisir et dans les choses qui la portent, et dans les intelligences qui la goûtent. Mais la trompeuse image recule, si elle ne s'enfuit pas ; et délicate, subtile, légère, trop semblable à une vaine ombre, elle se dérobe aux efforts qui la veulent étreindre et à l'esprit qui la veut embrasser. La raison éblouie, enivrée, ne peut pas décrire l'objet merveilleux qui l'enchante sous les formes et avec les couleurs où il lui apparaît ; elle est sous le charme, et incapable d'un autre acte que celui d'admirer. Quand notre esprit reprend possession de lui-même, nous ne voyons plus des mêmes yeux ; l'objet et nous-mêmes avons changé. L'état moral que sa vertu, comme une flamme magique, a excité dans l'âme, disparaît ou change avec lui ; on ne peut pas le surprendre et le décrire au moment où l'esprit est encore sous sa domination : mais comment l'analyser quand on ne le ressent plus ? L'impression est effacée ; le trouble, l'émotion qui la caractérisent ou l'accompagnent, ont fait place à un état tout contraire de l'âme, à la sérénité et, pour ainsi dire, à l'impassibilité qu'exige la réflexion, et qui est la condition de toutes les opérations bien faites de la raison philosophique. Il ne reste plus sous les yeux de l'observateur, et sous son regard devenu indifférent, qu'un souvenir vague, un reflet effacé et comme un retentissement sourd et lointain de l'impression elle-même ; c'est une image confuse, semblable à un miroir troublé, qui ne renvoie de l'objet et du phénomène qu'une copie incomplète et peut-être inexacte. La difficulté d'apprécier sainement un état de l'âme qu'il faut éprouver, si l'on veut le connaître, et qui cesse nécessairement au moment et par le fait seul qu'on le veut étudier, n'a pas peu contribué au sort de la science du Beau, dont nous nous proposons de rechercher les principes, et explique, en partie du moins, le petit nombre de théories complètes que nous ont laissées sur cette question d'un intérêt si général et si élevé, les écoles nombreuses et fécondes de la philosophie ancienne comme de la philosophie moderne.

C'est en effet une chose remarquable que, jusqu'à nos temps, Plotin soit le seul philosophe qui ait laissé une théorie complète du Beau, et qui en ait ordonné les principes et développé les conséquences dans un ensemble vraiment systématique et avec les détails nécessaires pour constituer une science. Platon avait posé les fondements de l'édifice ; mais ses vues sur le Beau, comme sur tous les autres objets de la métaphysique, sont éparses et confondues dans toutes ses œuvres ; cet éparpillement est aggravé encore par les écarts charmants, par l'abandon plein de grâce et de naturel, mais peu logique, de la méthode dialectique et du mouvement de la conversation. Il est difficile de considérer les idées de Platon, répandues dans *l'Hippias, le Banquet* et *le Phèdre*, égarées jusque dans *les Lois* et *la République*, comme arrivées à la forme véritable de la science. Aristote avait fait, sous le titre *de Pulchro*, un traité aujourd'hui perdu, qui peut avoir eu pour sujet le Beau comme le Bien, suivant le sens qu'on donne au mot grec fort équivoque dans un titre, quand il n'est déterminé par aucun mot de texte. Les brèves et concises définitions qu'il en a données ailleurs, et principalement dans *la Politique* et dans le traité fort mutilé de *la Poétique*, en nous éclairant sur sa manière d'envisager la question, semblent nous autoriser à dire qu'il ne l'avait pas embrassée dans toute son étendue, ni analysée avec une suffisante exactitude dans sa profondeur. Son école, aussi bien que le Portique, ne nous a pour ainsi dire rien laissé sur ce sujet qu'ils paraissent avoir dédaigné. La philosophie romaine, s'il y a eu une philosophie romaine, a répété sur cette question, comme sur toutes les autres, la leçon incomplète du Portique ou de la nouvelle Académie. Les livres que S. Augustin avait écrits sur le Beau, au nombre de trois ou de quatre, il ne le savait plus bien lui-même, [1] ont été perdus, même de son vivant, comme il nous l'apprend dans ses *Confessions*. Les idées ingénieuses et vraies que lui a suggérées ce sujet

---

1 *Conf.*, liv. IV, c. 13.

plein d'attrait pour son âme si sensible, et qu'on trouve dans ses lettres, dans quelques ouvrages spéciaux, particulièrement dans le traité *de la Musique*, et dans le livre *de l'Ordre*, livre charmant et d'un esprit tout moderne, ne constituent pas un système philosophique. Les auteurs scolastiques n'étaient guère faits pour s'occuper d'un pareil problème. S. Thomas, qui représente cette école, naguère trop oubliée, et aujourd'hui surfaite, s'il ne l'a pas développé, du moins le pose, et en quelques mots le résout par une définition qui n'est pas sans profondeur. [1]

La philosophie française garde le plus profond silence. Descartes n'a peut-être prononcé qu'une seule fois le nom de Beau, avec une intention philosophique. Il faut excepter un livre judicieux et élégant, mais peu profond, du P. André. Cette œuvre estimable, mais peut-être trop estimée de Diderot, qui l'appelle le système le plus suivi, le plus étendu et le mieux lié qu'il connaisse, est en effet fort systématique et même fort scolastique dans son cadre, sinon dans son style, mais ne renferme aucune vue originale, aucune conception féconde. Le livre des *Beaux arts réduits à un principe*, de Le Batteux, est plutôt un manuel pratique qu'un système. Les idées sensées de Reid, la théorie plus ingénieuse que solide de Hutcheson, les vues agréables

---

[1] Je n'ai pas la prétention d'avoir lu les 15 ou 16 volumes in-fol. qui renferment les œuvres de S. Thomas. Il faudrait pour cela l'énergie et la résignation de ce robuste et patient travailleur dont il portait le surnom dès l'enfance ; mais j'ai parcouru les deux *Sommes*, et n'y ai rien découvert qui ressemble à un système sur le Beau ; j'avoue que je l'y cherchais sans beaucoup d'espérance, et que je ne l'aurais pas trouvé sans un vif étonnement.

et superficielles de Burke, le traité si pauvre d'idées et si dépourvu de méthode de Crousaz, les pages pleines de sens, mais d'un sens un peu étroit, quoique profond, parce qu'il est trop peu spiritualiste, dont Diderot accompagne ses vives et lucides analyses, ne méritent vraiment pas d'être comptés au nombre des théories scientifiques de l'esthétique.

Pour se trouver en face d'un système qui mérite ce nom, il faut arriver jusqu'à la théorie incomplète, inexacte en quelques points, mais originale, puissante, féconde, de Kant, et à celle de Hégel qui l'accepte et la développe, et dont les résultats, dès à présent certains et acquis à la science, forment aujourd'hui la base de toute la philosophie de l'art. Contestable sur plusieurs points, et particulièrement dans la partie métaphysique, elle n'en présente pas moins le plus vaste ensemble de doctrines, et le système le plus approfondi, le plus lié, le plus original, et en somme le plus vrai qui soit connu sur la matière. Depuis lors, en Allemagne et en France,[1] des travaux nombreux et importants ont répandu la lumière sur ce sujet si longtemps obscur, ont rempli des lacunes, relevé et réparé des erreurs, et permis à tout le monde de comprendre au moins la question, de prendre un parti et de faire un choix parmi les solutions délicates et graves qu'elle a provoquées.

[1] Citons d'abord MM. Cousin, Jouffroy, Lamennais. On a dit que M. Jouffroy ne connaissait pas *la Critique du Jugement* quand il écrivait, en 1816, sa thèse sur le sentiment du Beau; mais il est difficile de croire que ce grand monument de la philosophie esthétique fût encore ignoré de ce savant professeur, quand en 1826 il exposait, devant un auditoire d'esprits d'élite, son célèbre cours de la rue du Four.

Il a pu se faire qu'un certain dédain orgueilleux de la philosophie, pour un sujet frivole en apparence, et d'une importance aussi mince, ait contribué à retarder longtemps et à détourner l'attention des grands esprits. Absorbée par la métaphysique, par les problèmes ardus que soulève la réalité de nos idées sur l'être, la substance, sur l'existence de Dieu et l'immatérialité comme l'immortalité de l'âme; occupée d'analyser les facultés, de rechercher les lois qui président à la découverte et à la démonstration de la vérité, et à l'acquisition de nos connaissances; soucieuse d'établir les principes qui doivent servir de base à la morale et à la politique, et surtout de les éclairer de sa vive lumière, la philosophie, trop pénétrée de la gravité et de l'austérité d'une telle mission, n'a peut-être pas regardé, n'a pas vu ou n'a pas voulu voir ce côté du grand problème, cette face divine du monde, comme l'appelle Plotin, ce Beau enfin, qu'on ne supprime pas quand on le dédaigne, et qu'on ne peut pas dédaigner si on ne le supprime pas.

Quelles que soient les causes qui ont si longtemps retenu cette science dans un état d'infériorité relative, elles ont cessé d'avoir leur action. Il n'est permis ni de négliger ni de dédaigner aucune question, si humble qu'elle paraisse, lorsqu'elle fait partie de l'explication complète de la nature, de l'homme et de Dieu. La négligence serait une faute sans excuse, et le dédain une impertinence. Quant à la difficulté de l'œuvre, elle subsiste et n'est que trop réelle. Celui qui écrit ces lignes le sent mieux que personne, et il me semble qu'il ne m'est pas permis d'aller plus loin sans donner des explications qui justifieront, peut-être, ce qu'il y a de téméraire et de présomptueux dans la tentative où j'ose m'aventurer.

S'il s'agissait de constituer *ab integro* une science nouvelle, ou d'en reconstruire les fondements ruineux ; s'il fallait en tirer de nous-même, par l'observation patiente et l'interprétation sagace des faits, ou en deviner, par une intuition spontanée du génie, les grands principes ; s'il nous fallait édifier seul la théorie de l'esthétique, l'asseoir définitivement sur des bases d'une indestructible solidité, et en poursuivre les déductions les plus éloignées par la plus sévère logique, j'avoue qu'il serait plaisant qu'un humble et obscur professeur de collége en eût conçu la pensée et osât la mettre à exécution. Rien n'est plus éloigné de mon esprit : je n'ai pas la prétention de découvrir des principes nouveaux ni de fonder une science, et cela par une raison qui me paraît excellente, c'est que je crois les principes découverts il y a longtemps, et la science même fondée. Il nous suffira d'étudier et de comprendre les grandes théories qui les contiennent, et tout au plus de les développer, ou de modérer quelques unes de leurs conséquences douteuses, quelques uns de leurs résultats moins certains. Des maîtres ingénieux, des critiques sagaces et éloquents nous guideront dans l'interprétation exacte de ces doctrines, antiques ou modernes, où la vérité tantôt se cache sous la profondeur obscure de la pensée, tantôt disparaît dans l'éclat même et comme dans l'éblouissement de l'expression. S'il en est ainsi, quel peut donc être l'intérêt sérieux de la question que nous nous proposons d'agiter? quel fruit, quels avantages pouvons-nous obtenir d'un travail dont les conclusions et même les principes sont tout trouvés?

C'est Dugald-Stewart, je crois, qui a dit qu'aujourd'hui l'œuvre de la philosophie était beaucoup moins de découvrir des faits nouveaux et des vérités inconnues, que d'expliquer les faits connus et les vérités acquises avec une clarté plus parfaite, dans un ordre plus lumineux, avec une abondance plus riche de développements; de les construire en un système plus lié, de les enchaîner par une méthode plus logique; en un mot, d'en faire une science plus complète et plus certaine. Quelquefois la mission de la philosophie doit se borner à présenter une doctrine ancienne, mais dans une forme plus appropriée aux goûts nouveaux et aux exigences variables de l'esprit aux diverses époques de l'histoire; car la vérité elle-même subit des changements, sinon dans son essence, dans sa forme intellectuelle, du moins dans sa forme extérieure, dans son costume, et doit se plier aux modifications incessantes, peu profondes si l'on veut, mais non sans importance, qu'apportent dans les esprits la succession des faits et le mouvement des idées.

Sans prétendre que ce soit là le seul rôle réservé à la philosophie moderne, c'est au moins le seul dont la modestie convienne à nos forces, et peut-être le poids de ce fardeau est-il encore bien lourd pour nos épaules, et n'avons-nous pas assez écouté la vieille recommandation d'Horace et du bon sens.

En effet, ce trésor de vérités acquises, ce dépôt de principes aussi certains que profonds se trouve éparpillé dans tous les systèmes ; ils sont dispersés, confondus et presque perdus dans les théories les plus diverses et parfois les plus contraires. Il en est du Beau comme de beaucoup d'autres objets de la science philosophique ; il n'y a pas une école qui ait dit toute la vérité et rien que la vérité : des lacunes, des erreurs déparent les plus beaux systèmes ; des vices de méthode ou des excès de logique gâtent les conceptions les plus profondes des plus sages penseurs. Il devient donc indispensable de comparer ces opinions diverses, de peser ce qu'elles valent, de les contrôler, de les vérifier, de les éclairer les unes par les autres, enfin d'en faire un choix intelligent et justifié : ce choix, c'est l'éclectisme.

L'éclectisme est, je ne dirai pas un système, mais un mot peu en faveur aujourd'hui. On s'est diverti à en dénaturer le sens pour avoir un prétexte commode d'en plaisanter. Défiguré par ses adversaires ou plutôt par ses ennemis, ce qui n'est pas la même chose, il a perdu peut-être de son prestige apparent, et certainement de son influence officielle ; il a cessé de nourrir de ses idées, qu'on n'a du moins jamais accusées d'être vulgaires, la jeunesse de nos colléges et de nos écoles ; mais sa proscription a été la proscription de la philosophie même, dont le nom, qui est le nom de la science et de la sagesse, a disparu comme lui de l'enseignement public.

Enveloppée dans la même ruine, cette noble école n'a rien perdu de sa force et de sa puissance véritables ; son principe reste ce qu'il a toujours été : le rêve des grands esprits [1] et l'idéal de la philosophie. Ce n'est point, en effet, un pandœmonium banal qui reçoit de toutes mains toutes les idées, et où les dieux de la vérité et du mensonge sont l'objet d'une adoration égale et odieuse par son indifférence. L'éclectisme n'a de culte que pour la vérité ; mais il prend son bien partout où il le trouve, et comme Sénèque, non seulement il l'avoue, mais il s'en vante : *quod verum, meum est*. Il n'a pas la prétention de croire que cette vérité vient de naître, et que trois mille années ont passé sur la cendre de Socrate et de Platon sans qu'aucun fruit ait germé sur ces grands et immortels tombeaux ; il ne peut pas, il ne veut pas croire que tant de vertus, tant de génies aient tant travaillé et tant souffert pour la justice et la vérité, et aient souffert et travaillé en vain. L'histoire de la philosophie n'est pas destinée à servir de pâture vaine aux vaines curiosités de l'esprit ; si elle n'est pas la philosophie même, la vérité entière, elle en contient au moins des éléments précieux. En remuant cette poussière de tant de nobles systèmes, cette cendre encore chaude de si généreux desseins, l'éclectisme espère y rallumer plus d'une étincelle, raviver la flamme qui couve encore et que rien ne peut

---

[1] Plotin et Leibnitz s'en sont enchantés.

éteindre. Il est vrai qu'en outre il proclame son indépendance : il ne prête pas de serment de fidélité et ne s'enchaîne aux dogmes d'aucune secte; il ne veut relever d'aucun maître, et sans prévention comme sans partialité, il aime mieux une vérité perdue comme une perle dans la fange du troupeau d'Epicure, qu'une pierre grossière mêlée à l'or de Platon. C'est une catholicité philosophique, qui n'exclut aucun nom, aucune secte, aucune école, et qui ne repousse que l'erreur, et surtout le charlatanisme et le mensonge, mais qui les repousse sous quelque manteau qu'ils se présentent, quelque titre respectable qu'ils aient audacieusement usurpé. On a dit qu'en aspirant uniquement à découvrir çà et là des vérités dispersées, il se déclarait par là même impuissant à fonder une science, c'est à dire l'ensemble systématique qui donne aux idées leur lien et à la pensée sa forme. Où donc a-t-on trouvé cet aveu d'impuissance? Est-ce dans ses paroles ou dans ses actes? N'a-t-il pas, lui aussi, dans la mesure de ses forces, cherché à fonder un système et à édifier une théorie? Ce que l'on peut reprocher à l'éclectisme, ce n'est pas certes sa timidité et, comme on aime à le répéter, son impuissance; c'est bien plutôt sa foi robuste, cette généreuse croyance qu'il y a une doctrine assez large pour contenir toutes les vérités acquises, assez haute pour les dominer, les éclairer et les compléter; c'est surtout d'avoir cru qu'il la pourrait trouver et de l'avoir cherchée. Cette tentative, il faut l'avouer, n'a pas réussi; aucun monument de génie n'a récompensé ses nobles efforts; du moins elle a été essayée, et dans le naufrage de cette foi philosophique à la fois nouvelle et universelle, l'éclectisme a la consolation d'y avoir cru, l'honneur d'y croire et d'y travailler encore. Nous ne sommes pas tenus en ce monde de réussir. La vérité est un but que nous ne sommes pas obligés d'atteindre ; nous sommes obligés uniquement de la chercher. Si l'éclectisme est coupable, c'est d'avoir trop espéré des conquêtes intellectuelles de l'humanité ; il a trop cru au progrès des idées et des lumières ; mais quand bien même cet espoir ne serait qu'un rêve, il sera le but idéal de toute philosophie sérieuse, et l'encouragement le plus puissant de ses laborieux travaux.

En suivant ce drapeau qu'une main ferme et fière a si longtemps tenu levé au dessus de toutes les écoles, nous ne renonçons pas à l'espérance de trouver, pour le sujet spécial qui nous occupe, le principe supérieur qui explique et domine toutes les notions éparses que nous fournira l'histoire. Nous ne désespérons pas, en relevant ces débris, d'en composer une doctrine, c'est à dire de constituer la succession des idées certaines ou démontrées dans un ordre assez sévère pour en faire une science. Tout réduit qu'il est, il y a dans ce travail de quoi occuper les plus vigoureux esprits, de quoi faire plier le plus déterminé courage ; et malgré tous les appuis dont je me sens entouré, et dont le plus solide est la méthode même que j'ai choisie, ce n'est pas sans des hésitations très sincères que j'ai osé entreprendre cette œuvre, et que je me permets d'en livrer au public les modestes et insuffisants résultats.

On lit dans Ammonius [1] cet aveu : « Les disciples d'Aristote, Eudème, Phanias, Théophraste, écrivirent des traités philosophiques sur les Catégories, l'Herménéia et l'Analytique, à l'imitation de leur maître, » et, ajoute Simplicius, « en paraphrasant ses idées. » Les Commentaires d'Aristote n'ont donc pas été provoqués par l'intention d'expliquer ce qui pouvait se rencontrer d'obscur dans sa pensée ou dans son style ; ce sont des paraphrases de ses ouvrages, où des disciples défiants d'eux-mêmes et connaissant leur faiblesse, se sont guidés sur le maître pour développer le sujet qu'il avait ébauché, et parcourir, sur sa trace, la route qu'il avait frayée. C'est ce sentiment de faiblesse et de défiance qui a donné naissance à la forme d'écrits qu'on appelle Commentaires. N'osant s'abandonner à leur propre génie, ils se tiennent appuyés sur ce tronc robuste, et cherchent, pour vivre et se développer, à lui dérober quelques gouttes de sa sève forte et inépuisable. Je n'ai pas d'autre ambition ; car je me sens plus de faiblesse encore et une plus juste défiance. Je n'ai point inventé de système : c'est une paraphrase que j'écris ; c'est un commentaire que l'on va lire, le commentaire affaibli des maîtres que j'ai appris à respecter et à croire ; je me bornerai à redire la leçon qu'ils m'ont apprise ; j'essaierai d'exprimer, dans ma langue inhabile, les idées dont ils ont élevé et nourri ma jeunesse. Je ne puis ni ne veux secouer le joug salutaire qu'ils m'ont imposé ; leur esprit a pénétré mon esprit, leur philosophie

---

[1] *Ad Categ.*, f. 3, a. lin. 50.

est la mienne, et ceux même qui aujourd'hui la dédaignent, n'en ont pas eu, et, quoi qu'ils fassent, de longtemps n'en auront pas d'autre. Je sens encore sur ma bouche le souffle de leur éloquence généreuse et de leur noble pensée. S'il passe dans cette étude, dans cet essai informe, quelque chaleur ou quelque flamme, c'est un souvenir de leur inspiration qui m'anime, une étincelle de leur génie qui m'éclaire; le reste, c'est à dire les faiblesses et les erreurs, le reste est de moi.

PRINCIPES

DE

LA SCIENCE DU BEAU.

PRÉLIMINAIRES.

Y a-t-il une science du Beau? Et d'abord, qu'est-ce que les principes d'une science, qu'est-ce qu'une science? Je n'hésite pas à attribuer les théories étranges de la philosophie récente de l'Allemagne à la réponse, selon moi très fausse, que ses illustres penseurs ont faite aux questions que je viens de me poser à moi-même. « Il n'y a pas de science véritable, » dit l'un d'eux,[1] « si elle n'est pas entièrement une, fondée sur
« un principe unique, lequel n'est et ne peut être que
« l'acte primitif du moi. Mais cet acte de conscience
« a une profondeur que Descartes n'avait pas soup-

---

[1] Fichte.

« çonnée. La proposition : je pense, donc je suis, n'est
« pas seulement l'expression d'un acte intellectuel,
« c'est celle d'un acte créateur. La pensée y est saisie
« comme devenue l'objet d'elle-même, le sujet comme
« identique à l'objet; il y a plus : le moi n'est que
« parce qu'il est pensé, et autant qu'il est pensé. Il
« est pour lui-même le principe de sa propre existence
« comme il l'est de sa connaissance, et l'acte de la
« connaissance est identique à une création. La raison
« humaine est donc divine, puisque ses idées se réa-
« lisent par cela seul qu'elles sont pensées, et puis-
« qu'il lui est, selon cette philosophie, impossible de
« comprendre ce qui n'est pas en elle virtuellement,
« ce dont elle n'a pas en puissance la substance en
« elle, ¹ tout ce qu'elle pense, elle le tire d'elle-
« même, elle le crée. Le monde extérieur et Dieu
« lui-même, objets de la pensée, ne sont que des
« produits de la pensée. La nature est la libre ré-
« flexion de l'esprit, et Dieu, l'idée concrète, par-
« venant, après une double évolution, à acquérir la
« pleine conscience de soi. » S'il est vrai qu'on ne
puisse admettre qu'il y a une science absolue, fondée
sur un principe absolument un, principe à la fois du
contenu et de la forme de la science, sans être également obligé d'admettre que la raison humaine est divine, que le fini est l'infini, enfin que l'homme est non
pas un dieu, mais Dieu même, nous sommes avertis
de nous faire de la science une idée moins insolente,

---

1 Schelling et Hégel.

et d'en donner une définition moins orgueilleuse, plus exacte et plus claire.

Sans doute il y a un savoir absolu, mais il est fait pour celui qui seul est absolu. Sans doute il y a un être dont la pensée est en même temps vision et création, acte et lumière; mais à qui est-il besoin de rappeler que cet être n'est pas l'homme?

O miseras hominum mentes! o pectora cæca?

Rappelons-nous donc que cet idéal d'un savoir parfait est le terme infini où l'homme doit sans cesse diriger toutes ses connaissances, dans le désespoir éternel de jamais l'atteindre. Revenons donc à des pensées plus sages et plus modestes, et à cette définition, si longtemps acceptée de toutes les écoles, que le génie d'Aristote avait donnée il y a deux mille ans.

« Tous les hommes ont un désir naturel de connaître, [1] » et connaître c'est connaître avec certitude. En effet, la connaissance incomplète ou troublée par le doute ne satisfait pas l'esprit, et le laisse en proie à des tourments aussi vifs et souvent même plus vifs, parce qu'ils sont plus profondément sentis, que l'ignorance. Pour l'homme, la connaissance est parfaite, qui peut donner une réponse claire et certaine à toutes les questions qu'il se pose, et il se pose invinciblement quatre questions. [2] En effet, sur toute espèce d'objet, il se demande et il peut uniquement se demander : 1° Le

---

1 Arist., *Métaph.*, I, 1.

2 Arist., *Analyt., Poster.*, II, c. 1. « Nous cherchons quatre choses : le *quoi*, le *pourquoi*, le *s'il est*, le *quel il est.* »

sujet existe-t-il? — 2° En quel état est-il, que fait-il?¹ — 3° Quelle essence ce sujet a-t-il? — 4° Enfin pourquoi a-t-il cette essence?

Il est impossible d'imaginer une cinquième question; mais tant que ces quatre questions n'ont pas reçu une réponse pleine et claire, l'esprit ne jouit pas de la connaissance; il ne croit pas la posséder, et en réalité il ne la possède pas. L'homme ne peut pas se contenter de savoir des choses qu'elles sont, quelles elles sont, ce qu'elles sont; il veut en outre savoir pourquoi elles sont telles. Mais on ne peut pas savoir qu'une chose est, sans savoir ce qu'elle est; car pour affirmer qu'un être existe, il faut savoir ce que c'est qu'un être; et si l'on affirme qu'un être d'un certain genre existe, il faut certainement savoir ce que c'est que le genre. D'un autre côté, on demande le pourquoi, non pas de l'existence de la chose, mais de celle de son attribut; la cause de l'attribut, c'est l'essence encore; de sorte ici que le quel il est, le pourquoi il est tel, se confondent aussi; les quatre questions se réduisent donc d'abord à deux, et ces deux à une seule : la raison de l'essence. ²

C'est cette raison qui seule repose la curiosité de l'intelligence humaine, et dont la connaissance claire couronne et même constitue la science. Nous ne croyons rien savoir tant que nous ignorons les causes, et nous savons tout, quand nous sommes parvenus à les connaître. Expliquer l'ordre et l'enchaînement des

---

1 Arist., *Analyt.*, *Post.*, 11, c. 1, § 2. « Par exemple, par cette question : le soleil a-t-il des éclipses? nous cherchons le *quoi*. »
2 Arist., *Métaphys.*, V° liv.

causes, c'est démontrer. La démonstration parfaite est le but de toute science, son idéal du moins, et la science n'est, comme on le voit, que la démonstration organisée, l'instrument, et, pour parler comme Aristote, *l'organe* de la démonstration.

Or, qui ne voit qu'organiser ainsi la démonstration, déployer la série des causes, c'est établir entre les idées des rapports nécessaires, lier tous les faits entr'eux, les unir, les ramener, ou plutôt s'efforcer de les ramener à l'unité, invincible besoin, éternelle et irréalisable espérance de l'esprit humain? Comprendre c'est ramener chaque fait à sa loi, chaque phénomène à sa cause; toutes nos connaissances dépendent ainsi de connaissances supérieures qui les expliquent parce qu'elles les comprennent; ces connaissances supérieures aboutissent elles-mêmes à des connaissances que le raisonnement n'a pas fournies, et qui n'en sont pas moins claires ni moins certaines. Ces connaissances où toute science attache le premier anneau de la chaîne de ses propositions, et où est suspendu l'ordre entier de ses vérités, ce sont les principes.

C'est donc à ces propositions appelées principes que s'arrête l'esprit quand il remonte de causes en causes, et s'efforce de ramener à une loi unique tous les phénomènes qu'il a observés; mais s'il s'y arrête, ce n'est pas sans murmure et par paresse, c'est qu'il ne peut pas aller au delà. Il sait bien qu'une raison souveraine doit embrasser et qu'un principe absolu doit contenir toutes les vérités contingentes et tous les principes particuliers où il s'élève; mais, pour lui, il se trouve devant une barrière qu'il ne peut pas franchir, et que la sagesse, comme l'intérêt véritable de la science humaine, lui prescrit de ne point dépasser. Il apprend encore là à se connaître et à s'estimer à sa véritable mesure, qui en tout est petite. Lorsqu'il arrive, en remontant le cours des idées, à des propositions qu'il ne peut plus rattacher à rien, qui sont tellement évidentes qu'elles s'imposent à son esprit, qui expliquent tout et que rien n'explique, si ce n'est elles-mêmes; par nécessité, par impuissance, il s'y arrête et il les appelle des principes. Si la science est la démonstration organisée, ces principes, ainsi obtenus et posés sans être ni déduits ni démontrés, sont en dehors de la démonstration, et pour ainsi dire de la science. La science ne commence que lorsque commence la démonstration.

L'unité des principes est le but idéal où aspire l'esprit humain, et c'est en obéissant à cette loi qu'il établit ou cherche à établir dans la mesure de ses forces, une échelle, une chaîne non interrompue de principes et de conséquences. Or, cette gradation des idées se fonde uniquement sur cette supposition que toute chose a sa raison suffisante d'être, et d'être ce qu'elle est plutôt qu'autrement, c'est à dire, pour exprimer en d'autres termes la grande maxime de Leibnitz, ¹ que nous affirmons qu'il y a des causes, que nous

---

1 Leibnitz, tom. 2, p. 24. *Theses in Gratiam Eugenii.* § 31. Principium rationis sufficientis, vi cujus consideramus nullum factum reperiri posse verum, aut veram exsistere aliquam enunciationem, nisi adsit ratio sufficiens cur potius ita sit, quam aliter, quamvis rationes istæ sæpissime nobis incognitæ esse queant.

affirmons la continuité des phénomènes. Mais n'est-ce pas là uniquement une forme de notre esprit, une condition de notre manière de connaître, purement subjective, relative à nos facultés, contingente et n'ayant absolument rien de nécessaire? L'idée de cause peut donc n'avoir aucune réalité objective, et ces sciences, qu'on prenait pour de si majestueux édifices et dont on admirait les solides fondements, pourraient bien n'être qu'un fragile et vain échafaudage de chimères, un château de cartes bâti dans le vide. S'il en était ainsi, il n'y aurait plus rien de réel dans nos connaissances, que les actes et les facultés diverses de notre esprit, et tout le savoir humain, guéri d'une ambition stérile, devrait se réduire à une *critique*, c'est à dire à une observation prudente des actes intellectuels et moraux de l'âme. Sans doute l'idéalisme de Kant n'allait pas jusqu'à nier l'existence indépendante des choses hors de l'esprit qui les comprend; il a même prouvé victorieusement la nécessité d'un monde extérieur, pour donner à la pensée conscience d'elle-même. Mais en déclarant que l'essence même des choses nous échappe, que nous ne les connaissons que telles qu'elles nous apparaissent, et qu'elles ne nous apparaissent que suivant les conditions purement subjectives de notre organisation intellectuelle; enfin, en concluant que les formes du monde des phénomènes n'étaient autre chose que les formes mêmes de notre esprit, il a préparé l'idéalisme de Fichte, qui considère le monde extérieur comme un non-moi imaginé par le moi, pour expliquer la connaissance, l'idéalisme de Schelling, qui identifie la pensée et l'être, et l'idéalisme de Hégel, qui fait naître la réalité de l'être d'une évolution de l'idée.

Si nous ne voulons pas tomber dans ces aberrations étranges qui étonnent à juste titre la droiture instinctive et la correction un peu superficielle, un peu railleuse, mais fine et sage de l'esprit français, il faut ne pas laisser entamer par la critique le principe de la raison suffisante, et prouver, contre Kant, que l'idée de cause n'est pas une pure catégorie, une pure loi formelle de notre faculté de connaître.

Il n'y a pas de science de ce qui n'est pas, de ce qui passe et devient sans cesse, sans jamais posséder cette stabilité de forme qui constitue ou caractérise la réalité. Si donc un objet peut être l'objet d'un savoir véritable, c'est qu'il est. Or, l'esprit se saisissant lui-même par un acte interne et prenant conscience de soi, a de soi la science la plus certaine. Il est donc : *cogito, ergo sum*. Ce n'est pas là ce que conteste Kant; mais ce grand philosophe, en prétendant que l'idée de cause n'était qu'un principe régulateur; en supposant qu'elle est due uniquement au besoin qu'éprouve l'esprit de s'expliquer pourquoi le phénomène est à telle place dans le temps, n'a pas lui-même expliqué comment ce besoin était identique à l'idée de cause, et, tout en donnant une fausse et inexacte origine, n'a pas voulu en voir la source voisine et véritable.

Si l'on analyse avec un peu de soin l'idée de la substance, dont l'essence nous est révélée par la conscience, comme pensée, nous y retrouverons, avec des caractères aussi clairs, une autre révélation sur notre propre être. Le moi s'attribue tous ses actes et s'affirme comme cause de ses propres modifications ; il se reconnaît, se saisit et s'affirme, par un acte de conscience, comme une volonté, comme une force, comme une activité, c'est à dire comme une cause. Il se pense, il est donc une activité, car la pensée est assurément un acte ; il se détermine à penser, il est donc une force, car la volonté est assurément une force. La notion de force a donc ses racines dans notre pensée et au fond de notre être personnel ; elle est donc réelle et vraie. Notre connaissance ici n'est pas purement logique et abstraite ; elle est éminemment concrète ; elle nous fait entrer au sein même de la réalité et de la vie. On ne peut donc pas dire que l'idée de cause n'est que la forme nécessaire, mais sans objet, qu'imposent à un intelligible chimérique les besoins de notre esprit. L'objet de la pensée est la pensée même, c'est à dire l'essence de notre être. Rien n'est donc plus réel et plus vrai.

Il faut ici s'entendre et n'avancer à chaque pas du raisonnement qu'avec une prudence et des précautions trop justifiées par de déplorables égarements. Nous venons de saisir, dans un acte de notre esprit, un objet identique à son sujet : il faut bien se garder d'étendre et de généraliser ce fait particulier et unique. Nous n'avons conscience que de nous-mêmes. D'ailleurs, si l'esprit se révèle lui-même à lui-même, il ne se produit pas, il ne se crée pas. C'est abuser des termes que de vouloir tirer du principe de Descartes ce qui n'y a jamais été contenu. Il faut distinguer entre les principes et les causes, entre les raisons de l'être et les raisons de la connaissance, *rationes essendi et rationes cognoscendi*, entre la connaissance et l'être même. Sans doute il y a analogie, harmonie entre eux ; ils sont tous deux le primitif dans leur catégorie ; mais ils diffèrent, comme l'a dit lui-même Spinoza, *tanquam radius inflexus et radius directus*. La science parfaite reproduit, réfléchit, dans l'enchaînement de ses vérités, l'image de l'enchaînement des causes ; elle ne les produit pas. Enfin la connaissance humaine a des lacunes : elle ne peut pas faire remonter tous ses principes à un principe unique et souverain ; tandis que, tout ignorées qu'elles puissent être, toutes les causes secondes ont leur cause première, unique et certaine en Dieu.

Si nous avons le droit de nous affirmer comme cause, comme la cause que nous sommes ne se suffit pas à elle-même, nous avons bien le droit d'affirmer à notre être une cause ou une raison suffisante. Nous ne passons pas ici sans droit, comme le croit Kant, du phénomène au noumène ; nous ne réalisons pas une forme vide dont l'objet est une image fantastique ; nous nous reconnaissons comme une cause, mais comme une cause insuffisante, et nous nous appliquons à nous-mêmes l'idée objective, concrète, que la conscience proclame en nous : tout a donc sa raison d'être suffisante. La métaphysique n'est pas un vain mot. Il y a des sciences ; il peut y avoir une science du Beau, et, malgré l'opinion de Kant, il y a une science du Beau.

Que faut-il, en effet, pour qu'il y ait une science du Beau ? Qu'il soit une cause, une force non pas absolue, mais réelle, et, d'un autre côté, qu'il ait un principe intelligible; qu'il ait un primitif selon l'être, et un primitif selon la connaissance. Or, l'observation interne nous révèle les modifications que nous ressentons de sa présence, et, par la vertu légitime de l'idée de cause, nous attribuons ces effets à quelque chose en soi, et dont le primitif selon l'être peut être en nous, comme il peut être hors de nous. Il peut donc y avoir et il y a autre chose « qu'une critique du Beau, [1] » et Kant a pu se tromper, il s'est trompé, quand il a avancé que « la beauté n'est rien en soi et indépendamment de sa relation au sentiment du sujet. [2] »

Nous avons l'idée du Beau, et « comme toutes les choses que nous concevons distinctement et nettement sont vraies, [3] » l'idée du Beau est vraie; elle n'est pas dans notre entendement comme une pure forme, comme un contenant vide; elle a une réalité, un contenu, puisqu'elle est pensée, et qu'on ne pense pas le néant. Nos idées assurément ne sont pas le pur néant. Ce n'est pas à dire pour cela que l'idée du Beau soit un absolu, et que nous pourrons nous en former un savoir absolu; mais cela suffit pour que nous en puissions découvrir les principes et en affirmer la réalité. En quoi que consiste en général la réalité des idées, et en particulier la réalité de l'idée du Beau, le Beau est, puisqu'il est pensé, et puisqu'il est pensé, il a des principes sur lesquels on peut établir et fonder une science, mais

---

1 Kant. *Analyt. du Sublime*, p. 248, trad. Barni.
2 Kant. *Analyt. du Beau*, p. 93, trad. Barni.
3 Descartes.

une science humaine, sujette à l'imperfection et à l'erreur, et condamnée à être incomplète.

En quoi peut consister la science du Beau? quel en peut, quel en doit être l'objet? Il n'y a de science que de ce qui est, et bien que les individus seuls aient une existence réelle, ce qu'il y a de plus réel et de plus vrai en chacun d'eux, c'est son essence, c'est à dire le caractère éminent et supérieur du genre auquel ils appartiennent, la fleur de l'être, comme dit Plotin. On l'a remarqué déjà : les individus sont d'autant plus grands qu'ils répondent davantage à l'idée générale qu'on doit se faire de l'humanité. L'essence d'un être, c'est ce qu'il y a de plus excellent dans son espèce, c'est son idée la plus générale. Le particulier, l'accident achève l'individualité et détermine l'essence, mais ne la constitue pas. Il s'écoule sans cesse, devient toujours, aspire à l'être et ne le possède jamais. Il ne peut donc pas être l'objet de la science, qui est toujours ce qu'il y a de fixe, de permanent, d'universel dans les choses. L'esthétique se tiendra donc dans des formules et des principes généraux, d'où elle ne peut ni ne doit s'écarter, expliquant ce qu'il y a de général et d'essentiel dans les faits particuliers, mais laissant en dehors de ses théories l'accident que le génie seul parvient à surmonter, et que l'art apprend quelquefois à vaincre. C'est lui seul qui sait réaliser dans une forme visible et accidentelle, l'essence radieuse qui constitue la beauté; il crée des œuvres nécessairement particulières : la science ne s'occupe que d'idées nécessairement générales.

Expliquer les raisons de l'essence du Beau, ramener chaque fait à sa loi, chaque phénomène à sa cause, remonter aux idées les plus générales que nous trouverons dans notre esprit, pour y saisir le primitif selon l'être et selon la connaissance, c'est à dire les principes du Beau, voilà tout l'objet de l'esthétique. Il ne faut pas s'attendre à trouver ici des règles pratiques, des procédés qui puissent suppléer au savoir-faire, à l'expérience, au génie. Si la science n'est pas inutile à l'art, c'est qu'il n'est jamais inutile de remettre sous les yeux la notion vraie et essentielle de l'art, et de la rappeler à ceux qui ont mission de réaliser la beauté et qui trop souvent en méconnaissent la divine image, préoccupés des misères ou des difficultés de l'exécution.

Toute théorie s'éclaire par l'histoire des systèmes et se contrôle par les faits qu'elle a la prétention d'expliquer. L'étude que nous nous proposons de faire des principes de la science du Beau, ne sera donc complète que si nous y ajoutons l'analyse des principaux systèmes, tant anciens que modernes, auxquels elle a donné naissance, et l'examen critique des arts particuliers et de leurs productions. De là trois parties qui divisent naturellement notre travail : la théorie scientifique, la critique, l'histoire.

D'un autre côté, on doit considérer le Beau à deux points de vue et à deux points de vue seulement; on peut se demander quels sont les caractères essentiels et distinctifs de l'impression ou modification que l'âme éprouve et que l'on appelle le sentiment du Beau; en second lieu, on peut se demander quel est le caractère essentiel de l'objet qui produit dans l'âme cette sorte d'impression ou d'état. La question a son point de vue psychologique, qui est évidemment le premier, et son point de vue métaphysique, ou, pour parler comme les Allemands, son point de vue subjectif et son point de vue objectif. Par cette subdivision, le nombre des parties de cet ouvrage s'élève à quatre, qui sont : 1° le Beau considéré comme un état de l'âme ; 2° le Beau considéré en soi ; 3° l'histoire des principaux systèmes d'esthétique ; 4° le système des arts particuliers. Tel est le plan simple que nous avons adopté pour cette étude.

PREMIÈRE PARTIE.

DU BEAU CONSIDÉRÉ COMME UN ÉTAT DE L'AME.

§ Ier. *Caractères de l'état esthétique.*

> Num possumus amare nisi pulchra?
> S. August., *de Music.*, VI, 13.

Il est des circonstances, personne ne peut le nier, et une expérience universelle le proclame, il est des circonstances où l'homme éprouve un sentiment, reçoit une impression, est mis dans un état que l'usage général des langues qualifie d'état esthétique, ou sentiment du Beau. Quelle que soit la nature du principe qui le produit ou l'occasionne, que la cause du phénomène soit réelle ou illusoire, le fait, comme état subjectif de notre âme, n'en existe pas moins. Toutefois, il est assez compliqué pour paraître obscur dans ses caractères, et quelques uns, comme Diderot, ajoutent, pour être impénétrable dans sa nature véritable. Pour soulever, s'il est possible, le voile qui nous dérobe le caractère essentiel de l'état esthétique, nous ne pouvons recourir qu'à l'observation psychologique, à ce regard interne dont rien ne peut tromper la sincérité, si bien des choses peuvent encore échapper à sa clairvoyance.

Cette méthode si rationnelle et si sage semble une base solide aux recherches métaphysiques qui doivent la suivre et en compléter les résultats. Il est impossible, suivant nous, qu'on puisse espérer de découvrir l'essence de la chose en soi, si préalablement on n'étudie pas l'état de l'âme en sa présence; nous n'avons pas d'autre moyen de pénétrer dans le monde des causes, que d'observer leurs effets. Cependant cette irréprochable méthode n'a pas été exempte de toute critique. Si l'on s'était borné à ne pas la pratiquer, je n'aurais rien à dire; mais du moment où on l'attaque comme théorie logique, je me crois obligé de la justifier avant de la suivre. Les faits de conscience, a-t-on dit,[1] sont tout individuels et tout momentanés : c'est l'état de l'âme de celui qui s'observe et rien de plus. En outre, l'acte de l'observation altère l'état de l'âme que l'on veut observer et en obscurcit les caractères. Enfin le progrès continu de l'humanité détruit à chaque instant les résultats de la psychologie expérimentale; c'est une science qui se refait et se défait chaque jour, et dont les données mobiles et les résultats changeants ne peuvent fournir aucun principe fixe et général.

Je suis bien loin de nier que l'observation psycho-

---

[1] Herbart.

logique, surtout quand il s'agit de faits esthétiques, n'offre de graves difficultés. Mais qui l'ignore ? La psychologie est difficile : eh bien ! qu'en conclure ? La philosophie tout entière en est là : a-t-on la singulière prétention d'en faire une science facile ? Les obstacles réels, sérieux, qui s'opposent à la connaissance complète de l'âme, ne sont pas insurmontables ; et si l'erreur peut s'y glisser, qu'on me cite une science d'observation qui soit à l'abri de l'erreur. L'objection, sur ce point, paraît donc peu solide, et il nous est permis de n'en pas tenir compte. Les deux autres ne visent à rien moins qu'à détruire la psychologie comme science ; elle ne renferme en effet que la description des faits moraux de l'âme dans des individus, dans un moment et une situation donnés, changeants et remplacés par des contraires. Rien de permanent, rien de fixe, rien d'universel ; on ne saisit que des phénomènes qui se succèdent sans se lier, éternellement variables, et toujours particuliers. Mais cet argument prouve trop : en détruisant la psychologie, il atteint l'âme elle-même, qui n'est plus qu'une succession sans cause de faits sans lien, et qui, en perdant toute permanence, toute identité, toute unité, perd son essence même.

Nous prétendons, au contraire, que l'individu même qui s'observe, et qui s'observe dans une circonstance particulière et dans un moment donné, observe en lui, non pas le particulier et l'individuel, mais le général, l'essence permanente et identique de son être, et il ne saurait en être autrement. Le moment présent, le fait actuel, est un point inobservable ; il n'a ni durée, ni identité ; il s'écoule, périt à chaque instant et tombe dans l'empire vide du passé. S'il n'y avait pas devant l'œil intérieur un objet qui dure, qui persiste, il n'y aurait pas une seule observation possible. C'est l'essence que l'homme observe en lui, et c'est là l'objet fixe de l'observation psychologique, et cette essence ne change pas. L'homme ne peut ajouter à son être ni une idée, ni une faculté ; ce qui change en lui, c'est l'accident que la théorie et la science laissent en dehors de leurs observations. Le progrès de l'humanité n'a pour résultat que de dégager mieux et de réaliser les virtualités de l'essence de l'homme, qu'on peut saisir dans le fond de l'être intérieur, avant qu'elles se soient manifestées dans le monde des actes et des faits sensibles.

Nous n'avons aucune raison de nous départir de cette sage méthode, pratiquée d'instinct par tous les vrais philosophes, et que Descartes a mise en pleine lumière. Ecartant donc, pour le moment, toute recherche sur la réalité objective du Beau, nous allons chercher à découvrir, au fond de nous-même, les caractères essentiels de l'état esthétique. L'observation exige l'analyse, et l'analyse aussi complète que possible des circonstances qui précèdent, accompagnent ou suivent le phénomène. Il ne faut pas craindre les détails ; plutôt que d'en omettre un seul dont l'importance pourrait n'être reconnue que trop tard, il vaut mieux compromettre l'intérêt et risquer de rebuter les esprits délicats. Tout autre intérêt est ici dominé par l'intérêt de la vérité.

Plaçons-nous en imagination devant un de ces spectacles qui ont le privilége de charmer tous les yeux, de ravir toutes les âmes. On peut varier à son gré l'objet à contempler. La tranquille sérénité de la nuit, la splendeur enflammée du jour, l'immensité d'une mer calme, la majesté des hautes montagnes que blanchit la neige et que les nuages couronnent, des objets bien plus humbles dans les créations de la nature, et tous ceux que nous voudrons dans les chefs-d'œuvre des arts, pourront servir à notre étude. Produisant tous les mêmes effets, il est indifférent à peu près de choisir l'un ou l'autre; mais pour étudier en nous un phénomène moins compliqué, tout en étant complet, nous prendrons, quant à nous, un spectacle peu étendu et un objet moins vaste. J'imagine donc avoir sous les yeux un beau chêne, [1] et j'amène pour le contempler des spectateurs que je suppose placés dans des conditions sociales différentes, ou plutôt que je suppose sous l'influence d'habitudes de sentir et de voir propres à cer-

---

[1] Le choix de cet exemple m'a fait tomber dans une contradiction apparente que l'on m'a reprochée. On verra plus loin que je nie la présence réelle de la beauté dans la nature, et il n'a pas paru très logique d'emprunter à la nature l'exemple d'un objet beau, ne fut-ce que pour en étudier les effets sur l'âme. En niant la beauté dans la nature, je n'ai pas nié que quelques unes de ses œuvres ne nous fissent les mêmes effets que l'art, et j'ai expliqué cette similitude par une illusion naturelle, mais une illusion de l'esprit qui aime à voir, et se plaît à supposer dans la nature une force animée, vivante, intelligible et intelligente. Dans cette hypothèse, il était sans inconvénient de prendre pour objet d'étude un chêne ou toute autre production naturelle. J'y voyais de plus un avantage : c'est un exemple classique, pour ainsi dire; il fait partie intégrante de tous les traités d'esthétique; on le trouve même chez les auteurs qui prétendent, comme Solger, « que la beauté n'existe que dans l'art, » et qui n'en ajoutent pas moins, « lorsqu'à la vue d'un chêne arrivé à son parfait développement, je m'écrie : qu'il est Beau! » etc.... Wilm. *Hist. de la Phil. allem.*, t. IV.

taines conditions sociales. Pour fixer mieux les idées et faciliter l'analyse, imaginons que ce soient un bûcheron, un prêtre, un peintre, ou plutôt, comme je l'ai déjà dit, trois spectateurs ayant les sentiments comme les idées, les instincts comme les habitudes qui caractérisent ces conditions sociales fort différentes.

Il peut se faire, et ceci est encore une partie de notre hypothèse, qu'ils laissent tous trois, devant ce prince des forêts, ce héros des solitudes, échapper un même cri d'admiration, ou du moins qu'ils éprouvent et reconnaissent éprouver une impression qu'ils nommeraient tous le sentiment du Beau, s'ils voulaient la nommer, ou s'ils étaient obligés de le faire. Tous diront, ou exprimeront par quelque manifestation extérieure : *qu'il est beau!*

Or, cet état que tous nomment ou nommeraient du même nom, est-il réellement en tous le même état, identiquement le même état? L'impuissance avérée du langage, les vices du dictionnaire de toutes les langues ne nous trompent-ils pas, ne les trompent-ils pas eux-mêmes? N'y en a-t-il pas parmi eux qui, en usant de ce noble mot, la beauté, véritablement en abusent, et commettent, sans le savoir ni le vouloir, une catachrèse, puisqu'il faut l'appeler par son nom? Et si, devant le même objet, placé dans des circonstances identiquement les mêmes, ils ressentent tous une impression identique au fond, cette impression ne diffère-t-elle pas par des nuances importantes, ou ne se distingue-t-elle que par des différences légères, insignifiantes, et dont il est inutile à la science de relever le détail infiniment petit? Quels sont les caractères essentiels du sentiment que chacun d'eux éprouve, et d'abord qu'éprouvent-ils?

Le caractère le plus apparent et, il semble, le plus certain de leur impression commune, c'est d'être un plaisir, une jouissance, un sentiment de satisfaction intérieure vif et profond. Un jeune homme, enlevé par une mort précoce à la philosophie et aux lettres, un écrivain hier inconnu, et demain, aujourd'hui célèbre ou digne de l'être, M. Alfred Tonnelé, dans ses Fragments sur l'Art,[1] a contesté ce point qui paraissait acquis à la science. L'objection qu'il fait ne peut partir que d'une âme bien pure, d'un goût de spiritualité bien raffinée, et elle est exprimée avec un rare bonheur et une exquise délicatesse : « L'amour que j'ai pour le Beau, dit-il, est un amour sérieux, car c'est un amour qui me fait souffrir. Où chacun trouve des jouissances, ou du moins les adoucissements de la vie, je sens comme une nouvelle et délicieuse source de tourments. La splendeur d'une soirée, le calme d'un paysage, un souffle de vent tiède de printemps qui me passe sur le visage, la divine pureté d'un front de madone, une tête grecque, un vers, un chant, que tout cela m'emplit de souffrance! Plus la beauté entrevue est grande, plus elle laisse l'âme inassouvie et pleine d'une image insaisissable. » « Je ne connais, dit-il ailleurs, qu'un bien ici-bas, c'est le Beau, et encore n'est-il un bien que parce qu'il excite et avive

---

[1] *Fragments sur l'Art et la Philosophie,* recueillis dans les papiers d'Alf. Tonnelé, et publiés par G. S. Heinrich. Mame et Cie, 1859.

nos désirs, non parce qu'il les comble et les satisfait. »

J'ai bien de la peine à me résoudre à critiquer cette exquise et délicieuse manière de sentir, et à secouer le charme de ce style si touchant et si ému ; mais y a-t-il là vraiment une objection, et M. Alfred Tonnelé est-il sincèrement d'un autre avis que tout le monde? Dans la souffrance délicieuse qu'il éprouve, dans cette soif de la perfection entrevue ou conçue, dans ce tourment de l'infini qui le dévore, je ne vois qu'un raffinement de volupté. Oui, vous souffrez que l'image ne réponde pas à l'idéal que votre esprit a rêvé, et votre âme languit de voir ses désirs inassouvis, et aspire avec une ardeur inquiète et une espérance pleine de trouble à ce bien parfait, à cette beauté céleste, divine! Mais, ô âme, que votre souffrance est enviable et que vos tourments sont délicieux! Que vos désirs sont immenses, comme votre espérance infinie! Eh quoi! vous possédez en vous-même une idée de la beauté si parfaite, que tout languit auprès d'elle et n'excite plus que vos dédains! Si les souffles du printemps ne suffisent plus à rafraîchir votre front, c'est que vous avez été caressé par des vents plus parfumés que tous les vents de la terre; si les chants des hommes ne vous laissent qu'un plaisir mêlé de regrets et de souffrances, c'est que vous avez entendu les voix des anges. Quoi, vous avez, dans votre esprit plein de rêves, vu s'entr'ouvrir pour vous le ciel et paraître Dieu lui-même, et vous n'êtes pas satisfait! Ah! combien sont à plaindre ceux qui n'ont pu ni comprendre ni goûter la volupté de votre douleur!

Je suis bien loin de croire que tous les hommes goûtent avec une égale intensité le plaisir du Beau, et j'admets que des trois personnages dont nous cherchons à analyser les impressions, aucun ne ressentira exactement la même. J'ignore, en outre, si c'est vraiment le sentiment du Beau qu'ils éprouvent, car c'est là précisément ce que je cherche. Mais ce que je crois constaté, même par le charmant écrivain qui semblait le contester, c'est que tous ceux qui, devant un objet, s'écrient : qu'il est beau! ressentent avant tout un plaisir, une jouissance.

Mais ce plaisir précède-t-il, suit-il ou accompagne-t-il quelqu'autre opération de l'âme? Qu'est-il en soi? un état passif, ou un état actif de l'esprit? Quelle en est la cause, ou quelles en sont les causes, s'il y en a de plusieurs espèces? Se rattache-t-il à la faculté de sentir, à celle de vouloir, à celle de connaître, ou est-il, comme l'a cru Hutcheson, l'acte d'une faculté spéciale, un acte *sui generis*? N'y a-t-il pas quelques caractères psychologiques et même physiologiques qui le font reconnaître? C'est ce que nous allons rechercher.

Écoutons parler les témoins que nous voulons consulter, ou plutôt, car les vives émotions sont souvent silencieuses, écoutons les voix intérieures de leur admiration et de leur joie muettes.

Le robuste artisan, en levant la tête vers cette cime verdoyante, mesure d'un coup d'œil la hauteur et la grosseur de l'arbre; à des indices que son regard exercé peut seul saisir et comprendre, il apprécie les qualités du bois, sa dureté qui émoussera plus d'une fois le fer de sa hache; il calcule la profondeur de ses racines et l'espace qu'une fois abattu, le géant couvrira de son corps; le prix, la grandeur des dimensions, la beauté des veines, surtout l'usage, forment la plus notable partie de ses impressions; la force de résistance que pourra lui opposer ce noble adversaire, et la lutte héroïque qu'il soutiendra, sans espérance de vaincre la patience et l'industrie de l'homme, lui inspirent cette compassion mêlée d'estime qu'on accorde à un ennemi vaillant et malheureux; en résumé, les idées que réveille en lui le spectacle de cette magnifique production de la nature, se rapportent toutes à une fin déterminée et précise. Ce chêne est beau, parce qu'il est admirablement droit, que son grain est serré et ferme, que ses veines et ses nuances sont régulières, que le bois en est parfaitement sain; par toutes ces qualités, il convient merveilleusement à des usages divers et importants qui le rendent précieux ou beau.

Ce ne sont pas là les sentiments ni les idées qui accompagnent chez le prêtre, ou chez tout homme religieux, le plaisir du même spectacle. Bien qu'exprimées par le même mot, ses pensées seront fort différentes; ou bien il s'écriera : tu vas donc tomber à ton tour, ô chêne centenaire, symbole de la force et de l'orgueil, toi qui riais du roseau fragile et insultais aux arbrisseaux chétifs qui croissaient à tes pieds et que tu étouffais, bien loin de les protéger de ton ombre! Puisse ta chute enseigner aux humains que toute grandeur créée est une grandeur petite, parce qu'elle est périssable, et que tout ce qui doit périr et a un terme n'est jamais grand;[1] ou bien il élèvera sa pensée vers celui qui fait fleurir l'herbe des prairies, qui d'un gland semé par le vent ou la tempête, a fait sortir un arbre gigantesque, étendant aujourd'hui de toutes parts l'ombre immense de ses rameaux, et l'a protégé pendant cent ans pour servir aux besoins d'un jour; ou toute autre pensée religieuse semblable s'éveillera dans son âme et lui arrachera, au milieu de sa joie et par l'effusion même de cette joie, une prière vers celui qui a bien fait tout ce qu'il a fait, vers cette Providence puissante et généreuse qui, dans toutes ses œuvres comme dans toutes ses lois, a pourvu aux besoins et semble avoir pensé aux plaisirs des hommes.[2]

C'est donc encore ici un rapport à une fin qui constitue ou accompagne le plaisir : fin morale, religieuse, mais fin précise et déterminée, comme la première. Tous les deux trouvent hors de la chose elle-même la source du plaisir qu'ils éprouvent. L'idée de perfection n'est qu'une forme particulière et supérieure de l'idée de fin. Que tes œuvres sont belles, ô Seigneur! tout est parfait de ce que tu as fait. Voilà l'idée de perfection, mais de perfection relative; car la perfection, appliquée à toute autre existence qu'à l'absolu,

---

[1] Diderot. *Essai sur la Peinture,* tom. XIII, p. 361. Ed. Naigeon. « La vue d'un torrent qui tombe à grand bruit à travers des roches escarpées qu'il blanchit de son écume, me fera frissonner. C'est ainsi, me dirai-je, que tous ces fléaux si fameux dans l'histoire ont passé. »

[2] Diderot. *Essai sur la Peint.,* tom. XIII, p. 431. Ed. Naigeon. « Quelle différence de la sensation de l'homme ordinaire à celle du philosophe! C'est lui qui réfléchit et qui voit, dans l'arbre de la forêt, le mât qui doit un jour opposer sa tête altière à la tempête et aux vents. »

signifie simplement la conformité entière de la chose à ce qu'elle doit être. Mais que doit-elle être en elle-même? Pour résoudre cette question, il faut aller chercher un principe hors d'elle. Ce n'est donc pas la vision, la vue de l'objet même qui cause le plaisir; c'est la comparaison de cet objet à une autre idée, et c'est même cette autre idée qui toute seule produit la plus grande partie de l'impression. Je me borne pour le moment à constater ces faits, me réservant plus tard d'en chercher le sens et de conclure. Terminons d'abord nos observations psychologiques. Voyons donc ce que pensent et ce que sentent, devant ce même objet, l'artiste, le peintre, ou tous ceux qui sont doués de la faculté de goûter, comme eux, les beautés de la nature ou de l'art.

La première chose qui me frappe, c'est que l'artiste ne rapporte son plaisir à aucune autre idée, ni à aucun autre objet que l'objet contemplé : c'est dans l'objet et en lui seul que se trouve ce qui lui plaît; nul but, nulle idée de rapport, nulle finalité réelle ou subjective, nulle fin pratique ou intellectuelle, non seulement ne causent son impression, mais même n'y entrent; ce serait le plus inutile de tous les bois, qu'il ne l'en admirerait pas moins : que dis-je? il l'en admirerait davantage. Si, par hasard, l'idée de la fin à laquelle il est réservé se présente à son esprit; s'il voit découpé et scié, transformé en mâts de navire, en poutres de charpente, en meubles grossiers, vulgaires, ce majestueux habitant des forêts, son plaisir est attristé, et la beauté qu'il admirait en est comme souillée. En lui, il ne voit que lui-même, et il y voit des choses qui échappent à tous les yeux; la forme et la couleur se présentent à lui avec leurs mille modifications que nous ne savons pas voir. Il voit l'air qui circule dans les branches, une lumière d'or qui glisse et filtre dans les feuillages, mille nuances de verdure qui en multiplient les teintes; il sent comme une délicieuse fraîcheur et comme un doux sommeil qui pleut de ces ombrages; ces rameaux sont des bras noueux qui s'agitent; ces branches feuillues sont une chevelure, *une verte crinière,* comme dit Ronsard; il entend, dans leurs murmures, des voix confuses qui parlent, et sent battre sous l'écorce comme un cœur qui palpite. L'arbre est beau parce qu'il est beau. Quelque puissante, quelque vive que soit son impression, elle n'est accompagnée d'aucune idée précise, déterminée. Enfermée dans l'objet qui l'a produite, il ne la rapporte à rien autre, et surtout à une idée de fin pratique et positive : l'idée et le sentiment du Beau sont en lui indépendants de tout autre.

Or, tel est, selon moi, le premier caractère qui distingue le véritable sentiment esthétique. Ce qui couronne, ce qui constitue même l'état esthétique, c'est l'indépendance du plaisir éprouvé, dont il ne faut pas chercher la cause hors de l'objet contemplé. Malgré le nom de Beau dont ils désignent leur impression, le plaisir que ressentent le prêtre et l'artisan, devant le chêne, n'est pas le plaisir de la beauté, le plaisir esthétique : dans l'un, il est beaucoup plus vulgaire, dans l'autre beaucoup plus élevé; mais non seulement ils ne sont pas du même degré, mais ils ne sont pas de même nature ; c'est ce qui va devenir évident, si nous continuons de déterminer les caractères esthétiques du plaisir du Beau.

Un second caractère auquel nous reconnaîtrons le vrai plaisir du Beau, c'est qu'il est accompagné d'un grand sentiment de délivrance, d'affranchissement de toute réalité. Jamais l'impression du Beau ne peut dégénérer en une oppression. L'âme, malgré la vivacité et le trouble même de l'affection qu'elle ressent, n'est pas sérieusement engagée ; elle n'est engagée que parce qu'elle le veut bien et autant qu'elle le veut bien, et elle le sait. L'âme ne perd pas un seul instant la conscience d'elle-même et ne tombe sous le joug impérieux et dominateur de l'objet contemplé. L'exemple du chêne ne peut plus nous servir ; prenons-en un plus pathétique : la mort de Laocoon ou le crucifiement de Jésus-Christ. Quel que soit le génie du sculpteur et du peintre, quelle que soit la puissance de pathétique que possèdent leur pinceau et leur ciseau, il est certain que jamais les œuvres de l'art qui nous représentent cette horrible scène, cette lutte tragique de la vie et de la mort, ne produiront une véritable souffrance. Jamais le plaisir du Beau ne dégénèrera, par la durée de l'illusion et la violence de l'émotion, en une angoisse réelle ; bien au contraire, l'âme contemple avidement cette douleur, elle se repaît de ce spectacle, elle étudie curieusement la souffrance divine du grand crucifié, et tous les traits de ce père en proie à une mort affreuse et à un supplice plus affreux que la mort ; elle est pleinement rassurée et parfaitement sereine ; elle goûte une volupté calme et sans remords. Loin de se laisser absorber et dominer par la scène qu'elle a sous les yeux, elle conserve assez d'empire sur elle-même et s'élève tellement au dessus de l'objet qui lui apparaît, qu'elle s'arrête à des détails d'exécution et pour ainsi dire à des hors-d'œuvre ; elle loue la perfection du ciseau, la vigueur du coloris, la largeur de la touche ; elle admire la morbidesse des chairs, la pureté des lignes, la souplesse des étoffes et la noblesse des draperies ; elle vante la science qui éclate dans la reproduction du nu et des formes plastiques. L'esprit se sent affranchi, et, s'élevant dans une sphère plus haute que la réalité et que le phénomène, il goûte, il savoure les sentiments les plus profonds qu'ils lui communiquent, la terreur comme la pitié, la douleur comme la joie, l'amour comme la haine, et même l'émotion plus perfide encore du rire, parce que l'art, comme dit Aristote, a tout purifié. Pour mieux sentir comment ce caractère est essentiel à l'état esthétique, supposons-nous un seul instant devant la réalité, la réalité du meurtre ou de l'exécution de Charles Ier ou de Louis XVI. Comprendrait-on un spectateur étudiant au point de vue esthétique, et admirant en artiste l'attitude et la pose de la victime, et la beauté des draperies du bourreau ? Qui ne sent qu'une pareille admiration, en pareille circonstance, ne serait qu'un abominable sacrilége ? Nul n'a pu assister sans horreur à une exécution capitale ; et si, devant cet affreux spectacle qui, à la honte de notre civilisation, souille encore nos cités, il se trouve un homme qui ait éprouvé un plaisir sans remords et une joie sans trouble, je le dis comme je le pense, c'est un scélérat, et j'affirme que l'affreuse joie qu'il a pu ressentir n'a rien de commun avec la céleste émotion de la beauté. Ici, pour toutes les âmes, je ne dis pas honnêtes, mais restées humaines, il n'y a plus place pour le sentiment délicieux du Beau dont on aime à se nourrir et à s'enchanter ; la réalité, avec ses tristesses sérieuses, nous enchaîne, nous écrase sous son joug ; nous ne pouvons pas, nous ne devons même pas vouloir nous y dérober.

Je ne sais comment exprimer ce caractère par un mot précis ; mais il consiste en ce que le sentiment éprouvé n'est pas sérieux ; c'est un certain état de sérénité et de quiétude, un équilibre qui ne disparaît dans aucune des circonstances terribles que l'art peut exprimer, et il a une expression physiologique, laquelle, plus visible, plus extérieure, offre un nouveau moyen de reconnaître le véritable état esthétique.

L'âme se révèle dans la physionomie et la pensée se lit dans le regard. Malgré le ravissement dont elle est comme emportée par l'aspect de la beauté, comme l'âme reste maîtresse d'elle-même, le visage reproduit la sérénité intérieure dont jouit l'esprit ; elle rit quelquefois, même en pleurant : c'est le *dacruoen gelasasa* d'Homère.[1] Dans les yeux qui se mouillent de larmes,

---

[1] Kant avait déjà fait cette remarque : *Observ. sur le Beau et le Sublime.* Barni. *Critiq. du Jug.*, tom. II, p. 238. « La figure de l'homme absorbé par le sentiment du Sublime est *sérieuse*, quelquefois fixe et étonnée. Au

je vois briller l'éclat d'un rire charmant ; et dans le rire le plus franc, je dois sentir une mesure qui l'épure en le modérant. La désolation, l'horreur des scènes où le Beau éclate encore ne peuvent voiler la splendeur sereine de ce rire intérieur qui se laisse deviner plutôt que voir dans une indéfinissable expression du visage. Aussitôt que cette expression ne peut plus se saisir dans la physionomie, c'est que le Beau a fui de la scène ou de l'objet contemplés ; l'idéal s'envole, et la réalité, la triste et sévère réalité apparaît. Etudiez les visages ardents et sombres de ces spectateurs qui osent contempler une exécution capitale ; écoutez, dans cette foule odieuse, ces palpitations sourdes, ces respirations entrecoupées, ces paroles stridentes et cyniques, les battements de la vie un instant suspendus à l'aspect de la mort qui va frapper ; et, pour bien saisir la différence, reportez un instant vos regards sur ces curieux nobles et élégants qui contemplent aussi, mais d'un visage serein et d'un regard souriant, la mort dans le Christ de Philippe de Champagne, ou dans l'admirable groupe du Laocoon. Outre ses caractères psychologiques, il y a donc des signes physiologiques qui achèvent de marquer d'une empreinte très visible le sentiment du Beau.

Si de ces caractères nous avons exclu la finalité, c'est à dire la représentation d'une fin ou réelle ou supposée, ce n'est pas à dire pour cela que dans les esprits, au moment même où ils goûtent le Beau,

contraire, le vif sentiment du Beau se manifeste par un éclat brillant des yeux, par le sourire, etc. »

cette idée ne soit présente et active. Il n'est pas interdit à l'artiste d'avoir des sentiments religieux, ni à l'artisan d'avoir les goûts et les aptitudes d'un artiste. Il y a plus : ce mélange d'idées se retrouve dans tout spectateur, à des degrés plus ou ou moins élevés, et c'est ce mélange qui complique l'état esthétique et en rend l'analyse exacte si délicate et si difficile. Il n'est guère possible qu'à la vue d'un bel objet de la nature, nous écartions absolument de notre esprit toute idée de destination ou noble ou vulgaire ; nous ne pouvons nous empêcher de croire que la nature n'a pas créé ses formes et ses figures uniquement pour la satisfaction de nos yeux et de nos oreilles, et, en définitive, c'est toujours un jugement téléologique que nous portons sur elle et sur chacune de ses productions. Mais si ce mélange, presque nécessaire dans la contemplation des objets réels, tout à fait impossible dans la contemplation des œuvres de l'art, si cette idée de finalité objective n'est pas seule présente à l'esprit, et même pourvu qu'elle n'y soit pas dominante, elle peut altérer la pureté de l'impression esthétique sans en effacer le vrai caractère, et le modifier sans le détruire.

Cette remarque nous conduit tout naturellement à distinguer un nouveau caractère du plaisir esthétique. Il est désintéressé et purement contemplatif, sans être pour cela, comme l'a voulu Kant, dépouillé de toute émotion et privé d'attraits. Si Kant n'a voulu parler que des attraits sensibles et d'une émotion sensuelle, assurément il a eu raison ; mais l'imagination a, comme les sens, ses émotions et ses troubles, et ils sont sans remords et délicieux. D'un autre côté, il est difficile de comprendre que l'âme puisse éprouver une satisfaction sans céder à un attrait. Mais il est certain que le plaisir du Beau est désintéressé, en ce sens qu'il ne se préoccupe nullement de l'avantage positif, pratique et personnel que l'objet peut procurer, et même que la considération d'un intérêt de cette nature compromettrait fort et risquerait de détruire l'essence même du sentiment du Beau. La contemplation seule et pure de l'objet suffit à le produire, et non seulement elle est suffisante, mais toute autre idée ne peut que l'affaiblir.

Avant de rechercher de quelle nature est ce plaisir et à quelle faculté il faut le rattacher, il est nécessaire de l'étudier dans toutes ses phases, et de le suivre dans toute la série des actes successifs ou simultanés qui le constituent.

Sans aucun doute, il est accompagné d'un acte plus énergique que l'impression toujours un peu passive du plaisir, et cet acte est créateur; c'est le désir de reproduire la vivante image de l'objet, ou la profonde émotion qu'il a causée; c'est le désir d'en perpétuer, ou du moins d'en prolonger le souvenir et d'en augmenter l'intensité. Certes, ce besoin d'activité esthétique descend dans certaines natures si bas, et prend des formes tellement effacées, produit des effets tellement altérés, qu'on a peine à le reconnaître; cependant il est certain qu'il existe, et bien qu'on ne le voie pas, bien qu'on ne le sente pas toujours, *si pur se muove,* pourtant il agit en nous. Il est vrai qu'on le trouve souvent à l'état rudimentaire : n'en peut-on pas dire autant de toutes nos facultés ? La vie de l'homme ne commence-t-elle pas par être presqu'uniquement végétative, avant de posséder vraiment la sensibilité ? Si l'on y veut prendre garde, les faits et le raisonnement prouveront également que ce besoin peut et doit être considéré comme inhérent à la nature humaine, et est par conséquent universel, et qu'on en trouve dans toutes les intelligences au moins des traces, confuses, faibles, si l'on veut, mais certaines et non équivoques.

Créer, produire est une faculté aussi naturelle à l'homme que sentir; l'action lui est aussi propre que la sensibilité, et l'expression que la conception de la pensée. Ces deux facultés, non seulement s'associent, mais se complètent, et ne peuvent guère aller l'une sans l'autre. L'homme pense avant de parler, ou du moins il y a dans son esprit, avant la parole, quelque conception indéterminée et vague. Malgré le paradoxe de Rousseau, et l'abus qu'en a voulu faire une école qui ne déteste pas le paradoxe et qui l'a surabondamment prouvé,[1] cela me paraît certain et évident; mais il n'est pas moins certain ni moins évident que c'est à peine la pensée : c'en est l'ombre, c'en est le germe ébauché. Ce n'est que par l'intervention du langage, et même du langage articulé, que la pensée, précise et distincte, parvient à se dégager des ténèbres

---

[1] M. de Bonald.

où elle fermente et bouillonne dans le désordre agité du chaos. De même, le sentiment du Beau, l'état esthétique resterait incomplet s'il restait inerte, et il serait comme s'il n'était pas, s'il ne s'y joignait l'acte d'une faculté qui lui permet de prendre une forme déterminée, de se fixer, de s'achever. Si donc tous les hommes sont doués de la faculté de ressentir une émotion agréable de la perception du Beau, tous également sont doués de la faculté de l'exprimer. L'une de ces deux facultés suppose l'autre, et l'expression est un complément du sentiment ; elle est un besoin de notre organisation intellectuelle, et la puissance énergique de ce besoin constitue le génie, mot qui désigne l'esprit créateur et sa virilité féconde, et qui doit peut-être à ce sens certain son origine plus incertaine. Tous les peuples n'ont pas un Homère, un Raphaël, un Mozart ; mais tous ont une musique, une peinture, une poésie, tandis qu'on en trouve, dit M. Ozanam, qui ne connaissent pas le pain. Je sais bien qu'il faut dire tout de suite : quelle peinture ! quelle poésie ! Il est certain qu'on ne trouve pas chez les Hottentots rien qui ressemble à Don Juan ou à la Transfiguration. Ces essais sont grossiers ; ces créations sont informes, monstrueuses ; l'artiste peut les mépriser : il les méprise ; mais le philosophe n'a pas le droit d'être aussi dédaigneux ; il doit reconnaître dans ces enfantements ridicules d'une imagination ignorante, les effets d'une force dont il ne peut plus méconnaître la présence, puisqu'elle se montre agissante et active ; il est donc contraint d'accepter ce nouveau témoignage, apporté par les faits, à la proposition que je m'efforce de mettre en lumière : c'est que tout homme, en même temps qu'il ressent l'émotion du Beau, est agité du désir et doué de la faculté de le produire, c'est à dire de l'exprimer. L'homme de génie ne possède pas, à cet égard, une faculté de plus que les autres hommes ; il possède avec une énergie particulière et dans un degré éminent, une faculté commune à toute l'espèce. Le génie place celui que la Providence en a doué, le premier, mais le premier entre des égaux ; il établit une distinction de rang et non point une séparation de nature ; il ne fait pas sortir l'homme de l'humanité.

Ce besoin d'expression explique seul l'origine des arts que Kant a négligée. Sans ce besoin qui le presse de créer, l'homme se serait borné à goûter la beauté dans la nature. On ne comprend pas pourquoi il eût voulu la reproduire, d'autant plus qu'il ne peut jamais faire qu'une image grossière d'un modèle parfait ou au moins inimitable. La beauté naturelle, dit Goëthe, nous invite à la reproduction : tel est le principe de l'art. Sans doute, mais parce que nous y sommes naturellement disposés, et le principe de l'art est plutôt dans cette prédisposition de notre être intellectuel, que dans les formes matérielles du monde visible. C'est pour cette raison que Kant n'a guère admis la beauté que dans les choses de la nature, et n'a expliqué que d'une manière très peu satisfaisante comment l'homme a pu être amené à la pensée ou au désir d'une création esthétique.

Les résultats que nous a fournis l'analyse sont, au

contraire, hautement confirmés par les faits ; l'histoire atteste que l'appréciation des choses, au point de vue exclusif d'une fin ou d'une destination utile, cette estimation étroite, comme l'appelle Diderot, n'existe et n'a existé dans aucun lieu, dans aucun temps, à aucune phase de l'existence de l'homme. Le sauvage se peint le visage, il polit et sculpte le bois de son arc, tout comme l'enfant pare sa poupée. Dans les époques les plus reculées de l'histoire, au berceau de tous les arts, chez les peuples enfoncés dans la plus stupide ignorance, ou dégradés par le plus abrutissant matérialisme, on retrouve dans les objets les plus vulgaires, destinés aux usages les plus vulgaires, quelque chose qui n'a aucun rapport à leur destination ; on y surprend un reflet effacé du Beau, un effort maladroit et malheureux, mais visible, d'en reproduire la radieuse image, d'en prolonger l'enchantement. A côté des armes de guerre, des outils industriels, des ustensiles et des meubles domestiques, apparaissent de tous temps et en tous pays des objets inutiles ou de forme inutile et souvent gênante ; ce sont des os, des arêtes, des écailles, des dents ou des peaux d'animaux ; ce sont des dessins particuliers de vases, ou des couleurs uniquement destinées à plaire.

Mais, dira-t-on, tous les hommes ne sont pas des peintres, des musiciens, des poètes. Le désir de reproduire l'objet qui leur a plu, ou l'impression agréable qu'ils en ont éprouvée, est, chez la plupart, nul, ou au moins y mourra impuissant et stérile, et cependant il n'entraîne pas dans sa ruine la sensibilité esthétique.

Parce que je ne sais pas reproduire sur la toile les couleurs et les formes qui m'ont charmé, parce que je ne puis pas faire passer sur les cordes de la lyre ou dans les chants plus pathétiques encore de la voix, les frémissements intérieurs qu'a éveillés dans mon âme la vision de la beauté, je ne puis pas être condamné à ne plus la sentir et la goûter; les faits protestent contre une conséquence aussi fausse de votre théorie, et la plus vulgaire observation accuse et réfute l'erreur de votre analyse.

L'objection est spécieuse, mais elle n'est que spécieuse. C'est se tromper étrangement que de croire qu'il n'y ait pas en chaque homme un peintre et à la fois un musicien : peintre qui n'a besoin ni de couleurs ni de pinceaux, musicien qui n'a besoin ni de flûtes ni de lyres, ou plutôt un artiste qui réunit dans un instrument merveilleux les effets les plus riches comme les plus puissants de l'harmonie et de la peinture. La parole, qui est déjà une algèbre, n'est-elle pas aussi et tout à la fois une musique et une peinture? Or, non seulement tous les hommes jouissent de la parole, mais encore, comme je l'ai déjà indiqué, la parole est nécessaire pour achever la pensée; c'est elle seule qui donne la forme à nos idées vagues et indéterminées, qui sont l'élément matériel [1] de la pensée; or, c'est la forme qui détermine et par conséquent réalise les puissances de la matière, qui y réveille la vie endormie, puisqu'elle substitue à une substance in-

---

1 C'est le *to apeiron* de Platon.

forme, l'essence qui est l'individualité et la réalité des idées comme des choses. Nous ne possédons véritablement une pensée que lorsque nous lui avons donné une forme, et nous ne sommes pas capables d'entendre la forme autrement que comme une forme sensible, une image, un corps. Sans ce corps, la pensée se dérobe et nous échappe; elle n'a plus aucune fixité, aucune constance; elle est comme noyée au milieu d'une mer sans rivages. C'est pourquoi le principe vivant qui est en elle, s'agite au fond de notre esprit; il aspire à se distinguer de tout ce qui n'est pas lui-même, à se dégager de l'indétermination où il flotte, à rassembler et à unir tous les éléments qui lui appartiennent; en un mot, il fait effort pour revêtir une forme, et une forme nécessairement sensible; car, pour l'homme, il n'en est pas d'autre. La forme est ce que l'acte départit à la matière; or, l'acte a précisément pour caractère de faire sortir la force d'elle-même, par conséquent de la déterminer, en la limitant et en l'opposant à une autre chose qu'elle. L'acte de parler détermine la pensée, et par ce mot parler, j'entends bien évidemment attacher mentalement ou réellement la pensée à des signes extérieurs; en un mot, l'exprimer et la pousser hors d'elle-même. En ce sens, les muets parlent et les sourds entendent. Ce n'est pas Aristote seulement qui nous force de reconnaître cette infirmité de notre intelligence; l'expérience et tous les philosophes, Bossuet lui-même, nous crient bien haut que nous « sommes dans une absolue incapacité de penser sans mêler quelque sensation, quelque figure à nos pensées. » Soit instinct naturel, soit résultat de ce besoin satisfait, l'homme se plaît à se donner ainsi à lui-même le spectacle de lui-même ; il aime à faire ce qu'il est obligé de faire, je veux dire à mettre en dehors de lui, comme en se dédoublant, les pensées et les sentiments de l'être intérieur. Le langage, ce symbole de la parole intérieure de l'âme, cette forme corporelle de la forme incorporelle de la pensée, rend visible l'invisible, immobile ce qui est la mobilité même, donne un corps à une ombre ; en un mot, comme Dieu même, des ténèbres et du sommeil fait sortir la vie et la lumière : *dixit de tenebris lumen splendescere.* [1]

Ainsi, la parole étant commune à tous les hommes, et de plus nécessaire à la pensée, il n'est nullement téméraire de prétendre que les hommes ont tous les moyens de reproduire la beauté ou l'émotion agréable qu'elle leur a causée, et qu'ils ont tous le désir et aussi la puissance de le faire. Pour réaliser ce désir, que je dis être un besoin universel de son organisation, la parole suffit, et il ne me reste qu'à démontrer que ce désir est en effet universel. Cette preuve ne peut être qu'une preuve de fait, un résultat de l'expérience. Or, si l'on observe le langage de tous les hommes au moment où ils sont émus, non seulement leur langage, mais aussi leurs gestes, leurs regards, leur physionomie, on se convaincra qu'ils expriment tous à leur manière, que tous au moins font effort pour exprimer. L'intention, le désir sont manifestes, et si, au point de

---

[1] II. Corint., IV, 6.

vue de l'exécution, le goût n'a point lieu d'être satisfait, le penseur découvre dans cette grossière ébauche de l'art qui s'essaie, une marque de l'unité de nature, de la communauté de facultés qui fait de l'humanité une famille de frères égaux. D'ailleurs, si l'homme n'avait pas en lui-même l'idée et le besoin de l'expression, comment pourrait-on les lui inspirer? C'est parce qu'il sent le besoin d'exprimer qu'il exprime, et c'est parce qu'il exprime qu'il comprend qu'autrui exprime et ce qu'il veut exprimer.

Comme il éprouve le besoin et qu'il prend l'habitude d'attacher des idées à des signes, il est naturellement porté à chercher, sous les formes sensibles qui se présentent à ses yeux, les idées qu'elles peuvent contenir ou représenter; en un mot, c'est uniquement en lui-même que l'homme trouve l'idée de signes, sans laquelle toute forme serait pour lui vide, insignifiante; car il ne pourrait jamais deviner, et on ne pourrait jamais lui communiquer l'idée qu'autrui a fait et voulu faire ce que lui-même ne peut, ne désire, ne veut pas faire. Puis donc que ce désir est nécessaire et universel, il est tout naturel que tous les hommes possèdent les instruments nécessaires pour le réaliser. J'ajoute que si c'est dans un intérêt de satisfaction personnelle et pour se repaître lui-même du spectacle de la beauté, enchaînée, comme Protée, par la magie de son art, qu'il est poussé à la reproduire, il y entre aussi une pensée moins étroite, moins jalouse : c'est le désir et presque le besoin de communiquer nos impressions aux autres, et de les épancher dans le sein de nos semblables.

C'est en effet là un caractère de toutes nos pensées, mais surtout de nos pensées ardentes et de nos émotions fortes. Dans la joie comme dans la peine, nous éprouvons le besoin de confier nos sentiments au cœur d'un ami. Il en est surtout ainsi de la jouissance esthétique : elle est par dessus toutes communicative. Ce n'est pas seulement pour sa propre satisfaction et pour en jouir seul, que l'artiste produit son chef-d'œuvre ; le poète veut un auditoire pour chanter. Il ne faut pas attribuer ce sentiment uniquement à la vanité de la gloire, dont ces cœurs sensibles sont si ardemment épris, *præter laudem nullius avari*. Nous sommes tellement faits pour la société, qu'il semble que nos pensées, comme nous-mêmes, ont besoin de s'appuyer les unes les autres ; nous avons besoin d'écouter dans les autres le retentissement et comme l'écho de nos idées ; nous avons besoin d'un objet extérieur qui nous en renvoie le reflet. Nous commençons à douter d'une pensée qui n'est point partagée. Cet isolement intellectuel affaiblit la plus forte conviction et émousse la vivacité du sentiment, et telle est, peut-être jointe à d'autres, la cause de ce phénomène qu'Aristote se borne à constater, et que Bacon considérait comme un secret impénétrable : c'est que « dans les lieux où les hommes sont rassemblés, les âmes sont plus susceptibles d'affections et d'impressions. »

Quoi qu'il en soit, on peut facilement remarquer

dans la bouche de l'enfant, du sauvage, dans le grossier et informe langage des multitudes ignorantes, une recherche d'effets pittoresques, une série d'intonations et d'accentuations, un choix de couleurs, d'images, de sons, destinés à exprimer en même temps qu'à signifier. Le marin au cabestan, l'ouvrier à son établi, le laboureur à sa charrue et en piquant ses bœufs, chantent une chanson, sifflent un air qui, dans la mesure de leurs idées et de leurs sentiments, exprime la beauté.

Ce qu'il y a de sublime dans la parole, c'est qu'elle n'a pas besoin d'être ni parlée ni écrite pour produire ses effets. Je l'ai déjà remarqué, les grandes émotions, même esthétiques, peuvent être, au premier abord, silencieuses. Mais le poète entend retentir, sans les prononcer, le bruit charmant des mots harmonieux dont il compose le groupe expressif; il voit, sans avoir besoin de les écrire, se déployer au fond de son esprit l'éclat splendide des métaphores; ses yeux fermés se laissent ravir aux couleurs et aux images qu'il rassemble, et son intelligence assiste à l'action animée des caractères et des personnages dont il invente l'idée, et au drame du discours silencieux qu'il tient en lui-même. Les personnes grammaticales ne sont autre chose que les personnages de la parole, l'action mise dans le discours, et, pour ainsi dire, la distribution des rôles. Souvent, en effet, l'homme de génie lui-même ne trouve pas, pour reproduire ses inspirations variées et fugitives, l'expression parfaite et adéquate; c'est pourquoi il laisse ses pensées agitées bouillonner dans son esprit enflammé ; ses lèvres se taisent, mais sa pensée parle ; elle se fait verbe intérieur, elle prend une forme ; l'enfantement se prépare. Après une gestation plus ou moins longue, après maints tâtonnements et mille efforts, enfin maître de lui, le génie donnera une forme définitive, et, la beauté accomplie, la vie extérieure à cette parole intérieure qu'il se disait à lui-même et dont il s'est enchanté.

Il me semble que, de tout ce qui précède, on peut conclure et considérer comme démontré : que l'état esthétique, qui a pour origine une impression, une modification de la sensibilité, contient en soi un acte de l'intelligence qui s'efforce de fixer et de communiquer ou l'impression ressentie, ou la beauté qui l'a produite ; passif à sa source, il aboutit à une action tellement active qu'elle est créatrice.

Mais en observant le fait psychologique avec une attention plus profonde, on remarquera que, dans son mouvement complet, il traverse un état intermédiaire, qui lie le point de départ au point d'arrivée, et, par l'union qu'il établit, fait l'unité de l'état total qu'on appelle esthétique.

Ce n'est pas, en effet, au moment même où la sensibilité est ébranlée, où le coup est frappé sur l'âme, que l'effort d'expression extérieure se manifeste. Avant de pouvoir fixer par le langage, moyen universel d'expression, ou par tout autre instrument, la séduisante image, il faut évidemment que l'esprit ait conçu la chose, tous les traits disséminés qui en composent l'ensemble, les nuances successives du sentiment total qu'elle a fait éprouver. Evidemment l'homme ne peut exprimer que ce qu'il a déjà conçu : la conception précède donc nécessairement l'effort et l'intention de l'expression, comme elle suit nécessairement l'impression passive de la sensibilité dont elle est le premier effet. Or, concevoir, comprendre, c'est lier, c'est unir, c'est ramener le particulier au général, l'effet à sa cause, le fait à sa loi ; c'est établir des rapports, c'est juger, c'est affirmer ; c'est donc déjà un acte, et un acte laborieux.

La conception est sinon douloureuse, du moins active et pénible ; si ce n'est pas encore l'enfantement et sa divine souffrance, elle le prépare, « et la parole en est le fruit. [1] » Pour comprendre, pour voir la beauté, il faut autre chose que des yeux clairvoyants et des oreilles attentives ; il faut fermer son âme à toutes les autres impressions molles ou orageuses qui l'assiégent ; il faut une concentration intérieure, une méditation recueillie ; il faut rentrer en soi, dans ce monde invisible de la pensée, pour y retrouver, pour y refaire l'idée, la forme, dont l'imperfection toujours grossière de l'art le plus savant ne peut jamais que réveiller le besoin ou exciter le désir. L'objet n'est que l'occasion de la conception ; par son impuissance à exprimer ce qui n'est point en lui, il force l'âme de produire en soi l'idée, et, par cette imperfection même, il ravit la pensée qu'il excite, dans un monde immense d'idées, dans des perspectives sans limites, dans l'idéal, dans l'infini.

---

[1] Bossuet. *Elevat.* 4, 2me semaine.

Si nous résumons les traits principaux de cette longue analyse, nous voyons que l'âme, placée devant un objet beau, éprouve d'abord une impression sensible qui est manifestement un état de satisfaction, de jouissance.

Cette modification est toujours et nécessairement accompagnée de deux autres qui lui sont liées et en sont inséparables. D'abord, la vue de l'objet et l'émotion qu'il cause excitent l'âme à réunir toutes les phases de l'impression qu'elle a subies en une seule, à donner l'unité et la forme à toutes les pensées éparses et indistinctes que le spectacle du beau éveille en elles; à concevoir, en un mot, elle-même le modèle idéal que l'objet peut révéler, mais ne peut pas contenir. C'est la conception, qui n'est pas l'enfantement, comme le dit Bossuet, [1] mais qui le précède et le prépare; c'est l'acte générateur. Cette conception tout intérieure a son fruit, et l'expression, acte de l'enfantement véritable, produit au dehors, formé et vivant, l'être immatériel que l'esprit a conçu, et si ce n'est à l'aide du ciseau, du pinceau, de l'archet, ce sera à l'aide de la parole qui supplée à tout et suffit à tout; la parole, fille de la pensée, ou, comme l'appelle Klopstock, sa sœur jumelle; la parole, qui n'est qu'un souffle, mais un souffle animé, vivant, presqu'un esprit, *spiritus*. [2] On peut l'écraser comme le roseau; mais, plus heu-

---

[1] *Elevat.* 4, 2me semaine.

[2] Diomède. Accentus velut anima vocis. L'accent est l'âme de la parole; l'accent n'est encore qu'une modification de la voix; l'esprit, *spiritus*, en est une autre.

reuse que le roseau qu'on écrase, que la mèche qui fume encore et qu'on éteint, elle ne périt pas sous le pied qui la foule. Immortelle comme la pensée qui l'anime, elle est bienfaisante comme ces herbes généreuses qui guérissent et embaument le pied qui les meurtrit.

Impression, conception, expression, tels sont les trois moments, comme diraient Kant et Hégel, que doit traverser l'état esthétique pour être complet et parfait. Tous les hommes sont capables d'éprouver et tous les hommes traversent ces trois phases de modifications successives ou simultanées de l'acte du goût ; tous ressentent une impression agréable de la présence sentie de la beauté ; tous ont le besoin de réunir leurs impressions dans une conception nette, et de donner une forme sensible, la vie extérieure au fruit de la conception ; tous tentent de satisfaire ce besoin, et tous souffrent de l'impuissance où ils se reconnaissent de le satisfaire pleinement.

Ceci démontré, il me reste à exposer, pour ne rien laisser d'obscur ou de contestable, dans cette analyse, base et fondement de tout ce qui va suivre, il me reste à exposer ce que l'on doit entendre précisément par l'*expression*.

On pourrait, en effet, nous objecter que la conception et la création plus ou moins informe qui la suit, ne sont pas des moments nécessaires, des éléments intégrants de l'état du Beau. Le besoin de manifester la pensée par des formes sensibles n'est pas dû exclusivement et uniquement à l'affection esthétique. Le langage certainement a été créé par d'autres besoins et pour d'autres usages ; il sert au commerce d'idées, à l'échange de sentiments et de passions qui n'ont aucun rapport avec le Beau. La parole est un système de signes, et le signe n'est pas l'expression. Avoir prouvé que les hommes ont besoin de signifier leurs idées, ce n'est pas avoir prouvé qu'ils les expriment. Il importe donc de bien distinguer le signe de l'expression, tout en faisant remarquer que le langage répond à ce double besoin et remplit l'une et l'autre fonction, parce qu'il est un système de signes naturellement et nécessairement expressifs.

Il n'y a nulle part, et surtout dans les langues, de signes qui ne soient mélangés de quelque expression. Les figures des nombres, les lettres de l'alphabet, les signes algébriques, bien qu'ils aient aujourd'hui perdu, pour le plus grand nombre, toute valeur représentative, étaient à l'origine très expressifs, et peignaient les objets aux yeux ou les faisaient entendre aux oreilles. Toute écriture commence par être figurative ; toute prononciation commence par être un chant. Les sons élémentaires, *elementa*, des langues constituent une gamme dont les lettres, *grammata*, ont été les figures ;[1] la gamme elle-même est une mélodie,

---

[1] Je ne prétends pas ici assimiler complètement le chant voilé du discours, *cantus obscurior,* aux intervalles réguliers et constants de la gamme musicale. Je sais que cette confusion a été érigée en système par les anciens même. Cf. Denys d'Halic., *de Comp. Verb.* L'abbé Arnaud *(Mém. de l'Acad. des Inscr.,* t. XXXVII, p. 99) appuie ce système et cite, entr'autres, un distique d'un inconnu, mis au rang des sages par Eusèbe, et dont voici le sens : « Je suis le grand Dieu, tout-puissant et parfait, père et créateur incessant de toutes choses, que l'on célèbre par les sept lettres sonores. »

c'est à dire une série de sons enchaînés par des rapports qui expriment la beauté. Il ne faut pas nous attendre à trouver dans les langues l'exemple de signes parfaitement logiques et abstraits.

Cependant, en soi, l'idée de signe est distincte de l'idée d'expression; il importe de ne pas les confondre et d'en bien constater les différences. Les langues, tout en étant à la fois une mnémonique et une représentation, penchent cependant vers l'une ou l'autre de ces tendances, suivant des affinités intimes et secrètes. Dans l'usage que l'on fait du discours, il n'est pas sans importance de savoir s'il faut et quand il faut que les mots se bornent à signifier, s'il faut et quand il faut qu'ils expriment. Mais c'est pour nous surtout qu'il est essentiel en même temps de distinguer ces deux idées et de montrer comment elles se réunissent dans le langage, parce que nous aurons achevé par là la démonstration du principe que nous avons posé précédemment, et qui est : tout homme est doué de la faculté de sentir le Beau, et cette faculté enferme celle de le reproduire, de le représenter; proposition qui ne peut être prouvée que si nous montrons l'homme en possession d'un instrument universel d'expression. Tel est le langage, qui est non seulement un système de signes abstraits, mais encore une peinture et une musique éminemment expressives.

Que les sept voyelles soient les sept notes de la gamme telle que nous la connaissons, c'est une conclusion excessive que je n'adopte pas et que j'ai combattue ailleurs. Tout ce que je veux dire ici, tout ce que j'ai besoin qu'on m'accorde, c'est que toute langue est une espèce de musique, et non la musique même.

Si l'on étudie ce qu'est en soi le signe pur, on verra qu'il n'est qu'un rapport arbitraire, conventionnel et changeant; c'est un besoin intellectuel qui le produit, une nécessité plutôt qu'un désir. Il n'y a aucune ressemblance nécessaire, aucune adéquation entre le signe et la chose signifiée; il n'y a même aucun effort pour faire du signe une forme adéquate de la notion intellectuelle. Il ne s'adresse qu'à la mémoire, pour y réveiller ou y fixer le souvenir d'une idée. En les attachant à des figures ou à des sons, choses matérielles, sensibles, il rappelle les idées fugitives et insaisissables, permet à l'esprit de les tenir et de les retenir aussi longtemps qu'il veut sous son regard pénétrant, de les lier, de les gouverner : c'est beaucoup, mais c'est tout ; c'est un procédé purement logique. Le rapport est arbitraire. Quel que soit le fait sensible, quelle que soit l'apparence, pourvu que le rapport entre l'objet et l'idée soit établi et convenu, le signe est créé et son office est rempli. C'est un organe nécessaire de la méthode de penser, de la pensée même qui ne peut s'en passer, et qui serait, sans lui, comme si elle n'était pas. Libre dans le choix des signes, elle n'est pas libre de n'en pas prendre ; c'est un secours nécessaire à sa faiblesse ; c'est une nécessité à laquelle elle ne peut se dérober, sous peine de tomber dans l'anéantissement et de se noyer dans le vide.

Il n'en est pas de l'expression comme du signe : elle ne part pas des mêmes besoins, elle ne produit pas les mêmes effets. Ce n'est pas pour l'esprit une nécessité inexorable de créer une représentation sensible et vivante des objets : pour penser, le signe suffit ; et même, à mesure que les langues deviennent plus scientifiques, elles tendent à devenir plus abstraites, et à s'affranchir de tout l'attirail d'expressions pittoresques et harmonieuses qui, par la séduction même qu'elles exercent, troublent la pureté logique des notions et encombrent la voie droite du raisonnement. Le signe se sépare toujours de la chose signifiée et s'y oppose, comme le corps à l'esprit ; dans l'expression, au contraire, l'esprit a saturé la matière, l'idée a pénétré la forme, qui devient, ou du moins a la prétention de devenir l'idée même représentée. L'expression, par conséquent, est concrète, animée, individuelle ; elle est, elle se meut, elle vit. Le signe est nécessaire, et ce qui me porte, après l'impression agréable que j'ai reçue, à produire et à concevoir, c'est une volonté libre, c'est un désir, fait éminemment volontaire. Sans doute il est de ma nature de le vouloir ; mais parce que la volonté est un élément de la nature humaine, elle n'en est pas moins la volonté, c'est à dire la liberté. Dans le signe, nous ne créons, nous n'inventons rien ; les éléments matériels nous sont donnés, et notre intervention se borne à voir et à affirmer des rapports entre certains objets et certaines de nos pensées. L'expression est une création volontaire, libre de l'esprit, une création vraiment humaine. La pensée pure voudrait s'affranchir de la matière où elle s'indigne d'être descendue et comme ensevelie ; elle cherche, autant qu'elle le peut, à spiritualiser ses formes et à sortir de ce corps de mort qu'elle traîne comme un linceul après elle : le corps est le tombeau de l'esprit. Nous sentons qu'il y a une plus noble manière de penser, et nous gémissons, nous nous désespérons de n'y pouvoir atteindre. Mais loin d'être humilié d'exprimer et de produire, de transformer la matière au point de la rendre identique ou identifiée avec un idéal, l'homme, au contraire, s'enorgueillit de cette puissance ; il se complaît dans cette production, témoignage de sa force et de sa virilité. Il pourrait s'en passer ; mais il ne le veut pas. Il ne se borne pas à goûter le Beau, à le comprendre ; il n'est pas satisfait de pénétrer des regards de son esprit les secrets mystérieux de l'essence et de la vie : être essentiellement actif, il veut surtout agir, et l'acte le plus parfait est de concevoir et de produire. Passer de la puissance à l'acte, être une cause, c'est le caractère éminent de la force.[1] Aussi l'homme est-il porté à cet acte par des transports de passion, par des angoisses pleines de joies secrètes, par des aiguillons de volupté profonde et troublée qui n'accompagnent au même degré aucune de ses opérations actives. Ecoutez aussi ses transports, regardez quelle exaltation enthousiaste, quel délire il fait éclater, quand enfin de ses mains puissantes et de son génie fécond est sortie l'œuvre glorieuse, conçue et enfantée dans la volupté et la douleur ! Telle la statue qu'anima de son souffle tout-puissant l'Amour, ce Pygmalion immortel ; ou tel encore cet univers devant

---

[1] Leibnitz. *De notione subst.*, tom. II, p. 14. Ed. Dut. Vis activa actum quemdam sive entelecheiam continet, et conatum involvit.

qui Dieu lui-même laisse échapper un cri de joie, en voyant couronné de beauté et de splendeurs ce monde qu'il venait laisser tomber de sa main. De même l'homme ne se contente pas de vivre ; il veut se développer, c'est à dire se multiplier et étendre sa vie en la transmettant. Ainsi il élève à la vie la matière qui l'entoure en se l'assimilant, et, par l'expression qui l'identifie avec l'idéal, il la transforme, il la transfigure ; on pourrait presque dire qu'il la crée une seconde fois. Le sentiment du Beau, comme nous l'avons déjà dit, est essentiellement créateur, poëte.

Reportons-nous maintenant vers les langues : Qui pourra nier d'y voir concourir, à mesure égale, et le signe et l'expression, et ces deux effets se mêler si intimement qu'on ne pourra presque plus les distinguer l'un de l'autre, et qu'exprimer voudra dire signifier ? Mais s'ils sont peu distincts, ils sont cependant bien différents. Les langues signifient : cela est constant ; mais il est impossible de nier qu'il existe dans toutes les langues une foule de formes qui n'ont point de signification, une multitude d'accidents de prononciation, de flexion, d'aspiration, d'accentuation, qui ne sont dûs ni aux exigences de la logique, ni aux besoins de la vie positive. Qui donc a créé le mot, cette unité merveilleuse, où se meuvent autour d'un centre unique tant d'idées diverses, dans un ordre si parfait ? N'est-ce pas la Grèce, amoureuse de l'ordre, de la grâce et de la beauté ? Qui donc y a déposé le nombre ou le rhythme, la quantité ou l'harmonie, c'est à dire la proportion et la mesure ? Il est impossible de le contester, tout en servant à la communication des idées, les mots veulent encore se parer de couleurs, se revêtir de sons qui n'ont plus de signification, et qui ont seulement pour effet comme pour but, de répandre dans le discours la grâce, et, pour tout dire, d'exprimer la beauté. De là cette mélodie de la parole, mélodie voilée, mais délicieuse, le plus doux bruit qui puisse captiver l'oreille. Le mot n'est plus une ombre : c'est une lumière, ou du moins c'est l'ombre lumineuse que projette la pensée. C'est ce principe [1] de la force expressive du discours qui combat l'action de l'influence logique et du principe abstrait, qui, s'il venait à prédominer, détruirait dans toutes les langues leur charme et leur beauté. On n'y pourrait plus trouver d'expressions poétiques et littéraires ; elles seraient réduites à être un instrument d'analyse, un organe logique, une langue des calculs, comme dirait Condillac, une algèbre en un mot, c'est à dire, un système de signes abstraits et conventionnels. Ce mouvement déjà emporte les langues beaucoup plus loin qu'on ne le suppose. A mesure que les préoccupations des intérêts matériels prennent plus de place dans les

---

[1] C'est encore ce principe qui explique tant d'anomalies inexplicables dans la constitution des langues, tant de bizarreries ou d'inconséquences apparentes de leurs grammaires, de vices de leurs dictionnaires. C'est par lui qu'on peut résoudre la question où se divisent Platon et Aristote, quand le premier prétend, dans *le Cratyle,* que les mots expriment l'essence même des idées, et que le second, dans *l'Herméneia*, soutient qu'ils n'en sont que les signes conventionnels et arbitraires. Le mélange du signe et de l'expression se retrouve d'ailleurs partout ; il y a partout la formule convenue et la forme expressive. Dans tous les arts, il y a des choses de pure convention ; dans toutes les sciences, il y a des traces visibles d'expression.

esprits, à mesure que l'étude des sciences et la pratique de l'industrie s'étendent, les langues reçoivent, dans leurs éléments pittoresques et poétiques, des blessures qui peuvent être mortelles, car on les frappe au cœur. Qu'on y fasse bien attention : l'analyse est une anatomie; elle tue tout ce qu'elle touche et ne fait que des cadavres. Il est de l'essence du mot, dit déjà Hégel, d'abstraire et de résumer.

Si donc il y a au sein du discours un principe qui cherche avant tout la clarté, et satisfait ainsi au besoin logique qui tourmente l'esprit, il s'y trouve également agissant, et avec une égale énergie, un principe qui aspire à produire d'autres effets : il veut que les pensées non seulement se fassent voir et toucher, mais encore qu'on les voie avec plaisir ; il les revêt d'agréments et les colore de grâces ; il ne se borne pas à les éclairer, il les illumine. Or, comme toute langue contient ces deux éléments, tout homme possède, dans la langue qu'il parle, l'instrument le plus parfait et le plus complet d'expression. Armé de ce pinceau et de cette lyre, il peut toujours exprimer, et toujours il exprime ou le sentiment que la beauté a produit en lui, ou la beauté elle-même.

On ne peut donc tirer de la constitution des langues aucune objection sérieuse contre les propositions que nous nous sommes efforcé de démontrer. Bien au contraire, et il nous paraît dès à présent acquis que le sentiment du Beau, dans son essence, c'est à dire dans sa plénitude, se compose d'une impression agréable, suivie d'une conception intellectuelle et aboutissant à un effort d'expression, de création. Cet état est inhérent à la nature humaine, et tout homme est doué des trois facultés qui le constituent. L'art est un fait universel, le beau un état universel, et tout homme venant en ce monde est un poète.

§ II. *A quelle faculté de l'âme faut-il rapporter l'état ou l'acte esthétique ?*

Jusqu'à présent nous avons pu présenter des résultats justifiés par le raisonnement et confirmés à peu près tous par l'autorité des plus grands esprits. Ce dernier appui, qui nous était si nécessaire, va désormais nous manquer, et nous manquer au point où il nous était le plus nécessaire ; car nous voici arrivé au nœud même de la question. Il nous faut rechercher quel est le caractère éminent, essentiel de ce sentiment très complexe que l'on nomme esthétique, qui renferme des éléments si divers et embrasse, dans sa définition, des notions si nombreuses et si différentes. Nous nous trouvons devant un problème obscur et redoutable ; les plus grandes autorités se combattent, se contredisent, se réfutent ; c'est pour ainsi dire sans guide qu'il faut nous aventurer dans ces ténèbres et marcher dans cette obscurité; cette obscurité tient à un fait, et est, par conséquent, l'écueil inévitable du sujet. Toutes nos facultés, nous avons déjà pu le voir, concourent dans une proportion variable, il est vrai, mais enfin concourent à produire chacun de nos actes spirituels. Ce qui rend tout cela impénétrable, dit Bossuet, c'est que concevoir, c'est aimer, et qu'aimer c'est concevoir, connaître et vouloir. L'âme est présente tout entière dans chacune de ses opérations, et, indivisible dans sa substance, elle est indivisible dans son action. Les divisions qu'on y pratique ne sont qu'un artifice de la science; purement abstraites, elles n'ont aucune réalité objective et ne sont qu'un moyen théorique de se reconnaître dans la multiplicité confuse des faits moraux de la nature humaine. Toutefois, s'il est vrai que, dans quelque état qu'on la suppose, l'âme à la fois sent, veut et connaît, il n'est pas moins certain que, dans ses actes, prédomine tour à tour la sensibilité, la volonté, la raison, et que la simultanéité d'action de ses facultés, dans chacun de ses actes, n'est pas un motif légitime de renoncer aux classifications logiques et de nier l'utilité que la science en retire.

La science est la forme nécessaire de la connaissance humaine. On ne connaît véritablement que ce que l'on sait. Mais l'homme n'est pas un pur esprit : il ne peut pas sortir du temps et de l'espace, négliger les ombres qui passent et les figures qui disparaissent. La parole, organe nécessaire de la pensée, devient ainsi un organe nécessaire de la science, qui, par elle, entre dans le temps et dans l'espace, et met la division et l'abstraction dans ce qui est un, simple et vivant. Mais cette multiplicité apparente ne trompe personne sur l'unité indivisible de la substance spirituelle, et elle est indispensable à l'esprit faible et borné de l'homme, pour chercher et comprendre la vérité. Il faut donc conserver les classifications philosophiques, car elles sont logiquement et scientifiquement réelles. Le principe de ces classifications est de déterminer dans chaque fait complexe, et ils le sont tous, quel élément, quelle faculté prédomine : la sensibilité, la volonté, l'intelligence.

La recherche spéciale qui nous occupe est plus délicate, l'analyse en est plus difficile que toute autre, parce que, non seulement toutes les facultés concourent à produire l'état esthétique, mais parce que, en outre, leur action y semble être à la fois simultanée et égale. Dans la douleur, dans la détermination morale, dans l'acquisition d'une vérité, j'ai beau voir concourir et simultanément toutes les facultés de l'âme, je distingue facilement celle qui, dans chacun de ces faits, joue le rôle supérieur, prédominant, et lui imprime un caractère essentiel. Dans le sentiment du Beau, j'ai peine à le démêler, plus de peine encore à le distinguer avec précision et à le décrire.

Pour nous aider dans cette recherche, rappelons-nous que, d'après notre précédente analyse, le sentiment du Beau renferme le besoin, le désir et l'effort même, plus ou moins énergique, plus ou moins heureusement réalisé, d'une expression, d'une production. Ce fait, qui a peut-être été un peu négligé, a été ici, si je ne m'abuse, solidement établi. S'il en est ainsi, il est clair que l'état esthétique ne pourra être rattaché qu'à celle de nos facultés dont les opérations sont constamment accompagnées d'un besoin d'action extérieure, d'un désir de reproduction.

Examinons donc, à l'aide de cette lumière fort claire assurément, si le sentiment du Beau n'appartient pas à la sensibilité.

L'état esthétique est un état sensible : il est impossible de le nier. Il est toujours produit par une forme sensible, ou à l'occasion d'une forme sensible ; il affecte par conséquent nécessairement les sens. L'homme ne se l'impute pas à lui-même, comme à sa cause ; et non seulement il produit des effets incontestables sur l'organisme, tels que le rire et les larmes, ce qui ne laisse pas le moindre doute, mais encore, si le fait sensible, la sensation, n'en est pas l'essence, c'en est au moins le point de départ et la première origine. La sensation, comme l'expérience et l'observation le démontrent, est le moyen nécessaire par lequel le Beau plaît à l'âme. Ce qui plaît uniquement aux sens, n'est pas beau, il est vrai ; ce plaisir n'est pas esthétique : il est sensuel. Mais ce qui plaît uniquement à la raison, sans passer par l'intermédiaire d'une sensation, et sans enfermer nécessairement une image étendue, n'est pas non plus le Beau, et le plaisir qu'il cause n'est pas esthétique : ce sera la joie de la vérité conquise, ou la jouissance plus noble encore du devoir ou du sacrifice accompli ;

ce sera un plaisir intellectuel ou moral, mais grave et sérieux, et non pas libre et insouciant comme le Beau. De là vient que l'homme seul goûte le Beau et connaît les jouissances des arts; c'est que seul il est en même temps et indissolublement un être raisonnable et sensible.

Bien que les sens fournissent au sentiment du Beau sa première origine, ils n'ont pas tous ce privilége; et c'est un fait très remarquable et d'une explication des plus difficiles, qu'il n'y ait que deux sens par lesquels se transmettent à l'âme les plaisirs esthétiques : la vue [1] et l'ouïe. Si l'on veut se rendre compte de ce qui se passe dans l'organisme au moment du fait esthétique, on n'a qu'à considérer comment il est affecté par la musique; car le mode de transmission de la lumière paraît avoir la plus grande analogie avec le mode de transmission des sons, et expliquer l'un ce sera expliquer l'autre.

Les sons de la voix, comme ceux des instruments de toute nature, comme les bruits de toute espèce, ne sont que des vibrations, c'est à dire des ébranlements des couches d'air qui enveloppent l'appareil sonore. Ces vibrations sont propagées en ondes qui viennent frapper l'organisme savant et compliqué de l'oreille, dont la pièce principale est le tympan ou *tambour*. Cette peau tendue reçoit les couches d'air ébranlées par le mouvement du corps sonore, et, sous cette im-

---

[1] Leibnitz, *Princip. de la Nat. et de la Grâce.* Ed. Dut. Tom. II, p. 38. « Les plaisirs que la vue trouve dans les proportions sont de la même nature que ceux de la musique. »

pression, s'ébranle à son tour; et, chose étrange, le nombre des vibrations qu'elle produit est égal au nombre des vibrations qu'elle a reçues. Ces vibrations de l'oreille ébranlent à leur tour les nerfs du cerveau, qui les communiquent à toute la machine et les portent, par une voie inconnue aux hommes, jusqu'à l'âme. Ce n'est pas tout : il y a d'autres impressions sensibles plus nombreuses, sinon plus profondes, et qu'il importe de ne pas oublier. La peau qui enveloppe le corps de l'homme peut être comparée à une trame prodigieusement fine de nerfs invisibles, mais communiquant tous, tous solidaires dans leurs plus légers mouvements, et attachés les uns aux autres par des relations mécaniques et sympathiques. On ne peut toucher un seul point de ce réseau délicat et impressionnable, on ne peut remuer un fil de ce filet de cordes nerveuses et toujours tendues, sans imprimer un frémissement à l'être tout entier. Or, non seulement la musique le touche en un point, le plus délicat de tous, l'oreille; mais le système nerveux est attaqué par tous les points à la fois. Quiconque se rappelle quel rôle joue dans la vie organique le système nerveux, et comment il constitue pour ainsi dire toute la sensibilité, ne niera pas que l'état esthétique produit par la musique ne soit sensible, au moins dans son origine. C'est par là qu'on explique ces commotions électriques qui ébranlent un peuple entier, les effets prodigieux d'un chant national, religieux ou militaire, quand il arrive jusqu'à la fibre intime et profonde. De là cette exaltation produite par une musique d'un certain caractère, et qui transporte jusqu'au délire la volupté lascive des bacchantes, ou les mâles courages des soldats. On peut dire, et presque sans métaphore, comme le philosophe-musicien Aristoxène [1] le disait de l'âme, que l'homme est une lyre :

> Mon cœur est un luth suspendu :
> Sitôt qu'on le touche, il résonne. [2]

Mais ce sont là uniquement ou au moins en grande partie des exaltations du système nerveux. Quelques rapports qu'ait l'organisme avec l'âme, il s'en distingue ; la sensation ne peut changer de nature, et elle reste la sensation ; c'est un côté puissant, mais sensuel de l'art musical, et il ne l'explique pas tout entier. Le plaisir éprouvé ne serait pas pur s'il n'était qu'un frémissement nerveux ; parti de la sensation, il y resterait emprisonné ; il troublerait l'âme en enivrant les sens d'harmonie ; ce serait une sirène voluptueuse dont il faudrait fuir l'amour corrupteur et la beauté perfide, et non la pure et céleste Uranie.

Il sera peut-être superflu de prouver que, dans la musique, il se passe en nous autre chose qu'une modification organique ; [3] personne ne le conteste, si ce n'est quelques philosophes attardés, qui en sont encore

---

1 Cic. *Tuscul.*

2 Béranger.

3 Quand l'action du son sur l'auditeur se borne à une action purement physiologique, elle est loin de procurer un plaisir esthétique. Il arrive assez fréquemment que certaines voix, les voix aigres et stridentes des jeunes garçons, des enfants de chœur, occasionnent une véritable attaque de nerfs. J'en pourrais citer des exemples. L'art n'a plus rien à voir dans un pareil phénomène : il faut l'abandonner tout entier à la médecine. De plus, tous les bruits capables d'imprimer une violente secousse au système nerveux, et même à l'organe auditif, sont loin d'appartenir à la musique.

à prétendre que la pensée n'est qu'une fonction ou une sécrétion du cerveau.[1] Pour tous ceux qui croient, avec Descartes, qu'entre la matière et l'esprit, la pensée et la substance étendue, il y a un abîme, il suffira de leur rappeler que la musique éveille en nous des affections éminemment morales, des volontés et des idées que l'ébranlement du système nerveux est impuissant à produire, quoiqu'il puisse avoir avec ces phénomènes quelques relations de coïncidence ou de cause occasionnelle.

Que se passe-t-il donc en nous? et quel phénomène la conscience peut-elle observer dans l'âme agitée ou doucement émue par l'harmonie? C'est ce qu'il est à la fois très important et très difficile de savoir : très difficile, parce que le phénomène est très complexe; très important, parce que le découvrir dans son entière vérité, serait démontrer de la plus irréfragable manière que l'état esthétique, en général, comme dans la musique, n'est pas dans son caractère éminent, par son essence, un fait sensible.

Les anciens, qui se sont occupés avec le plus grand soin de toutes les questions qui concernent la musique, n'ont pas négligé celle-ci, et peut-être n'avons-nous pas grand'chose à ajouter aux solutions qu'ils avaient découvertes.

Plutarque, dans son Traité sur la Musique, s'est borné à un mot sensé, mais un peu bref: « Les sensations qui se font dans nos corps ne s'y font pas, dit-il, sans

---

[1] Cabanis.

une certaine harmonie. » Il est absolument nécessaire d'entrer prématurément dans quelques développements sur la musique, pour comprendre la portée scientifique et le sens précis de cette phrase.

Tous les sons n'ont pas le caractère musical, tant s'en faut ; il ne suffit même pas, pour le leur donner, qu'ils produisent une sensation agréable. Mille bruits captivent et charment nos oreilles : le vent bruissant dans des feuillages, la mer gémissant sur la grève, le tic-tac monotone du moulin, ces murmures vagues qu'on entend dans les champs, jusqu'au silence même, portent à l'âme des émotions douces et agréables, et ne sont pourtant pas de la musique.

Tout le monde sait quelles sont les conditions à la fois nécessaires et suffisantes pour qu'un corps soit sonore : il faut qu'il puisse, par l'élasticité de sa constitution moléculaire, recevoir et imprimer à l'air qui l'enveloppe, une série de vibrations ou ondulations assez nombreuses et assez fortes pour que l'oreille puisse en être ébranlée d'abord, puis ensuite les répéter ; car il y a ici un phénomène remarquable : l'oreille non seulement perçoit les vibrations du corps sonore et de l'air qui l'a frappée, mais elle les reproduit, elle les reproduit toutes, et ce qu'il y a de vraiment merveilleux, c'est que ses propres vibrations coïncident avec les vibrations du corps.

Or il arrive, par des causes qu'a su trouver la science, que parmi ces ondes sonores qu'éveillent les vibrations des corps, les unes sont, les autres ne sont pas isochrones, et que parmi celles qui sont isochrones, les unes gardent ce caractère pendant un temps fort court, d'autres pendant un temps prolongé. L'isochronisme prolongé des vibrations qui constituent un son, en font un son musical. Qu'est-ce que cet isochronisme prolongé? c'est l'égalité de durée de chacune des vibrations pendant un espace de temps long relativement au temps total qu'embrassent toutes les vibrations d'un même son. Or, cette égalité, c'est un rapport, c'est un nombre; de tous les rapports c'est le plus simple; de toutes les proportions c'est la plus parfaite : c'est la proportion même. Or, cette proportion qui retentit en nous, cette harmonie qui accompagne certaines de nos sensations, comme dit Plutarque, il est évident que ce n'est pas la sensation qui nous la fait comprendre, car elle ne la contient et ne la possède pas; par une sensation, ou plutôt à l'occasion d'une sensation, nous pénétrons au delà, au dessus de la sensation même ; nous voyons apparaître le nombre, la mesure, la loi, l'ordre, l'harmonie, un des principes intelligibles des choses, qui ne peut, cela est évident, être saisi que par un principe intelligent, par la pensée. Il y a dans les sons de la musique une loi qui ne peut être aperçue que par l'esprit; le plaisir qu'ils causent contient l'intelligence du rapport tout intellectuel qui les règle. Tout rapport, en effet, est un fait intellectuel, et affirmer des rapports est un acte de l'entendement. Il y a donc dans la musique et dans le sentiment esthétique qu'elle produit, tout autre chose qu'une modification organique. Nous venons d'y voir éclater un caractère intellectuel dont la sensation ne peut pas rendre compte, et ce caractère domine de bien haut l'élément sensible qui l'a révélé sans le contenir. Nous allons le voir se manifester plus visiblement encore.

Personne n'ignore, et c'est une expérience que chacun peut se donner le plaisir de faire, que si l'on met en vibration une corde tendue de manière à produire un son musical, si l'on touche fortement une note de piano par exemple, une oreille un peu exercée entend distinctement dans ce son unique, quatre sons différents : le son principal, son octave, sa tierce et sa quinte, soit pour la note *ut* unique, les notes *ut*, *mi*, *sol*, *ut*. Ce phénomène singulier tient à ce que dans une corde tendue, ébranlée par un mouvement ondulatoire, il se forme des nœuds de vibrations qui partagent la corde en parties *proportionnelles*, et, par suite, outre les vibrations de la corde entière, on entend les vibrations des parties de la corde que le mouvement ondulatoire produit de lui-même. Ce n'est pas tout : des expériences ingénieuses ont fixé dans l'espace la figure de ces mouvements partiels et de ces divisions naturelles, et ont prouvé qu'ils produisaient des formes régulières, géométriques, *proportionnelles*.

Quant aux quatre sons, que ces divisions accumulent dans un seul, les nombres de vibrations qui les constituent forment entre eux la proportion suivante :

$$1 \quad \frac{5}{4} \quad \frac{3}{2} \quad 2$$
$$\text{ou} \quad 4 \quad 5 \quad 6 \quad 8$$

rapports des plus simples qui constituent l'accord parfait du ton majeur. L'oreille exécute ici des mouvements merveilleux; car, puisqu'elle répète toutes les vibrations qu'elle perçoit, il faut qu'elle répète celles de la corde entière, et, séparément, celles des parties de la corde proportionnellement divisée par les nœuds de vibration; c'est à dire que pendant que l'*ut* [1] imprime à l'oreille 4 vibrations, le *mi* en imprime 5, le *sol* 6, l'*ut* [2] 8; en sorte que toutes les quatre vibrations il y a coïncidence entre les vibrations des quatre notes; or, c'est cette coïncidence fréquente, mais variée, qui cause le plaisir de l'harmonie, et cette coïncidence est réglée, comme on le voit, par un rapport qui les lie ensemble et les ramène à l'unité. On peut donc dire qu'il y a dans la musique comme une mathémathique entendue, rendue sensible, une combinaison variée de nombres ou de rhythmes, pour ainsi dire une discussion et une résolution d'équations mélodieuses. « La musique, dit Leibnitz, [1] nous charme, quoique sa beauté ne consiste que dans les *convenances des nombres* et dans *le compte*, dont nous ne nous apercevons pas et que l'âme ne laisse pas de faire, des battements ou vibrations des corps sonnants qui se rencontrent par intervalles. » Je ne pense pas avec Leibnitz qu'il n'y ait dans la musique que le plaisir de *compter* des vibrations; je me réserve d'y trouver plus tard autre chose, et de trouver dans cette autre chose le caractère essentiel du fait esthétique musical. Mais nous en avons dit assez pour montrer clairement que la sensation fait partie du phéno-

---

1 *Princip. de la Nature.* Ed. Dutens. Tom. II, p. 38.

mène ; il faut qu'elle s'y trouve, mais à condition d'envelopper une idée, d'être telle qu'à l'occasion de l'impression sensible, l'homme s'élève à des idées intellectuelles et morales, et, derrière le voile obscur qui la cache en même temps qu'il la révèle, voie resplendir la véritable lumière.

Le plaisir esthétique n'est donc pas tout simplement une sensation. La sensation en est une phase, elle y joue un rôle nécessaire; elle y a, comme disent Kant et Hégel, son moment ; mais elle n'en fait pas la qualité éminente, le caractère propre ; elle n'en détermine pas la véritable nature. A cet égard, à l'exception de Hobbes [1] et des philosophes de l'école sensualiste, nous trouverons peu de contradicteurs. Platon comme Aristote, Hégel aussi bien que Kant, même Diderot, qui ne voit dans le plaisir du Beau qu'une idée de rapports, tous s'accordent à refuser la qualité éminente de sensible au fait certainement moral dont nous nous occupons.

L'universalité des actes du goût est, aux yeux de Kant, ce qui les distingue des faits sensibles; mais cette universalité est, en un sens, fort contestable et fort contestée. Il n'y a rien d'universellement partagé que la connaissance, dit lui-même Kant ; et, malgré les dis-

---

[1] Thom. Hobbes. Brucker, tom. V, p. 121, a analysé avec précision et concision tout son système :
 1º Tout ce que les hommes désirent, on dit qu'ils l'aiment.
 2º Tout ce qui est l'objet d'une appétition de l'homme, on l'appelle le Bien.
 3º Le Bien qui s'annonce par des signes apparents, s'appelle le Beau.
 4º Le Beau n'est donc qu'un bien visible, et le bien n'est que l'objet quelconque d'un désir.

tinctions qu'il cherche à établir, il faut avoir admis avec lui que l'acte du goût n'est autre chose qu'une espèce particulière de jugement, et que le plaisir esthétique n'est que le plaisir de la connaissance, avant d'accepter l'universalité de ces actes comme un signe et une preuve qu'ils ne sont pas éminemment sensibles. Or, nous sommes loin de considérer le goût comme la faculté de juger, et le sentiment du Beau comme un jugement. D'un autre côté, s'il y a un élément universel dans le fait esthétique, il y a aussi un élément nécessairement particulier. On peut démontrer par des raisons apodictiques, *à priori*, nécessaires, ce qu'est le Beau en soi, dans sa forme intelligible, et arracher par conséquent à tout être intelligent son consentement; mais la forme extérieure dont s'enveloppe cette idée universelle de la raison, est nécessairement particulière; l'accord sur ce point peut se rencontrer, il se rencontre, mais il ne peut être, par la puissance d'aucun raisonnement, arraché à celui qui résiste. Eprouver le sentiment du Beau, c'est éprouver un plaisir, et à celui qui n'éprouve pas de plaisir, rien ne pourra, si ce n'est lui-même, changer en plaisir son indifférence, ou son ennui, ou même son dégoût.

Ce n'est donc pas par leur universalité qu'on peut distinguer des faits sensibles les phénomènes du goût; car ils sont à la fois particuliers et universels, et Kant lui-même l'a reconnu en cherchant à concilier ce qu'il appelle les Antinomies du goût.

Hégel a, ce nous semble, pénétré plus avant et établi

avec plus de clarté une distinction plus vraie : « Toutes les fois, dit-il,[1] que l'homme éprouve une sensation pure, cet état est accompagné du désir de transformer l'objet qui l'a produite dans sa forme actuelle et présente, afin de l'approprier à son usage. Ce sont des penchants particuliers, ayant pour objets des êtres particuliers dans lesquels il tend à s'entretenir et à se satisfaire, qu'il cherche à convertir à son usage et dans sa substance, qu'il offre en sacrifice à lui-même. Sous ce rapport, le désir ne se peut contenter de l'apparence : il lui faut la réalité. »

De plus, la réalité seule suffit, et il n'y a rien en elle de général dont l'homme ait besoin sous ce rapport. L'intérêt qu'il porte aux choses est d'ordre positif, matériel, pratique. Qu'elles signifient ou qu'elles expriment, qu'elles renferment des idées de la raison ou un idéal de l'imagination, c'est la chose du monde à laquelle, sous l'empire et sous la domination brutale de la sensation pure, il pensera le moins. Ce qu'il veut que les choses contiennent, quand il mange, c'est de l'azote. Dans cette sorte d'état, ce n'est ni la raison, ni la volonté qui le déterminent à l'acte ; il est mû par un ensemble d'impulsions irréfléchies, animales, pour ainsi dire mécaniques ; il cède à un mouvement qui n'a rien d'intellectuel ni de volontaire, et le besoin qu'il éprouve dépend, pour être satisfait, de conditions purement extérieures qu'il n'est au pouvoir ni de son intelligence, ni de son imagination, ni de sa volonté de produire et de créer.

---

[1] Hégel. *Cours d'Esthét.*, tom I. Trad. Bénard.

Ce n'est pas ainsi que l'homme se comporte vis à vis du Beau : « il laisse, dit Hégel, il laisse subsister l'objet en lui-même libre et indépendant ; » lui-même, vis à vis de l'objet, reste indépendant et libre ; jamais, sous la divine émotion de la beauté, il ne se sent opprimé comme il l'est par les besoins tyranniques de la soif et de la faim. Bien que l'objet doive produire une impression sensible, cette sensation est si peu le caractère éminent, l'essence de l'acte esthétique, qu'il n'est pas nécessaire que l'objet soit réel ou vivant. Il y a plus : on peut aller jusqu'à dire, au contraire, avec Hégel, qu'il faut qu'il ne soit ni vivant ni réel ; d'où l'on est obligé de conclure avec lui que, dans le Beau, « le sensible n'est donné que comme l'apparence du sensible, » et que c'est dans l'art, et non dans la nature, que se trouve la source la plus pure des plaisirs du goût : conclusion directement opposée à celle de Kant, qui, s'il voyait le Beau quelque part ailleurs que dans l'esprit qui le comprend et en jouit, ne le verrait que dans la nature.

Nous pouvons même ajouter quelque chose à la distinction si juste qu'a posée Hégel. Nous nous sommes attaché à prouver que le phénomène esthétique renfermait le désir d'une production, d'une création extérieure, et nous ne trouvons ce caractère dans aucun des actes de la sensibilité pure. Loin de là, ces derniers, au contraire, aboutissent à la destruction des choses, et elles paraissent destinées à leur servir de proie. Les sensations du goût et de l'odorat en sont là, et c'est pour cela qu'elles ne produisent ni ne transmettent le plaisir du Beau ; elles détruisent la chose qu'elles désirent, et ne la désirent que pour la détruire, l'absorber et l'assimiler ; elles concentrent l'âme, par conséquent, dans un état vraiment passif, où elle est bien éloignée d'être excitée à produire, à s'opposer quelque chose tiré d'elle-même, à créer en un mot ; elles ne nous font même pas connaître, d'une manière rationnelle, le principe intelligible que peut contenir la réalité extérieure où elles nous renferment : ces deux sens nous laissent en dehors du monde intellectuel et moral, du monde des idées et de la vie, et sont par conséquent étrangers au sentiment de la beauté.

Il n'en est pas ainsi, comme nous l'avons vu, de la sensation de l'ouïe : elle nous fait pénétrer au delà d'elle-même, dans la région des idées, des principes intelligibles ; ce que nous avons démontré du son, nous pourrions le faire de la lumière, bien que les anciens [1] aient semblé exclure la forme figurée et visible du privilège d'exprimer l'essence et la vie morale. Mais cette sévérité excessive contre la beauté plastique a été ramenée par Aristote lui-même à sa juste valeur ; après avoir montré dans la musique et tous les arts de la parole qui en dépendent, la plus grande puissance d'expression morale, il ajoute que cette vertu « manque absolument aux choses du toucher et du goût, mais qu'elle se présente dans les objets visibles : les formes et figures, en effet, possèdent cette puissance, mais à un faible degré. [2] »

---

1 Arist. *Prob.*, sect. XIX, 27 et 29.
1 *Politiq.*, VIII, 5.

Quoi qu'il en soit, il reste acquis que les sensations qui ne nous font pas pénétrer dans l'intelligible, ne nous communiquent pas le plaisir du Beau; et que celles des sensations qui nous transmettent cette jouissance, n'en possédant pas en elles-mêmes le principe essentiel, c'est par un élément étranger à elles que les objets nous plaisent. Le fait esthétique, tout en renfermant une sensation, n'est donc pas, dans son essence, un fait sensible.

Est-il un fait essentiellement intellectuel? c'est ce que nous allons maintenant rechercher.

Et d'abord il est évident qu'il est intellectuel. Toute sensation est au moins un commencement, un élément de connaissance, et conduit naturellement à prendre une notion quelconque de l'objet qui l'a causée. La conscience, avertie par la modification de l'âme, la rapporte à une cause, tout en cherchant à reconnaître son propre état. Le sujet qui sent, se sait sentant, connaît qu'il éprouve une certaine modification, et ne peut pas ne pas connaître plus ou moins clairement et distinctement l'objet, cause de cette modification. Toute émotion esthétique renfermant une sensation, renferme donc aussi une notion, une forme quelconque de pensée. Nous ne pouvons pas penser sans le secours d'une image, et, par excellence, nous ne pouvons pas goûter le plaisir ni concevoir l'idée du Beau sans une représentation. Toute représentation se compose d'une série de perceptions liées entre elles; et comme ces perceptions ne peuvent être liées que par des affirmations, toute représentation, même esthétique, renferme explicitement ou implicitement un jugement.

S'il y a de l'être dans toute proposition, parce que dans toute proposition il y a un sujet, centre et foyer d'activité intellectuelle qui s'affirme comme vivant et pensant, on peut assurément dire aussi que dans tout acte sensible ou volontaire, il y a une proposition, un jugement, c'est à dire au moins une réelle, quoique peut-être secrète, affirmation de l'être par lui-même. Kant même a démontré que la conscience de ma propre existence, comme déterminée dans le temps, suppose quelque chose de permanent dans la perception. Ce qu'il y a de permanent dans la perception ne saurait être une intuition interne, car les causes déterminantes de mon existence qui sont en moi, ne sont que des représentations. Si elles ne sont que des représentations, elles ont elles-mêmes besoin de quelque chose de permanent qui diffère d'elles, et par rapport à quoi leur succession puisse être déterminée dans le temps, et par là même mon existence : donc la conscience de ma propre existence est en même temps conscience immédiate de l'existence des choses extérieures.

Donc, dans tout acte sensible ou volontaire, il y a un double jugement.

Mais dans la série d'intuitions que l'imagination recueille et lie, et que déploie la représentation esthétique, il y a encore plus que cela. Représenter par une image étendue les formes, les qualités, et autant que possible l'essence même des choses, n'est-ce pas évidemment les faire connaître ? Il n'y a pas de connaissance possible sans une image étendue : toute idée est donc une représentation. N'a-t-on pas le droit d'admettre la réciproque, et ne peut-on pas, ne doit-on pas dire : toute représentation est une idée? On peut le dire du moins d'une représentation esthétique. Comment se plaire à la contemplation d'un objet, comment l'aimer, comment s'en laisser émouvoir jusqu'au transport, jusqu'au délire, si on ne le voit pas, si on ne le comprend pas? *Ignoti nulla cupido*, dit le poète; et le philosophe répète : *Nullus potest amare aliquid incognitum.* [1] Il y a mieux : c'est un plaisir, une joie de connaître. Fait pour la vérité, destiné à la chercher, ne pouvant se reposer que dans la conscience qu'il la possède, l'homme goûte un vrai bonheur quand enfin il l'a rencontrée, ou laborieusement découverte. Nous aimons, même intérêt à part, les perceptions de nos sens. Aristote n'aurait-il donc pas raison de dire que tout le charme des arts qui expriment la beauté, a sa source dans ce fait : qu'ils sont un moyen plus rapide, plus universel de connaître. Le Beau, c'est le vrai; et le plaisir du goût n'est que la conscience de l'exercice libre, plein et facile de nos facultés de connaître. Je ne puis pas cacher que telles sont les conclusions qu'ont adoptées la plupart des philosophes qui se sont occupés d'esthétique : Hégel, qui fait du Beau et de l'art une transition vers la connaissance parfaite; Schelling, qui en fait au contraire le couronnement et la floraison du savoir; Kant, enfin, qui non seulement adopte la théorie d'Aristote, mais qui vrai-

---

[1] S. Aug., *De Trinit.*, X.

ment l'exagère, car il va jusqu'à nier la nécessité de la réalité des objets pour exciter en nous l'état esthétique. Jouir de la beauté, c'est uniquement sentir que nos facultés, nos sens, l'imagination et la raison se meuvent dans une activité libre et harmonieuse. Les objets peuvent disparaître, nos facultés peuvent s'exercer dans le vide, l'état esthétique n'en sera ni moins réel, ni moins pur; il n'est qu'un jugement et un jugement qui ne donne que la forme finale, et non la fin réelle de nos facultés représentatives.

Je ne puis m'empêcher de dire que je suis effrayé de la tâche qui m'incombe de combattre de telles autorités et de contredire ces grands esprits, dont l'unanimité sur ce seul point semble ajouter un nouveau poids à cette proposition de leurs théories d'ailleurs si diverses. Je ne serai pourtant pas seul à soutenir la lutte : Platon sera devant moi pour attaquer comme pour repousser nos adversaires communs. Il ne fallait pas moins qu'un tel drapeau pour me rendre un peu de courage et pour m'empêcher de déserter un poste si rudement assailli et si faiblement défendu.

Kant est de tous ces philosophes celui qui a formulé le plus nettement son opinion, et qui l'a appuyée d'arguments les plus imposants. Nous croyons donc bien faire d'exposer ici cette partie de son système; la réfutation de sa doctrine sera la réfutation de toutes les autres.

L'auteur de *la Critique* et du *Système de l'Idéalisme* n'a pas refait une psychologie; il reconnaît à peu près, comme tout le monde, trois facultés, mais il leur distribue leurs fonctions d'une manière fort singulière : l'entendement est la faculté de connaître, et renferme les catégories ou les lois nécessaires à l'esprit humain pour connaître ; la raison est la faculté de désirer, et elle a pour objet les concepts de la nature et ceux de la liberté ; la troisième est la faculté de sentir du plaisir ou de la peine, au moyen de l'imagination, c'est le jugement. L'acte du goût se reconnaissant à la satisfaction qui l'accompagne, est donc évidemment et ne peut être rapporté qu'au jugement. De plus, comme c'est par l'intermédiaire nécessaire d'une image étendue, et par conséquent de l'imagination, que ce plaisir est transmis à l'âme ; comme par conséquent il est fondé sur des intuitions sensibles, sur une affection des sens, dont le rôle de l'imagination est de recueillir et de lier les perceptions isolées, il est encore évident que ce jugement est *esthétique,* c'est à dire fondé sur une sensation. Mais qu'est-ce donc que le jugement, et comment peut-il avoir pour caractère essentiel d'être accompagné d'un sentiment de peine ou de plaisir?

Le jugement est la faculté de ramener le particulier fourni par l'intuition au général, de concevoir, de penser [1] le particulier comme contenu dans le général. Ces lois générales, fournies par l'entendement, sous lesquelles l'esprit va déposer, *subsume* les éléments donnés par la sensibilité, déterminent les connaissances que nous pouvons nous former de la nature, et donnent lieu au jugement déterminant. La loi par laquelle l'es-

---

1 *'denken. Critiq. du Jug.* Introd.

prit subsume ainsi le particulier sous le général, lui est prescrite à *priori*; il ne peut s'y dérober, et comme elle lui est donnée d'avance, il n'éprouve aucune peine à la chercher, aucun plaisir à l'avoir découverte.

Mais il est un autre jugement. Les lois générales, les catégories de l'entendement ne satisfont point parfaitement l'esprit; il *désire* s'élever à une unité plus haute, à des idées encore plus générales, lesquelles ne sont pas des lois nécessaires, mais seulement des besoins intellectuels, des *desiderata* logiques, qui n'ont point de réalité objective. Aussi ne les trouvons-nous pas directement, ne les pratiquons-nous pas nécessairement; ce n'est que par une réflexion, par un retour de l'esprit sur l'infinie variété des lois de la nature, dont la confusion le travaille et l'irrite, qu'il éprouve le désir de les ramener à une unité véritable. Or, quand l'esprit ramène le particulier à une idée générale de la raison, qui n'était pas dans son entendement, qu'il n'a pu chercher et trouver que par un acte de réflexion, cet acte est un jugement réfléchissant : un jugement, puisque le particulier est ramené au général; réfléchissant, puisque c'est la réflexion seule qui a cherché et trouvé cette idée de la raison, que ne contenaient ni l'entendement ni l'intuition.

Le plus haut de ces principes, la plus générale de ces idées, de ces *désirs* de la raison, c'est que la nature s'accorde, dans ses lois particulières et réelles, avec le besoin que notre intelligence éprouve de lui trouver des principes universels; en un mot, c'est le principe de la finalité de la nature. Entendons-nous bien ; il ne s'agit pas ici d'une fin réelle, que, suivant Kant, nous sommes dans une absolue incapacité de connaître, et que nous ne pouvons qu'espérer et désirer : c'est la possibilité d'une fin. C'est un concept formel en tant qu'il ne contient pas le principe de la réalité de l'objet, mais qu'il n'est que la concordance de notre esprit avec une disposition de la nature qui n'est possible que suivant des fins. En un mot, il nous *semble*, et il est désirable pour nous que la disposition des objets de la nature ait eu un but, et le but de nous plaire. C'est une simple forme, sans aucune réalité ni subjective ni objective de finalité. [1]

Cette idée désirée, péniblement cherchée, produit à celui qui la découvre une satisfaction véritable; et comme tout le monde la cherche et que tout le monde est doué d'un *sensus communis* qui permet de la trouver, la satisfaction est universelle.

Voilà comment le jugement, du moins le jugement réfléchissant, est accompagné d'un sentiment de plaisir et de peine, et comment on peut s'expliquer que Kant l'ait défini la faculté de sentir, définition qui ne laisse pas de causer quelque étonnement, fort légitime à mon sens.

Il y a des degrés dans ce besoin de l'esprit d'envisager la finalité de la nature et sa concordance avec notre faculté de connaître.

Le plaisir du jugement réfléchissant est produit en nous par l'harmonie de nos facultés cognitives avec les

---

1 Cf., 3ᵉ partie, *Système de Kant*. On trouvera là plus de détails, sinon plus de clarté.

lois de la nature ; mais si dans ce jugement nous rapportons les objets contemplés à un concept déterminé, si nous cherchons en eux une finalité objective ; en un mot, si nous considérons dans l'univers les causes finales, la grandeur de ces notions nous détourne de la réflexion intérieure, du retour sur nous-mêmes, qui seul peut nous faire goûter l'harmonie, le jeu libre et insouciant de nos facultés. L'habitude se joint à cette cause pour effacer du jugement téléologique le plaisir qui y était primitivement attaché ; mais, au contraire, nous pouvons nous absorber dans la contemplation intérieure de l'état harmonieux de notre esprit, n'avoir présent à la pensée qu'un concept vague et indéterminé auquel nous rapportions les intuitions particulières ; alors le plaisir subsiste, parce que nous plaçons en nous-mêmes et en nous seuls la finalité de la nature qui semble avoir eu, dans ses créations et ses formes, pour unique but de nous plaire : c'est alors un jugement esthétique, car c'est uniquement ce qui, dans la représentation d'un objet, est purement subjectif, qui ne peut être un élément de connaissance, c'est à dire la sensation, peine ou plaisir, mêlée à cette représentation, c'est là ce qu'il y a dans ce jugement d'esthétique. Il faut observer que cet élément esthétique est la représentation de la finalité formelle, en ce sens que le plaisir lié à la représentation a sa source dans la forme de l'objet et non dans l'élément matériel de sa représentation, considérée comme sensation propre.

Je n'ai pas à discuter ici le fond du système, d'ailleurs très incomplètement présenté ; une analyse plus exacte et une discussion plus étendue trouveront place ailleurs : ce que je veux relever ici dans la doctrine du philosophe allemand, c'est qu'il fait de l'acte esthétique un *jugement* nécessairement accompagné d'un plaisir et ne se fondant sur aucun concept déterminé, mais uniquement sur les conditions purement subjectives et, selon lui, indéterminées de notre faculté de connaître.

Il n'est pas aisé de trouver jour dans la masse compacte et dans l'argumentation d'un pareil système ; toutes les idées se tiennent, et, pour détruire une proposition, il faut s'attaquer à tout l'édifice. Ce n'est pas une œuvre agréable ni aisée. Je demande l'indulgence, la patience et l'attention du lecteur, que rendent également nécessaires et ma faiblesse et la difficulté du sujet.

D'abord, quelle est cette étrange classification qui attribue au jugement la fonction de communiquer à l'âme le sentiment de la peine ou du plaisir? Qui a jamais défini le jugement, c'est à dire, comme l'explique Kant lui-même, la faculté (si c'est une faculté) de ramener le particulier au général; qui, dis-je, a jamais défini le jugement la faculté de sentir? Et sur quoi Kant a-t-il basé cette définition ou cette analyse étrange? sur un accident que lui-même reconnaît manquer aux deux tiers des actes qui appartiennent au jugement. Il y en a, en effet, on se le rappelle, trois sortes : le jugement déterminant, le jugement réfléchissant téléologique, le jugement réfléchissant esthétique. Or, ni le premier ni le second ne sont jamais accompagnés d'aucun sentiment de plaisir, et parce que le troisième s'en trouve quelquefois suivi, cela suffit à Kant pour donner à la faculté générale qui les produit tous, pour caractère essentiel, pour définition propre, un accident si particulier. Ce n'est pas là, on l'avouera, une psychologie sérieuse et fondée sur une observation bien exacte. D'ailleurs, quand on accorderait que le plaisir accompagne toujours le jugement, le plaisir ne serait pas l'essence même du jugement. Ramener le particulier au général, « *subsumer* certaines représentations, abstraction faite de toute sensation et de tout concept, sous les conditions subjectives, mais universelles, de juger en général, » ce ne sera jamais là sentir. Et malgré l'autorité de ce grand maître, ce n'est pas sans une surprise très naturelle qu'on le voit détacher l'acte de juger de l'entendement, à qui il appartient si clairement, pour en faire inutilement une faculté spéciale faussement confondue avec la faculté de sentir.

On pourrait, il est vrai, répondre pour Kant que, dans son système, et malgré la dénomination de jugements qu'il leur laisse, les actes du goût ne sont point de véritables jugements, car le particulier n'est pas ramené à un concept déterminé : or, comment concevoir qu'un jugement particulier comme celui du Beau, n'ayant aucun concept déterminé, soit un jugement véritable ? Mais il n'a pas laissé cette ressource à ses défenseurs. Je sais bien qu'il dit, en effet, que l'idée de la beauté exclut tout concept déterminé; mais cela ne suffit pas de le dire, il faut nous forcer à l'admettre :

or, qu'est-ce donc que cette concordance de l'imagination avec les règles générales de l'entendement, cette finalité de la nature avec les idées de la raison, si ce n'est des règles, des règles abstraites, des concepts parfaitement déterminés? Il fait donc entrer lui-même le concept après l'en avoir exclu, dans l'acte esthétique, et il ne lui reste plus aucune objection à opposer à ceux qui, comme nous, prétendent que son système aboutit à faire de l'acte esthétique un vrai jugement, un acte de l'entendement, qui fait entrer le particulier dans une loi générale. Je ne vois pas comment on pourrait le nier.

Si la finalité subjective et formelle de la nature avec les besoins de l'entendement est une idée abstraite et parfaitement déterminée ; si le plaisir du Beau a sa source unique dans la conscience du libre jeu de nos facultés de connaître, de l'harmonie de notre imagination et de notre entendement, conscience qui ne peut être et qui n'est qu'un acte de réflexion, je me demande comment on pourrait contester que Kant ramène l'état esthétique à un acte purement intellectuel? Toute sa théorie, si ingénieuse d'ailleurs et pleine d'observations et d'analyses aussi justes qu'originales, peut se résumer dans le mot d'Aristote : « Tous les hommes se plaisent naturellement à penser et à connaître ; » ils se plaisent à contempler leur esprit dans l'activité de ses opérations et à voir leurs facultés accomplissant, dans un accord harmonieux et un jeu libre, leurs actes et leurs fonctions diverses ; c'est même un acte intellectuel à un degré éminent ; ce n'est pas, en effet, un simple acte spontané et instinctif de connaissance, c'est la contemplation réfléchie des actes de l'esprit ; c'est une considération philosophique, scientifique de la vie intérieure de l'âme. Alors c'est la connaissance qui est belle, et la réflexion sur la connaissance qui est le plaisir du Beau. C'est une espèce d'harmonie, comme on l'a très bien observé, [1] placée non plus dans les objets, mais dans l'homme même, l'harmonie de nos facultés cognitives ; aussi les objets peuvent changer ou disparaître, ils ne sont pas nécessaires à la production du phénomène ; ils sont uniquement l'occasion pour l'esprit de subsumer les représentations [2] particulières qu'ils fournissent sous les conditions générales de la connaissance. Ce n'est pas la beauté qui détermine l'acte esthétique ; c'est l'acte esthétique, le jugement de goût, qui détermine la beauté.

C'est donc, comme on le voit, un acte intellectuel purement intérieur, une vue purement subjective et contemplative ; le sujet ne sort pas, n'a ni le besoin ni le désir de sortir de lui-même, et la modification qu'il éprouve n'est accompagnée d'aucun effort de production, d'expression extérieure ; c'est un acte solitaire et, à un certain point de vue, stérile. On ne voit pas comment l'art a pu naître. La nature suffit à donner à l'es-

---

[1] M. Barni. *Etude sur Kant*.

[2] L'intuition perçoit les objets isolés, ou plutôt, comme nous ne pouvons connaître les objets mêmes, perçoit isolément chacune de leurs qualités sensibles. En second lieu, l'imagination recueille et lie ces notions éparses, et, à chaque perception nouvelle, reproduit toutes les perceptions passées, ce qui constitue une image, une *représentation*.

prit la conscience du libre jeu de ses facultés, et, pour remplir ce rôle, elle est bien supérieure à l'art, qui ne peut jamais que la reproduire infidèlement et n'en est que la copie maladroite et inexacte. Aussi la nature seule a la beauté, ce qui ne veut pas dire que la beauté est en soi quelque chose dans la nature, mais simplement que la nature occasionne, par ses œuvres et par ses formes, un jugement de réflexion porté par l'esprit sur lui-même. Toute sa beauté consiste dans le phénomène qui nous donne occasion de sentir l'état intérieur de notre esprit. L'art ne possède cette puissance que quand il fait l'effet de la nature, et il n'y réussit jamais complètement. D'ailleurs, pour que l'art subsiste dans son essence propre, il est nécessaire que l'illusion ne soit pas entière, et que nous ayons toujours conscience que ce n'est qu'une imitation.

Il faut reconnaître que de cette théorie même, et d'observations répandues çà et là dans les ouvrages de Kant, on a pu tirer un principe plus élevé et plus vrai que celui qu'elle contient. Ce grand philosophe était un moraliste austère, et il a fait effort, lui aussi, pour rattacher l'art à la morale, et le beau au bien et à la vertu. On verra plus loin, dans l'analyse détaillée que nous donnons de la *Critique du jugement esthétique*, que le principe de la finalité subjective de la nature pour le jugement, n'étant ni en nous ni dans la nature, est nécessairement placé dans le supra-sensible. Nous sommes amenés par ce principe même à reconnaître, ou plutôt à croire, à espérer que la nature n'existe pas seulement pour le spectacle de nos yeux, pour être un objet de contemplation. Nous arrivons par là à concevoir un système de fins de la nature, et à chercher à ses productions une destination plus noble, plus réelle, par laquelle seule la beauté contemplée de la nature a son prix et sa dignité. C'est une destination morale, c'est l'amélioration morale de l'homme, c'est le développement de sa liberté, c'est l'accroissement de sa vertu, qui est la fin que nous devons croire posée par Dieu aux magnificences de sa création.

Ainsi, le principe du Beau est dans l'intelligible. Le plaisir esthétique nous élève au dessus de l'aveugle nature qui l'occasionne, et nous conduit à concevoir un ordre de choses supérieur à elle, le monde divin du devoir, de la liberté, du bien, de la vertu ; « c'est l'intelligible que le goût a en vue ; c'est vers lui que conspirent nos facultés supérieures de connaître.[1] »

Il est évident que Kant ici s'élève, et que, par des interprétations ingénieuses et des développements habiles, on pourrait extraire de sa doctrine un système plus noble que celui qu'il contient ; mais il est douteux que le principe en fût changé. Kant ne s'est pas assez expliqué sur la nature de cet intelligible ; en tout cas, à prendre la théorie telle qu'il l'expose et dans sa donnée fondamentale : l'acte esthétique est un jugement ; je la crois contestable et je la conteste.

L'essence d'une chose est ce qui fait que cette chose est telle et non pas autre ; ce qui constitue l'essence

---

[1] *Critiq. du Jugemt.*, Trad. Barni. T. I, p. 337.

d'un acte intellectuel est ce par quoi cet acte est intellectuel et non pas autre : or, le caractère propre, l'essence d'un acte intellectuel, je prends ici la définition de tous les philosophes, est de sortir du particulier, du sensible, et de s'élever au général, au supra-sensible qui peut seul contenir l'unité où l'esprit aspire. Le vrai où tend l'intelligence et où seulement elle se repose, le vrai est l'idée dans sa pure essence, indépendamment des conditions qui la spécifient dans une individualité, dans un être particulier; c'est une idée générale, universelle et considérée comme telle; une idée dépouillée de la forme, non pas de cette forme nécessaire, immatérielle, intellectuelle, que l'acte confère à la puissance et qui se confond avec l'essence, mais de cette forme qui se réalise sous les conditions de l'étendue dans le monde contingent des phénomènes. C'est l'idée générale de *cause*, qui enferme chaque phénomène dans une loi ou le ramène à sa cause, qui constitue la compréhension, la conception, la véritable connaissance. On ne connaît réellement que lorsqu'on connaît les raisons de l'essence : or, ces raisons et ces causes ce sont les principes, et ces principes sont des idées universelles, nécessaires, puisque les besoins de l'esprit y ramènent et y rapportent constamment et nécessairement toutes nos perceptions particulières et isolées. Kant a démontré d'une manière irréfragable que l'expérience elle-même, source de toutes nos idées particulières, suppose et par conséquent renferme des idées universelles, les catégories que l'entendement ajoute de son propre fonds aux perceptions des objets, et sans lesquelles ces membres épars de la connaissance ne seraient jamais liés entre eux et resteraient comme la matière inagrégable, le métal informe de la pensée, sans jamais recevoir l'empreinte et la forme d'un jugement.

Le jugement n'est que cette affirmation qui ramène le particulier au général : or, comme c'est le général qui donne la forme à nos pensées, que le jugement en est par conséquent la forme nécessaire, et nécessairement générale, il en résulte évidemment que ce qu'il y a d'essentiel dans le jugement, d'éminemment intellectuel dans un acte, c'est la présence du général, c'est la tendance de l'acte à sortir du particulier et à réaliser, autant qu'il le peut, l'universel. Tel est l'acte logique qu'on appelle jugement ; il contient bien le particulier, mais ce n'est pas ce particulier qui lui imprime sa forme ; au contraire, il la reçoit de l'élément général qu'il renferme également, mais qui le caractérise et qui constitue son essence. Il est manifeste que l'acte esthétique, qui contient cependant le général, aspire au contraire à ne pas sortir du particulier, veut se réaliser dans une forme sensible, individuelle, laquelle détruite, tout ce qu'il y a d'esthétique en lui est détruit. Le général n'est donc pas son essence ; il n'est pas essentiellement un jugement, c'est à dire un acte de l'intelligence pure percevant le vrai ; au contraire, c'est un acte nécessairement particulier. Kant lui-même l'a reconnu, et c'est uniquement parce qu'il a voulu y mettre l'universalité et la nécessité, qu'il s'est cru autorisé à en faire un acte éminemment intellectuel, rien n'étant universellement partagé que la connaissance.

Nous avons déjà dit comment il fallait entendre cette universalité des actes du goût, et combien peu elle ressemble à l'universalité qui caractérise les actes de la faculté de connaître. C'est la faculté du goût en général qui est vraiment universelle; mais chacun de ses actes particuliers n'a qu'une universalité fort restreinte et fort douteuse; j'irais jusqu'à dire qu'elle ne peut être qu'un rêve et qu'une chimère. La somme des angles d'un triangle est égale à deux droits; non seulement cela est admis comme vrai par tout le monde, mais cela est admis d'une manière absolument identique. La vérité est universelle et peut être universelle, parce qu'elle est absolument une. Mais que de nuances dans l'état moral qu'excite la beauté? Que de nuances, de degrés nécessaires dans le sentiment, dans la conception qui le suit, dans l'effort d'expression qui le complète? Même quand tous les hommes seraient d'accord pour trouver une même chose belle, il n'est pas possible qu'ils la trouvent également belle, et la même personne ne trouvera pas toujours au même objet la même beauté. Nous verrons que cette diversité, nécessaire dans les nuances de l'état esthétique, tient surtout au rôle actif qu'y joue la véritable personnalité humaine: le moi, qui, dans la conception et dans l'expression de la beauté, apporte l'élément d'une différence indestructible, puisque sans cette indestructible différence il n'y aurait plus d'individualité humaine. C'est un moi libre et volontaire qui forme l'idéal auquel nous ramenons toute beauté réelle. Où il n'y a pas unité, il ne peut y avoir qu'une universalité de nom, ou, si l'on veut, de faculté : ce qui n'est pas contesté. L'universalité des actes particuliers du goût est une chimère qui suppose un état impossible, sur la terre au moins, où toutes les âmes seraient douées d'une même puissance de sensibilité, d'imagination, de génie esthétiques, où toute différence entre les individualités humaines aurait fait place à l'unité absolue, c'est à dire qu'elle suppose que les hommes auront cessé d'être des hommes. Ce n'est pas dans l'intelligence pure que se trouve la véritable personnalité, le moi se révèle dans une activité volontaire, libre, et par conséquent dans tous les actes qui porteront dans leurs nuances un caractère ineffaçable de personnalité; nous ne pourrons pas reconnaître le caractère des actes de l'intelligence pure, qui sont nécessairement et universellement partagés.[1] D'où je conclus, contre Kant, que l'acte esthétique, précisément parce qu'il porte la trace de la personnalité du sujet, n'est pas un acte éminemment intellectuel.

Je sais bien que Kant distingue le jugement de connaissance du jugement de réflexion; mais véritablement je ne vois pas pourquoi. Qu'est-ce que la réflexion? si ce n'est une connaissance réfléchie, revenant

---

[1] Descartes. *Discours sur la Méthode.* « La puissance de bien juger et distinguer le vrai d'avec le faux, qui est proprement ce qu'on nomme le bon sens ou la raison, est naturellement égale en tous les hommes..... Elle est tout entière en un chacun. »

sur elle-même, un redoublement de connaissance. Mais d'ailleurs admettons la distinction : voilà l'état esthétique, l'émotion souvent brûlante du Beau, transformés en jugement, non pas sur les objets, mais en jugement de réflexion sur nous-mêmes. Qu'aurait dit Voltaire d'une explication si profonde et si inattendue? Son bon sens si juste et si irritable eût éclaté en colère et en ironie bien méritées. Sans imiter ce ton railleur et léger, quoi, dirons-nous, ce transport! quoi, ce délire qui m'agite devant la beauté, cette extase délicieuse où il semble que se fond mon âme tout entière! cette folie divine qui trouble mes sens, suspend ma raison, qui allume en mon cœur des ardeurs si douces et si profondes! quoi, ces larmes; quoi, ce céleste et ineffable sourire, c'est l'effet d'un jugement et d'un jugement de réflexion encore! c'est un acte de la conscience réfléchie, un retour de la raison sur elle-même! c'est la science, la philosophie même, et la plus haute philosophie, la science absolue et dernière![1] Et ce jugement ne diffère du jugement logique qu'en ce que le concept auquel se rapporte le jugement n'est pas déterminé! En supposant exacte cette dernière assertion, qui est loin de l'être, qui croira jamais la première, et dans quelle imagination ne trouvera-t-elle pas des souvenirs qui la démentent? Il n'y a pas tant d'allées et venues, de détours et de retours dans le phénomène. C'est un coup subit,

---

1 V. Schelling, 3ᵉ partie.

souvent instantané, que presque toujours aucune réflexion n'accompagne et surtout ne précède. Il est certain que la raison intervient dans le sentiment du Beau. Diderot, que Lessing a raison de citer comme l'esprit le plus philosophique qui ait, depuis Aristote et avant Kant, spéculé sur les arts, Diderot, conséquent avec son système, a raison d'observer que *parfois* on ne goûte la beauté de *certaines* choses que lorsque l'entendement a prononcé sur elles; ce n'est qu'après le jugement que le plaisir s'éveille. Ce n'est là qu'une exception que nous pouvons admettre sans renoncer au principe; encore pourrait-on demander si cette initiation est faite par les opérations de l'entendement ou par une intuition irréfléchie de l'esprit. Mais nous verrons plus loin qu'il y a des actes où un acte de la raison, de l'intelligence pure, précède l'émotion du Beau; nous verrons que s'il la précède, loin de la constituer, il semble ne pas même lui appartenir. C'est le cas d'appliquer la maxime de l'école : *Post hoc, non ergo ab hoc*. En admettant que le plaisir ne s'éveille qu'après une opération de la raison, cela ne prouve en aucune manière que le plaisir soit l'effet de ce jugement. Le jugement peut précéder le plaisir esthétique sans en être la cause; je dis plus, sans même lui appartenir. Je suis bien loin de nier d'ailleurs que là, comme dans tout autre acte de l'esprit, nos facultés aient une action simultanée, et que par conséquent l'intelligence joue ici son rôle et ait son moment; mais ce que je soutiens, c'est que l'intelligence n'est pas ici prédominante, et que l'acte esthétique n'est pas dans son essence un acte vraiment intellectuel, une opération de la raison pure.

Il ne faut pas confondre connaître avec penser, l'acte intellectuel avec l'acte spirituel. L'essence de l'esprit, c'est à dire de l'homme même, est de penser : l'esprit pense quand il sent, quand il aime aussi bien que quand il connaît. Dans toute pensée il y a même connaissance, ou du moins un commencement de connaissance. Cependant connaître est autre chose ; c'est quelque chose de plus et quelque chose de moins ; c'est une idée plus compréhensive et par conséquent moins étendue. L'intelligence n'est qu'une partie, qu'une faculté de la pensée ; c'est elle qui met en forme les éléments de nos connaissances, et la forme de cette connaissance c'est le jugement, à savoir la faculté de considérer le particulier comme contenu dans le général et l'acte de cette faculté ; c'est même quelque chose de plus encore : c'est non seulement aspirer au général, mais se dégager du particulier ; c'est isoler l'élément variable, sensible, contingent, du phénomène ; c'est négliger l'accident, qui ne peut pas entrer dans la généralité des formules, qu'on ne peut pas comprendre ni connaître, parce qu'il ne dure pas, n'est pas identique à lui-même, n'a pas cette constance de formes de la véritable essence. On ne peut connaître que ce qui est. La science est une abstraction, [1]

---

1 Cette abstraction, nécessaire aux opérations de l'intelligence, est parfaitement décrite par saint Thom., *Somm. théolog.*, I, quest. 12, art. 4. « L'âme a deux facultés cognitives : l'une, s'exerçant par les organes

une destruction de l'accident ; c'est la lumière qui détruit les ténèbres ; c'est le jour radieux qui chasse les ombres de la nuit. Le fait esthétique n'a pas cette pureté intellectuelle et cette essence lumineuse ; il est mêlé d'ombres, et quand ces ombres disparaissent, il se perd lui-même et s'anéantit ; il lui faut les conditions de l'espace et du temps, dont la pure essence de l'esprit s'indigne de porter les entraves. S'il renferme les éléments d'un jugement, ils sont isolés, dispersés, et indissolublement unis aux éléments contingents et accidentels qui échappent aux formulse générales. Je suis si loin de croire que le propre de l'état esthétique soit une opération logique, un acte pur de l'entendement, que je serais plutôt disposé à prétendre que lorsque l'âme est en proie à ces sentiments, est ravie par ces transports qu'excite en elle la vue du Beau, la faculté de juger est suspendue, au moins un instant, et que pendant que l'esprit est sous le charme, la réflexion est impossible. La critique, l'admiration réfléchie du Beau, ne peut s'exercer que lorsque l'esprit sera redevenu maître de lui-même et de l'émotion violente qui l'a un instant ravi à lui-même. On ne pense pas alors à donner aux idées multiples

---

corporels, connaît naturellement les choses en tant qu'elles ont l'être dans une matière individuelle, si bien que les sens n'ont que des notions particulières ; l'autre, c'est à dire l'intelligence, ne s'exerçant point par les organes corporels, connaît naturellement les substances qui n'ont l'être que dans une matière individuelle, non pas qu'elle les saisisse dans cette forme, mais *elle les sépare de la matière à l'aide de l'abstraction.* Ainsi l'esprit s'élève aux notions générales des êtres matériels, ce qui dépasse la portée des sens. »

qui s'éveillent la forme qui constitue seule l'unité de la pensée et construit le jugement.

La vérité se trouve, se retrouve, dit Platon; elle fait partie de l'homme qui, en la conquérant, rentre pour ainsi dire en possession de lui-même. On ne la crée point, on ne l'invente point; elle n'a pas besoin d'un objectif extérieur, et la forme sensible dont la faiblesse humaine l'enveloppe, nuit à sa perfection et trouble sa pure et limpide essence. Le phénomène intellectuel s'accomplit tout entier dans les profondeurs de l'intelligence et n'en sort que malgré lui. « L'immatérialité est la condition même de la connaissance; ces deux choses marchent d'un pas égal sur la même ligne.[1] » L'acte n'aspire qu'à ne pas se perdre, à ne pas s'effacer; complet en lui-même, il se satisfait en lui seul, et n'éprouve pas le désir de se reproduire, de se développer, de se répéter dans un autre. La raison s'accroît, elle ne se multiplie pas : « Comprendre est une action qui ne se produit point au dehors, mais qui reste dans l'intelligence pour en faire l'actualité et la perfection.[2] » L'acte de la pensée est pur, immobile, parce que, dit Aristote, la pensée est à elle-même l'objet de la pensée. La possession de la vérité, surtout quand elle a été longtemps attendue et péniblement cherchée, cause il est vrai une réelle jouissance, mais c'est une jouissance intérieure, solitaire, stérile; c'est une lumière qui

---

[1] S. Thom. *Somme théolog.*, I, quest. 14, art. 1.
[2] S. Thom. *Somm. théolog.*, I, quest. 14, art. 4.

éclaire plus qu'elle n'échauffe, ou du moins sa chaleur est faible, sans émotion, sans trouble, sans ces aiguillons qui caractérisent l'état esthétique. Elle se produit en effet dans la région claire mais froide des idées ; la personnalité humaine, le moi, n'y a pas jeté son activité libre, volontaire, élément de la passion, de la sympathie, de l'amour. Encore l'intérêt ému qu'excitent les actes de l'intelligence, pourrait-il bien venir de ce fait que nous avons déjà établi : c'est qu'il n'y a pas pour l'homme de notions absolument et purement intellectuelles ; l'imagination et la sensibilité jouent leur rôle dans la connaissance, et l'association des idées, éveillée par le langage, mêle à l'acte le plus intellectuel des images de toute nature, plus ou moins sensibles, qui y apportent une chaleur qui lui est étrangère. Une vérité une fois acquise, une notion une fois connue, on n'a plus rien à en faire ; elle est devenue partie intégrante de notre être pensant. L'orgueil de l'avoir découverte, le plaisir d'en avoir profité peuvent nous porter à la revoir et à nous satisfaire en la contemplant une seconde fois ; mais l'orgueil est étranger aux facultés de l'intelligence, et la curiosité de l'esprit ne peut pas deux fois se satisfaire, parce que tout le plaisir éprouvé avait pour cause une lacune dont la privation était une souffrance, dont la réparation a par conséquent été un plaisir. Mais une fois que les besoins de l'esprit ont été satisfaits, il n'y a plus place pour une douleur ni pour un plaisir ; une fois nourrie de ce pain céleste, l'âme est rassasiée et n'a plus soif que d'une autre vérité. Au contraire, la contemplation du Beau est inépuisable ; il est toujours jeune et toujours nouveau ;[1] on ne l'a jamais assez vu, assez goûté ; il offre toujours de nouveaux aspects et de nouvelles sources de jouissances inconnues. Est-ce que la poésie d'Homère a vieilli depuis trois mille ans? Quel mathématicien croirait faire une chose utile et employer sérieusement son temps et sa peine, à refaire, par les mêmes méthodes, vingt fois le même problème? L'homme de goût ne se lasse pas de revoir, d'entendre, d'admirer toujours les chefs-d'œuvre des arts qu'il comprend ; ce n'est pas seulement pour redoubler et répéter ses plaisirs ; c'est pour les compléter, c'est pour arriver à la perfection de cet idéal de beauté qu'il poursuit toujours et n'atteint jamais, mais ne désespère jamais d'atteindre.

Le propre de la connaissance vraie est d'être adéquate à son objet : « La vérité est une équation entre les choses et l'intelligence, » dit un vieux philosophe arabe,[2] cité par S. Thomas. Pour arriver à cette adéquation, l'homme est obligé de chercher des symboles, des formes extérieures qui signifient parfaitement et complètement les conceptions ; mais il n'en trouve pas qui aient cette perfection. Le système le plus parfait de signes purs qu'il ait inventé, est encore un obstacle à cette adéquation parfaite, à cette assi-

---

[1] La F.   Soyez-vous à vous un monde toujours beau,
         Toujours divers, toujours nouveau.
C'est de l'amour dont parle ainsi le poète.

[2] Isaac. *Somm. théolog.*, tom. I, p. 335.

milation de la chose ou de son principe intelligible par l'intelligence ; aussi la science a-t-elle en horreur et en dédain tout cet attirail de formes matérielles qui gênent son allure et obscurcissent son chemin ; elle fait ce qu'elle peut pour les détruire, mettre entre elle et l'objet la plus faible distance ; par là elle distingue le signe de la chose signifiée et de l'esprit qui la veut connaître, et met entre eux un abîme. Il n'y a qu'un rapport conventionnel entre l'objet et la chose signifiée, aucun naturel ; la matière est incapable d'exprimer l'esprit, le fini d'exprimer l'infini.

L'acte esthétique, au contraire, suppose qu'il y a des formes, des représentations qui expriment un idéal ; que l'esprit peut pénétrer la matière, et va presque, en les unissant l'un à l'autre, en faisant du mot *le frère jumeau de la pensée*,[1] à identifier le signe à la chose, la matière à l'esprit, le fini à l'infini ; car « comment la matière pourrait-elle exprimer l'infini et l'esprit si elle ne le contenait ?[2] » Hâtons-nous de dire que ceci n'est qu'un jeu, qu'une illusion de l'imagination qui s'égaie en fictions, qui s'enchante de rêves, et que l'homme n'attache pas à ces créations délicieuses une importance plus sérieuse qu'elles ne le méritent ; qu'il n'en a jamais fait ni la règle de ses devoirs ni le but de sa vie. Il n'est pas impossible à la science de trouver quelques signes parfaitement purs qui établissent l'adéquation de l'esprit à la chose pensée ; alors l'esprit est parfaitement satisfait : il ne

---

[1] Klopstock.
[2] Schelling, V, 3me partie.

conçoit pas sur cet objet une autre proposition plus évidente et plus vraie. Les vérités géométriques, et surtout de la géométrie supérieure, sont dans ce cas ; on ne refera jamais les démonstrations parfaites des propositions qui les contiennent, et où l'emploi des signes algébriques a mis l'intelligence en face même de l'objet, en supprimant pour ainsi dire tout intermédiaire, comme un truchement involontairement infidèle et inexact. Il n'en est pas ainsi des jouissances et des conceptions de l'art : quelque belle que soit une œuvre humaine, on en peut concevoir une plus belle encore, et l'imagination n'est jamais satisfaite des représentations toujours imparfaites de la beauté, parce que rien ne peut être adéquat à ses conceptions ; elle rêve en effet l'impossible, puisqu'elle suppose que l'infini peut être représenté, et qu'elle cherche cette irréalisable représentation : il n'est pas étonnant qu'il manque toujours quelque chose à la perfection du tableau, et que la réalité ne réponde jamais à cette vaine espérance, et pourtant l'art tout entier n'est que ce rêve.

En voilà, je pense, assez pour prouver que le fait intellectuel peut être un moment dans l'état esthétique, mais qu'il n'en est pas le plus important, qu'il n'en est pas le caractère essentiel. J'espère achever cette démonstration tout à l'heure ; car après avoir longuement essayé de dire ce que l'état esthétique n'est pas, il est temps de chercher maintenant quelle en est la véritable nature, et d'établir enfin à quelle faculté de l'âme il faut le rapporter.

Platon prétend que pour arriver à comprendre la beauté véritable, il faut commencer à goûter la beauté corporelle. Suivons un instant cette marche qui est sans danger, et qui nous fera entrer naturellement au cœur même de notre sujet. Examinons donc la nature des sentiments que produirait sur un homme jeune, doué d'un cœur ardent et d'une âme sensible à la beauté, l'aspect d'une femme parfaitement belle et qu'il trouverait lui-même telle. Je le demande à tout esprit non prévenu : que se passera-t-il en lui? Quel phénomène va se produire? quel fait moral va s'accomplir? quels accidents physiologiques vont se manifester? Kant lui-même, ce froid logicien, cet austère moraliste, aurait accompli tout autre chose qu'un acte de conscience réfléchie sur la concordance, sur la finalité de la nature avec les conditions générales de nos facultés supérieures de connaître. Est-ce un acte d'intelligence qui enflamme ce regard, qui fait bouillir ce sang impétueux? est-ce la formule d'un jugement de réflexion qui fait battre ce jeune cœur? N'est-il pas vrai, n'est-il pas évident que c'est le désir, c'est la passion, disons tout de suite le mot, c'est l'amour qui s'éveille : l'amour, il est vrai, des sens. Mais même s'il fait taire en lui la voix impure des sens, s'il s'élève au dessus des troubles et des ardeurs physiques de la sensation, il ressentira encore des troubles, des ardeurs morales qui décèleront encore un acte d'amour. L'objet de cet amour ne sera plus la beauté sensible, mais la beauté invisible qui resplendit à travers son image. Qu'il y ait dans tout acte d'amour un acte d'intelligence, cela est incontesté et incontestable ; mais cependant l'amour appartient à une faculté autre que l'intelligence et a des caractères qui l'en distinguent profondément. L'amour ne raisonne pas, ne réfléchit pas : qui l'ignore ? Il peut toutefois et doit même être un acte intelligent. Tout acte volontaire, même pour être volontaire, a besoin d'être accompagné d'intelligence : *Nullus potest amare aliquid incognitum*. Mais S. Thomas, qui reproduit la pensée et le texte même de S. Augustin, ajoute avec raison : « mais il n'est pas nécessaire que la connaissance soit parfaite : on peut y donner son cœur dès qu'on la perçoit d'une manière quelconque.¹ » On n'a pas besoin de donner à la connaissance sa forme, son essence, à savoir le jugement ; la perfection de la connaissance exige des choses que ne réclame pas la perfection de l'amour : « C'est la contemplation spirituelle de la beauté qui est le principe de l'amour intellectuel.² » L'amour du Beau est donc fondé aussi sur des raisons, mais sur des raisons, comme dit Pascal, que la raison ne comprend pas et auxquelles le cœur seul est sensible ; par conséquent elles ne sont pas susceptibles de démonstrations : elles se montrent et ne se démontrent pas. Qui a jamais aimé parce qu'on lui a démontré qu'il était logique d'aimer ; on peut inspirer l'amour, on peut entraîner l'assentiment, on ne peut logiquement le contraindre. Si Homère ne révèle pas sa beauté, quel rhéteur aura la

---

1 S. Thom. *Somm. théolog.*, 1, 2, quest. 27, art. 1.
2 S. Thom. *Somm. théolog.*, 1, 2, quest. 27, art. 1.

prétention de faire plus qu'Homère au moyen d'arguments et de syllogismes? Aussi le fait esthétique, universel dans sa source, c'est à dire commun à tous les hommes, cesse d'être universel dans les faits particuliers, parce que rien ne peut être universellement partagé que la connaissance. Dans tous les pays et dans tous les temps, le carré de l'hypoténuse est égal à la somme des carrés construits sur les côtés de l'angle droit; dans tous les pays et dans tous les temps, la surface du cercle et le volume de la sphère sont identiquement les mêmes pour tout le monde. Il n'y a pas un seul fait esthétique qui soit absolument dans ce cas.

Je dis donc que le sentiment ou l'acte, comme on voudra l'appeler, qu'éveille en notre âme la vue de la beauté, est un acte d'amour, et je vais le démontrer.

Laissons d'abord la parole à Platon, ce grand maître d'éloquence et ce grand penseur,[1] ce suprême artiste en fait de style, cet admirateur si passionné et si élevé de la vertu et de la beauté.

L'amour,[2] qui est une inclination de la volonté, est l'amour de la beauté, et ne peut avoir que la beauté pour objet.

Celui qui aime, aime à posséder ce qu'il aime et à le posséder toujours.

Ce qui peut perpétuer cette possession, ce qui seul peut donner à l'objet aimé, aussi bien du reste qu'au sujet aimant, l'immortalité que comporte la nature mortelle, c'est la génération.

---

1 Cic., *De Orat.* Non solum dicendi sed et intelligendi magister.
2 *Le Banquet.*

L'amour est donc le désir de la reproduction et la production même dans le sein de la beauté.

Ainsi, suivant Platon, non seulement la présence du Beau éveille dans l'âme un acte d'amour, mais la beauté seule est capable d'exciter cet amour. L'acte esthétique est donc évidemment un acte d'amour, c'est à dire de la volonté, puisqu'on appelle esthétique l'état, quelle qu'en soit la nature, où nous sommes jetés par la vue du Beau. Sans entrer encore dans la recherche de ce qu'est en soi la beauté, en dehors de l'esprit qui la conçoit et la goûte, on peut dire déjà avec Plotin : [1] « La beauté est proprement ce qui est aimable, » ce qui excite l'amour à un acte créateur. Le besoin d'expression que nous avons observé dans le sentiment esthétique, est comme l'instinct de la virilité de l'esprit qui, épris de la beauté, veut concevoir un fils dans son sein ; c'est le désir d'une génération spirituelle, le chaste et pur hymen de l'âme et du Beau, de l'amour qui, pour posséder éternellement Psyché, la rend mère : de là ce trouble et cette ivresse, parce que tout en possédant celle qu'il aime, l'esprit en est aussi possédé ; de là ce frémissement intérieur, cette palpitation à la fois inquiète et délicieuse de l'âme quand elle aperçoit la beauté, et surtout quand, fécondée par l'amour, elle la recrée pour ainsi dire et la met une seconde fois au monde. C'est un Dieu qui est descendu dans son sein ; c'est un Dieu qui la pénètre de sa puis-

---

[1] *Ennéad.* VI, liv. 7, ch. 22.

sance invisible et présente, qui parfois même est obligé de lutter contre elle pour dompter ses langueurs et triompher de ses refus.[1] De là ces expressions qui peignent si parfaitement l'état psychologique que nous voulons analyser ; ce mot *inspiration*, cette pénétration par le souffle, cet esprit créateur, *inspiré*, dont la fougue souvent déréglée, dont la passion dégénérant souvent en ivresse, a mérité que Platon, dans l'*Ion* et dans le *Phèdre*, l'appelât sans métaphore le délire.

Il y a toutefois une distinction importante à faire dès ce moment même. Il y a dans ce délire de l'amour, dans cette ivresse de l'âme qui goûte ou conçoit la beauté, des nuances profondes, et la plus profonde est celle qui sépare l'amour de la beauté idéale de l'amour des choses et des êtres réels. Si puissante que soit l'inspiration qui entraîne et ravit la pensée, si profonde que soit l'émotion qu'elle ressente, l'impression ne devient jamais une oppression. Jamais le trouble qui se mêle à la volupté, et qui peut-être l'aiguillonne, ne dégénère en une véritable souffrance ; l'âme reste toujours maîtresse d'elle-même, libre ; quel que soit le Dieu qui l'agite, elle sait bien où il la mène et peut toujours lui résister. Ce rêve dont elle s'enchante, c'est elle-même qui l'a évoqué, et au premier signe de sa volonté elle fera rentrer dans le néant, d'où seule elle les a tirés, cette apparition

---

[1] Virg. VI, 76.   Magnum si pectore possit
Excussisse Deum : tanto magis ille fatigat
Os rabidum, fera corda domans, fingitque premendo.

délicieuse, ces fantômes charmants et légers qui peuplent et animent les royaumes de l'imagination, peuple de vaines ombres, *inania regna*. Le sens réel des choses ne lui est jamais dérobé par la vue de cette idéale beauté; au plus fort de son enthousiasme esthétique, l'esprit rentre à l'instant, sans secousse et sans effort, dans la vraie réalité.

Par créateur, comme on va le voir, j'entends un acte qui donne la vie à un autre être, qui s'oppose quelque chose hors de soi, qui ne se renferme pas dans une contemplation de soi-même, solitaire et stérile, qui porte l'être à se développer, et se développer c'est réaliser actuellement toutes les énergies qu'on possède en puissance, c'est se multiplier. Partout l'amour a cette puissance, et cette puissance n'appartient qu'à lui. Il est le seul acte vraiment fécond; seul il communique, par une force qui lui est propre, l'être et la vie; il est le grand, l'universel principe de la perpétuité des individus comme des espèces, et de l'immortalité fragile où peuvent atteindre les œuvres périssables de l'homme. Nous qui aimons, et ceux que nous aimons, nous sommes voués à une destruction certaine.[1] L'amour seul nous empêche de tomber dans ce gouffre immense du néant qui menace de tout dévorer, en nous faisant revivre dans un autre nous-même, en transmettant perpétuellement la vie à la meilleure partie de nous-même. Dans l'ordre des choses spirituelles, comme dans les règnes inférieurs de la matière organisée et vivante, il est l'unique agent

---

[1] Hor. Debemur morti nos nostraque.

de reproduction et de génération ; c'est de lui que vient tout ce qui s'est fait de grand dans le monde : *Oportet inesse ardorem quemdam amoris sine quo nihil tum in vita, tum in philosophia magnum effici potest.* On peut étendre la pensée si juste et si brillante de Cicéron, en disant que non seulement on ne peut rien produire de grand, mais qu'on ne peut absolument rien produire sans un rayon de cette flamme généreuse, sans une étincelle de ce feu sacré qui est la virilité de l'intelligence, et l'une des ailes sur lesquelles l'âme s'envole vers l'infini. C'est le principe de la chaleur, du mouvement et de la vie :

Est Deus in nobis, agitante calescimus illo. [1]

Bossuet prête à Dieu même cet amour du Beau ; mais il conçoit cet amour comme s'adressant à son fils ; ce Verbe, dont la parole est l'image, ne sort pas cependant de Dieu ; il lui est consubstantiel, et non pas égal, mais absolument de même nature. Voyons donc Dieu dans un acte moins parfait peut-être, mais non moins étonnant, non moins incompréhensible : la création.

Dans la doctrine d'Aristote, la perfection de l'être est la pensée. La pensée est un acte, et même tout acte, acte pur et parfait, c'est à dire que l'acte de la pensée est immobile, parce qu'il est lui-même la cause première et la fin dernière de tout mouvement : la pensée est la pensée de la pensée. Mais s'il est vrai

---

[1] Ovide.

que, dans le principe suprême, l'intelligence soit réduite à l'acte pur, absolument simple de la contemplation d'elle-même; s'il est vrai que l'unité, comme la dignité de ce moteur immobile de toutes choses, soit de ne pas sortir de lui-même, la création devient non plus seulement incompréhensible, mais impossible. L'homme et le monde sont ou le produit du hasard, ce qui n'a pas de sens, ou, comme est obligé de conclure Aristote, coexistent éternellement à Dieu. S'ils regardent encore ce Dieu, bien suprême qui les attire comme but et fin de tous leurs actes, ce Dieu métaphysique, solitaire, inaccessible, ne les regarde pas : il n'a de regards que pour lui-même. Ce n'est pas le vrai Dieu, celui qui a créé le ciel et la terre, qui a répandu la chaleur et la lumière, le souffle et la vie dans la matière créée et façonnée par ses mains; qui, pour mettre le sceau à son ouvrage et la perfection à son travail, a fait un être à son image, c'est à dire semblable à lui-même, et qui, regardant avec amour cette création, cette génération, s'applaudit de son œuvre accomplie en la voyant si belle : *vidit quod esset bona.*[1] Sans l'amour du Beau en Dieu, je ne conçois pas la création; sans ce même amour en l'homme, je ne comprends pas les productions de l'art, qui est comme la création humaine : je n'en vois plus ni la cause ni l'explication. Sans doute la création est, par son essence, inférieure, du moins

---

[1] Il est assez singulier de retrouver dans Platon la pensée et les paroles mêmes de la Bible : « Quand le mouvement, » dit-il dans le *Timée*, « et la vie (de ce monde) parut aux yeux du père qui l'avait engendré, il admira son œuvre, et, plein de joie, etc. »

en apparence, à la dignité de la pensée solitaire qui s'absorbe dans sa propre contemplation, et qui ne peut trouver qu'en elle-même un objet digne de cette contemplation infinie ; sans doute Dieu n'était pas fatalement condamné à créer ; mais enfin il a créé, et par conséquent il a voulu créer, et je ne vois rien qui ait pu incliner sa volonté, rien qui ait pu lui inspirer ce désir, rien qui ait pu lui arracher ce cri de joie et d'admiration à la vue de ce monde, fruit de sa conception, si ce n'est l'amour, qui est nécessairement l'amour du Beau et la production dans la beauté. On me dira : mais il manquait donc une perfection à la plénitude de son être, puisqu'il y a ajouté quelque chose. Je n'ai pas à résoudre ici une question étrangère à notre étude. Je connais toutes les difficultés que soulève le système de la création ; mais je sais aussi que toutes les autres hypothèses, anciennes ou nouvelles, et les plus nouvelles sont bien vieilles, par lesquelles on a prétendu expliquer l'origine des choses, sont encore plus obscures et plus inacceptables à la raison. J'y crois donc sans prétendre l'expliquer, et je me contente de dire que l'homme, image affaiblie et effacée, mais image ressemblante de Dieu, ne se conduit pas autrement. Pour lui aussi l'art est, par sa matière, au dessous de la pensée pure ; le Beau qu'il produit ou qu'il goûte paraît inférieur en dignité à la vérité qu'il contemple ou qu'il découvre. Lui aussi cependant il crée, et les ravissements célestes que lui apporte cette création imparfaite et limitée, cet enfant de son esprit et de son amour, sont tels qu'ils dépassent toutes les joies qu'il peut goûter de la contemplation sereine, mais froide, de la vérité, toutes celles même qu'il peut goûter ou rêver sur la terre : tant l'amour est supérieur en force au moins à l'acte absolument simple de connaître ; tant l'acte d'aimer, de concevoir, de produire, que seules amènent la chaleur et la flamme de l'amour du Beau, s'élève en soi, sinon par ses œuvres, au dessus de l'acte passif, égoïste et froid de voir et de savoir. Aimer et produire dans la beauté, nous l'avons déjà dit, c'est multiplier son propre être, c'est se donner pour ainsi dire l'immortalité. Il est très véritable de dire que l'homme vit dans celui qu'il aime et dans celui qu'il a créé. Lorsqu'il meurt, lorsqu'il dépouille ce vêtement périssable, ce corps de mort, il laisse après lui le germe de sa divine et immortelle essence, d'où fleurira une nouvelle existence qui perpétuera son propre être. Les œuvres même de l'esprit humain conservent cette hiérarchie et attestent cette suprématie. Vingt beaux vers, disait M. de Chateaubriand, valent mieux que toute la prose du monde, et, dans les respects comme dans les admirations des hommes, le génie d'Homère domine encore le génie de Platon. Le Beau est le côté divin du monde. [1]

Etudions maintenant ce qu'est en soi cet acte de la volonté que j'appelle esthétique.

L'amour est un acte volontaire ; mais tous les actes volontaires ne sont pas des actes d'amour, du moins de l'amour qui se porte au Beau : la volonté se rap-

---

1 Plotin. *Ennead.*, II, IX, 17.

porte essentiellement au bien, tandis que l'amour se rapporte essentiellement au Beau. On voit donc que ce sont là deux faits moraux dépendant d'une même faculté, voisins, parents l'un de l'autre : ce sont deux frères jumeaux qui ont entre eux tant de ressemblance qu'on s'explique comment on les a si souvent confondus. Cependant il est clair, d'après ce que nous venons de dire, que la volonté morale diffère de l'amour comme le bien diffère du Beau, comme la vertu diffère de l'art. On ne peut, il est vrai, espérer de déterminer complètement ces différences que lorsque nous aurons à considérer le Beau en soi, en dehors de l'esprit. Mais dès à présent, en étudiant certaines circonstances des phénomènes moraux qu'ils produisent, on peut apercevoir les principaux caractères qui les distinguent l'un de l'autre.

Il y a, comme nous l'apprend Aristote,[1] une science ou un savoir théorétique ou de pure connaissance ; par exemple, les mathématiques, la physique, la théologie ; il y a un savoir pratique, et enfin un savoir poétique ou savoir-faire.

Le savoir-faire ou la poétique, qu'il soit une science ou un art, ou tout autre chose, a son principe, comme le savoir pratique, dans l'agent et non en dehors ; ils dépendent tous deux de l'inclination de sa volonté, mais ils diffèrent par leurs fins. En effet, la fin de la pratique est uniquement dans le vouloir même,[2] dans l'action intérieure de l'a-

---

[1] Aristt. *Métaph.* VI, c. I, et XI, c. 7.
[2] Aristt. *Mag. Moral.*, 1, 34.

gent. La poétique a un autre but, [1] outre l'action, et ce but est une chose placée en dehors de l'agent.

L'idée d'activité [2] s'applique éminemment à la réflexion et à la méditation intérieures, à la pensée ordonnatrice qui combine les intentions et dispose la volonté. La volonté, excitée par elle, se maîtrise elle-même ; son acte agit sur elle seule, et elle n'a pas besoin de sortir d'elle pour que l'on reconnaisse, dans cet acte tout intime, l'effort, et pour qu'elle goûte dans cet effort accompli ou tenté, un certain plaisir personnel et intérieur ; mais ce plaisir, comme Kant l'a fait observer, est accompagné d'une véritable souffrance. La loi morale impose à la volonté le sacrifice, et ce sacrifice ne se fait pas sans une douleur sérieuse et sans un dur combat ; ce n'est qu'après la victoire que le devoir remporte sur les penchants de la nature sensible, que peut naître le plaisir, qui n'est en ce cas que le sentiment de l'accord de nos actes ou de nos actions, c'est à dire de la volonté avec les prescriptions impérieuses de la loi morale.

Faire est tout autre chose. La fin de ce mode d'activité est en dehors de l'agent, « comme la maison est extérieure à l'esprit de l'architecte qui l'a conçue et à la volonté. » Il faut que le sujet produise un objet différent de lui-même, sans quoi l'acte est incomplet ; et je dis que tel est l'acte auquel invite l'amour. Il veut s'unir à un autre que lui-même ; un mouvement l'entraîne, non pas sans qu'il ait ni conscience

---

1 Aristt. *Mag. Moral.*, 1, 34.
2 Aristt. *Polit.*, IV, ch. 3.

ni volonté de ce qu'il fait, mais sans en avoir une idée claire, ni une notion raisonnée. Ce mouvement irréfléchi, et non pas involontaire ni inintelligent, le pousse vers un objet dont la beauté se révèle à lui, non pas d'abord par une vue nette de l'esprit, mais précisément par l'attraction, par l'attrait un peu aveugle qu'il éprouve; et non seulement cet acte suppose deux êtres différents, quoique analogues et même semblables, mais encore il donne naissance à un troisième objet étranger, quoique semblable à tous les deux et procédant de l'un et de l'autre.[1]

C'est par là que l'art se distingue de la science qui est spéculative et de la vertu qui est pratique; c'est par là que le plaisir esthétique se distingue du fait intellectuel et du plaisir moral. Il produit quelque chose d'étranger, d'extérieur à la pensée même où il est ressenti, il tend au moins à le produire. Kant a voulu écarter de l'acte esthétique l'émotion, parce qu'elle est passive, et que cette domination passive, qui énerve l'âme, détruit la véritable jouissance du Beau. Mais il y a un acte à la fois passif et actif, et cet acte, c'est l'amour de la beauté; cet acte aboutit toujours à quelque forme d'expression. Sans doute cette forme est souvent grossière, imparfaite; nous ne la reconnaissons pas pour telle. Par suite de l'habitude

---

1 Aristote ajoute que le faire a sa source dans la pratique; car le Beau n'est que le bien. L'art se propose une fin, et la pratique est la science des fins. *(Ethiq. Nic.*, VI, II.) Aristote fait ainsi de la morale et de l'utilité le but de tous les arts; ils doivent être bons à quelque chose. Nous aurons occasion d'examiner cette théorie. Observons seulement ici que la phrase citée de l'Ethique à Nicomaque peut servir de commentaire à la fameuse définition de la tragédie que contient *la Poétique*.

de n'appeler beaux que des chefs-d'œuvre qui le sont par excellence, nous ne voyons pas, nous ne regardons pas les résultats et les œuvres plus humbles, où tout homme qui a ressenti le Beau cherche à le reproduire. La langue dédaigneuse de la critique appelle informe la forme méprisable où l'ignorant artiste a essayé d'exprimer sa grossière conception de la beauté.

Voilà donc un premier point de vue sous lequel on peut distinguer le sentiment du Beau de la volonté morale ; en voici encore un autre :

Le fait sensible est fatal ; nous ne pouvons par aucun effort de la volonté nous y dérober, car il dépend d'une autre cause que de nous-mêmes. Les faits moraux, au contraire, dépendent uniquement de nous ; libres de les accomplir et de ne pas les accomplir, nous ne sommes pas contraints, mais nous sommes et nous nous savons obligés de le faire. La conscience nous révèle et nous impose des lois, nous fait briller la lumière universelle qui illumine tout homme venant en ce monde, la divine lumière du devoir. Coupables d'en mépriser les leçons, nous sentons que nous avons bien mérité de les suivre, et quand cette loi commande, nous nous sentons obligés de lui immoler les autres intérêts, petits et grands, de la vie, et ils sont tous petits auprès de la vertu. Il est moral, c'est la morale même de pratiquer et d'aimer le devoir : tout le plaisir est là, car on ne fait pas une action morale parce qu'on a du plaisir à la faire ; on a du plaisir à la faire parce qu'elle est morale.

Il y a dans l'acte esthétique un moment, une phase

sensible. La sensation qui l'enveloppe ne nous permet pas d'échapper à son influence : nulle loi de conscience ne nous oblige à l'accomplir ; nous ne nous croyons nullement coupables d'y manquer, nullement méritants d'y céder. Il n'y a absolument rien de moral à désirer posséder le Beau, à l'aimer, à l'exprimer. Le plaisir que l'on éprouve est désintéressé ; il n'est pas moral, du moins essentiellement moral ; et il est désintéressé en un sens, parce que nous ne prenons aucun intérêt à son existence réelle ; nous ne prétendons en tirer aucun profit, aucun avantage positif ; mais il est intéressé en ce sens, que c'est pour nos jouissances que nous le recherchons ; c'est lui-même, lui seul, notre plaisir que nous avons pour but. Il n'y a dans le mouvement qui nous entraîne vers lui, aucune grandeur morale, parce que nous n'avons pas à vaincre aucun des penchants violents de notre nature sensible, et que, par conséquent, nous n'avons à offrir le sacrifice héroïque d'aucune de nos passions. Si l'on trouvait un homme insensible à la beauté, à toute espèce de beauté, on pourrait dire qu'il lui manque une faculté : il pourrait ne pas lui manquer une seule vertu. Cela seul suffirait pour détruire un système que nous retrouverons plus tard, qui, identifiant le Beau avec le bien, et par conséquent le plaisir esthétique avec le sentiment moral, confond l'art avec la vertu : confusion qui nuit également à l'un et à l'autre, qui enchaîne l'art si on le met au service de la morale, qui compromet la morale et la déchire si on fait un devoir d'aimer le Beau. Comme l'a dit Kant, le plaisir du Beau n'est moral que par alliance.

Pour nous rendre plus fidèlement compte de la véritable nature du sentiment esthétique, il faudrait pouvoir tenter soi-même l'expérience, nous placer devant un objet d'une incontestable beauté et examiner avec soin toutes les phases de l'impression produite. On verrait par là, nous nous assurerions nous-mêmes si nous avons exactement décrit le phénomène, et surtout si les analyses par lesquelles nous sommes arrivés à y découvrir la prédominance d'un mouvement volontaire, mais énergique d'amour, sont confirmées par les faits. Cette épreuve n'est pas pour nous d'une médiocre difficulté.

Le sentiment du Beau existe à l'état rudimentaire chez tous les hommes. La recherche des principes du Beau est une thèse philosophique sur laquelle chacun peut, dans la mesure de ses connaissances et selon la portée de son esprit, raisonner ou déraisonner savamment; mais quand il s'agit de goûter dans toutes ses délicatesses et d'analyser dans toutes ses nuances ces nobles plaisirs de l'esprit, tout esprit n'y est pas apte; il faut une culture spéciale, une éducation particulière, une connaissance des moyens et des procédés propres à chaque art : « *De pictore, sculptore, fusore judicare nisi artifex non potest,* » disait Pline;[1] il faut même quelque chose de plus : un heureux don de la nature de sentir vivement le vrai Beau et d'analyser exactement ses sentiments. Et ce n'est pas, comme on pour-

---

[1] Plin. Jun., 1, ep. 10.

rait le croire, cette dernière faculté qui est la plus rare. Il y a en ce monde bien des adorations qui s'égarent : toute divinité a des adorateurs vulgaires et grossiers. La beauté surtout, je crois, excite de très faux enthousiasmes et souvent des admirations bien étranges. Le créateur du mot, sinon de la science de l'esthétique, Baumgarten, avait, dit Lessing, [1] emprunté au dictionnaire de Gessner presque tous les exemples et les appréciations dont il avait soutenu sa théorie. Il est facile à tout le monde de demander un pareil secours à Winckelmann et à M. Quatremère de Quincy. S'il s'agissait d'une théorie ou d'une critique des arts, rien ne serait, dans une certaine mesure, plus légitime et même plus nécessaire ; mais des exemples et des jugements copiés sans intelligence, répétés sans conviction, ne peuvent pas constituer cette expérience personnelle dont nous avons besoin pour contrôler, par un fait particulier, les résultats généraux fournis par l'observation psychologique. D'ailleurs, même en fait de critique, il est bon de se laisser aller à sa propre impression, dût-elle être un peu confuse ; dans l'intérêt même de ses plaisirs, il ne faut pas se laisser dominer d'avance par des idées préconçues qui vous ôtent la jouissance de découvrir quelque chose par vous-même, et semblent vous dicter ce que vous devez ressentir.

C'est bien là je crois, ou jamais, le cas de dire :

Nullius addictus jurare in verba magistri.

Ce n'est pas sur la parole de Lessing qu'il faut admirer

---

[1] Préf. du *Laocoon.*

le *Laocoon* de Virgile et celui des sculpteurs grecs dont nous possédons le groupe fameux ; ce n'est pas sur les descriptions de Winckelmann qu'il faut s'enthousiasmer pour l'Apollon.

Ainsi donc, bien que je ne sois pas de ceux qui ont le bonheur de pouvoir contempler et admirer à leur aise ces chefs-d'œuvre de l'art que Paris seul possède, au risque d'en mal parler, je dirai ce que j'ai personnellement ressenti. Je ne mêlerai aucun des jugements de la critique la plus éclairée à l'impression que je veux décrire ; qu'on n'oublie pas que ce que je cherche en ce moment, c'est de vérifier, par une expérience naïve et sincère, les résultats de l'analyse philosophique qui nous a conduits à considérer l'état du Beau comme un acte d'amour.

Tout le monde connaît, au moins par les réductions nombreuses qui en ont été faites, et dont quelques unes sont fort belles, la magnifique statue grecque qu'on appelle la Vénus de Milo, parce qu'elle a été trouvée dans cette île.[1] Elle occupait au Louvre, quand je la vis, seule, le centre d'une salle circulaire éclairée d'un jour très doux. L'impression première que cause la sculpture n'est pas vive : le bois, le bronze et le marbre sont froids à la vue ; l'uniformité de la teinte, l'œil sans regard et vide de rayons n'ont rien qui provoque immédiatement et subitement l'enthousiasme ; mais si l'on reste quelque temps absorbé dans une contemplation muette et profonde ; si on se

---

[1] Elle a été découverte en 1821, dit-on, par suite des recherches de M. de Marcellus. L'auteur en est resté inconnu.

laisse aller au charme, en s'isolant de tous les bruits et en rejetant toutes les autres pensées, une transformation lente, mais complète, s'opère dans le spectateur et semble s'opérer dans les objets. J'ai encore le souvenir très présent et très précis de l'émotion que j'ai éprouvée en cette circonstance, et qui a été pour moi la révélation instantanée de la beauté dans la sculpture. J'étais assis, seul, dans cette salle où j'entendais à peine des pas de rares visiteurs; j'étais venu là sans but, pour me reposer plutôt que pour regarder; mais de quelque côté que se tournassent mes yeux d'abord indifférents, ils rencontraient, debout sur son socle élevé, la fière et élégante statue; au bout de quelques instants je n'en pouvais plus détacher mes regards avides, et j'étais plongé dans un état délicieux et doux, comme à l'apparition ménagée d'une vision céleste. Dès ce moment je ne vis plus la mutilation des bras qui la déshonore. Une agitation incertaine fait tressaillir le marbre comme à l'approche d'un Dieu qui va lui donner la vie; un souffle imperceptible gonfle légèrement les narines; la bouche s'entr'ouvre pour respirer et il semble qu'on va entendre sa douce et pure haleine. Ce n'est plus la couleur froide et pâle de la pierre; une teinte vivante et inconnue semble colorer et animer le marbre. L'attitude des épaules et de la tête légèrement inclinées, le dessin si pur du cou, les seins qu'un battement invisible fait palpiter, la position des pieds et de la hanche gauche qui se fait sentir sous les élégantes draperies qui les cachent, le mouvement commencé qu'elle indique, tout trahit la vie qui va éclore ; elle ne se meut pas encore, elle va se mouvoir. Et je n'étais pas la dupe d'une illusion ridicule ; je n'avais pas perdu la conscience de ce qui était devant moi ; ce n'était pas un être vivant, c'était un être vivant d'une vie idéale, c'était la vie telle que l'imagination peut la rêver, sous une forme humaine, la grâce, la force, la grandeur divine ; c'était une déesse et la déesse même de la beauté : *Vera incessu patuit Dea.*

Or, si j'analyse les sentiments que produisait en moi tant l'objet même perçu par mes sens que la conception idéale qu'il m'avait donné occasion de produire en moi-même, je n'y trouve absolument rien qui me puisse permettre de l'identifier avec un acte intellectuel. C'est une attraction à la fois libre et involontaire, une émotion et un acte, un état passif et en même temps actif ; l'attrait et le charme peuvent aller jusqu'à l'admiration, jusqu'à l'adoration, jusqu'à l'extase, c'est à dire à toutes les transformations du sentiment et de l'acte qu'on appelle l'amour.

Or l'extase,[1] par laquelle le sentiment très vif de l'art peut se rattacher au sentiment religieux, l'extase qui est la négation même du procédé intellectuel et de la forme

---

1 Cf. *Hist. de l'Art.* Tom. II, livre IV, ch. 6. Il y a une extase esthétique comme une extase religieuse : « A l'aspect de cette merveille de l'art, dit Winckelmann en parlant de l'Apollon du Belvédère, j'oublie tout l'univers, et mon esprit prend une disposition surnaturelle propre à en juger avec dignité. De l'admiration je passe à *l'extase;* je sens ma poitrine qui se dilate et s'élève, comme l'éprouvent ceux qui sont remplis de l'esprit des prophéties ; je suis transporté à Délos et dans les bois sacrés de la Lycie. » Non seulement Winckelmann appelle cet état l'extase, mais il le décrit et avec une vivacité de style qui prouve qu'il l'avait lui-même ressentie.

humaine de la connaissance, est au contraire un des caractères de l'amour, « *c'est la cessation entière de notre intelligence;* »[1] Bossuet, qui cite le mot, l'approuve et le commente avec la profondeur de pensée et la magnificence de style qui lui est propre : « Tout l'effort que nous faisons de nous-mêmes, toute notre activité et notre pénétration naturelle ne servent qu'à obscurcir et à confondre notre intelligence (lorsque nous voulons penser à Dieu); nous ne faisons que tournoyer. Il ne suffit pas de nous élever au dessus des sens avec Moïse sur la montagne, dans la plus haute partie de l'esprit; il faut imposer silence à nos pensées, à nos discours et à notre raison, et entrer avec Moïse dans la nuée, c'est à dire dans les saintes ténèbres de la foi. La foi, l'amour est le chemin de l'intelligence : *intellectus enim merces est fidei.*[2] » Le chemin qui mène à la connaissance de Dieu est aussi celui qui mène à l'intelligence du Beau; c'est un mouvement d'amour qui nous porte, par une certaine grâce et par la puissance irrésistible d'un certain attrait, à l'objet aimable; et cette douce violence qu'il exerce sur nous, produit le ravissement : or, « être ravi, c'est être transporté hors de soi, et être placé hors de la connaissance qui est propre à l'homme.[3] » C'est peut-être une connais-

---

[1] *Théolog. Myst.* Cap. I. Cet ouvrage, ainsi que tous ceux qui sont attribués à S. Denys l'Aréopagite, est considéré par Fleury comme apocryphe; mais Bossuet déclare que le sublime théologien qui en est l'auteur, quel qu'il soit, ne serait pas désavoué par S. Denys. On semble aujourd'hui porté, sans qu'on en donne aucune bonne raison, à les considérer comme authentiques.

[2] S. Aug., *Tract.* 29 *in Joann.*, § 6. Bossuet, *De l'Util. des souffrances.*

[3] S. Thom., *Somm. théolog.*, 1, 11, quest. 28, art. 3.

sance, mais surhumaine, divine, car c'est une révélation instantanée, vive, profonde, comme une illumination soudaine qui éclate au plus profond de l'âme et l'échauffe en même temps qu'elle l'emplit de lumière. Cette initiation rapide, non seulement me révèle la beauté, mais elle m'inspire le désir de m'unir à elle, de la posséder, de la posséder perpétuellement, et, comme le dit Platon, de concevoir et d'engendrer dans son sein. Ce n'est pas à la raison qu'elle se découvre dans sa nudité chaste et dans sa splendeur divine; c'est au cœur, comme Dieu, qu'elle est sensible. La première impression que l'homme éprouve en face de tout ce qui a la vie, et même de ce qui n'est que le rêve de la vie, c'est de l'aimer, et non de le comprendre. Le trouble des sens qui change pour nous la réalité, qui nous fait voir ce qui n'est pas, ce que nous savons ne pas être, ne peut pas être l'acte même de savoir. Quand je crois voir la statue de pierre s'agiter sous les plis flottants de ses draperies, ma raison n'est pas un instant troublée, je ne suis pas devenu un insensé; mais mon âme, ravie par la céleste apparition qu'a évoquée en moi l'objet sensible, impuissant à l'exprimer parfaitement lui-même, s'élance et s'envole auprès de la beauté qui l'appelle et qui l'attire.

Quittons ces exemples d'une beauté plastique : la forme particulière y domine évidemment ; cessons d'examiner les œuvres de l'art musical : le jugement formel, l'élément intellectuel où peuvent s'unir les vagues perceptions de l'âme, est encore plus lent à y paraître; proposons-nous pour fait à observer une œuvre littéraire, un poème : les objections se réveillent plus nombreuses et plus fortes que jamais. Il semble, en effet, que goûter la beauté d'une œuvre littéraire, ne puisse être autre chose que la comprendre, et il paraît impossible de nier de bonne foi que l'acte esthétique soit ici caractérisé, dominé par le fait intellectuel. On peut le nier cependant, sans être accusé d'une subtilité sans franchise, ou d'une aveugle opiniâtreté de sentiments; je le pense du moins, et voici pourquoi :

Il ne me paraît ni subtil ni erroné de prétendre qu'il faut distinguer soigneusement les conditions sans lesquelles un acte ne peut se produire des caractères essentiels de cet acte. Ainsi, un aveugle ne peut pas voir et par conséquent accomplir les conditions nécessaires pour goûter les beautés de la nature ou de l'art qui nous sont transmises par l'intermédiaire d'un organe qui lui fait défaut; cela ne peut, en aucune façon, prouver que le sentiment du Beau dans les arts du dessin et de la couleur, ou dans les spectacles de la nature, soit essentiellement une sensation de la vue. De même, si je ne sais pas entendre les sons ou lire les caractères dans lesquels sont représentées les beautés poétiques et littéraires; si je ne puis pénétrer le sens précis des mots, ni entrer dans le génie de la langue, dans l'intelligence de ses nuances variées, de ses tours, de ses formes, dans le sentiment de ses harmonies et de ses rhythmes, par l'étude très intellectuelle de sa grammaire et de sa prosodie, il est clair que l'émotion esthétique ne pourra pas naître ; c'est une condition pour ainsi dire matérielle de l'acte, ce n'en est pas l'essence. Il est évident qu'il faut que je voie un objet pour éprouver une émotion agréable de sa forme ; il est évident qu'il faut que je voie une idée, c'est à dire que je comprenne le sens des mots sous lesquels elle est cachée, et, en outre, que j'adhère à la proposition qu'elle contient et aux rapports qu'elle affirme, pour que je puisse la trouver belle ; mais l'acte par lequel je la vois n'est pas l'acte par lequel je la trouve belle, et l'un n'est pas identique à l'autre. Je la comprends par une affirmation qui la déclare adéquate à mon esprit ; je reconnais qu'elle est belle, à l'attrait, à l'amour qu'elle m'a inspiré. Croit-on que ce soient les commentateurs les plus érudits et les plus fanatiques d'Homère qui ont le mieux joui des beautés du grand poète ? la plupart du temps leurs admirations, sans être fausses, sont maladroites et pour ainsi dire apprises. Croit-on qu'Aristarque a plus admiré, mieux goûté le chantre immortel d'Ulysse et d'Achille, que Platon, qui rend encore hommage à son génie, qu'il exile et qu'il couronne, et dont il redoute, pour son utopique cité, la puissance magique et les enchantements prestigieux ?

Il faut, en outre, observer que nous sommes, nous modernes, placés, pour juger la question, à un point de vue très peu sûr, surtout très défavorable à notre manière de la résoudre. Les anciennes poésies, qui sont aujourd'hui des livres, c'est à dire qui sont destinées uniquement à être lues, n'étaient pas faites pour cette destination ; elles étaient chantées, et chantées en musique, comme Athénée nous l'apprend expressément des poèmes d'Homère ; [1] il ajoute que les rhapsodes revêtaient un costume et montaient même quelquefois sur les théâtres. Du temps d'Auguste même, cet usage n'avait pas cessé, et l'on entendait encore à cette époque des vers épiques de Virgile [2] récités sur le théâtre, ou plutôt chantés par la comédienne Cythéris. A plus forte raison peut-on l'affirmer des poésies lyriques de Pindare, qui ne cessèrent jamais d'être chantées, et de beaucoup d'autres genres de poésie qui, après avoir été récités en musique, dansés et pour ainsi dire joués, tombèrent peu à peu, à diverses époques de l'histoire, dans une récitation nue, dans le domaine de l'étude solitaire et de la simple lecture. Cette observation n'est pas sans importance ni hors de notre propos. Nous ne savons pas ce que nous avons perdu au point de vue de l'art, quand la poésie a cessé d'être chantée pour être simplement lue ; quand, au lieu d'être le spectacle et le plaisir d'un peuple entier dont l'émotion, comme répercutée dans l'âme de tous les auditeurs, s'augmente comme en raison de leur nombre, [3] ce ne fut plus que la jouissance solitaire d'un petit nombre d'hommes oisifs et curieux. Le style, au lieu d'être la parole parlée, animée, mélodieuse, accentuée, rythmée, vivante, *oratio*, comme disaient

[1] Athénée. *Deipnosoph.*, XIV, p. 632.
[2] Cf. *Tac. dial. de Orat.*, 13. C'était, au dire des grammairiens, la 6ᵉ églogue.
[3] V. Bacon, *De la dignité des Sciences*, ch. 13, liv. II, et Aristt., *Probl.* On ne sait trop pourquoi, mais le fait est certain.

les Latins, est devenu l'écriture, c'est à dire un système mystérieux de signes abstraits, de figures inexpressives, la parole muette, morte. Autrefois le poète ne parlait pas, il chantait; la lyre n'était pas un symbole de convention, elle était l'instrument obligé de l'accompagnement des paroles chantées, dont, sous sa forme la plus simple,[1] elle battait la mesure et frappait le rhythme. On a soutenu[2] qu'Homère ne savait pas écrire, et que ses poèmes, jusqu'aux temps de Pisistrate, n'ont été conservés que par une tradition orale, par des écoles de chanteurs appelés Homérides.[3] Le chant, c'est l'action de la poésie. La parole nue[4] fait bien communiquer les intelligences; l'action seule fait communiquer les âmes; elle individualise les idées et les sentiments, parce qu'elle est éminemment personnelle. Quoi de plus personnel, de plus intime que l'accent? c'est la vie, l'âme de la voix, et la voix c'est l'âme elle-même.

Tout est changé : la lyre n'est plus qu'une figure de rhétorique, et même une figure un peu usée; le poète ne chante plus, si ce n'est par métaphore : il écrit. La clarté des idées, la partie intellectuelle des poèmes peut-être y a gagné; on le dit : je le veux croire. L'ana-

---

1 V. Plut., *De Music.* La lyre de Mercure à trois cordes.

2 M. Wolf., *Prolégom. à l'Iliade.* M. Edgar Quinet a accepté le fait, en repoussant les conséquences qu'en avait voulu tirer le savant allemand contre l'existence d'un Homère historique.

3 Elien, *Hist. div.*, XIII, c. 14. C'est sous Pisistrate que les relations commerciales de l'Attique avec l'Egypte s'accroissent; il est naturel d'en conjecturer que l'usage de l'écriture, à laquelle le papyrus est nécessaire, en devient plus commun.

4 Aristt., *Poét.*, 1.

lyse est le procédé de connaissance par excellence, et l'analyse et l'abstraction c'est tout un. A l'abri des séductions et des enchantements de la parole, des surprises et des enthousiasmes pour ainsi dire électriques de l'harmonie, du geste, de l'accent, de la passion, l'esprit peut considérer, dans une langue toute de signes, avec une réflexion plus méthodique et un examen plus approfondi, les idées qui lui sont proposées. Si le sentiment esthétique était de sa nature un acte de connaissance, tout ce qui achève et complète la connaissance devrait l'accroître, en augmenter la force; or, n'est-ce pas le contraire qui est arrivé? l'art n'a-t-il pas perdu à cette révolution dans le système des langues, autrefois si libres, si musicales, si passionnées? Ce merveilleux instrument, qui possédait toutes les nuances d'expression de tous les sentiments de l'âme, a bien perdu de sa richesse depuis que les langues sont devenues si droites, si correctes, si inflexibles dans leurs mouvements, si sages dans leur syntaxe. La langue grecque n'est-elle pas la plus belle langue que les hommes aient jamais parlée?

> Graiis dedit ore rotundo
> Musa loqui. [1]

Qui ne le sait? Qui du moins ne le répète? L'amour de la beauté, qui a été la passion de la Grèce, et sa faiblesse en même temps que sa gloire, s'est imprimé jusque dans les formes de son langage qui fut le lan-

---

[1] Hor., *Art poét.*, 323.

gage des Dieux. Personne n'ose en douter. Les langues analytiques ne sont pas les instruments naturels de la poésie; elles coupent, elles dissèquent, elles décomposent, c'est à dire elles tuent; elles produisent des entités abstraites, des êtres métaphysiques, logiques, que la raison, souvent abusée, croit comprendre, comprend quelquefois, qu'elle ne goûte, n'aime, n'admire jamais. Ce que l'homme aime, c'est la vie : or, la vie n'est que dans un être particulier, et le particulier n'est pas connu, car l'accident qui l'enveloppe le dérobe à la généralité des formules, et partant à la prise du jugement; mais il est senti, il est aimé, et pénétré dans son essence par cette puissance de l'amour qui a aussi sa lumière. Le général, l'universel seul est connu, par conséquent il est seul l'objet de la science. Un seul universel est en même temps individuel; Dieu est, et Dieu est une personne. Aussi la notion de Dieu est-elle autant et plutôt même un acte d'amour qu'un acte d'intelligence ; ce n'est ni par des raisonnements, ni même par des raisons qu'on y arrive et qu'on la conserve : Dieu sensible au cœur, voilà la foi.[1]

S'il en est ainsi, pour bien juger la question de savoir si la poésie, telle qu'elle a été, telle qu'elle est dans son essence, provoque un acte d'amour ou excite un jugement formel de la raison, il faudrait lui restituer tout ce qu'elle a perdu, le charme de la mélodie, l'accompagnement musical des lyres, le mouvement passionné et gracieux du rhythme, l'expression pathétique

[1] Pascal, *Pensées*.

de l'accent, l'émotion profonde que le chant imprime dans la parole; mais je dis que, même réduite à la parole écrite, ce squelette d'une forme qui pourrait rendre la forme méconnaissable, la poésie est encore avant tout *aimable*. C'est le mot de Boileau, ce rare esprit qui, en cherchant seulement le bon sens, a souvent rencontré la profondeur. La perfection de la poésie est de créer des personnages, des caractères, des êtres animés et vivants; la perfection du style est de vivifier la pensée, et pour cela d'individualiser le général : *proprie communia dicere*. C'est par cet artifice habile que les poètes rendent visible l'invisible, qu'ils donnent un corps et une âme à des ombres vaines, la vie à ce qui n'est plus, l'être à ce qui n'est pas; c'est par là qu'ils font, en un mot, à l'image de Dieu, du néant sortir une création. Or, ces êtres que la poésie a créés, qui ont dans notre esprit une réalité si vivante, il ne faut pas dire que nous les comprenons et que nous cherchons à les comprendre; nous sympathisons à tout ce qu'ils éprouvent, nous rions à leur joie, nous pleurons à leur douleur; [1] nous nous identifions, nous nous unissons à eux de tout notre être, de tout notre cœur : nous les aimons. Le Beau est proprement aimable.

Nous ne pouvons recevoir aucune impression de ces individualités, qu'une forme nécessairement sensible enveloppe et que l'accident accompagne, s'il ne les constitue pas, si ce n'est par l'intermédiaire de nos

---

1 Hor. Ut ridentibus arrident, ita flentibus adsunt.

sens ou de notre imagination, faculté qui plonge par ses racines dans la sensation. Voilà pourquoi il entre nécessairement dans l'acte esthétique le jeu des sens. Je sais qu'il est certain que nos connaissances elles-mêmes sont toujours mêlées de quelque sensation, et qu'il y a toujours une image étendue dans la plus abstraite de nos pensées; mais on comprend qu'il en pourrait être autrement, et que la connaissance n'en serait que plus parfaite et plus pure. Il en est tout autrement de l'amour. L'amour ne s'adresse qu'à la beauté vivante, et les sens sont le seul intermédiaire possible entre l'amant et l'objet aimé, et ce caractère est commun aux deux espèces d'amour que toute philosophie et toute théologie reconnaissent : l'amour qu'on ressent pour les objets ou les êtres, sans nous intéresser à leur bien et en n'ayant en vue que notre plaisir et notre bonheur, et l'amour qui nous porte à prendre du plaisir dans le bonheur de l'objet aimé.

Quoique Leibnitz[1] dise que ce n'est pas proprement aimer qu'aimer un tableau, quand on n'a du plaisir qu'à en goûter les perfections, il ne condamne pas non plus l'expression, et je ne vois pas, pour ma part, quel terme plus propre employer. Quoi qu'il en soit, le fait n'en variera pas de nature, et par le rapprochement et la différence qu'il établit, Leibnitz avoue lui-même que c'est là un fait moral, un acte de la volonté, un désir, une inclination qui nous porte vers ce qui nous donne du plaisir, sans que nous nous intéressions s'il en

---

[1] *Nouveaux Essais sur l'Entendem.*. liv. 11, ch. 20.

reçoit : c'est là ce qui le distingue de l'amour véritable, qui nous fait aimer le vrai bien. Descartes [1] avait déjà vu dans ces deux espèces d'amour l'origine de la distinction du bien et du Beau, « à savoir, l'amour qu'on a pour les choses bonnes, et celui qu'on a pour les choses belles, auquel on peut donner aussi le nom d'agrément. [2] »

Ce caractère, à la fois égoïste et sensible, donne à cette espèce d'amour que provoque le Beau, un danger et une infériorité; il n'enferme aucune idée morale, et, quoique sévère, il mérite le nom que lui a infligé la scolastique, d'amour de concupiscence. Il a beau être emporté par la passion à tous les sacrifices, c'est pour se satisfaire qu'il se sacrifie. Tout amour peut s'égarer ainsi, et quand il s'égare il tombe, et souvent il tombe dans les plus profonds abîmes. La forme sensible où la beauté s'individualise et se manifeste, s'enveloppe et se développe, peut arrêter seule l'âme et l'empêcher de pénétrer jusqu'à cette forme idéale qui en est le fond et l'essence. Voilà pourquoi la beauté paraît être sensuelle, comment l'art peut être corrupteur. Cette condition nécessaire, fatale, ne justifie pas, mais elle explique les réprobations et les condamnations que presque toutes les religions ont portées contre les arts qui ont pour objet d'exprimer le Beau. Ce ne sont pas seulement les iconoclastes ni les cultes qui proscrivent absolument toute représentation, qui ont voulu exiler

---

1 *Traité des passions de l'âme*, II, n⁰ˢ 79 et 82.

2 S. Dionys. Aréop. *De Div. nominib.*, IV. « Non solum bonum, sed etiam pulchrum est omnibus amabile. »

des temples cette Ève dangereuse; les Pères de l'Eglise catholique, qui fait un si grand et si noble usage de la peinture, de la musique, de la statuaire, de la sculpture, de la poésie, ont souvent protesté contre cette adoration de la beauté, et en ont signalé les attraits perfides et les tendances, ou au moins les effets pernicieux. Les philosophes de la Grèce, de la Grèce, cet enfant gâté de toutes les gloires, à qui nulle grandeur n'a manqué, pas même la palme de la vertu et la couronne du martyre, les philosophes voulaient chasser de la société qu'ils pouvaient corrompre, la poésie et l'art, personnifiés dans ce grand Homère, qui est comme l'incarnation de l'art et de la poésie. La beauté la plus céleste, la plus divine, se manifestant dans des traits humains, éveille des émotions sensibles, et, dans des imaginations à la fois ardentes et faibles, des images voluptueuses et sensuelles. L'âme a beau vouloir s'élever d'un vol radieux dans le ciel sans nuage de l'idéal, elle traîne après elle ce corps, cette chair, ce limon, cette boue, comme dit Plotin, où elle est emprisonnée, qui la souille et en même temps la retient captive. Regardez les transports de la passion religieuse : avec quel luxe de métaphores violentes, d'images sensuelles, avec quels mouvements passionnés, ardents de style, elle se manifeste dans la plus pure des âmes, dans sainte Thérèse! Sans doute c'est la beauté idéale de son Dieu qu'elle adore, aux pieds de qui elle se prosterne; mais cependant de quels brûlants baisers elle couvre les pieds de cet époux spirituel! avec quel emportement de voluptés pressenties elle demande à s'unir à lui dans un hymen mystique! quelles larmes! quelles paroles enflammées! Ce ne sont même pas les calmes et sereines tendresses de l'épouse ; c'est la fougue, c'est la violence de l'amante en délire. Le mysticisme le plus raffiné est plus près qu'il ne le pense du sensualisme. Dans sa cellule solitaire, qui donc échauffe les prières du moine? à quoi doit-on ce redoublement de ferveur pour le culte de Marie? Cela ne donne-t-il pas lieu de réfléchir, que cette adoration de la femme, instituée par une assemblée d'hommes voués au célibat![1] Le jeune prêtre sentirait-il se mêler à ses prières tant de larmes, s'il ne voyait apparaître à ses yeux et à son imagination, plus puissante encore, la beauté céleste de la mère virginale du Christ? Toute image est une sensation, et toute sensation est non pas un mal, mais un péril.

Mais l'émotion esthétique n'a pas toutes les faiblesses de l'amour, et elle en a presque toute la puissance, j'allais dire toute la vertu. Elle n'en a pas tous les dangers ; car la réalité, dans l'art du moins, n'est qu'une apparence qui ne peut exciter aucun trouble directement sensuel. C'est à l'imagination que l'art s'adresse, et ce n'est qu'indirectement, et dans des imaginations déjà corrompues, qu'il peut ébranler les sens et empoisonner l'âme. En soi, naturellement l'émotion du Beau est nécessairement chaste, parce qu'elle n'est produite par aucun objet réel ; elle n'en est pas pour cela ni moins vive ni moins profonde.

---

1 J'ai entendu un prêtre des plus convaincus et des plus recommandables, dire devant moi : « S'il n'y avait pas dans la religion catholique le culte de Marie, je jetterais tout de suite le froc aux orties. »

Comme l'amour, elle a une puissance de révélation, une rapidité et une profondeur de pénétration, une grâce, un charme inconnus à la raison ; l'âme de l'homme, en proie à ce sentiment, voit ce qu'un œil indifférent ne saurait voir ; d'un regard il descend dans l'essence invisible de l'objet qu'il admire, et contemple une beauté qui se dérobe à tous les yeux, qui n'existe pas peut-être, ou au moins qui n'existe que pour lui. On a pu dire de l'amour qu'il créait, dans l'objet aimé, les grâces mêmes qui le rendaient aimable ; celui qui aime, découvre mille perfections invisibles, mille attraits inconnus. Il en est ainsi de l'artiste : son regard a une puissance de pénétration, son imagination une force de conception merveilleuse ! Dans le nuage que le matin colore, dans un chant d'oiseau, dans le bruit d'une feuille tombée dans les forêts, dans le silence des champs, il voit, il entend, il crée un monde entier d'images, d'êtres, de caractères, le drame idéal de la vie. En fait d'art, on ne comprend que ce qu'on aime.

Nous pouvons clore et résumer cette longue discussion sur le caractère essentiel de l'acte esthétique, et sur la faculté de l'âme à laquelle il le faut rapporter, par un mot de S. Augustin : « Nous ne pouvons rien aimer que le Beau : *non possumus amare nisi pulchra.*[1] » Considéré dans l'homme qui le goûte, le Beau est une inclination naturelle et agréable de la volonté, un acte d'amour intelligent et volontaire, par conséquent per-

---

[1] *De Musica*, VI, 13. Cette opinion que le Beau excite dans l'âme un acte d'amour, se retrouve dans Cicéron, qui, s'il se trompe sur l'essence du

sonnel, accompagné d'une conception intérieure et idéale, et d'un désir plus ou moins énergique d'expression, d'un acte créateur plus ou moins complet.[1]

Il est évident que cette définition est insuffisante, puisqu'elle n'exprime pas la nature de l'objet vers lequel se dirige ce mouvement d'amour naturel, qui même l'appelle. Mais comme cet objet peut être placé en dehors de l'homme, il faut considérer le Beau au point de vue objectif pour remplir les lacunes forcées de notre définition. C'est ce que nous allons essayer de faire en étudiant le Beau en soi.

Beau en lui-même, adopte, sur l'impression qu'il produit, les idées, et reproduit presque les termes de Platon : *Formam quidem ipsam et tanquam faciem honesti vides, quæ, si oculis cerneretur, mirabiles amores, ut ait Plato, excitaret sapientiæ. De Offic.*, I. Burke ramène aussi le sentiment du Beau à l'amour, mais il en place l'origine dans un certain état du corps. Cette théorie appartient à la philosophie de la sensation, et se distingue profondément de celle de Platon que nous avons faite nôtre.

[1] *Observations sur le sentiment du Beau et du Sublime*, dans la *Critique du jugement*. Trad. Barni, tom. II, p. 244. Il est bien singulier d'entendre Kant, dans un ouvrage différent, il est vrai, mais spécial encore sur le Beau et le sublime, arriver à reconnaître l'amour comme le caractère du sentiment du Beau : « Les qualités sublimes inspirent le respect : celles qui sont *belles* inspirent l'amour. »

SECONDE PARTIE.

DU BEAU CONSIDÉRÉ EN SOI, C'EST A DIRE SOUS LE
POINT DE VUE OBJECTIF.

> Hors le seul être existant par lui-même, il
> n'y a rien de Beau que ce qui n'est pas.
> J.-J. ROUSSEAU.

Nous abordons ici la partie la plus complexe et la plus ardue du problème que nous nous sommes proposé d'étudier ; c'est pourtant le point de vue où les systèmes se sont accumulés, le seul même où les anciens l'ont envisagé. Qu'est-ce que le Beau en soi ? Telle est la question qu'ils agitent, et, « quoiqu'ils soient plus solides qu'on ne le croit communément, »[1] malgré les grands traits de lumière qu'ils ont jetés sur le sujet, telle est encore la question qui divise le plus les esprits, du moins les esprits qui en acceptent les deux termes. Nous avons vu, en effet, que pour Kant cette seconde partie devient très secondaire, et même disparaît pour ainsi dire tout entière.

Pour nous elle existe, et si les discussions précé-

---

[1] Leibnitz.

dentes nous ont préparé la solution, elles ne l'ont point achevée ; c'est ce qu'il nous reste à faire ici.

Indiquons d'abord notre manière d'envisager le problème, et résumons en quelques lignes la marche que nous nous proposons de suivre ; ce sera faciliter l'intelligence des développements où nous allons entrer, en faire connaître le plan, la division, l'ordre, et en même temps découvrir d'avance la solution où ils aboutissent.

Si le fait esthétique n'est pas un fait éminemment sensible, le Beau, qui en est l'objet, n'est pas une réalité sensible. Si le sentiment esthétique n'est pas un acte éminemment intellectuel, le Beau, qui en est l'objet, n'est pas une notion purement intelligible, une idée pure de la raison. Enfin, s'il est vrai, comme le dit Platon, comme S. Augustin et d'autres philosophes le répètent, que le fait esthétique est un acte d'amour, il est certain et clair que le Beau n'est autre chose qu'une des choses ou que la chose qui excite en nous l'amour.

Il faut donc chercher quelles sont les choses que l'homme aime et de combien de manières il les peut aimer. Or, nous avons vu que l'homme peut aimer les objets et les êtres pour son propre plaisir, sans s'intéresser au plaisir ou au bonheur de l'objet aimé. A proprement parler, il ne peut aimer ainsi que les objets incapables de ressentir le plaisir ou de goûter le bonheur ; et quand il traite de cette façon méprisante les êtres doués de sentiment et de raison, quand il les tourne, comme de vils instruments, à son plaisir ou à son profit, il manque à l'un de ses plus impérieux devoirs. Ou bien, au contraire, il prend plaisir dans le bonheur de l'objet aimé, dans le bien, dans les perfections qu'il lui voit acquérir ou qu'il peut lui communiquer. Cet amour de bienveillance, de charité, non seulement s'accorde avec la loi morale, mais en est le premier commandement.

Mais de quelque manière que se comporte cette sympathie; qu'elle n'ait en vue que notre propre plaisir, ou, au contraire, qu'elle n'ait en vue que le plaisir d'autrui, toujours est-il que l'objet est le même; « il paraît manifestement que le plaisir de l'homme, c'est l'homme : de là cette douceur sensible que nous trouvons dans une honnête conversation; de là cette familière communication des esprits par le commerce de la parole; de là la correspondance des lettres; de là, pour passer plus avant, les états et les républiques.[1] » De là, pour résumer Bossuet, les lois et les vertus sociales, les principes et les créations des arts.

L'homme donc s'aime lui-même; il aime ce qui lui est égal et semblable, et pour savoir ce qui lui est égal et semblable, il devient nécessaire de savoir ce qu'il est lui-même, ce qu'il est dans son fond, dans son essence.

Qu'est-ce donc que l'homme? Pour nous, c'est une âme intimement unie à un corps. Mais comme la raison peut concevoir une âme sans corps, et que la raison ne peut concevoir un corps sans âme, sans

---

[1] Bossuet.

détruire l'idée même de l'être humain, l'être de l'homme nous est donné essentiellement comme une âme, c'est à dire comme une cause, une force, un moi volontaire, intelligent, libre, une individualité vivante et pensante.

Il faut remarquer que je n'ajoute pas raisonnable. L'homme, en effet, ne trouve pas en lui la moralité, il n'en trouve que le principe ; il la crée par une soumission à une loi que sa raison reconnaît ; la moralité est sa fin et non pas son essence. Sans doute quand la force résiste à la fin qu'elle doit poursuivre, quand elle s'abandonne à elle-même, elle nous épouvante ; mais l'effroi qu'elle nous cause dans son développement désordonné n'est pas incompatible avec une certaine admiration. Il ne faut pas confondre la destinée d'un être avec son essence : il peut méconnaître sa destinée sans perdre sa nature. Ce que l'homme aime en lui, parce qu'il y reconnaît sa vraie essence, son fonds même, ce qu'il y admire, ce qu'il veut y accroître et multiplier, c'est la force, dont le caractère est l'individualité.

Qu'est-ce qui constitue dans les êtres vivants l'individualité, l'unité de vie ? Suivant S. Thomas, [1] le principe de l'individualisation est dans la matière ; suivant Leibnitz, c'est la force même, c'est à dire un principe intelligible et spirituel. C'est la forme, dit Aristote ; c'est l'idée, disent Platon et Hégel. Mais Platon ne l'entend pas dans le sens du philosophe moderne : le premier voit dans l'idée la généralité la plus

---

[1] *Somm. Théologiq.* Vol. I, p. 109 et 176.

haute, tandis que Hégel y trouve le développement de l'individualisation du général.[1]

Quoi qu'il en soit de ces définitions que nous aurons à examiner, l'individuel révèle seul la vie, la force libre, et comme la force est le seul objet de l'amour de l'homme, parce qu'il est lui-même essentiellement une force libre, l'individuel sera le caractère des objets qui seront beaux pour l'homme : or, comme la plus grande virtualité d'une chose quelconque, sa notion la plus vraie, sa réalité la plus complète, est dans son idée, dans son essence intellectuelle, l'idée de force libre, prise *in individuo,* une chose individuelle déterminable par l'idée seule, c'est l'idéal : donc le Beau étant l'objet de son amour, et l'objet de son amour se trouvant être l'idéal, le Beau est l'idéal.

On voit déjà sortir de ces principes, pour les confirmer, les maximes profondes et sages que, d'instinct ou plutôt de génie, ont tous pratiquées ou professées les grands critiques et les grands artistes. L'individualisation du général, *proprie communia dicere,* donner, par la magie du style, à des idées générales et abstraites, la forme de l'individualité, qui seule leur permet de vivre et d'agiter alors les cœurs, voilà le grand principe. Toutes les œuvres d'art doivent satisfaire, et, en fait, tous les chefs-d'œuvre satisfont, à la condition qu'Aristote exige de la tragédie, et Platon du discours, et qui semble être une définition du Beau. L'un veut que le drame ressemble à un être vivant, complet, par-

---

[1] Hégel. *Cours d'Esthét.,* tom. I, p. 115.

faitement organisé; [1] l'autre, que le discours soit composé comme un animal, qu'il ait un corps qui lui soit propre, une tête et des pieds, un milieu et des extrémités, dans une convenance parfaite entre eux et avec l'ensemble : [2] *uni reddatur formæ*. Horace ne fait que traduire Platon et Aristote, quand il proclame cette éternelle règle du goût, ce premier principe de l'art :

Denique sit quodvis simplex duntaxat et unum.

Après avoir déterminé les caractères et l'essence du Beau véritable et du sublime, qu'on en a voulu distinguer à tort, suivant nous, nous examinerons s'il y a, s'il peut y avoir un Beau moral, c'est à dire si les actes de la moralité peuvent, en certains cas, se confondre avec les actes esthétiques, et, en troisième lieu, si la nature possède en réalité la beauté que nous lui attribuons. Cette seconde partie sera terminée par quelques considérations générales sur l'art qui réalise la beauté. Ces considérations, en achevant et en résumant la théorie, nous fourniront une transition naturelle pour arriver à l'examen critique des arts particuliers, qui sera l'application et en même temps l'épreuve de nos principes.

Voilà le résumé sommaire des développements qui vont suivre et la conclusion définitive où nous prétendons arriver; il s'agit maintenant d'entrer dans les détails, de démontrer nos principes et de discuter ceux qui nous sont opposés.

1 Aristt. *Poét.*, 23.
2 Platon. *Phèdre.*

§ Ier. *Du Beau idéal, ou simplement du Beau.*

Le Beau est ce dont l'essence est d'être aimable à l'homme ; mais qu'est-ce qui est aimable à l'homme ? Remarquons bien que nous ne demandons pas ce qui *doit* être, mais ce qui *est* naturellement aimable à l'homme. Or, je dis que si le bien est ce qui est tel que la raison commande à notre volonté de l'aimer et de le pratiquer, le Beau est ce qui est tel que nous l'aimons par lui-même, par un attrait naturel qui nous entraîne à notre plaisir, sans que la raison nous en fasse une loi, ni la conscience un devoir. Qu'est-ce que l'homme aime donc ainsi ?

Les stoïciens avaient fait de l'affinité physique ou morale qu'éprouvent les unes pour les autres les diverses parties d'un être, la preuve et le principe de la vie. Cette même sympathie se retrouve dans les êtres divers où partout les semblables s'attirent. « De même que si on fait vibrer une corde, les cordes voisines vibrent à l'unisson, de même tous les êtres exercent les uns sur les autres des attractions » [1] sympathiques et naturelles par lesquelles ils se plaisent, s'unissent et s'aiment. Ce que l'homme aime, ce qui lui est *essentiellement* aimable, c'est donc ce qui lui est semblable [2] et égal, c'est un autre lui-même.

---

1 *Ennéad.* IV, IV, 41. Cf. Ravaiss. *Ess. sur la Métap. d'Aristt.*, tom. II, p. 385. H. Martin. *Etude sur le Timée*, II, p. 5.

2 Je dis ce qui lui est semblable et non *son* semblable, expression qui,

Qu'est-il donc lui-même? qu'est-il dans son essence aimable? qu'est-ce qu'il aime en lui, naturellement, librement, sans y être engagé ou poussé par aucune loi morale?

L'essence d'un être, surtout ce qu'il y a pour lui-même d'aimable en lui, c'est le plus haut degré d'excellence que la raison puisse concevoir dans son idée véritable : or, l'homme est une substance active, une force libre, intelligente, volontaire, une individualité vivante sous une forme sensible, une âme et un corps substantiellement unis par une union mystérieuse, mais certaine. Ce qu'il aime en lui-même et dans les autres, c'est donc cet esprit-corps, comme dit Bossuet, cette force libre, cette substance active, sous une forme sensible, cette individualité à la fois spirituelle et extérieure dont l'unité est son essence.

On peut, en effet, comme le dit Descartes, concevoir l'homme comme un pur esprit; mais enfin il est certain qu'il n'est pas tel; la pensée est ce qu'il y a de plus excellent dans sa nature; mais sa nature vraie emporte l'idée d'un corps, d'un corps, il est vrai, qui devrait pouvoir être parfaitement uni et pour ainsi dire semblable à son esprit, ou le représentant parfaitement sous une forme sensible. C'est là ce qu'il voudrait réaliser en lui-même, c'est là la vision qui le tourmente, le type de la beauté qui le charme : sous une forme

dans notre langue, rappelle que l'amour des hommes les uns pour les autres n'est pas simplement un fait, un plaisir, mais aussi et surtout une obligation morale. La charité évidemment est une vertu, c'est un amour de commande; il est méritoire et saint : *sancta generis humani fœdera,* dit Tacite.

humaine une âme humaine, un esprit tel que le sien, pénétrant un corps semblable à celui qu'il possède ; une forme qui exprime, sans les altérer, qui représente, sans les affaiblir, tous les mouvements intérieurs de son âme : voilà pour lui la beauté. On voit déjà que c'est un rêve.

L'homme, en effet, a la conscience que son corps nuit à son esprit, et que leur union, leur concorde parfaite ne peut pas se réaliser en lui ; de plus, il sait par expérience que ses facultés, qui toutes demandent à s'exercer, à produire, sont souvent opposées et contraires, toujours diverses ; cette opposition des désirs de l'âme et des besoins du corps, des tendances opposées de nos forces morales, fait de la vie vraie un combat, de l'âme un théâtre de discordes et de luttes où la raison est chargée de mettre la paix, en tenant toutes les facultés en équilibre et la volonté sous sa loi. Mais cet équilibre ne s'obtient pas aisément dans la réalité, et surtout ne s'obtient pas sans affaiblir l'énergie de quelques unes des forces que la raison est chargée de contenir, sans diminuer en nous, par un sacrifice méritoire mais pénible, la liberté de l'action et de la vie, sans amoindrir l'être, sans rapetisser l'homme. Cependant, tout en cédant, non sans révolte, à l'empire de la raison, l'homme sent bien qu'il reste libre, et que sa volonté et son activité pourraient ne pas se laisser ainsi mesurer l'espace ; il conçoit un état d'harmonie de son être, où, tout en restant homme, il pourrait donner à la fois satisfaction aux penchants de son cœur, aux exigences de ses sens, aux aspirations de son esprit ; où il pourrait donner à toutes ses facultés le plus complet développement, accroître en lui l'énergie et déployer la plus riche vitalité. Il conçoit que cela se pourrait, et il sait que cela ne se peut pas. En même temps qu'il forme en lui cette image et qu'il conçoit ces désirs, il reconnaît que c'est là un rêve insensé et que tous ces désirs sont des désirs impuissants ; sa faiblesse et sa misère apparaissent aux yeux de sa conscience humiliée, pour le rappeler au sentiment de ce qu'il est ; de toutes parts la réalité oppose à ses conceptions indéfinies les limites étroites de sa véritable puissance, et lui fait sentir les rudes barrières dans lesquelles elle l'emprisonne. Il s'en indigne, mais il s'en indigne vainement. Que peut-il donc faire ? Comme le captif enchaîné dans les ténèbres, rêve du ciel et de la liberté, comme l'exilé rêve de la patrie, l'homme, ne pouvant jouir réellement de sa liberté entière, veut jouir au moins du spectacle de sa liberté affranchie ; les barrières que la vie réelle lui opposait, que la raison le forçait de respecter, il les brise ou plutôt il les dépasse. Au delà des bornes du réel, du vrai, même du juste, il se crée un monde de chimères, uniquement pour sa satisfaction personnelle ; il forme, par la vertu d'une faculté merveilleuse, l'imagination, dans le libre domaine de la contemplation intérieure, un homme, une humanité dont les forces sont élevées à leur maximum de puissance, et ne trouvent ni en elles, ni hors d'elles, d'obstacles à leur complet développement, et qui témoignent, par leurs actes intérieurs et extérieurs, de leur liberté et de leur force.¹ Il va plus loin, il refait la création de Dieu à son usage, l'asservit à ses destinées imaginaires, imagine un ciel sans nuage, un printemps éternel, une terre idéale ; en un mot, transforme, transfigure et les choses et lui-même, et jouit et se glorifie de cette vaine création dont le seul simulacre chatouille son orgueil.

Cette conception d'une force complètement libre, échappant aux freins qui entravent sa course et rabaissent son vol ambitieux ; cette création d'une individualité, sinon toute puissante, du moins indépendante, d'un absolu se réflétant et se développant dans une forme sensible et dans des actes visibles, c'est l'idéal, c'est le Beau ; c'est là cette beauté merveilleuse que tout grand artiste conçoit en lui-même, qu'il croit souvent avoir reçue des Dieux, ou avoir aperçue dans les cieux entrouverts ; c'est là cette idéale figure qui a toute la perfection de l'esprit qui la forme, ² et pour laquelle il s'éprend à la fois, comme un père et comme un amant, d'un amour si ardent qu'il la veut perpétuer en la reproduisant dans son œuvre. Voilà cette beauté qu'a décrite Cicéron avec une éloquence dont Platon

---

1 Bacon. *De la dignité et de l'accroissement des Sciences,* liv. II, ch. XIII. « Comme le monde sensible est inférieur en dignité à l'âme humaine, la poésie semble donner à la nature humaine ce que l'histoire lui refuse, et contenter l'âme d'une manière ou de l'autre par des fantômes à défaut des réalités.... L'âme humaine *aime,* dans les choses, plus de grandeur et d'éclat, d'ordre et d'harmonie, d'agrément et de variété qu'elle n'en peut trouver dans la nature. C'est pourquoi, comme les événements qui font le sujet de l'histoire véritable n'ont pas cette grandeur dans laquelle se complaît l'âme humaine, apparaît aussitôt la poésie, qui imagine des faits plus héroïques. »

2 C'est pour cela qu'elle n'est pour aucun esprit absolument la même, parce qu'il n'y a aucun esprit absolument égal et semblable : de là cet indéfini qui est le caractère de toute beauté.

eût été jaloux, et en des termes que Plotin a jugés dignes d'imiter, et qu'il ne faut pas se lasser de répéter, même quand on serait las de les entendre : *Nec vero ille artifex, quum faceret Jovis formam aut Minervæ, contemplabatur aliquem e quo similitudinem duceret : sed ipsius in mente insidebat species pulchritudinis eximia quædam, quam intuens in eaque defixus, ad illius similitudinem artem et manum dirigebat.*[1] « Quand Phidias faisait son Jupiter, traduit Plotin, il ne faut pas croire qu'il le copiait d'après un homme ; son génie seul avait conçu quelle forme le Dieu aurait dû revêtir s'il avait voulu paraître aux yeux des mortels.[2] » C'est là cette splendeur radieuse auprès de laquelle toute autre splendeur s'efface et pâlit ; c'est là cette beauté parfaite que nul œil n'a jamais pu contempler, que nulle oreille n'a jamais pu entendre, que nous saisissons au fond de notre âme et par les seuls regards de notre esprit ; beauté sublime que rien ne dépasse, que rien n'égale, et auprès de laquelle toute autre beauté languit : « *Nihil est in ullo genere tam pulchrum quo non pulchrius id sit, unde illud, ut ex ore aliquo, quasi imago exprimatur, quod neque oculis, neque auribus, neque ullo sensu percipi potest : cogitatione tantum et mente complectimur.*[3] »

L'idéal s'élance donc au delà de la réalité qu'il méprise, au delà même de la raison qui le gêne ; car dans la vie vraie, dans la vie réelle, la raison, pour

---

[1] Cic. *Orat.* V.
[2] Plot. *Ennéad.* V, 8, 1.
[3] Cic. *Orat.* V.

tenir en équilibre les facultés humaines, et les conduire dans la voie qui lui est propre, la sainteté et la justice, est obligée de leur imposer le joug d'une loi. La liberté s'indigne de ce joug même de la raison ; elle le brise, ou du moins le dépasse et lui échappe ; elle s'envole vers une conception que je ne puis pas appeler une idée, mais un idéal, parce qu'elle n'est pas formée par les opérations réglées de l'entendement, mais par la puissance de l'imagination qui l'individualise et la revêt d'une forme sensible. Cette idée prise *in individuo*, cette individualité sensible, enfermant et exprimant toute la richesse de l'idée générale, « doit pouvoir être, et cependant ne peut pas être.¹ » Elle ne peut pas être, parce que toute forme sensible est une limite, est fragile, est changeante, emporte avec elle l'accident, et ne peut, par conséquent, être vraiment adéquate à la pure, stable et permanente essence de l'idée. Dans cette fiction, dans ce rêve, la vie et la force de l'individu trouvent le plus libre développement, l'accroissement indéfini et pour ainsi dire infini de leur activité, un redoublement illimité d'énergie, enfin l'harmonie, l'ordre, l'unité.

La vue de cet homme idéal que tout homme porte en lui, la contemplation de cette puissance absolument libre, à qui la réalité n'impose aucune gêne, la raison aucune entrave, la conscience aucun sacrifice; qui manifeste, par des actes visibles et sous une

---

1 Fichte. *Hist. de la philos. allem.*, Willm, tom. 2, p. 300.

forme sensible, sa force et sa liberté, est sinon la plus pure, du moins la plus délicieuse et la plus profonde des jouissances que l'homme puisse goûter. C'est le spectacle qu'il aime le plus à contempler ; car c'est la plus haute idée qu'il se puisse faire de lui-même ; c'est là qu'il adore sa propre image, agrandie jusqu'aux limites extrêmes de sa faculté de conception ; c'est là que son orgueil se complaît dans l'amour et dans l'admiration de lui-même.

Mais cependant il y a dans cette vision dont l'homme s'enchante un germe de faiblesse ; la notion de l'idéal, de l'homme glorifié et pour ainsi dire divinisé, renferme une double contradiction, une inconciliable antithèse. La conception d'une force dont la liberté ne reconnaît aucune limite et n'observe aucune règle, est contradictoire à la notion vraie de l'homme, dont l'obéissance à la loi morale est la destinée. L'homme réel n'est pas fait pour se glorifier, pour repaître son orgueil du vain spectacle d'une force qu'il ne possède pas, d'une liberté dont il ne jouit pas, dont il n'oserait pas jouir ; il est fait, et il le sait, pour se justifier, et, s'il le peut, pour se sanctifier par la pensée et par les œuvres. De plus, la notion d'une forme sensible, sans laquelle, dans son organisation intellectuelle, il ne conçoit plus d'individualité véritable, et, par conséquent, sans laquelle rien n'est plus désirable ni aimable pour lui, puisqu'il ne s'y reconnaîtrait plus lui-même, est contradictoire avec la notion d'une puissance illimitée qu'il prétend y renfermer. En effet, la limite, la mesure est le caractère propre de toute

chose sensible, de toute forme extérieure et matérielle ;
c'est l'éternelle et insoluble contradiction de la matière
et de l'esprit. Il y a donc quelque chose de faux dans
cet idéal, puisqu'il y a quelque chose de contradictoire dans les notions dont il se compose, et qu'aucune affirmation ne les peut réunir : ce songe est
donc un mensonge, et cette vision une chimère. La
beauté n'est pas, quoi qu'on en dise, la vérité, puisqu'au
contraire elle est la fiction, la poésie, c'est à dire
l'erreur même ; de même que je pourrais déjà être
fondé à dire qu'elle n'est pas le bien, puisqu'elle
est née de l'orgueil. La notion qui la forme n'est pas
une idée de la raison adéquate aux choses ; rien n'y est
précis, rien n'y est déterminé ; aussi, quelque lumineuse, quelque éblouissante que soit sa splendeur,
on ne peut l'enfermer dans aucune formule précise ;
elle se dérobe à toute définition sévère, logique. Cette
figure ravissante flotte comme entre la terre et les
cieux qui semblent également la réclamer, dans un
vague que l'esprit ne peut chasser ou pénétrer. Le fait
même qu'elle est enveloppée d'une forme, mais d'une
forme insaisissable, est la cause de ce puissant attrait
qu'elle exerce sur nos âmes, à qui elle laisse toute leur
activité créatrice. L'indéfini qui l'entoure a pour nos
imaginations la profondeur immense de l'infini ; ce
n'est pas proprement une idée, qui ne saurait rien
contenir en elle de contradictoire, c'est un idéal,[1] c'est

---

[1] Cette forme cependant n'est qu'à demi trompeuse. S'il y a un fond
d'erreur dans cette conception purement imaginable, d'une individualité
sensible épuisant toute l'essence de son genre, il y a aussi un fond de

une création de l'imagination. Cet idéal que ne connaît point la raison, ne saurait non plus être contenu dans la réalité pleine de limites, et qui, de plus, si elle admet les contraires, ne saurait admettre les contradictoires qui s'excluent, puisqu'elle est la vérité dans les choses. Ne trouvant pas, dans aucune réalité, cette beauté enchanteresse; poussé d'ailleurs par l'admiration émue qu'il ressent pour elle, à en perpétuer l'image, l'homme cherche à la reproduire, à la créer, à l'objectiver ; il veut lui donner une forme plus précise que celle qu'elle a dans son imagination confuse, tâcher de l'arrêter dans ses mouvements capricieux et dans ses traits indéfinissables. Mais l'homme ne peut rien créer sur la terre; sa puissance se renferme dans la faculté de transformer, de modifier les choses, et encore cette faculté a des limites étroites. Telle est la faible création que Dieu lui a permise : ce n'est qu'une apparence. L'art est donc la production d'une apparence qui représente un idéal, c'est à dire une fiction. Il y a plus, cette apparence est d'une pauvreté, d'une imperfection grossière. La peinture, l'art qui paraît donner le plus de réalité à ses représentations, emploie des procédés grossiers et de vils matériaux pour figurer des choses que la réalité nous offre cent mille fois plus parfaites et plus délicates. Toutes les dimensions des corps y sont ramenées à des surfaces, c'est à dire détruites. Avec quelle pâte épaisse nous représente-t-on la limpidité de l'air et les rayonne-

---

vérité. L'homme est fait pour aspirer à l'infini, bien qu'il ne soit pas fait pour l'atteindre, et tout n'est pas vain dans sa vaine espérance.

ments impalpables de la lumière? ces couleurs, où la brosse a laissé traîner sa trace grossière, ont-elles quelque rapport, même éloigné, avec ces chairs si délicates, cette peau si fine, si rose, si transparente que souvent nous offre la réalité? Et les ombrages, et les eaux, et le mouvement véritable de l'activité et de la vie, par quels misérables artifices ils sont misérablement imités! Si l'art n'était que l'imitation de la réalité, à quoi bon refaire tant de fois une détestable copie d'un original excellent? Les moyens de représentation dont l'art dispose, comparés avec les objets naturels qu'il serait obligé de reproduire, sont en si petit nombre et tellement grossiers, qu'il faut une éducation toute spéciale pour les comprendre, une initiation pour se familiariser avec leur signification. Mais ce n'est pas en cela seulement que consiste l'imperfection de l'apparence sensible dans laquelle l'art s'efforce d'imprimer et d'exprimer le Beau. Précisément parce que cette apparence est matérielle, qu'elle est une imitation du réel qui a sa réalité, et que cette grossière imitation est faite par des hommes qui ne peuvent rien créer, cette apparence n'est pas l'expression vraie de l'idéal, elle mutile involontairement la divinité qu'elle veut offrir à l'adoration ou du moins à l'admiration des hommes. C'est là une des causes de cet éternel désespoir de l'artiste qui ne peut jamais atteindre, et qui pourtant poursuit toujours l'idéal de perfection dont il porte en lui l'image à la fois lumineuse et confuse.

N'allons pas cependant nous plaindre de l'imperfection des procédés, de la grossièreté de la représentation matérielle des arts ; c'est grâce à cette opposition entre le fond et la forme, impuissante à le représenter réellement, que peuvent naître dans l'âme la notion de la beauté idéale, et l'idée même de la véritable expression esthétique. Précisément parce qu'il ne satisfait point la raison, qu'il ne répond à aucun des besoins des sens, l'esprit est conduit à chercher sous ce réel misérable, sans utilité comme sans signification, qui n'est ni réel ni intellectuel, ce qui y est caché autant et plus qu'exprimé, l'idéal. L'imagination s'éveille ; excitée par cette forme qui ne peut s'adresser qu'à elle, sur ce modèle imparfait qui l'agite, elle est forcée de produire les idées, les sentiments et les images qui ne sont point dans les formes, mais qui s'y montrent ; elle entend, elle voit des choses qu'on n'a pu ni lui faire entendre ni lui faire apparaître. Par un acte vraiment créateur, elle produit la conception intérieure de la force illimitée, le rêve enchanteur de l'idéal qui arrache l'homme aux misères et à l'oppression de la réalité ; elle achève au dedans d'elle-même ce type accompli, ébauché par l'artiste dont le génie a pour seul objet d'exciter au plus haut degré son activité féconde. Il se passe alors un phénomène très peu remarqué, et que je considère comme très remarquable : nous n'avons pas toujours une conscience claire de tous nos actes, nous ne nous regardons pas toujours penser ; lorsque surtout nous sommes en proie à des sentiments très vifs, lorsque nous nous livrons à des actes passionnés, l'esprit ne les réfléchit pas toujours; il peut donc se passer en nous des phénomènes qui nous échappent et qui ne sont saisis que par une observation minutieuse. L'idéal créé par l'imagination a été produit à l'occasion d'une forme extérieure; on peut dire même que cette forme extérieure a agi en partie presque à la manière d'une cause; il est naturel alors que nous rapportions la notion idéale à l'objet qui l'a provoquée, et que nous croyions qu'il la représente et qu'il en est l'expression. Si belle que soit la statue qui s'offre à mes regards, sa vue excite en moi la vision d'une beauté plus parfaite; mais cette vision, dont le caractère est l'indéfini, se confond par un acte dont nous n'avons pas toujours conscience, s'incorpore pour ainsi dire et s'incarne dans l'œuvre de l'artiste, à qui elle communique ce qui manque à la matière, je veux dire l'esprit, la vie. L'art est une véritable incarnation de l'idéal, une révélation intérieure. Mes yeux n'ont point vu tressaillir ce marbre immobile; ma raison me dit même que la pierre et le bronze, la toile et les couleurs n'ont point ces frémissements de la vie; je ne suis l'objet d'aucune illusion, et ma conscience toujours présente m'atteste que je n'ai sous les yeux qu'une matière inanimée, morte; l'admiration n'est pas un acte de folie. Qu'est-ce donc qui devant moi s'agite et se meut, sourit et pleure, prie et menace? qu'est-ce donc enfin que je vois vivre, si ce n'est cet idéal, cette pensée aimable présente en moi, produite par moi, mais que j'objective tout naturellement et facilement, en la fondant, en l'identifiant avec la création de l'artiste dont j'achève l'ouvrage? L'imagination détruit les traces du réel qu'il n'a pu effacer de son œuvre, et les imperfections qui échappent toujours à la faiblesse des plus grands génies. La forme reste, une forme individuelle, sensible, que je vois, que je puis presque toucher, et qui empêche l'imagination de se perdre dans les nuages, et pour ainsi dire de s'évaporer dans le vide. Mais, comme par un effet d'optique, la vision céleste dont le type accompli est en moi, descend dans l'objet et se confond tellement avec lui que je les identifie ; la forme est alors transformée ; l'objet est idéalisé, spiritualisé à tel point que je ne le distingue plus de l'idéal : je dis alors qu'il exprime. Cette boue jaune c'est, dans mon imagination enflammée, un soleil plus éclatant que le soleil qui éclaire nos yeux ; cet indigo épais, ce sont des eaux plus limpides, plus transparentes que celles des plus clairs ruisseaux de nos champs ; ces personnages immobiles, ces yeux fixes, tout a le mouvement, la vie, la pensée, tout a une âme qui parle à notre âme et qui l'enchante du spectacle de son image divinisée.

On voit quelle part prend l'esprit dans ce qu'on appelle le sentiment du Beau, et pourquoi je l'ai nommé un acte, l'acte esthétique. C'est en effet par la puissance très active et vraiment créatrice de l'imagination que naissent, excitées par l'objet, cette forme idéale et cette conception sensible de la beauté ; car elle est sensible jusque dans notre esprit, puisqu'elle y est individuelle ou plutôt individualisée. Nous n'avons pas besoin de descendre et peut-être de nous égarer dans l'obscur problème de la recherche du principe d'individuation.

La beauté n'est pas un être ni une substance; elle n'est qu'une conception de notre esprit, une forme idéale, et ne peut pas être un individu véritable; seulement elle est conçue sous la forme d'un individu, et c'est ce que j'appelle individualisée. La plus haute individualité c'est la personnalité, la propriété qu'un être possède de reconnaître en lui-même un moi, comme cause de ses actes et principe libre de ses mouvements. La plus haute personnalité est celle qui enferme dans l'idée du moi, différent de tout ce qui n'est pas lui-même, la plus riche essence du genre, la vitalité d'un être se mesurant par le nombre et l'intensité des facultés qui appartiennent à son espèce. Remarquons bien, en effet, ce fait : la personnalité de l'être ne diminue en aucune façon sa vitalité; bien au contraire, plus il y a de personnalité, d'originalité dans un individu, plus il paraît être lui, lui-même, ne pas se perdre et s'effacer dans une physionomie banale et commune, plus il y a en lui de généralité, c'est à dire qu'il répond mieux et qu'il remplit plus complètement la définition de son essence. Ainsi un homme d'un grand caractère, un grand homme se distingue de toute la foule par des traits particuliers, par une personnalité vigoureuse, et pourtant, par cela même, il semble plus homme que tous les autres. L'essence de l'homme est d'être une personne, une volonté, et, comme on dit, d'être *un homme*. Toute l'œuvre de la vie privée, de la vie sociale, devrait être de créer en nous des hommes, des individus, comme le chef-d'œuvre de l'art est de créer des caractères, et d'individualiser, de personnaliser toutes les idées, *proprie communia dicere*. C'est ce que Schelling appelle le caractère, qui, dans son individualité forte, doit être cependant large, et contenir cette portion d'indéfini qui, sans en affaiblir l'énergique concentration, en augmente l'étendue et comme la sphère de volonté et d'action. L'homme ne se développe qu'en se concentrant, qu'en mettant en relief sa volonté, sa personne morale, et en la séparant, en l'élevant au dessus de tout ce qui l'entoure et de la nature qui tend à l'absorber. Connaître, qu'est-ce autre chose que distinguer, séparer les éléments confondus et noyés dans l'océan troublé de nos sensations confuses et de nos pensées complexes, c'est à dire individualiser ? [1]

Je ne puis admettre, comme une nouvelle Esthétique essaie de le démontrer, [2] que l'accident soit ce principe d'individuation. L'accident se mêle à l'individualité, il ne la constitue pas ; l'accident n'est pas la différence, c'est un désordre au moins apparent ; les êtres ne diffèrent pas entre eux uniquement par le désordre : ce n'est pas le pois chiche de Cicéron qui faisait sa personnalité ; ce ne sont pas seulement les anomalies, les bizarreries, les excentricités qui différencient les

---

1 C'est par un acte semblable que se manifeste l'individualité esthétique. La force ne se personnifie que par une distinction de tout ce qui n'est pas elle, de tout ce qui s'oppose au libre déploiement de son énergie. Or, le monde extérieur, le monde intérieur des passions, la nature et la société sont, devant elle, comme des obstacles. C'est par la lutte que les éléments de l'individualité se reconnaissent, se rapprochent, se concentrent, lutte intérieure ou extérieure ; et, comme dit Hégel, c'est par la *collision* que l'idéal se détermine et qu'apparaît le caractère.

2 Esthétique par le dr. Fr.-Théod. Vischer. Voir, *Revue Germaniq.*, tom. VII, p. 505, une analyse de ce système par M. Vict. Cherbuliez.

productions de la nature : Byron n'eût pas été boiteux que son originalité n'eût pas été moindre. L'accident, au contraire, est ce qu'il n'est pas dans la nature d'une chose d'éprouver ou de faire. ¹ Si la personnalité est la plénitude de l'être, comment la confondre avec l'accident qui n'est que de nom, et qui paraît se rapprocher du non-être ? ² L'accident c'est le hasard, et le hasard est-il autre chose qu'un mot ? Il a sa source dans la matière, dans l'indéfini ; c'est ce qui peut survenir ou disparaître dans le sujet sans en amener la destruction : ³ il est donc postérieur au sujet et ne peut pas le constituer. On a beau prendre des accidents inséparables, il faut toujours que le sujet existe pour que l'accident s'y vienne joindre. Il y a toujours dans l'accident du plus ou du moins, et le même accident peut appartenir à plusieurs sujets, même à plusieurs espèces. Peut-il en être ainsi de l'individualité ? y a-t-il des individualités communes comme il y a des accidents communs ? La personnalité, le moi n'est-il pas nécessairement incommunicable, et tellement incommunicable que le contraire ne peut avoir aucun sens ? J'ai dit que l'individualité me paraît un principe spirituel, et, en effet, je puis supposer que je n'ai pas de corps ; je puis réduire, par la pensée, mon être à une pure substance intellectuelle, sans le détruire et sans détruire ma personnalité, ma volonté, ma puissance libre et responsable, mon moi : donc ce n'est

---

1 Aristt. *Métaph.* V (vulgo VI), c. 3.
2 Aristt.
3 Porphyre. *Introduct. aux Catégor.*, ch. V.

pas la matière qui le constitue. De plus, Dieu est assurément une personne, et assurément il n'est pas matière, à moins qu'on ne croie à un Dieu confondu dans la matière, et, au lieu de l'infinité qui est son essence, possédant l'indéfini, essence de la matière, c'est à dire l'impersonnalité.

Je ne crois donc pas qu'il soit permis de confondre, comme l'a fait le disciple de Hégel, l'accident avec l'individualité. L'individualité fait la dignité de l'homme, et l'accident, dont il est la proie, atteste sa faiblesse et témoigne contre lui alors même qu'il le protége. Je suis très disposé à penser, avec Leibnitz, que toute substance, toute force créée par Dieu, intelligente et libre, a reçu du Créateur le principe spontané de ses propres modifications, et que l'ordre de ces changements, et la loi qui l'établit, fait toute la personnalité ou l'individualité des êtres. Bayle reconnaît, comme lui, que la différence constitutive de chaque esprit est primitive, qu'elle est telle qu'il n'y a pas au monde deux individus qui se ressemblent parfaitement, et que, sans elle, il n'y aurait nulle variété dans les phénomènes.[1] Dieu nous a créés à son image, c'est à dire qu'il a fait de nous des personnes, mais des personnes finies que l'accident trouble et dont il mutile l'essence. L'individualité est tellement un principe intelligible que dans l'homme elle se manifeste dans l'expression des yeux, qui sont le plus fidèle miroir de l'âme; dans l'individualité de la parole, qui n'est

---

1 Leibnitz. Dutens. Tom. II, p. 75 et 89. *Réplique à M. Bayle sur l'art. Rorarius.*

que le reflet de l'esprit; dans le style, qui est aussi incommunicable que toute autre personnalité.

Des changements qui surviennent à un être, les uns peuvent paraître et cependant ne pas être étrangers à son essence; s'ils ne font que le paraître, ce ne sont pas des accidents réels; nous ignorons seulement la loi qui les gouverne et comment ils sortent de l'essence; ou bien, en réalité, ils sont étrangers à la nature de l'être, et alors ils ont leur source dans la domination sans règle de la matière sur l'esprit, et alors ils sont un désordre, de véritables accidents, c'est à dire un malheur et une dégradation de l'être.

Sans aucun doute cette diminution, cet appauvrissement de l'être par l'accident qui mutile son essence et défigure sa forme, est le sort de l'homme; mais il y est condamné, non pas parce qu'il est un individu, mais parce qu'il a un corps, et qu'il subit, dans une certaine mesure, les nécessités fatales attachées à la matière. Sans doute toute beauté devant être individualisée, toute beauté devant par conséquent être aussi corporalisée, il y a de l'accident dans toute beauté, et l'art qui voudrait supprimer l'accident nuirait à la puissance et à la vérité de ses représentations, de ses effets, et finirait par les détruire. Mais cela tient, comme nous l'avons déjà dit plusieurs fois, à ce que si nous pouvons concevoir l'être et l'individu sous une forme purement intellectuelle, ce qui est déjà très difficile, nous ne pouvons en aucune façon les imaginer ainsi. Une image étendue se mêle à presque toutes nos pensées; toute idée est primitivement au moins une représentation, toute représentation est une image. Il y a donc, comme on l'a dit avec justesse, un véritable paganisme dans l'art. Par une conséquence nécessaire de notre faculté imaginative, « le sentiment du Beau est une sorte d'anthropomorphisme que la conscience antique prenait au sérieux et dont nous subissons encore le joug.[1] » L'art voit tout et représente tout sous une forme sensible, individuelle, et par conséquent humaine, puisque la personnalité humaine est la plus riche individualité. De plus, comme l'homme embellit sa propre image afin d'en mieux jouir, il y a dans l'art une véritable adoration de l'homme par lui-même. Il se glorifie, il se divinise dans l'idéal. On ne peut pas le nier, l'art renferme un fonds indestructible de vanité et d'orgueil, c'est à dire de paganisme ; aussi a-t-il trouvé sa perfection dans un état de civilisation où la plus haute conception de Dieu était l'homme idéalisé, où, suivant l'éloquente parole de Bossuet, tout était Dieu, excepté Dieu lui-même.

Malgré son infériorité rationnelle, c'est une faculté vraiment merveilleuse que l'imagination ; ce sont des idées qu'elle forme, des idées générales, et ces idées sont en même temps des images et surtout des images. La pensée y prend une forme, l'essence individuelle un corps, et tandis que la raison cherche à s'élever aux idées pures, au dessus des formes qui les limitent, l'imagination s'enrichit de conceptions visibles dont le spectacle charme l'homme, parce qu'il est un être

---

[1] *Revue Germaniq.* Esthétiq. de M. Th. Vischer, tom. VII, p. 523.

aussi bien sensible que spirituel. En concevant la puissance et la liberté illimitées, la raison nous fournit l'idée de Dieu ; mais la contemplation de cette idée accable, écrase l'homme de sa grandeur ; il ne peut en jouir : elle lui rappelle trop cruellement sa faiblesse ; il ne peut pas même l'adorer sans crainte, sans tremblement, sans être effrayé de sa petitesse et de sa misère ; c'est un acte de soumission silencieuse, muette, où il n'y a de grand que l'aveu même de son humilité et la douleur profonde de son repentir. Comment oserait-il, comment pourrait-il s'enchanter, s'enivrer de joie sereine, rire de ce rire délicieux de l'âme devant le Dieu qui dit : « Malheur à vous qui riez, car vous pleurerez ! »

L'imagination arrache l'homme à cette pensée haute, sublime, mais mélancolique et douloureuse ; l'âme, d'où une telle pensée est absente, est à peine l'âme d'un homme ; celle qu'elle a envahie est celle d'un ange ; mais l'homme n'est ni ange ni bête ; il ne peut, sans en être ébloui et comme épouvanté, contempler sans cesse dans sa majesté et dans sa puissance l'infini ; en lui laissant son heure et sa place dans la vie, il revêt cette même conception d'une forme sensible, il en mutile l'essence immense, infinie ; il la rabaisse à sa hauteur qui est petite ; il se la représente sous la figure qui lui est le plus sympathique, parce que c'est sa propre figure, mais agrandie, purifiée, glorifiée. L'homme ne dépasse pas les limites de ce qu'il conçoit qu'il pourrait atteindre, tout en dépassant les limites de ce qu'il atteint et peut réellement atteindre ; un monde nouveau, enchanté, découvre à ses yeux ses magiques horizons et ses perspectives merveilleuses ; une vie nouvelle commence, une vie humaine encore, mais où les conditions de l'humanité sont changées, où ses misères disparaissent; le corps subsiste, mais il est l'exacte représentation de l'esprit qui le pénètre ; il en a les propriétés et les vertus ; le temps n'en peut altérer la vigueur, l'espace en limiter les mouvements : c'est un être toujours jeune et toujours beau ; il plane dans les airs et parcourt sur l'aile des vents ou des nuages les cieux étoilés ; son pied rase sans les entr'ouvrir la surface des flots, et, plus léger que celui de Camille, volerait sur les épis des champs sans en courber la faible tige ; l'âme est transfigurée comme le corps : dans cette existence nouvelle, elle échappe aux angoisses, aux étroites limites de la cage où elle est emprisonnée par la réalité; comme un oiseau céleste, elle s'élance au plus haut du ciel, sa patrie ; les vertus, même les crimes, les joies et les souffrances, ont un caractère de force qui redouble les unes et transfigure les autres ; l'amour, ce printemps de l'âme, y est éternel ; le courage devient l'héroïsme, le dévouement atteint sans peine l'idéale sainteté du martyre ; le rire est serein, franc, bon ; les larmes douces et même délicieuses.

Quelle création que celle de cet homme idéal que forme en nous l'imagination et que l'art est chargé de représenter ou d'exprimer ! C'est le rêve éveillé de la vie. Sans elle l'homme pourrait-il vivre ? Entre la matière qu'il méprise, et Dieu qui l'accable, sa pensée partagée pourrait-elle ne pas succomber ? Sous le poids écrasant de la vie présente, ou sous les terreurs du mystère qui enveloppe sa future destinée, quelle serait sa vie? ou bête ou ange? Et encore Pascal ne lui laisse pas cette alternative : Celui qui étant homme l'oublie, et veut faire l'ange, descend bien vite au niveau de la brute. Il ne faut pas qu'il prenne au sérieux cette conception idéale qu'il forme de lui-même; qu'il se rappelle bien qu'il ne peut être divinisé que dans la région imaginaire de l'art.

Cette création imaginaire, on le voit, est un acte, un acte essentiellement actif. L'esprit y joue un rôle plein d'énergie, de virilité intellectuelle, et c'est pourquoi l'admiration, qu'on serait disposé à considérer comme un état passif de l'âme, la remplit au contraire d'une joie si intense. L'admiration est la fête de l'âme, et il ne peut y avoir de fête pour l'âme que lorsqu'elle est active; car sa nature et sa fin c'est l'acte même. Il y a bien un acte supérieur : l'acte pur, non mélangé de formes et d'images; mais en même temps qu'elle le conçoit comme supérieur, elle conçoit qu'il ne lui est pas propre, et que sa perfection même lui ôte toute espérance de le réaliser en elle. L'acte qu'elle aime, qu'elle admire dans les autres, qu'elle jouit d'accomplir en elle-même, est celui qui lui est propre, et qu'elle ne peut, malgré ses efforts, dépasser. Ce n'est déjà pas sans efforts que l'imagination parvient à retenir et à lier les perceptions isolées qui constituent, par leur ensemble, l'idéal de la beauté. L'acte du goût le plus simple implique donc un effort d'activité, et c'est pour cela que, dans le plaisir même esthétique, il se mêle un élément grave et quelquefois sévère. Il est, en effet, de la nature de l'homme que chacun de ses actes lui coûte une peine ; car tout acte exige un effort, tout effort implique l'idée d'une résistance, par conséquent d'une lutte, d'une fatigue, en un mot d'une peine. Ce n'est pas sans raison que les Allemands inscrivent, dit-on, dans leurs salles de concert, cette pensée qui est en même temps un avertissement salutaire : *Res severa est verum gaudium.* On découvre encore dans cette activité morale, essence du fait esthétique, la source du véritable but des arts, et le moyen de réfuter victorieusement toutes les fausses théories, les doctrines pernicieuses qui s'appuient sur une définition mensongère. L'art n'a pour but que d'exciter l'esprit à produire en soi l'idéal le plus conforme à celui qu'a conçu l'artiste lui-même, et plus parfait s'il est possible. Par une conséquence évidente, l'illusion et le trompe-l'œil ne sont que de misérables artifices qui tuent l'émotion esthétique au lieu de la produire. Ils anéantissent en effet toute activité dans l'imagination, qui ne croit plus, qui ne peut plus croire que c'est à elle que les objets parlent, puisqu'ils parlent tellement aux sens qu'ils les abusent. L'impression reste donc dans le sens, et ne donne pas à l'imagination cet ébranlement qui lui fait produire l'idée de la beauté. L'imitation et la perfection de l'imitation ne constituent donc pas la beauté. On a beau dire que l'imitation est agréable, et a par elle-même un charme qu'on ne peut pas nier, cela est vrai ; mais on peut toujours répondre avec Aristote, que le but des arts n'est pas toute espèce de plaisir, mais un certain plaisir tout particulier.[1] Or, le plaisir du Beau est non seulement actif, mais créateur, et la perfection de l'imitation, aussi bien que la réalité, ne laissant plus rien à faire à l'imagination, détruit le véritable plaisir du goût. C'est encore par ce caractère d'activité féconde qui éclate dans la jouissance esthétique, que nous expliquons tant de degrés dans les sentiments que la beauté inspire. Toutes les imaginations ne se laissent pas également ébranler par les mêmes formes, et, sous des impressions à peu près égales, elles n'ont pas une même puissance de création ou de conception; devant le même objet, tous les esprits qui goûtent le plaisir esthétique, ne rassemblent pas avec la même rapidité et la même perfection les perceptions qu'ils ont reçues, ne recomposent pas le même idéal. Les hommes ne jouissent donc pas également de la beauté, n'en conçoivent pas l'idéal avec la même perfection. Que sera-ce donc de la faculté de l'exprimer?

Lorsqu'un de ces esprits privilégiés de la Providence sent se former dans son imagination cette conception idéale, elle y prend une forme tellement vivante, une consistance et une persistance telles qu'il en est comme obsédé. La vision qui lui est apparue prend un corps; il l'entend qui parle, il la voit qui l'excite par ses attraits. Ce mouvement passionné d'amour qu'il ressent pour elle le ravit à lui-même ; il est possédé par elle et hors de lui. C'est en obéissant à l'instinct irrésistible de cet

---

[1] Aristt., *Poét.*, XIV. Dans toute création esthétique, il doit y avoir quelque chose d'indéfini qui prête à la grandeur.

amour qu'il enfante son idée et produit son ouvrage dans le sein de la beauté. Toutes les langues constatent cette fureur divine qui exalte l'artiste, cet état de surexcitation fébrile de l'imagination dans la joie et la douleur de l'enfantement : c'est le démon de la poésie, le diable au corps, comme l'appelait Voltaire; c'est le *mens divinior* des anciens. Platon dit sérieusement que ce sont les dieux qui nous apparaissent ou qui nous parlent par la voix de leurs serviteurs, instruments fidèles mais souvent ignorants de leurs desseins. [1] Le poète est un prêtre, un prophète qui a perdu la raison [2] et dont l'intelligence a été éblouie par l'éclat même et la majesté du Dieu qu'il a entrevu. Il en donne même une preuve qu'il croit démonstrative : Un poète de Chalcis, Tynnichus, qui n'avait jamais rien fait de bon et dont on n'a rien conservé, a pourtant fait un Pœan que tout le monde chante encore aujourd'hui, et qui est peut-être la plus belle de toutes les poésies lyriques des Grecs. La poésie n'est pas humaine, elle n'est pas l'œuvre des hommes; elle est divine et l'œuvre réelle des dieux. [3] La païenne et cependant religieuse antiquité avait fait des dieux de toutes les passions fortes, vertueuses ou coupables, qui s'allument dans le cœur des mortels :

Sua cuique Deus fit dira cupido.

Quoi qu'il en soit, ce souffle inspiré, cet esprit cé-

---

1 Cf. *L'Ion.*
2 *Ion*, p. 534, C.
3 *Ion*, p. 535. A.

leste qui descend en l'homme, c'est ce que nous appelons le génie, et il faut bien reconnaître que Dieu le donne comme il lui plaît, comme il donne la fortune ou la beauté ; il est un don, une vraie grâce de sa bonté, et non de sa justice qui doit y être présente, mais n'y est pas visible. Il faut même reconnaître avec Platon, que cette vertu créatrice de l'imagination n'est pas toujours en rapport avec les autres facultés de l'esprit ; qu'elle a ses caprices qu'on peut difficilement maîtriser ; que l'inspiration quelquefois nous abandonne, et que la muse volage nous quitte et nous trahit. Toutes ces métaphores révèlent au moins la puissance que prennent, dans l'imagination de l'homme de génie, les formes idéales qu'elles conçoivent à la vue des objets ; c'est à cet empire, qui les contraint de réaliser extérieurement les types de perfection qu'ils ont intérieurement conçus, que l'art véritable doit sa naissance. L'art est la création du génie. Obsédé, dévoré par une flamme intérieure, pour apaiser le feu divin qui l'embrase, pour calmer cette douleur féconde, l'esprit met au monde, non sans quelque effort, et souvent après avoir longtemps résisté, le fruit glorieux de sa pensée. Il ne faut pas en croire, à cet égard, ce qu'en ont dit même de merveilleux artistes : l'homme ne chante pas comme l'abeille compose son miel, comme l'eau murmure dans le lit penché du ruisseau ;[1] non seulement il faut qu'il ressente puissamment le désir de la créa-

---

[1] Le ruisseau n'apprend pas à couler dans sa pente,
   L'abeille à composer son miel.
                                        Alp. de LAMARTINE.

tion esthétique, que la contemplation intérieure et paresseuse de l'idéal ne suffise pas à assouvir son ardeur inactive; non seulement il faut qu'il soit tourmenté du besoin de posséder perpétuellement cet objet charmant, de s'unir intimement à lui, dans une union féconde, et pour cela dompter les langueurs que la mollesse de l'esprit et les voluptés d'une adoration passive opposent à l'énergie virile que réclame l'œuvre d'art; il ne suffit pas que l'inspiration soit puissante, il faut qu'elle soit réglée. La raison n'abandonne pas le génie, comme l'a cru Platon, quand souffle le vent de l'inspiration ; elle se tient à l'écart pour surveiller ce délire et l'empêcher de se perdre dans la folie; elle intervient pour en ménager les forces, et pour renfermer l'idéal dans les notions véritables qui le composent.

Si l'œuvre d'art doit être conçue comme une force intelligible, vivante, et par conséquent individuelle d'un côté, et de l'autre sous une forme étendue, au moins imaginable, il s'ensuit qu'elle a des parties au moins imaginables, et que ces parties doivent avoir un ordre, une proportion, une harmonie qui, en les ramenant à l'unité, soient l'expression visible de l'individualité de l'essence. Comme un être organisé est animé par un principe de vie, une force, source de ses propres modifications, et dont les diverses parties de l'organisme ne sont que les instruments dociles et parfaits de ce principe qui les lie, les ordonne, les attire à lui comme à leur centre, par une attraction pour ainsi dire centripète, de même toutes les parties de cette conception idéale, chant, poème ou statue, doivent sembler les membres d'un organisme, avoir des fonctions propres, et cependant être liées entre elles et se coordonner dans un tout harmonieux, dans l'unité que forme l'esprit, l'âme du sujet. Toute pensée, toute vie est un mouvement; tout mouvement implique un point de départ, un but et un mouvement intermédiaire qui à la fois les sépare et les rapproche. Ainsi donc, toute œuvre d'art doit avoir une tête, un corps et des pieds, comme dit Platon; un commencement, un milieu, une fin, dit Aristote. [1] Puisque les parties d'un organisme vivant ont et doivent avoir toutes une fin, une fonction propres, elles sont nécessairement diverses, et l'unité embrasse et enveloppe la variété. Du moment que l'œuvre d'art, le Beau lui-même, par sa forme et son individualité sensibles, entrent dans le temps et dans l'espace, ils ont une grandeur, et les parties en ont aussi une grandeur; et il ne suffit pas que ces grandeurs soient ordonnées entr'elles, que les parties soient proportionnées au tout, il faut encore que le tout soit proportionné à la capacité imaginaire et aux limites plus étroites mais variables des sens de l'homme, intermédiaires nécessaires de toutes les perceptions du goût. L'oreille ne mesure ni les temps trop lents, ni les temps trop rapides, les sons trop forts ou trop faibles, trop aigus ou trop bas; l'œil n'apprécie plus les êtres dont les dimensions n'ont plus de rapport avec sa capacité, et qu'il appelle alors démesurées; [2] les limites, les

---

[1] Aristt. *Poét.* VII.

[2] Aristote. *Poét.* VII. S'il ne faut pas dire que la beauté consiste dans

extrémités des choses ne nous touchent pas, et elles nous touchent encore que déjà elles ne nous plaisent plus. Outre l'ordre, l'unité, la proportion, l'idéal doit donc contenir la mesure, la mesure, c'est à dire la sagesse dans le génie, et la raison éclairant la fougue emportée et la verve brûlante de l'inspiration. Cette mesure ne peut pas être exactement définie, et toute règle à cet égard est purement arbitraire. Quelle est la taille idéale de l'homme ? Quelle est la dimension la plus grande ou la plus petite possible d'un tableau, d'une statue ? l'étendue d'un poème épique, d'un poème dramatique, d'un opéra ? Questions de mesure, de mesure variable suivant les capacités très changeantes, les tendances, les aptitudes, les progrès très divers des peuples différents et des générations diverses. Quoi qu'il en soit, il faut que les sens et l'imagination puissent toujours saisir et retenir l'unité de l'ensemble et juger du rapport de proportion qui les lie entr'elles et au tout ; sans cela, toute l'individualité, toute la richesse de la vitalité disparaît de l'œuvre d'art.

Mais il ne suffit pas que les parties soient ordonnées, que la mesure ait présidé au tout et que l'unité y éclate ; il faut encore que ces parties, coordonnées à l'ensemble, n'y paraissent pas subordonnées ; il faut qu'elles soient belles en elles-mêmes, et abstraction faite du tout auquel elles se rapportent ; il faut qu'elles soient libres, indépendantes, qu'elles vivent de leur vie propre ; qu'elles aient, elles aussi, leur individua-

---

la grandeur et l'ordre, on peut dire du moins que dans la beauté il y a ordre et grandeur.

lité respectée. La tête de l'homme est magnifique, non seulement comme la couronne du corps humain, mais en elle-même; on admire la beauté du pied, de la main, sans les rapporter au tout. Tout ce qui n'a de principe que dans un but, n'a pas de vie en soi, de raison d'être en soi, n'a aucune valeur par lui-même; la valeur du principe auquel il est subordonné absorbe tout l'intérêt. Si les parties ne sont pas libres et vivantes, le tout ne sera pas complètement vivant et libre; il y aura quelque chose en lui de sacrifié, de pauvre, de mort; la beauté sera atteinte dans un de ses principes les plus essentiels. Il faut donc que chaque partie ait l'air de se développer en soi et pour soi, et qu'elle accomplisse librement, naturellement, sans effort, la fonction propre qui est son but et son principe, tout en se groupant harmonieusement dans le tout. C'est cette loi qui préside à tous les organismes, et surtout à ceux qui sont doués de la vertu de nous plaire;[1] c'est une des lois de tous les arts, et non pas l'une des plus connues ni des plus faciles à mettre en pratique; car il faut que la richesse et la libre vitalité du tout ne soient pas amoindries ou limitées par le mouvement indépendant des parties, comme aussi il faut qu'elles ne leur demandent aucun sacrifice. Toutefois, c'est la beauté du tout qui est la règle suprême, et comme dans toute création, au moins dans toute création humaine, l'absolue perfection est

---

[1] Cf. *Cours d'Esthétiq.*, tom. I, page 117, Sq. q. C'est Hégel qui le premier a mis en relief cette importante théorie de la liberté des parties dans un tout véritablement un et harmonieux.

impossible, il faut reconnaître que le meilleur dans le tout n'est point exempt de défaut dans les parties. Non seulement ce défaut des parties est un mal nécessaire, mais il peut contribuer à la beauté de l'ensemble, comme dit Leibnitz.[1] Le mal est enveloppé dans le meilleur; c'est le principe de S. Augustin : *Mala in ordinem redacta faciunt ad decorem universi*, et celui de S. Thomas : *Ad prudentem gubernatorem pertinet negligere aliquem defectum bonitatis in parte, ut faciat augmentum bonitatis in toto*.[2] En effet, une chose parfaite est une chose qui ne sert à nulle autre et qui se suffit à elle-même; elle n'a donc aucune relation, aucune liaison avec les autres choses, et ne peut composer avec elles une véritable unité. Il y a plus : des parties parfaites ne se subordonnant pas les unes aux autres, ne servant à rien l'une à l'autre, par conséquent absolument indépendantes, sont toutes absolument semblables, ce qui n'est ni beau ni possible, car elles sont inutiles. Il faut donc qu'il y ait une certaine subordination entre elles, et leur beauté ne doit ni ne peut être égale. Les parties sont non seulement diverses, mais diversement et inégalement belles.

Nous avons dit plus haut que l'idéal dépassait les bornes du réel et s'affranchissait des lois sévères de la raison; mais cependant il faut s'entendre, et nous venons tout à l'heure même de le reconnaître. Quoique le Beau ne soit pas le réel, il ne lui est pas permis

---

1 *Théodic.*, liv. II, 214.
2 S. Thom. *Contra Gent.*, liv. 2, c. 71.

de le contredire; quoiqu'il ne soit ni le juste ni le bien, il lui est interdit d'en violer les lois et d'en outrager impunément la religion. L'esprit, en effet, ou du moins l'imagination, peut bien, dans sa liberté, supprimer les barrières que la réalité oppose à sa force, à ses développements; elle peut les franchir, mais elle ne peut pas supprimer la réalité même, qui est son point de départ. L'imagination a ses racines dans la sensation, et toute image est fatalement une sensation. Si haut qu'elle puisse et qu'elle veuille s'élever dans le ciel de l'idéal, c'est d'en bas, c'est de la terre qu'elle doit prendre son vol. Purifiez, idéalisez, divinisez l'homme, vous ne pourrez jamais l'imaginer qu'en prenant pour modèle l'homme réel; et moi-même, pour que je me plaise à son image, même agrandie, il faut qu'il m'apparaisse comme un homme, un être de même nature, de même origine, de même maison que moi; il faut qu'il me représente une noble idée de moi-même, tel que je conçois que je pourrais être. Mais quand bien même vous le pourriez, gardez-vous bien que sa grandeur m'écrase et m'humilie; je veux reconnaître en lui l'homme qui est en moi, transfiguré, mais non détruit. Si l'idéal atteignait des proportions plus hautes, s'il dépassait la plus haute idée que je puisse me faire de l'homme, il me deviendrait indifférent : je pourrais encore le comprendre; je ne pourrais plus l'aimer de cet amour qui suppose et exige l'égalité autant que la ressemblance.

De là découlent des conséquences qu'il faut remarquer : l'idéal ne doit pas démentir la réalité, tout en la dépassant, et l'art, expression du Beau, est soumis à la nécessité d'être vrai, tout en représentant l'idéal. L'homme a tellement besoin de se reconnaître, et sa sympathie s'adresse si exclusivement à ce qui lui est égal et semblable, que, même dans cette beauté idéale, l'accident qui la déshonore doit avoir laissé sa trace. Si tous les arbres de ce paysage, si toutes les feuilles de ce paysage, étaient d'une beauté égale et semblable, l'homme n'y verrait qu'une forêt enchantée, une nature fausse et non pas idéale. L'accident n'est pas l'individualité, mais il l'accompagne, et là où il disparaît absolument, l'individualité perd un de ses signes extérieurs par lequel les yeux de l'homme sont habitués à la reconnaître. Cette blessure que l'idéal reçoit de l'accident dont toute réalité matérielle est la proie, le ramène dans cette région moyenne, dans cet indéfini qui n'est pas la perfection et l'infini, où la raison de l'homme peut à peine s'élever, mais dont l'imagination ne saurait aborder l'inaccessible mystère.

Le Beau n'est pas le vrai, c'est à dire l'essence dans ce qu'elle a de général et d'universel, abstraction faite de toute particularité et de tout accident, et néanmoins il doit être vrai. Sous ce rapport, comme sous plusieurs autres, l'art moderne est dans un état d'incurable infériorité. L'antiquité n'avait pas une notion bien élevée et bien pure de la divinité. Quelles que fussent les pensées qui assiégeaient l'esprit des philosophes, ou plutôt qui remplissaient leurs loisirs élégants, tandis qu'ils erraient en conversant sous les platanes d'Académus, dans les jardins d'Apollon, ou sous les nobles portiques décorés des chefs-d'œuvre de Polygnote ou d'Apelle, l'infini ne les a jamais sérieusement tourmentés. L'immortalité de l'âme est une espérance dont s'enchante en souriant Socrate et qu'aucune terreur ne trouble. La pensée d'un Dieu qui juge et qui punit, d'une Providence à la fois clémente et sévère, n'était pas entrée au cœur des peuples et ne gouvernait ni les mœurs ni les âmes ; les Dieux étaient des hommes ; les hommes devenaient des Dieux. La légende mythologique est pleine de récits qui racontent la vie des mortels appelés à siéger dans l'Olympe et devenus immortels ; les princes, les chefs d'armée, les rois avaient tous des Dieux pour ancêtres et en comptaient au moins un dans leur généalogie : hommes et Dieux étaient de la même famille. C'étaient des divinités que l'homme pouvait voir, qu'il pouvait entendre, qui lui apparaissaient à chaque instant, dans la forêt, sur le bord des ruisseaux et des mers, sur le champ de bataille ; son imagination se les représentait facilement comme un idéal très noble, très grand, qui dépassait la réalité sans la démentir. Ce qu'il y a de très remarquable dans cet état des esprits et dans cette forme des croyances, c'est que l'art avait un caractère religieux qu'il ne peut plus avoir quand la religion est plus épurée ; l'idée fausse qu'ils se faisaient de la divinité leur permettait de diviniser l'homme et d'imaginer un type accompli de beauté, qu'au défaut des hommes réalisaient les Dieux. En un mot, l'art païen avait des Dieux à représenter ; on peut même dire que l'art antique tout entier repose sur un paganisme élevé et sincère.

Le spiritualisme chrétien, en détruisant ses autels, a renversé dans la poussière l'idole qu'on y adorait, la beauté.

Puisque l'idéal doit être, tout en la dépassant, fidèle à la vérité des choses, et que dans l'homme comme dans la nature, la vraie réalité comporte le mal, l'art, et surtout l'art moderne, qui ne peut plus représenter de Dieux, ne doit et ne peut concevoir un idéal tout à fait contraire à la vérité ni même trop au dessus d'elle, c'est à dire d'une perfection chimérique ; il faut qu'il ait ses racines dans la nature humaine, et, à quelque pureté qu'il s'élève, que le caractère soit possible et conforme aux lois de notre être physique et moral. C'est ce qu'Aristote exigeait comme la condition, la pièce maîtresse, ainsi que l'appelle Corneille, de l'art dramatique, le seul art de l'antiquité où les Dieux ne jouaient qu'un rôle secondaire. Le héros de la tragédie ne doit être ni un honnête homme trop parfait, ni un trop affreux scélérat, ni un ange, ni un monstre. La raison vient d'en être donnée : l'excès de la perversité, comme l'excès de la vertu, met un homme en dehors de l'humanité. Si tout ce qui touche à l'humanité ne nous laisse pas indifférent, tout ce qui lui est étranger n'excite plus notre sympathie. Pour que nous nous reconnaissions dans ce miroir, qui nous doit embellir, mais non nous métamorphoser, il faut que le mal se mêle au bien et le bien au mal :

> A ces petits défauts marqués dans sa peinture,
> L'esprit avec plaisir reconnait sa nature.

Le mal peut donc entrer dans l'idéal, et il a même

sa beauté; car le Beau c'est la conception de la force dont la liberté paraît illimitée, indéfinie, sinon infinie, dont on ne voit pas les bornes, encore qu'on sache qu'elle en doit avoir. Le mal n'est pas étranger à la beauté, quand il est la mauvaise direction d'une grande force, parce que l'essence de la beauté est dans la force : tant que l'être nous apparaît dans la plénitude de sa force, il nous intéresse et ne nous répugne pas. Il nous intéresse, parce qu'il est fort, et il ne nous répugne pas, tout en nous effrayant, parce qu'il nous reste une espérance. Il y a là encore un homme, qui de grand coupable deviendra peut-être un héros de sainteté et un martyr de la vertu. Rien n'est perdu tant que le ressort de la volonté est énergique. Ce spectacle n'a donc rien d'humiliant pour l'orgueil de l'homme, et il a une grandeur qui lui plaît. Une certaine jalousie, qui n'est pas sans noblesse, est satisfaite en nous quand nous assistons à la chute de ces volontés puissantes sous le joug desquelles nous ne courbons pas notre faiblesse sans murmurer; une voix s'élève dans notre cœur qui crie à ces grands de la terre, à ces favorisés de la fortune, à ces princes du monde, nos ennemis parce qu'ils sont nos maîtres : vous voilà tombés comme nous! et le spectacle de leurs misères, de leurs crimes qui nous les font ou plaindre ou détester, nous console de notre obscure destinée et nous venge.

Le mal a donc sa place, mais une place limitée, dans la beauté, et cette place est limitée précisément par l'idée du bien qui n'en doit pas être non plus assurément exclue. Le Beau n'est pas le bien même, mais il ne doit pas le démentir ; je dis mieux, il le doit respecter, et cela dans son intérêt propre, et même, nous le verrons, dans un intérêt d'ordre supérieur.

Il semble, au premier abord, que les seules forces actives de l'homme, ses volontés vraiment énergiques et réellement puissantes, soient les passions ; l'on s'est hâté de conclure que la beauté était le plus haut degré d'énergie où elles puissent atteindre. Ce que l'homme aime, dit-on, c'est, puisqu'il est vivant, de vivre, dans l'ordre s'il le peut, mais même par le désordre, s'il croit que sa vie en peut être accrue :

Si possis, recte : si non, quocumque modo. 1

C'est donc dans l'expression la plus vive et la plus fidèle des plus violentes passions que l'art et la poésie trouveront le secret de toucher, d'émouvoir, de plaire, trouveront le Beau enfin ! Théorie fausse, parce qu'elle est incomplète, pleine de périls pour la morale qu'elle ébranle, qu'elle a déjà ébranlée ; ruineuse pour l'art lui-même, qu'elle dégrade et rabaisse au rôle de tentateur de la jeunesse et de corrupteur des âmes.

Quand la force est abandonnée à elle-même, quand elle ne reconnaît plus absolument aucune limite, quand elle se dérobe à toute règle et rompt tout équilibre dans l'âme, elle se change en une véritable faiblesse : c'est le cheval fougueux qui a secoué le joug, éperdu de fureur et fou de violence : il bondit, se cabre et, emportant d'un vol rapide mais insensé le char de son

---

1 Hor. *Ep.* I, 1, v. 66.

maître, va le briser contre la borne où l'attendait le triomphe, et où il ne trouvera que la honte de la défaite et la mort. Poussées à ces excès de violence, les passions ne sont plus des forces véritables ; elles se détruisent et se ruinent elles-mêmes ; arrivés à un certain paroxysme, le rire et les larmes font également grimacer la figure, et lui impriment des contractions nerveuses qui en altèrent profondément le caractère. Il y a de même un paroxysme moral, et quand la douleur ou la joie, la haine ou l'amour l'ont atteint, quand elles ne sont plus balancées par rien, les passions défigurent l'âme humaine où elles règnent sans mesure ; ce n'est plus de la force, c'est de la démence, du délire, de la maladie ; en un mot, c'est de la faiblesse : ce n'est donc plus l'idéal.

Pour atteindre le but que l'homme se propose, qui est l'action et une certaine action, ses forces libres ont besoin d'être contenues et gouvernées ; il leur faut une règle, une loi, un maître qui les tienne en équilibre ou au moins modère les écarts orageux des unes et stimule l'énergie affaiblie des autres. La raison ne supprime pas le combat intérieur, car sans la lutte il n'y a plus ni liberté, ni dignité, ni couronne ; au contraire, c'est par la lutte même qu'elle parvient à produire un équilibre, hélas ! toujours instable, une harmonie toujours troublée ; c'est par la lutte qu'elle conserve à la vie sa dignité, à la vertu sa couronne, à la beauté et à l'art sa liberté.[1] La raison n'est pas,

---

[1] St. Columban. *Epist. ad fratres*. Si tollis pugnam, tollis et coronam... Si tollis libertatem, tollis et dignitatem.

comme on semble le croire, une faculté dépouillée de force active et vouée à une contemplation sublime et stérile ; elle ne se borne pas à poser des principes et à édicter des maximes morales ; elle a un pouvoir exécutif, et si elle ne contraint pas les volontés, du moins elle les incline. Toute action a un mobile, et une grande partie des mobiles humains sont des idées et des raisons ; on peut dire même que sa puissance est plus active, plus énergique que les passions, puisqu'elles subissent souvent son joug libérateur, par lequel, affranchies de leurs propres excès, elles cessent de s'épuiser dans un dérèglement insensé et dans une surexcitation maladive. Pour emprunter l'image tant de fois reproduite de Platon, c'est le conducteur dont la main vigoureuse et intelligente fait sentir aux chevaux la supériorité de sa force, et qui, debout sur son char, l'œil fixé sur le bout de la carrière, calme, serein, souriant, conduit à la victoire ses rapides coursiers.

Le Beau doit donc être pur comme il doit être vrai ; il doit être bon sans être le bien. Le bien n'est pas son essence, mais une qualité qu'il possède naturellement. Comme Hégel le fait remarquer, les puissances humaines sont naturellement raisonnables et justes, et les êtres où semble anéanti tout vestige de justice, de raison, de bonté, sont par là même dépouillés de force, et par conséquent d'intérêt et de beauté ; ce sont des monstres ou des fous qui n'ont plus rien d'humain, et à plus forte raison rien de Beau. Il y a toujours dans le mal un fond d'impuissance.

En sens contraire, il faut remarquer que les créatures qui semblent puiser le principe de leurs actions ailleurs qu'en elles-mêmes ; qui obéissent sans résistance, sans collision, soit aux lois de l'instinct, soit aux ordres de puissances supérieures, qui ne déploient pas une grande personnalité, une individualité indépendante et la plus entière liberté de volonté et d'action, s'anéantissent esthétiquement et peut-être moralement. Avec la personnalité, elles ont perdu tout intérêt ; avec la liberté, toute beauté. Il n'y a plus rien là qui rappelle à l'homme ce qu'il est et ce qu'il aime ; c'est au contraire une image à la fois fausse et humiliante et qui lui répugne doublement. Ni ange ni bête, ce doit être, avons-nous dit, la règle du Beau comme de la vie, et Pascal, en recommandant à l'homme de ne pas abaisser ses désirs au niveau des grossiers appétits de la brute, et de ne pas aspirer ambitieusement à une sainteté évangélique, se rencontre avec Aristote qui recommande au poète tragique de n'admettre dans ses caractères ni la perfection absolue, ni une laideur morale monstrueuse. Avant tout, la beauté doit plaire, et voilà pourquoi les Grecs avaient fait de la sérénité le caractère le plus constant du Beau. La force libre, qu'aucun joug extérieur n'asservit, maîtresse d'elle-même, qui se mesure elle-même et elle seule, et ne sent pas la gêne d'une règle qu'elle-même s'est imposée, qui déploie sans nul effort dans l'action son énergie puissante et naturellement sage, est essentiellement sereine ; c'est par là qu'ils l'emportent à jamais sur tous les hommes. Nul peuple n'a jamais possédé à ce degré le sentiment de la mesure dans la force, et n'a appliqué la puissance libre du génie avec un goût plus juste et plus sûr. C'est ainsi, lorsque la vérité de l'expression les eût contraints à représenter la laideur ou la difformité, que leurs peintres et leurs statuaires voilaient où détournaient les visages; aucun de leurs ouvrages de peinture ne fut déshonoré par l'expression du désespoir forcené ou de la fureur poussée jusqu'à la rage : « J'ose affirmer, dit Lessing,[1] que jamais ils ne représentèrent des furies. » Quoi qu'il en soit de cette assertion, qui n'intéresse que l'éruditino et dont l'exactitude contestable a été contestée, il est certain que les Grecs ont reculé devant certaines limites, même quand l'intérêt d'une expression plus vraie ou plus forte eût semblé leur imposer la loi de les franchir ; toujours ils ont mis la grâce, c'est à dire le don d'agréer et le désir de plaire, et qui n'existe pas sans la sérénité, au dessus de toutes les autres conditions imposées aux arts. La grâce, dans l'art, est la beauté même.

Les hommes sont assez faibles ou assez pervers pour se plaire aux plus violentes émotions, aux scènes les plus affreuses non seulement d'un art grossier, mais même de la réalité. On loue des fenêtres pour aller voir trancher la tête d'un misérable; les femmes les plus distinguées, au moins quant à leur toilette, encombrent le prétoire des cours d'assises ou sollicitent la faveur des geôliers pour contempler l'ignoble visage

---

[1] *Laocoon*, p. 16, trad. franç. On a trouvé des divinités qu'on a cru être des Furies; mais de même que leurs poètes les avaient appelées Euménides, c'est à dire bonnes déesses, leurs statuaires leur avaient donné la beauté. C'eût été un sacrilége que de déshonorer la divinité par la laideur.

d'un assassin. Il faut bien le reconnaître, ce sont là des spectacles qui, pour certaines âmes que je n'hésite pas à appeler flétries, ont une certaine volupté, un certain charme, et, s'il était permis de déshonorer ce noble mot, une abominable grâce. Mais non, de ces scènes affreuses, de ce plaisir scélérat, la sérénité, la grâce, la beauté sont exilées.

En effet, la grâce n'est pas seulement le caractère de ce qui plaît ; il faut que l'objet me cause un plaisir d'une certaine nature et que ma jouissance soit sereine ; non seulement qu'elle n'éveille pas en moi un remords, mais même que rien de sérieux ne s'y mêle, parce que le sérieux fait fuir la sérénité. C'est Schiller qui a dit que le sérieux n'appartient pas à l'idéal. Par ce mot, qui prête à l'équivoque et qui m'a attiré quelques critiques peut-être un peu sévères, j'entends, avec Schiller, les faits et les actes qui intéressent à un degré quelconque la destinée morale de l'homme et dont il doit rendre compte dans cette vie ou dans l'autre. Le Beau est noble, il n'est pas sérieux : en ce sens, je crois que Schiller a proclamé une vérité incontestable. L'art n'est qu'un jeu, un beau jeu de sensations, dit Kant dans sa langue bizarre ; les souffrances même qu'il excite doivent être sereines et non pas sérieuses ; ce caractère doit appartenir à l'œuvre d'art comme au sentiment qu'elle provoque. Dans l'œuvre d'art, cette sérénité, qui provient de toute absence d'inquiétude sur l'avenir, du sentiment de la force libre, confiante et sûre d'elle-même, se développant sans effort, ne suffit pas pour donner à l'objet qui nous plaît la vertu de la grâce, il faut encore qu'il nous apparaisse comme ayant pour objet propre de nous agréer, comme ayant été fait exprès pour nous plaire. Cette complaisance pour nous de la force libre et mesurée qui se manifeste dans l'œuvre d'art, et uniquement en elle, ne peut provenir que d'une pleine et entière confiance dans la possession de ses charmes; elle nous les montre, non pour en retirer une jouissance personnelle de vanité ou d'orgueil satisfaits, mais uniquement pour nous, comme pour nous remercier ou nous récompenser de l'attention que nous lui avons prêtée, ou du mouvement volontaire qui nous rapproche d'elle. De cette plénitude de confiance, qui montre la surabondance de la force, ressortent une certaine insouciance dans le détail, une liberté dans tous les mouvements, l'absence de tout effet et de toute tendance à l'effet; [1] en un mot, ce charme qui est propre à la grâce et qu'on appelle l'abandon.

Si la grâce et la sérénité sont le caractère de l'art grec, il est évident que l'art moderne, en général, penche vers une tout autre direction, se livre à des tendances fort opposées, et je crains qu'il ne finisse par s'y perdre. Il y a certainement, et il l'a bien remarqué, un attrait corrupteur dans le mal et comme une affreuse beauté. Il s'est plu à pousser le plus loin possible la fidélité de l'expression et la vigueur de la représentation; on croirait vraiment qu'il a raisonné ainsi : D'où vient le bien ? de l'obéissance à la loi. La

---

[1] L'effet, dit Hégel, est la tendance à se tourner vers le public.

loi est un joug ; subir un joug, obéir à une loi même morale, c'est un acte d'infériorité et de dépendance. Toute règle est une limite, et toute limite une diminution de force, de vie, comme toute obéissance est une atteinte à la liberté et à l'individualité du caractère, par conséquent un affaiblissement de la beauté esthétique. D'un autre côté, qu'est-ce que le mal? C'est, au contraire, la négation de la règle, le refus de reconnaître la loi et de s'y soumettre : c'est donc faire un acte d'indépendance et témoigner de sa force. L'homme se sent fait pour commander et non pour obéir ; l'orgueil qui lui enfle le cœur lui semble agrandir son âme, et souvent il prend pour de la grandeur l'immensité de ses désirs.[1] L'expression de cette force, le spectacle de cette *grandeur d'âme* qui ne veut se laisser restreindre par aucune règle, qui ne veut relever que d'elle-même, cette audace qui croit et aspire à une liberté illimitée, a certes quelque chose qui semble glorifier l'homme et qui plaît à ce démon d'orgueil qui gronde dans toutes les poitrines humaines, et que la conscience a tant de peine à museler et à enchaîner. C'est de cette vue instinctive, sinon raisonnée, que proviennent ces types de l'art romantique qui se sont affranchis de la mesure, ont méconnu la règle, ont méprisé la grâce, la beauté même, qui s'est bien vengée de leurs dédains. La force des caractères, poussée jusqu'à la violence et aboutissant par ses excès mêmes

---

[1] Cic. *De Off.*, I, 4. Huic... appetitio quædam principatus, ut nemini parere animus bene informatus a natura velit... ex quo animi magnitudo consistit.

à la faiblesse, l'accident pris pour l'individualité, la fidélité de l'expression poussée jusqu'à l'illusion, l'absence même de l'idéal ou du Beau, le laid prenant une part nouvelle et inconnue dans l'art et se revêtant de charmes incompréhensibles, voilà les excentricités bizarres qu'on a essayé d'élever à la hauteur d'une théorie et d'un système, voilà les principes d'un art qui se fait gloire d'être sans principes. Au fond, toute cette esthétique n'est que le réalisme, l'imitation sans choix de la vérité réelle, la négation de l'idéal et, si cela était possible, de l'art même. Des hommes de talent et peut-être de génie ont pu à la fois adopter ces idées fatales et produire cependant des œuvres justement admirées. Ce n'est pas la première fois que d'heureuses inconséquences viennent, dans la pratique, corriger de faux principes; ce n'est pas par ses innovations bizarres que M. Victor Hugo a conquis et conservera dans l'histoire de la poésie française une place qui n'est pas sans gloire; par les côtés où il excelle, il se rapproche plus qu'il ne le croit du vrai génie français et du plus pur génie de l'antiquité. Cependant il est incontestable que dans l'art antique c'est la sérénité qui domine; il règne dans toutes ses créations je ne sais quoi de calme, de pur, de sain, qui contraste avec les tendances de l'art moderne, qui se plaît et qui excelle à représenter les aspects sombres de la vie, les mouvements orageux de l'âme, les faiblesses de la volonté succombant à la passion. Je ne puis me résoudre à croire que ce soit là la voie véritable et le dernier progrès de la poésie. On a beau dire que la langueur de René est divine, c'est de la langueur ; on a beau dire que Faust, ce don Juan perdu dans le brouillard germanique, cherche le mot de l'énigme humaine ; ce glorieux tourment de l'infini qui les sollicite peut moralement les justifier, il ne les sauvera pas de la sévérité des jugements littéraires de la postérité. Il ne faut pas croire que de nombreuses générations admireront ces créations d'imaginations à la fois molles et ardentes, ces figures maladives d'un art malsain ; prochainement peut-être on ne les comprendra plus, et je doute, quant à moi, qu'on fasse jamais ni goûter ni comprendre Faust à l'esprit français. L'esprit français a ses défauts et ses lacunes ; mais on m'avouera que les grandes créations de l'art antique ont un succès un peu plus universel et un peu plus durable. Je ne puis croire qu'on ne puisse sortir de la voie fatale où l'art est entré. Les tendances instinctives et matérialistes qui le poussaient, et qui n'ont jamais pu se formuler dans une doctrine sérieuse, ont appauvri la source de l'inspiration, anéanti tout principe de critique, livré le public à toutes sortes de caprices, le succès au hasard, et ont abouti, par surcroît, à compromettre sérieusement la morale privée et la morale publique. Sans doute le Beau n'est pas le bien ; on dit que c'est une des faces du bien, et cette proposition n'est pas sans vérité ; mais elle a l'inconvénient de confondre le bien avec le Beau, quant au fond, et de les distinguer seulement par les surfaces. J'aime mieux dire que ce ne sont pas des idées inconciliables ; que la notion du bien entre pour quelque chose dans la notion du Beau, sans cependant la constituer. Les oppositions qu'on peut signaler entre eux ne sont que des différences, mais non pas des contradictions; ce sont des attributs divers qui peuvent se trouver réunis en même temps dans un même sujet, ce ne sont pas des abîmes qui les séparent.

Dans toute création esthétique, dans toute individualité qui peut avoir un caractère moral, il n'est pas nécessaire que la raison triomphe et que la vertu éclate; il suffit, mais il faut qu'elle soit présente et qu'elle combatte; il faut que toutes les puissances qui constituent l'individualité se déploient avec énergie et liberté; mais je dis toutes, et j'y comprends expressément les puissances justes, qui sont au fond les forces véritables de l'homme : la conscience et la raison. Otez des âmes la raison et la justice, livrez-les sans contrepoids et sans résistance aux entraînements de la passion, aux instincts féroces ou vils de la bête qui est en nous, étouffez tout vestige de la notion du bien et du mal, ou seulement annihilez l'énergie morale, le ressort de la volonté, qui permet le désir et l'effort de pratiquer la vertu et de fuir le vice, alors vous n'avez plus un grand coupable sur le front duquel peut rayonner encore une beauté sombre, la beauté de la force un instant égarée; vous n'avez plus devant vous qu'un être avili, abêti, abruti, en face duquel la conscience et souvent la justice hésitent; car on ne peut deviner jusqu'à quel point ce monstre a la conscience du mal qu'il a fait, ce qu'il reste d'humain sous cette apparence humaine.

L'antiquité n'a pas connu les abominables scélérats que nous avons pris l'habitude de mettre sur la scène. Œdipe, assassin de son père et époux de sa mère, Oreste parricide, Phèdre incestueuse, Agamemnon meurtrier de sa fille, commettent des crimes affreux sans être d'affreux criminels. L'âme n'est pas atteinte dans son fond et pervertie dans son essence, la volonté. Quand ils apparaissent à nos yeux, ces personnages excitent notre pitié, notre douleur sympathique, et non l'horreur, la répulsion, le dégoût. L'art moderne a fait pénétrer le mal plus au fond de l'âme humaine; mais les grands génies, dans leurs créations de grands coupables, ont su encore sauver l'horreur et conserver ce grain, ce germe de raison et de justice qui laisse place à la beauté. Ecoutez Macbeth : c'est une vision pour ainsi dire étrangère à sa volonté qui a soufflé à son oreille la coupable espérance et la sinistre prédiction d'un trône. L'infernale pensée du meurtre commence à germer dans son esprit, mais vague et lointaine; il n'a pas le courage de la repousser avec horreur quand le démon de la tentation la lui présente dans sa clarté hideuse ; il se contente d'en ajourner, d'en remettre le dessein. Nous en reparlerons plus tard, dit-il à sa femme, qui lui montre au bout de ce chemin sanglant, mais court et rapide, l'éclat d'une couronne royale. Dès ce moment il est possédé et obsédé par l'esprit du mal; l'horrible vision l'obsède : déjà il n'est plus temps et il n'a plus la force de la repousser, il ne peut vaincre cette séduction fatale ; mais enfin on le voit hésiter et la conscience combat. Avant même l'accomplissement du crime, le remords commence et en châtie la seule pensée. Ah! si l'on pouvait en éteindre le souvenir, en effacer la trace, comme on lave une tache de sang! Mais non, la conscience et la raison, le meurtre ne les tue pas en nous : *we still have judgment;* nous les conservons pour nous punir; ils restent en nous pour attester encore la présence de l'homme dans l'acte le plus inhumain. Duncan dort protégé par une double foi. Je suis son sujet, son parent, et maintenant il est mon hôte; mon hôte sacré; moi, qui dois contre tous et contre tout le sauver ou le défendre, je ne puis pas porter sur lui des mains homicides, des mains parricides. Et pourtant il succombe, et la résolution fatale est irrévocablement prise ; le voilà déjà armé de cette dague qui va frapper le coup. Mais regardez au milieu de quels troubles, de quelles angoisses, de quelles terreurs! Nous avons presque pitié de cette fureur insensée, ou plutôt de cette faiblesse morale où se débat vainement, où s'agite dans un combat stérile et douloureux le sentiment de la vertu et de l'honneur aux prises avec les violences de la passion. Son esprit est égaré, perdu; il lui semble être en proie à un horrible rêve. Est-ce un poignard, ou n'est-ce qu'une ombre qu'il tient à la main? les pâles Euménides se dressent déjà devant ses regards épouvantés : que sera-ce quand l'acte va être accompli? — C'en est fait maintenant : *I have done the deed;*[1] il a assassiné son prince, son ami, son hôte,

---

[1] Il y a dans le texte une familiarité énergique de termes que je n'ose

au milieu de ses serviteurs endormis. Il y en avait un qui riait dans son sommeil; un autre en rêvant criait : au meurtre! un autre faisait sa prière : « Dieu, protège-nous! » disait-il, comme s'il m'avait vu avec ces ignobles mains de bourreau. Et moi, en entendant cette prière, je ne pouvais pas y joindre mes paroles, y associer ma pensée ; ce simple mot *Amen*, qu'il en soit ainsi, n'a pas pu sortir de mes lèvres. Et pourtant, Seigneur, qui donc a besoin plus que moi de votre pardon divin! Et je n'ai pas pu prononcer ce seul mot : *Amen*. Pourquoi donc ce mot est-il resté dans ma gorge muette? Des voix mystérieuses criaient à mon oreille : ne dors plus! Macbeth tue le sommeil, le doux, l'innocent sommeil, ce baume de l'âme blessée, ce grand consolateur des douleurs humaines; elles criaient toujours ces voix : Ne dors plus, Glamis a assassiné le sommeil! Désormais Cawdor ne dormira plus! Macbeth ne dormira plus! non, plus jamais! Oh! qui donc lavera ces mains ensanglantées? Hélas! c'en est fait, l'Océan et tous ses flots n'effaceront pas cette petite tache de sang.

A ces accents lamentables, à ces cris déchirants et pathétiques du remords et du repentir, qui confondrait

---

traduire littéralement parce que la phrase française : *l'affaire est faite, j'ai fait le coup*, serait non seulement familière, mais triviale et cynique, ce qui serait mentir à la vérité du caractère de Macbeth. D'un autre côté, *c'en est fait* est un peu solennel, et je ne trouve pas de nuance intermédiaire. Ce qui prouve une fois de plus, qu'on ne traduit personne, et qu'une langue, comme le style, a une individualité incommunicable, comme toutes les autres individualités.

Macbeth avec un ignoble assassin, avec le meurtrier de profession

> Qui ramasse un écu dans le sang d'une vieille? 1

Non! ce n'est pas le commensal des bagnes, la vile et repoussante populace des cours d'assises, chez qui la conscience blessée reprend cet empire, parle avec cette puissance, commande avec cette majesté. Nulle faculté humaine n'est éteinte dans Macbeth, pas même la pitié et la douceur. Quel meurtrier aurait entendu la prière du pauvre serviteur qui demandait dans son sommeil la protection divine, se serait efforcé de mêler sa pensée à une élévation innocente de l'âme vers Dieu, et se serait effrayé de n'avoir pas pu arracher de sa gorge et de ses lèvres rebelles ce mot, ce simple mot : *Amen!* Ne confondons pas cette merveilleuse création, à la fois idéale et vraie, avec les vils héros de l'échafaud, avec Lacenaire, et avec tous ces égorgeurs qui se font gloire de tuer vingt personnes pour trente sous. ² Sans doute cette création renferme déjà les germes des caractères qu'aime notre époque, où la violence des passions dépasse toute mesure et ne laisse plus place à la sérénité, figures trop voisines de la réalité pour ne pas s'éloigner un peu trop de l'idéal. Mais si Macbeth se rapproche du criminel vulgaire par l'acte, il s'en sépare par le cœur et par une certaine hauteur d'âme. Nul poète n'est descendu plus profondément que Shakspeare dans les abîmes effrayants et impénétrables du

---

1 Hég. Moreau. *Sur Lacenaire.*
2 Procès Lemaire.

cœur humain, et n'a peint avec une vérité plus saisissante, avec une force plus expressive, ce drame pathétique, ce combat intérieur dont la conscience est le théâtre, et où le devoir et l'honneur succombent si souvent à la violence de nos passions; nul poëte n'a provoqué plus que lui ce frémissement douloureux de la terreur tragique, l'un des ressorts de l'art dramatique, peut-être mal à propos uniformément transporté dans toutes les formes de la poésie. Ce qui reste ici d'idéal, c'est qu'il n'y a pas de faute, pas de crime où ne puisse être précipitée la faiblesse humaine quand le cœur se laisse emporter par la passion, quand la raison se laisse aveugler, quand la volonté se laisse enivrer du sentiment exagéré de sa liberté et de sa force. Mais cette ruine morale est une grande ruine, et nous ne contemplons pas sans un sentiment de respect et d'admiration, dans cette poussière du cœur humain, les vestiges des combats héroïques, des luttes gigantesques qu'il a soutenus, et qui attestent, dans sa défaite même, sa grandeur et sa force. C'est ainsi que la pensée s'émeut au spectacle de ces monuments des vieux âges que le temps a vaincus, et qu'avec les débris de quelques colonnes mutilées, l'imagination reconstruit, plus imposant et plus majestueux, le noble édifice qu'elles ont autrefois porté. Pour qu'un caractère poétique reste grand, beau; pour qu'il soit, je ne dis pas sanctifié, mais du moins purifié par un souffle d'idéal, il faut d'abord qu'il y ait en lui une grande force, parce que partout où il y a une grande force il y a la matière, le principe d'une grande vertu. Le mal c'est véritablement la faiblesse. Il faut ensuite, et presque comme une conséquence, que le crime ait été une crise rapide ou au moins transitoire de leur vie, et non pas une habitude et comme une négation de leur âme. Une crise, en effet, laisse vivre et parler, avant et après l'acte, la conscience et la raison. L'habitude les suppose anéanties. Un meurtre, un crime laisse l'âme blessée, mais vivante, et l'habitude l'empoisonne, la tue : c'est le mal devenu homme, et recevant, par cette incarnation horrible, la seule substance dont il soit susceptible. L'habitude, la profession du meurtre fait de l'homme une bête féroce, un être sans nom, qui n'est plus un homme que par une fiction arbitraire, par une définition purement nominale. Ces affreux scélérats, ces types achevés de corruption immonde, qu'affectionnent le drame et le mélodrame modernes, n'ont rien de poétique, ils n'ont plus rien d'humain. Je sais bien que le théâtre n'est pas le pur domaine de l'idéal ; il est astreint à trop de vérité pour n'être pas porté à trop de réalité, et à une tendance qui n'est pas sans danger pour les mœurs. L'héroïsme et l'admiration sont moins dramatiques que la faiblesse et la pitié. La terreur et la pitié, voilà les ressorts vraiment dramatiques, tragiques, et il est évident que ce n'est pas la sérénité qu'ils expriment et qu'ils communiquent. Le théâtre est, de tous les genres poétiques, évidemment le plus perfide, le plus glissant ; il deviendrait même[1] un véritable danger

---

[1] Ne l'est-il pas déjà devenu ?

social, en même temps qu'une négation radicale de l'art, s'il se laissait aller plus loin sur la pente où il est depuis longtemps entraîné. Il y a déjà longtemps, en effet, que Racine commençait cette révolution profonde dans l'art dramatique, et, sans peut-être s'en rendre compte, et en cherchant avec une préférence exclusive l'émotion, s'habituait à peindre les hommes tels qu'ils sont : principe qui, rigoureusement interprété, est la maxime même du réalisme moderne. Dans les grandes tragédies de Corneille, il n'y a point de ces abominables scélérats qui commencent à usurper la scène de Racine et ont envahi tout le théâtre moderne. Dans le *Cid*, dans *Horace*, dans *Cinna*, à l'exception d'un misérable esclave qui figure à peine, dans *Polyeucte*, à l'exception de Félix qui pourtant se relève et peut se justifier, tous les caractères sont nobles, grands, héroïques : ce sont encore des héros tragiques. L'âme humaine s'élève et s'ennoblit en les admirant. Ces grandes vertus, presque surhumaines, idéales, laissent une profonde et ineffaçable empreinte au fond des cœurs, et on ne sait pas jusqu'à quel point elles ont pu inspirer de grandes pensées et de grandes choses. A ce point de vue, qui est non seulement moral, mais esthétique, Corneille, à mon sens, l'emporte sur son heureux rival, et dans ses créations comme dans ses théories. Il n'y a plus de héros dans la tragédie française, même dans Racine, si l'on excepte le grand-prêtre d'*Athalie*. Néron, dans *Britannicus*, ne me paraît pas poétique, et je crois qu'aucun art n'aurait pu lui donner cette grandeur idéale de poésie que la réalité trop connue lui enlève. C'est une question à peu près neuve et intéressante, que de savoir dans quelle mesure, dans quels genres l'art peut se hasarder dans le domaine de l'histoire. Racine a beau prendre, comme il dit, le monstre naissant, cette horrible figure est trop complète dans les souvenirs, trop vivante dans les esprits, grâce aux récits vengeurs de Tacite, pour que l'imagination puisse se prêter à cette atténuation du caractère, qui d'ailleurs peut être historiquement prouvée. Ce dernier rejeton de la famille des Césars, en qui se termine et se personnifie cette abominable race, Néron, le baladin, le comédien, le chanteur, le danseur, le joueur de lyre, le cocher, Néron n'est pas seulement un tyran féroce et capricieux, qui brûle la moitié de Rome pour se procurer le spectacle d'un incendie et comme une représentation de la prise de Troie; qui, pour illuminer ses jardins, livre aux flammes des troupes de juifs et de chrétiens enduits de chemises de poix et industrieusement disposés en pyramides; Néron n'est pas seulement un monstre de bassesse et d'ignominie; il n'y a en lui aucun vestige de grandeur, aucun reste de ces vertus même barbares qu'on appelle les vertus romaines; il est petit et vil, bête et lâche; sa dépravation soulève l'âme de dégoût; il épouse des hommes, s'en fait épouser, et célèbre publiquement ses doubles noces, comme si le scandale et l'infamie étaient une partie de ses plaisirs; tantôt il est le mari, tantôt la femme. Et tout cela n'est rien : Néron est l'amant de sa mère. Pardonnons-lui ce crime, je le veux bien ; les religions et les mœurs orientales commençaient à envahir Rome, et initiaient la chaste race du Latium à ces abominations qui, dans l'Asie, souillaient la famille ; d'ailleurs il était jeune et n'a pas su résister aux odieuses caresses d'Agrippine. Mais il est allé plus loin : il a tué sa mère. Passons encore sur ce nouveau forfait, il y a des raisons politiques qui expliquent et excusent tout ; elle lui disputait le pouvoir, le menaçait d'un rival, et d'ailleurs se plaignait toujours. Mais il y a quelque chose qui rend cette figure à jamais impossible sur le théâtre, à jamais incapable d'être purifiée, d'être idéalisée par la poésie, précisément parce que la main immortelle de l'histoire lui a imprimé une souillure ineffaçable. On se rappelle sans doute la scène à laquelle je fais allusion. Le corps d'Agrippine est exposé dans une des salles du palais de Baïes ; Néron veut le voir. De la part d'un étranger, je ne concevrais pas dans une âme humaine cet épouvantable courage, cette profanation d'une chose redoutable et sainte à tous les hommes, la mort ! c'est une curiosité sacrilége, impie ; mais de la part d'un fils, et du fils qui l'a assassinée, qui oserait seulement la croire possible ? Et pourtant cela n'est rien encore, et voici le trait le plus affreux de cette âme scélérate. En face de cette victime, quelles pensées vont venir à l'esprit de son fils et de son bourreau ? Un repentir, un regret, une larme, un souvenir de l'affection qu'elle lui avait témoignée ? Personne n'attend cela de Néron. Peut-être, au contraire, il se rappellera la domination qu'elle a exercée et qu'elle se vantait d'exercer toujours sur le faible esprit de son fils, l'éternelle obéissance où il se voyait condamné, les menaces qu'elle lui avait faites, le rival dangereux dont elle favorisait l'usurpation et secondait les complots, et, sentant se rallumer sa colère, justifiera-t-il un acte politique devenu nécessaire à lui-même et à la sûreté de l'empire, par les dangers qu'ils pouvaient courir? Vous n'y êtes pas : qui en effet pourrait imaginer de telles horreurs? Non ! le seul sentiment qu'ait éprouvé Néron devant le corps de sa mère immolée par ses ordres, étendue inanimée sous ses yeux, c'est une horrible mémoire des jouissances qu'il avait éprouvées dans ses bras, et un témoignage public de sa merveilleuse beauté. [1]

Un semblable personnage appartient à l'histoire seule ; il a trop de réalité, une réalité trop notoire et trop affreuse pour recevoir de l'art le plus délicat et du pinceau le plus habile cette métamorphose qui transfigure les choses et peut donner encore au crime une sombre beauté. Le nom seul de Néron provoque une répulsion que rien ne peut effacer. Quel cœur ne se soulève et ne s'indigne quand cette bouche impure, quand ces lèvres salies de voluptés monstrueuses osent prononcer le mot d'amour ! On ne pourra jamais ramener à des proportions d'art une pareille physionomie morale. Il faut livrer ces êtres sans nom aux implacables vengeances de l'histoire, dont la justice irritée soulage la conscience du genre humain, cette conscience sévère qu'ils auraient voulu détruire dans tous

---

[1] Tacite n'ose pas lui-même affirmer ce qu'il raconte ; voici ses propres expressions : Adspexeritne matrem exanimem Nero, et formam corporis ejus laudaverit, sunt qui tradiderint, sunt qui abnuant.

les esprits comme ils l'avaient détruite dans leur âme.¹
Si l'on excepte *Cléopâtre*, où la force du caractère
sauve l'odieux, et qui est la plus étonnante création
du génie de Corneille, les âmes scélérates n'ont pas
réussi sur la scène française. Le caractère et l'imagination de notre race ne se prêtent pas volontiers à ces
sombres conceptions. Par l'éducation de notre esprit,
les traditions de notre goût, les principes de notre
langue, nous sommes amis de la lumière. Comme
les Grecs aussi, peut-être sommes-nous trop légers
pour éprouver et concevoir des passions tellement profondes et tellement fortes qu'elles conduisent l'homme
au crime sans le rendre méprisable ni petit. Nous ne
nous faisons pas à ces caractères en même temps froids
et passionnés, et qui, une fois sous l'empire d'une
idée fatale, s'y précipitent avec une persévérance inflexible et une énergie calculée. Nous avons fait de
l'amour un thème de jolis mots et d'élégants entretiens;
nous ne comprenons pas l'oubli de l'honneur et de la
pitié, sans une dégradation complète de l'esprit comme
de l'âme; nos traîtres sont si naïvement méchants qu'ils
en sont stupides; ce sont des imbéciles en même temps
que des misérables. Regardez Narcisse, Erox, Poly-
phonte : ils n'ont pas d'individualité, pas de vitalité;
leur manière de sentir comme de s'exprimer est basse,
plate, sans aucune originalité ni force de style; ce sont
des allégories froides, parce que ce sont des abstractions, des généralités sans vie; il n'y a de parti-

---

1 Tac. *Agric.* 2. Scilicet conscientiam generis humani aboleri arbitra-
bantur.

culier en eux que leur nom, et ce nom n'exprime aucune véritable individualité; ils ont l'air de faire leur métier; ils représentent, sous une dénomination individuelle, une vague généralité; c'est le mal habillé en formule : or, le mal n'a ni force ni beauté. Ce n'est pas le mal qui gouverne les âmes et qui les pousse à des choses grandes; il n'a pas même d'existence positive, disent S. Augustin et Leibnitz : il est d'ordre négatif; il ne peut donc pas être, même dans la réalité, le but de l'action, encore moins peut-il être le but de l'action dramatique, ou plus généralement il ne peut pas être le mobile unique d'un caractère poétique et le sentiment que respire une œuvre d'art; en un mot, le mal est en soi dépouillé de beauté.

Cependant puisque toute œuvre d'art est astreinte à la vérité et qu'elle doit porter l'empreinte des choses réelles que le Beau traverse tout en les dépassant, elle doit contenir, dans une certaine part, le mal que la réalité nous offre d'une manière trop évidente. Il faut que nous soyons sans cesse ramenés à l'homme tel que nous sommes, que nous n'égarions pas notre esprit dans le rêve d'une grandeur et d'une force, en un mot, d'une perfection impossible en nous. Mais cette règle est secondaire, puisqu'elle est limitative : c'est par elle que nous déterminons et réduisons à des proportions humaines l'idéal, dont la première et souveraine condition est d'être aimable; or, pour rester aimable, il y a une mesure que dans la représentation esthétique le mal et la laideur ne doivent pas franchir.

Je viens de prononcer le mot de la laideur : ai-je

besoin de le définir? Si j'ai réussi à surprendre quelques uns des caractères essentiels de la beauté, n'ai-je pas par cela même déterminé les caractères de la laideur, qui est son contraire? Le mal ne constitue pas toute la laideur, puisque le bien ne constitue pas toute la beauté; l'absence de tout ce qui caractérise celle-ci, constitue celle-là : c'est l'absence de force, de liberté, d'individualité, de caractère ; c'est l'absence d'une forme pénétrée de l'essence intérieure et identifiée avec elle, le désaccord de la forme et de l'idée ; c'est l'absence d'ordre, de proportion, de mesure, de grâce. On comprend que si l'œuvre d'art, pour ne pas dépasser la limite de la conception représentative humaine, doit avoir quelques unes des imperfections que nous avons signalées, c'est avec une prudence rare et dans une mesure étroite.

Cette mesure, du reste, est variable suivant les différentes formes de l'art, suivant qu'elles s'adressent plus ou moins directement à la sensation, et suivant que le sens auquel elles s'adressent est plus ou moins impressionnable, et produit dans l'imagination des émotions plus ou moins vives. En général, on peut dire que la poésie peut admettre la laideur aussi bien que le mal, et que les arts plastiques ou représentatifs se refusent presqu'absolument à reproduire la laideur. Il est facile de reconnaître les causes de cette diversité et de cette inégalité dans les formes de l'art.

C'est déjà une chose singulière que, dans l'art, le Beau puisse être mélangé de laid, et que les contraires s'associent et se concilient pour ainsi dire dans un seul et même objet. Toutefois, comme le besoin de faire naître la sympathie dans l'âme humaine, qui ne s'attache qu'à ce qui lui est semblable, c'est à dire ayant une dose d'imperfection et de fini dans sa perfection même, cette condition qui justifie dans l'art la présence du laid, en même temps le mesure ; il faut toujours que le Beau soit aimable.

Or, la vue, par exemple, fournit des perceptions très vives, très nettes, mais très extérieures, très superficielles. Le regard n'enveloppe que des surfaces et il ne pénètre pas dans le fond de l'être, dans son cœur, dans son âme. Il est le plus lumineux de nos sens ; il n'en est pas le plus idéal. Précisément parce que la sensation est très forte, et l'idée qu'elle fait naître très précise, parce que les formes et les couleurs, par l'ébranlement qu'elles donnent à l'organisme et par le chatouillement nerveux qu'elles excitent, ont un plaisir qui leur est propre, c'est à dire qui est purement physique, l'esprit peut être arrêté, du moins il est retenu par cette sensation voluptueuse et par l'idée claire et précise qui s'y joint. La force de la sensation et la clarté même des notions le captivent, et il se sent moins vivement sollicité, par un certain tourment, par un certain vide, à pénétrer au delà et s'élever au dessus pour se satisfaire, car il est déjà presque satisfait. On comprend donc que si un objet vraiment laid venait à frapper nos regards, les yeux, fortement impressionnés et communiquant à l'esprit, de cette laideur de formes, une idée parfaitement claire et très vive, parce qu'elle est immédiate, les yeux, dégoûtés de ce spectacle, ne parviendraient pas à surmonter leur répugnance, et, s'écartant violemment, ne laisseraient pas même à l'esprit le temps de chercher le sens caché, s'il y en a, sous ces formes, et encore moins, à l'imagination effrayée, de concevoir de ces impressions pénibles un idéal de grâce ou de grandeur. Il faut dire de la vue encore plus que des oreilles, que c'est un sens très délicat et très dédaigneux : *quarum superbissimum est judicium.* [1] Ajoutons que, par la nature des arts représentatifs et plastiques, la laideur reste constante, fixe, et qu'à moins de fermer les yeux on ne peut se dérober un seul instant à l'impression. La vérité de l'expression ne doit pas porter atteinte à la grâce. Il y a des grâces sévères; mais où il n'y a plus de grâce, il n'y a plus de beauté, il n'y a plus d'art.

Jamais cette vérité d'expression ne doit aller jusqu'à l'illusion; cette illusion, ne durât-elle qu'un moment, fait descendre l'idéal dans le réel, c'est à dire détruit l'idéal. Dans toute poésie, même dans la poésie dramatique, il ne faut pas considérer l'illusion comme un effet d'art, ni vouloir trop parler aux yeux en mettant tout en action. Si l'on occupe trop fortement les yeux du spectacle, ce sera toujours aux dépens de l'activité de l'esprit. Le meurtre de Duncan exécuté sur la scène me causerait moins d'horreur, et surtout une horreur moins esthétique, que le monologue du malheureux meurtrier, nous faisant assister aux remords qui le

---

1 Cic. *Orat.*

déchirent et aux châtiments terribles que la conscience indignée lui fait subir. Le drame, l'action est en réalité et véritablement dans l'âme ; c'est l'âme du personnage qu'il faut mettre à nu devant le spectateur, et la parole seule peut exprimer la pensée et nous dire tout ce qui se passe au fond du cœur humain. Elle est elle-même impuissante à se pénétrer de l'esprit ; mais elle suscite avec plus de précision, plus de force, plus de plénitude l'activité de l'imagination qui, aidée de la forme esthétique, achève l'idéal ébauché. Nous avons vu que c'est dans cette énergie créatrice, dans ce jeu fécond de l'imagination que réside le secret des plaisirs du goût. Si l'on veut tout dire, tout montrer, et surtout tout montrer aux yeux, il ne reste plus de champ où nos facultés puissent se donner carrière ; l'esprit ne peut plus se déployer librement, n'a plus rien à concevoir et rien à faire ; ce spectacle si complet qui charme d'abord sa paresse, l'ennuie bientôt et la dégoûte, parce qu'il a besoin d'une activité qui lui manque. L'idéal ne pouvant être produit que par cette activité inquiète, et ne pouvant être suscité que par une certaine imperfection des formes, si les formes sont parfaites, si elles trompent, c'est à dire si elles satisfont pleinement les sens, c'est qu'elles n'ont affaire qu'à eux et n'ont rien à dire à l'âme. L'idéal s'enfuit de toute imitation trop parfaite. L'art doit éveiller l'esprit et non pas le rassasier. C'est à l'âme que doivent s'adresser tous les arts. Il ne faut donc pas abuser dans aucun genre, même dans celui qui l'admet le plus, du style descriptif ou pittoresque :

c'est là encore une espèce de spectacle d'autant plus imparfait qu'il s'adresse aux yeux et qu'il ne peut les satisfaire.

On a peut-être de nos jours, sous ce double rapport, dépassé toute mesure ; c'est toujours aux yeux, aux sens en réalité qu'on s'adresse ; l'abus des adjectifs et de l'élément pittoresque a fait invasion dans tous les genres littéraires et un peu gâté les formes naturellement élégantes, modestes et sobres de la langue ; la phrase française a perdu son mouvement leste, son allure vive et dégagée, elle a perdu ses ailes ; la pensée s'embarrasse dans les plis flottants et démesurément amples de la période où elle s'enveloppe, et qu'elle traîne après elle comme un vêtement trop long, moins majestueux que gênant ; le style, ivre d'images sensuelles, tout ruisselant de métaphores, chancelle comme une Ménade en délire.

Le théâtre a fait pis encore : le réalisme s'y est installé triomphant, et, au moment où j'écris, le succès éclatant d'*Un Père prodigue* [1] peut nous faire mesurer la chute rapide et profonde du goût et de l'esprit français, et la perte, temporaire je l'espère, de nos grandes traditions classiques. Cela porte toujours malheur de ne pas respecter la gloire des ancêtres. Ce besoin d'innover et de rompre avec la mesure, avec la règle, avec la tradition, avec la grâce, s'il éclate aujourd'hui avec une insolence qui nuira peut-être à la durée de son triomphe, remonte pourtant déjà loin dans le

---

[1] Comédie de M. Alex. Dumas fils.

XIXe siècle. Des hommes de lettres, qui en sont aujourd'hui les accusateurs sévères et justes, en ont été les complices. M. Sainte-Beuve, il s'en est repenti depuis, n'exprimait-il pas le regret que les grands récits dramatiques de Racine n'eussent pas été remplacés par le spectacle des faits placés sous les yeux? il a même, si je ne me trompe, décrit une merveilleuse décoration qui eût indéfiniment augmenté l'effet tragique d'Esther. C'est, comme on le voit, une affaire de costume : *il costume*, comme disent les Italiens. Il faut faire à cet élément sa part, et cette part est petite. De chute en chute on en arrive aux théories les plus matérialistes. Les sens auxquels l'artiste s'adresse aujourd'hui presqu'exclusivement, s'éveillent et s'agitent, et parmi les bravos qui saluent sur la scène l'entrée d'une comédienne, j'ai bien peur que les plus enthousiastes ne soient adressés à la beauté de la femme, et qu'il n'y ait, dans le public qui vient la voir et l'admirer, un mélange de sentiments où les sens ont trop de part pour ne pas nuire aux véritables et chastes plaisirs de l'art. Les anciens, qui masquaient leurs acteurs, n'étaient pas déjà si simples ou du moins si matérialistes en fait d'art.

Je ne veux pas dire que l'origine du masque antique soit le besoin d'échapper à une réalité trop complète et à une trop entière illusion; mais tels étaient au moins ses effets. Le masque est dû à l'instinct mimique qui caractérise l'homme et qu'on peut étudier facilement dans l'enfant. Quand il se masque et se déguise, c'est pour imiter, c'est à dire pour être un autre que lui-même, pour sortir un instant de soi. Mais ce masque n'est qu'une imitation grossière qui trahit l'artifice plutôt qu'il ne le cache, et c'est précisément en cela que l'art est sauvé. Ce masque imparfait, cette rude écorce, cette toile grossière, cette teinture de lie ou de minium, première origine de notre pot de rouge, sont là, moins pour faire illusion aux autres et les tromper sur nous-mêmes, que pour attester par leur imperfection même que tout cela n'est qu'un jeu où l'imagination s'égaie, une fiction dont l'homme s'enchante, parce qu'il s'y repose de la réalité sévère ou triviale, et que lui-même il s'oublie. Il faut ajouter à ces observations que l'art antique, dans ses créations, ne vise pas à des individualités aussi personnelles que l'art moderne; l'accident y joue un moindre rôle et la généralité un plus grand. Comme ils se tiennent dans une sphère d'idées et de passions plus générales, ses personnages ont un type plus uniforme et pour ainsi dire inflexible; les événements ont peu d'action sur leur caractère et sur leur physionomie. Le visage pouvait donc être couvert sans inconvénient grave; les jeux mobiles du regard, ce langage si expressif de la physionomie, pouvaient être cachés : le masque peignait le caractère dans sa large et forte individualité, et, à l'aide de la parole, cela devait et pouvait suffire.

En résumé, l'art des anciens diffère encore sous ce point de vue de l'art moderne, qui n'a pas observé la mesure en ce qui concerne le degré de réalité que comporte le Beau. Cette mesure est variable suivant les différentes formes de l'art, et on pourrait peut-être trouver là un principe de cette classification si difficile des arts. Ne sont-ils pas d'autant plus nobles et d'autant plus grands qu'ils comportent moins de réalité, moins d'apparences et de matériaux sensibles ? et ne serait-ce pas pour cette raison que les arts de la parole, qui n'emploient que cet élément invisible et impalpable, le son, dominent toutes les formes d'expression de la beauté ? Si le degré de réalité ou d'imitation étroite de la réalité, mesure assez exactement le degré d'excellence des arts particuliers, ne serait-ce pas aussi un principe qui pût servir à apprécier, dans chaque forme de l'art, le degré de beauté que contiennent les œuvres particulières, et ces nuances nombreuses qu'on a désignées sous les noms de gracieux, de joli, de sublime ?

Quant à la première de ces deux questions, elle n'est autre que le principe même de la critique, et ce principe lui-même n'est autre que l'idée complète et claire du Beau. Ce n'est donc pas uniquement par le degré de réalité ou de réalisme qu'elles ne contiennent pas, que les œuvres particulières peuvent se classer dans nos jugements et réclamer la plus grande part à notre admiration intelligente et même réfléchie. Tous les éléments intégrants de la beauté constituent ce principe du goût, et le plus haut comme le plus rare, c'est le degré de vitalité donné à l'idéal par le génie de l'artiste ou de l'écrivain, et communiqué à son ouvrage.

Quant à la seconde question, à savoir ce qui constitue ces nuances du Beau, le gracieux, le joli, le charmant, et toutes sortes d'autres semblables qu'on pourrait multiplier à l'infini, et qu'on ne saurait, selon moi, trop restreindre, la science des principes du Beau a-t-elle même à s'en occuper? La critique, la rhétorique, la poétique ne s'en occupent pas. Qui a entendu parler d'un style joli, gracieux, charmant?[1] Ce ne sont pas là des nuances, ce sont des négations. La grâce n'est pas le gracieux, et le gracieux n'a pas la grâce; il la cherche, et l'effort visible qu'il fait pour la trouver lui ôte la grâce, d'où toute apparence d'effort pénible est exclue. Le mot joli, appliqué à une œuvre d'art, en est une condamnation sévère, et non pas un éloge, même médiocre. C'est pour montrer l'imbécillité d'un des convives de son hôte et la rusticité du campagnard que, dans la satire du Repas, Boileau lui fait dire :

> Le Corneille est joli quelquefois.

Ce qu'il prend pour un compliment est une satire cruelle, et c'est en cela que consiste le trait. Là où est le joli, le Beau est absent, et dans toute forme d'où le Beau est absent, la science des principes du Beau n'a plus rien à voir, parce qu'elle ne peut plus espérer de trouver ce qu'elle cherche. L'abus des adjectifs, l'emploi vicieux des termes ne peuvent avoir pour effet de créer un objet à une science. Il y a des degrés dans le Beau : il n'y a pas d'espèces. Horace, Aristote, Pla-

---

[1] La classique division en style simple, moyen et sublime, est considérée par Cicéron même comme un artifice des rhéteurs grecs, qui a plus de subtilité que d'utilité. Au fond, il n'y a là qu'un principe, celui de la convenance, Aristt. *Rhét.*, III, 8, celui que Cicéron décrit avec une éloquente précision : *sit par rebus oratio*.

ton, S. Augustin comme S. Thomas, Hégel comme Schelling, Diderot, jusqu'au père André lui-même, ne disent pas un mot du joli, ni du gracieux, ni de l'élégant, ni du charmant, pas plus que du majestueux, du terrible, du surnaturel, du colossal ; il me sera bien permis de m'en taire.

Mais il n'est pas possible de passer également sous le silence le sublime, dont la théorie accompagne presque toutes les théories modernes du Beau. Je dis modernes, car les anciens ne paraissent pas avoir connu cette distinction profonde qu'on veut établir entre le Beau et le sublime, et dont nous allons contester et discuter la réalité.

Le rhéteur Longin, à qui l'on attribue généralement le *Traité du Sublime* qu'un savant de Genève vient de lui enlever, le rhéteur Longin ne traite du sublime que dans le discours. « Par ce mot, dit Boileau, il n'entend pas ce que les orateurs appellent le style sublime, mais cet extraordinaire et ce merveilleux qui frappent dans le discours et qui font qu'un ouvrage enlève, ravit, transporte. » C'est donc, ajoute Boileau, « l'extraordinaire, le surprenant, le merveilleux dans le discours. » Quoique l'auteur de cette traduction ait pris dans cette préface quelques unes des expressions de son texte, je veux cependant citer aussi le texte même : « Le sublime ne persuade pas proprement, mais il ravit, il transporte, et produit en nous une certaine admiration mêlée d'étonnement et de surprise, qui est tout autre chose que de plaire seulement ou de persuader. Nous pouvons dire, à l'égard de la persuasion, que, pour l'ordinaire, elle n'a sur nous de puissance qu'autant que nous voulons. Il n'en est pas ainsi du sublime : il donne au discours une certaine vigueur noble, une force invincible qui enlève l'âme de quiconque nous écoute...... Quand le sublime vient à éclater, il renverse tout et présente d'abord toutes les forces de l'orateur ramassées ensemble. [1] » Ce sont là des définitions bien vagues et, comme on le voit, restreintes à l'art oratoire, ou au plus à l'art d'écrire. Cependant Longin, dans un autre chapitre, se rapproche beaucoup de la vérité, et arrive à en donner une peu conforme, il est vrai, à ses premiers principes, mais qui nous semble atteindre la question même dans son fond. « Tout ce qui est véritablement sublime a cela de propre qu'il élève l'âme et lui fait concevoir une plus haute opinion d'elle-même, la remplissant de joie et de je ne sais quel noble orgueil, comme si c'était elle qui eût produit les choses qu'elle vient simplement d'entendre. » Et plus loin : « La marque infaillible du sublime, c'est quand nous sentons qu'un discours nous laisse beaucoup à penser, qu'il fait d'abord sur nous un effet auquel il est bien difficile, pour ne pas dire impossible de résister; en un mot, figurez-vous qu'une chose est véritablement sublime, quand vous voyez qu'elle plaît universellement et dans toutes ses parties. » Après bien des hésitations et des tâtonnements, sans méthode et pour ainsi dire par hasard, le rhéteur, guidé par le goût, arrive à une définition

---

[1] *Du Subl.*, ch. 1.

qui détruit la spécialité de l'idée de sublime, pour n'en faire que l'excellence de la beauté, le type de cette beauté parfaite, idéale, qui enchante toutes les âmes et à laquelle nul ne saurait résister. C'est aussi la conclusion où je désire amener la discussion sur le sublime ; car le sublime n'étant pour nous qu'un degré supérieur de la beauté, j'ai peu de choses à établir dogmatiquement sur cette forme ; il faut que je combatte surtout les idées contraires. Ce n'est donc plus une exposition doctrinale, une théorie qui va suivre, c'est une analyse et une discussion.

C'est un anglais, Burke, et un allemand, Kant, suivi en cela de Hégel, qui ont cherché à distinguer dans leur caractère les sentiments du Beau et du sublime, et à établir une différence d'essence entre les objets qui produisent ces sentiments. Les écrivains, il est vrai un peu superficiels, mais très sensés de la France au XVIIIe siècle, les ont toujours confondus. M. Jouffroy seul, et dans son cours d'esthétique, et dans sa thèse de 1846, a voulu introduire les idées nouvelles, mais plutôt nouvelles que justes, qu'il avait empruntées à l'Allemagne.

Burke a considéré l'amour comme l'essence du sentiment du Beau. Le Beau est ce qu'on aime. Il n'en est pas ainsi du sublime, et tout au contraire. Tandis qu'une sympathie affectueuse nous porte à nous unir à la beauté, le sublime nous inspire un respect, une terreur religieuse ; c'est un sentiment à la fois de crainte, de respect ; c'est un mode de la douleur, comme le Beau est un mode du plaisir : par conséquent, les objets sublimes seront grands dans leurs dimensions, rudes et négligés dans leurs formes, solides et massifs dans leurs volumes, enveloppés de ténèbres et ennemis du jour et de la lumière.

Pour Kant, il reste ici, comme dans toute sa théorie, fidèle au principe qu'il a posé, et dont il déduit et poursuit les conséquences avec la plus inflexible logique. Tout est subjectif dans la beauté, et tout est subjectif dans le sublime ; ce ne sont que des états de l'âme, mais ce sont des états différents. Le sublime, comme le Beau, est en nous. La raison nous prescrit comme une loi de pratiquer la compréhension de tout phénomène possible dans l'intuition d'un tout, et c'est cette loi qui nous révèle le tout comme vraiment un et absolu. Or, le sublime ou le sentiment du sublime n'est autre chose que le sentiment de « l'impuissance de notre imagination à embrasser la totalité de certaines grandeurs naturelles. Le concept de l'infini intelligible et de l'absolument grand est créé et en même temps attesté en nous par cette impuissance de nos efforts toujours vainement renouvelés. »

Le sublime est donc, au fond, une exhibition ou représentation nécessairement impuissante de l'idée de l'infini ; c'est un concept de la raison comme le Beau est un concept de l'entendement, tous deux également indéterminés : cela revient à dire que le Beau est un idéal et le sublime une idée, ce qui est parfaitement juste. Il est vrai que le philosophe allemand ajoute que ces deux concepts sont indéterminés. Pour l'idéal, rien n'est plus exact : l'idéal emportant l'idée d'une forme individuelle, et la généralité étant le caractère de tous les actes de l'entendement, il ne saurait y avoir dans l'entendement aucune notion adéquate, aucun concept déterminé de l'idéal ; c'est le produit de la fantaisie, et il habite dans l'empire indéfini de l'imagination. Mais en est-il de même des idées de la raison, des idées universelles et nécessaires qui la remplissent, pour mieux dire, qui la constituent? L'indétermination serait donc comme le fonds et la substance de notre raison? Quoi! serait-ce l'idée de Dieu, ou de force, ou de cause qui est indéterminée? Si nous n'avons pas de l'infini une idée précise, distincte, nette, Descartes et la raison ne nous permettront pas d'en affirmer l'existence. Comment, en effet, affirmer l'existence d'un être dont l'idée en nous n'a point de détermination, ni aucune définition? On ne sait plus de quoi on parle, et l'affirmation portant sur un objet indéterminé, n'a absolument aucune valeur. Une idée peut être distincte, déterminée, et ne pas être absolument adéquate.[1] Que nous épuisions l'idée de Dieu, que nous parcourions toute l'étendue de ses attributs et que nous pénétrions toutes les perfections de son essence, certes, il n'est pas possible ; nous pouvons ne pas le connaître tout entier : ce que nous en savons n'est pas indéterminé ; c'est une notion très précise, très distincte, source de toutes nos idées, point de repère de tout notre entendement, centre et foyer de notre pensée. Dieu n'est pas perdu dans la région de l'indétermination. Nous ne

---

[1] Leibnitz. *Meditat. de Cognitione*, 1684. Ed. Dutens, tom. II, p. 15.

pouvons pas dire cela, sans avouer que nous n'avons naturellement aucune idée vraie de Dieu, c'est à dire sans livrer au scepticisme un des arguments les plus solides des doctrines spiritualistes.

C'est donc l'idée vraiment déterminée quoiqu'inadéquate de la grandeur et de la puissance infinies, éveillée par la contemplation des grandeurs et des puissances finies de la nature ; c'est le contraste accablant que l'intelligence surprend entre elles qui constitue le sentiment du sublime. Ainsi, bien que Kant ne veuille pas qu'on appelle sublimes les objets qui éveillent des pensées et des sentiments sublimes, ce n'est que dans la nature, dans la réalité qu'on trouve les occasions de concevoir la petitesse de tout ce qui est créé et la toute-puissance du créateur, par une comparaison qui en fait ressortir le contraste violent et l'opposition infinie.

Hégel repousse le principe de subjectivité contraire à tout son système fondé sur une identité absolue de la matière et de l'esprit, du fini et de l'infini ; mais il adopte la définition et les idées de Kant sur le sublime en tout le reste. C'est dans cette pensée proprement dite qu'il faut chercher le sublime : « la création apparaît comme une existence finie qui ne se supporte pas elle-même, et doit dès lors être considérée comme une œuvre destinée à servir d'instrument à la glorification et à la louange de Dieu » [1] et toutes les fois que, même dans une œuvre d'art, un défaut de correspon-

---

[1] Hégel. *Cours d'Esthét.*, tom. II, p. 125.

dance et de proportion laisse apercevoir l'idée dépassant sa manifestation extérieure au lieu de s'y renfermer, c'est le sublime.[1]

M. Jouffroy a voulu donner à ces *positions* dogmatiques de l'école allemande l'appui des observations et des faits, méthode dont les Ecossais lui avaient suggéré l'idée et donné l'exemple. Il a donc cherché, dans les phénomènes observés de la conscience, l'origine de la distinction des idées du Beau et du sublime, et, malgré son rare talent d'analyse psychologique, je doute qu'il l'ait trouvée. Le sentiment du sublime, comme celui de l'agréable, est un sentiment de plaisir produit par la vie même, par la vie réelle; semblables par la qualité de leur principe, ils diffèrent par la quantité ; dans l'agréable, le plaisir est moins grand, mais pur ; dans le sublime, il est plus vif, mais il est mélangé.

Il est mélangé : 1° d'un commencement de crainte, 2° d'un sentiment d'infériorité humiliante, 3° et d'une espérance de l'infini, dont la vision nous apparaît pour nous relever et nous consoler. Ce dernier sentiment domine dans le mélange et y imprime un caractère grave, triste et religieux, au lieu de l'épanouissement joyeux, de cette dilatation de toutes les forces vitales de l'être que Kant avait justement attribuées à la contemplation de la beauté.

Il y a donc entre l'émotion du sublime et la joie du Beau une différence d'espèce ; ce sont presque des contraires, puisque, selon M. Jouffroy, ils diffèrent

---

[1] Hégel. *Cours d'Esthét*, tom. II, p. 8.

« comme le doux est différent de l'amer. »[1] « Entre l'impression ressentie à la vue des Alpes, et le sentiment que j'éprouve à la vue d'une rose, qu'il n'y ait qu'une différence de degrés, c'est à quoi je ne consentirai jamais : ces deux plaisirs sont pour moi de nature différente. »[2]

C'est en s'appuyant ainsi sur l'observation interne et d'après la conscience des impressions éprouvées, que M. Jouffroy proclame que la mer calme est sublime, et qu'un petit lac bordé de saules est beau ; que la solitude du désert est sublime, et que la prairie animée est belle ; que l'aigle dans son vol, le cheval libre dans sa course, sont sublimes, tandis que la colombe au bord des toits et le chevreuil bondissant dans la forêt sont beaux.[3] Je laisse de côté tout ce qu'il y a d'arbitraire dans les épithètes imposées à ces divers objets : il ne sera pas difficile de voir qu'on pourrait, sans faire aucune violence aux habitudes du langage, appeler Beau tout ce que M. Jouffroy appelle sublime, sans toutefois prétendre que la réciproque soit vraie. Mais je réserve la discussion sur ce point, et je me borne à constater que tous ces exemples sont empruntés à la nature réelle, soit inorganique, soit organisée et vivante. Dans la sphère de la réalité, la distinction qu'il a voulu établir a quelque chose de spécieux, et des exemples nombreux se présentent pour prouver que le sublime est la force obligée de soutenir une lutte héroïque contre

---

[1] Th. Jouffroy. *Cours d'Esthét.* Appendice, p. 332. Hachette, 1843.
[2] Th. Jouffroy. *Cours d'Esthét.* Appendice, p. 336.
[3] Th. Jouffroy. *Cours d'Esthét.* Appendice, p. 350.

de puissants obstacles, pour agir et se déployer. Quand elle triomphe, c'est la victoire; quand elle succombe, c'est la défaite qui sont sublimes, parce que, dans le combat, c'est le courage et non le succès, l'énergie des forces morales et non l'accident venu du hasard, que l'homme admire, respecte et craint. Le chêne est beau quand, debout et fier sur la colline, il domine au loin les épis des blés ou les roseaux fragiles du ruisseau qui croissent à ses pieds ; il est sublime quand, battu de l'orage, il résiste ou succombe après de vains mais glorieux efforts. Le Beau est divin, le sublime est humain. [1] Cette théorie se soutient encore appliquée à certaines situations tragiques, aux scènes qui font frémir d'épouvante et d'horreur, et n'a rien d'équivoque ; mais si on la veut étendre aux objets d'art, elle devient bien difficile. M. Jouffroy l'a pourtant voulu essayer : il compare Fénelon avec Pascal, et le groupe du Laocoon avec la statue de l'Apollon du Belvédère, et dans ce dernier exemple la différence du Beau et du sublime est, dit-il, frappante. [2] « Dans les efforts pénibles empreints sur tous les membres de la statue du Laocoon, il y a quelque chose de désordonné. L'ordre n'est pas dans les membres raidis de cette statue, dans l'effroi de leur développement; aussi n'est-ce point là ce que nous admirons. Nous voyons l'âme de Laocoon lutter, et la lutte n'est pas belle,

---

[1] Il semble résulter de là que le sublime est inférieur et très inférieur au Beau, et cette conclusion logique déroute toutes les idées qu'on se fait communément de ces deux choses.

[2] XLe leçon du *Cours d'Esthétiq.* de M. Jouffroy.

la lutte n'est pas dans l'ordre. Nous ne pouvons donc pas admirer sur la figure de Laocoon l'expression des douleurs de cette lutte ; notre admiration se porte sur le caractère moral de l'âme qui lutte et combat avec énergie ; elle remonte au principe, à la cause. Dans la statue de l'Apollon du Belvédère, ce qui est Beau, ce que nous admirons, c'est l'effet du principe, c'est le développement que nous apercevons, ce sont les traits réguliers, c'est l'élégance, la grâce, la pureté de cette statue ; c'est ce qu'il y a d'animé, de tranquille et de fier à la fois dans la statue de l'Apollon. » Bref, aux yeux de M. Jouffroy, et cela lui était bien permis, l'Apollon est beau, le Laocoon est sublime.

Je ne veux point relever moi-même ce que je trouve d'inexact dans cette appréciation des deux chefs-d'œuvre de la sculpture grecque ; je ne veux point montrer qu'ici l'objet de l'admiration est absolument le même, et qu'il est la force, la force véritable, c'est à dire spirituelle ; c'est le caractère divin ou presque divin qui éclate dans l'une comme dans l'autre statue : dans le Dieu fier de sa victoire, dans l'homme qui, au milieu de la souffrance et de la douleur, conserve la supériorité de l'esprit sur la matière qui l'écrase. Assurément M. Jouffroy était bien libre d'appeler l'Apollon beau et le Laocoon sublime ; mais si des appréciateurs autorisés, si des juges éminents, comme Lessing et Winckelmann, renversent les épithètes et nomment le Laocoon beau, et l'Apollon sublime, il me semble qu'on ne sera guère admis à leur en refuser le droit ; et, dans ce cas, je demande ce que devient l'argument de M. Jouffroy? Il y a, dit-il, une différence frappante, une distinction essentielle entre le sublime et le Beau ; la preuve n'en peut être trouvée que dans les émotions différentes produites dans l'âme par les objets et réfléchies par la conscience : or, regardez l'Apollon, et vous reconnaîtrez que vous ressentez le plaisir du Beau ; regardez le groupe de Laocoon, et vous ressentirez l'émotion du sublime. Mais le malheur est que Lessing ressent l'émotion du Beau en face du Laocoon, et Winckelmann celle du sublime en face de l'Apollon : or, il me semble qu'il n'est pas possible d'admettre que les impressions causées par les mêmes objets, aient été d'une espèce différente dans des appréciateurs aussi fins de la beauté ; il faut donc que les épithètes différentes qu'ils ont employées n'aient pas la diversité profonde de sens qu'on leur impose ; qu'elles ne désignent que des degrés, des nuances, et même, dans le cas présent, l'on peut dire qu'on est autorisé à se servir indifféremment de l'une et de l'autre, et qu'elles expriment également bien l'impression causée par les objets ; ce qui prouve, selon nous, que sans être identique, elle est certainement de même nature, c'est à dire esthétique.

Voici, en effet, les expressions de Winckelmann, qui n'était nullement philosophe, et qui n'ont point été calculées à dessein pour soutenir un système d'esthétique : elles n'en ont que plus d'autorité ; c'est comme le témoignage impartial d'un spectateur intelligent : « De toutes les statues antiques qui ont échappé à la fureur des barbares et à la main destructive du temps, la statue d'Apollon est sans contredit la plus sublime.[1] » Et à la fin de cette magnifique et éloquente description, où le critique a pris le ton enthousiaste et l'accent inspiré du poète, on trouve le mot de la beauté appliqué au même objet : « Dans les traits de l'Apollon du Belvédère, on trouve les beautés individuelles de toutes les autres divinités réunies. » Lessing, de son côté, dans son célèbre et admirable ouvrage du *Laocoon*, plein de pensées si justes, si originales, si profondes, dit nettement, à propos de ce groupe : « Quel était ici le but de l'artiste ? *la suprême beauté*, sous la condition de la douleur corporelle. Cette douleur dans toute sa violence aurait détruit la beauté : il fallut donc la réduire ; il fallut réduire les cris[2] à des soupirs ; non que les soupirs désignent une âme faible, mais parce qu'ils défigurent le visage.[3] »

En somme, je maintiens avec Lessing que la loi suprême de tous les arts[4] est la beauté. Ou le sublime donc est exclu des œuvres de l'art, ou il est compris dans l'essence de la beauté. Or, le sublime n'est pas exclu de l'art ; c'est un fait que personne ne

---

[1] *Histoire de l'Art.* Paris, 1802. Tom. II, liv. IV, ch. 6.

[2] *Æneid.*, II, V, 222. Ces cris affreux, ces mugissements semblables à ceux du taureau blessé par le sacrificateur et qui s'enfuit de l'autel ensanglanté, Virgile n'a pas craint de nous les faire entendre :
Clamores simul horrendos ad sidera tollit :
Quales mugitus, fugit quum saucius aram
Taurus.

[3] *Laocoon*, p. 18.

[4] *Laocoon*, p. 15. Et non pas seulement des arts du dessin, comme le dit Lessing.

conteste et qu'atteste suffisamment l'expérience. Il n'est donc pas d'une nature, d'une espèce différente de la beauté ; il n'en est qu'un degré, l'excellence, ou une forme particulière. Ce qui a, je crois, contribué à noyer dans le vague toutes les théories de la beauté, c'est la persistance à confondre les choses de l'art et les productions de la nature. Cette première confusion a troublé toutes les idées sur le sublime, dont les caractères dans la nature et dans l'art sont très différents. Du moment qu'on admettait que l'art et la nature contenaient également la beauté, on était obligé de leur attribuer également le sublime, et il ne fallait pas une grande profondeur d'analyse philosophique pour observer que le sublime dans la nature avait des caractères spécifiquement différents de la beauté dans les œuvres de l'art, où dès lors on ne sut plus placer le sublime.

Il n'est pas encore temps de démontrer que c'est en vain qu'on cherche la beauté dans la nature, qui ne la contient pas et ne peut pas la contenir. La nature n'est belle que par une illusion et, comme dit Kant, quand elle nous fait l'effet de l'art, effet qu'elle est loin de produire sur toutes les imaginations, même sur des imaginations d'artiste. Je me renferme ici dans la question du sublime, et je dis que dans l'art, où il a évidemment, certainement sa place, aucune des théories précédentes ne l'explique, et toutes, sans le savoir peut-être et sans le vouloir, ont pour résultat théorique de l'en bannir. Cette conséquence seule les condamne.

Ainsi, par exemple, je me demande comment, par quels artifices de style, par quelle souplesse d'argumentation on pourrait faire rentrer le fameux passage d'Homère où il nous peint Ajax irrité de l'obscurité où les Dieux viennent de le plonger, et leur demandant, s'ils veulent combattre contre lui, de combattre du moins à la clarté du jour ; je me demande comment on pourrait faire rentrer cet exemple fameux de sublime dans le sublime tel que le comprend et le définit Hégel : « Dieu est posé comme l'infini, et le monde se pose en dehors de lui comme constituant le fini ; » ou encore dans cette disproportion entre la forme et l'idée qui la déborde et la dépasse ? Pour Burke, qui y voit un sentiment de douleur ; pour M. Jouffroy, qui le considère comme un désordre où la force vaincue se laisse encore apercevoir, à moins d'ingénieux sophismes, le « qu'il mourût » du vieil Horace est d'un inexplicable sublime. Loin d'y apercevoir le désordre, c'est l'ordre même, c'est la perfection et la plénitude, l'excellence de la force libre et volontaire que j'admire : ce cri du plus pur et du plus héroïque patriotisme, loin de me causer une vraie douleur, exalte mon esprit du spectacle contagieux de la grandeur morale, et, tout en sympathisant avec sa douleur paternelle, je jouis comme lui de la victoire de la vertu sur la faiblesse humaine, et j'envie sa glorieuse souffrance. Lorsque Cléopâtre prononce sur son fils, qui lui pardonne, cette abominable malédiction, ce cri sublime de haine :

> Et pour vous souhaiter tous les malheurs ensemble,
> Puisse naître de vous un fils qui me ressemble !

quand Macduff, accablé par l'affreuse nouvelle du meurtre de sa femme et de ses enfants, entend son ami lui parler de vengeance, et qu'il répond cette parole terrible et qui fait frémir : « il n'a pas d'enfants! » quand Polyeucte, enivré de la folie sublime de la croix, enflammé de la passion du sacrifice et du martyre, répond aux menaces de mort que son beau-père irrité va proférer contre lui, en répétant ces simples mots : « je suis chrétien! » je me demande comment Kant pourra expliquer toutes ces beautés sublimes par l'impuissance de notre imagination à embrasser dans l'intuition d'un tout la série de certaines grandeurs ou de certaines puissances, et à nous en donner une exhibition satisfaisante? N'y a-t-il pas d'ailleurs un sublime de sérénité, de grâce, comme un sublime de tristesse et d'héroïsme? Dans cette dernière entrevue si chaste et si touchante d'Andromaque et d'Hector, tous les détails de la scène, la terreur du petit enfant qu'effraient les crins du casque, l'orgueil du prince qui prédit que l'enfant de sa race sera plus brave un jour que son père, la tendresse mâle et fière de l'époux, l'héroïsme du soldat, la mélancolique tristesse de la femme qui pressent une grande douleur, la joie amère de l'épouse et de la mère, ces larmes mêlées de ces rires, tout cela ne compose-t-il pas un tableau d'une perfection telle, d'une émotion à la fois si profonde et si mesurée, qu'on le peut appeler sublime ou Beau indifféremment? Je me demande de quelle utilité nous sera le principe de l'opposition de Dieu posé comme infini, avec le monde comme constituant le fini, dans une pareille circonstance?

Il y a des genres poétiques, les psaumes hébraïques, qu'on range d'habitude dans le sublime, et qu'on ferait mieux de rattacher, comme certaines formes de la musique et de la peinture, aux idées religieuses. Il y a une poésie sainte : ce n'est pas à dire pour cela qu'elle soit sublime. Le sublime s'y trouve plus fréquemment peut-être qu'ailleurs, mais il n'en est pas le caractère général, l'essence. L'esprit de l'homme ne peut pas rester longtemps perdu dans ces hauteurs inaccessibles, en proie à ces extases violentes où le jette brusquement le sublime : il fatigue le cœur et rassasie bien vite l'imagination. Il ne peut donc pas être le ton général d'une certaine poésie ; et je dis plus : si le sublime n'y est pas sobre, s'il dépasse la mesure, s'il fatigue l'imagination haletante à le suivre dans le ciel ou dans les nuages, s'il trouble l'esprit de métaphores ardentes et se succédant sans repos, le charme aura bientôt fui et la beauté aura bientôt disparu. Et peut-être la lecture des psaumes ne produit-elle pas un plaisir esthétique pur, celui que cause la contemplation sereine et délicieuse de la grâce et de la beauté ; mais ceci rentre dans la question du Beau moral que nous ajournons encore.

De la discussion précédente il résulte, selon nous, que, pour avoir établi une différence spécifique entre la beauté et le sublime, les théories de Kant et de Burke aboutissaient à nier la présence du sublime dans l'art, ou, ce qui revient au même, à ne pas pouvoir l'expliquer. Appliquées à la nature, elles sont plus soutenables, plus vraies même, mais tellement vraies qu'après avoir justement posé le sublime dans les productions de la nature, elles lui enlèvent et justement aussi la véritable beauté.

Si l'on appelle sublime l'idée de la puissance et de la grandeur absolue fournie à la raison, ou plutôt réveillée en elle par le spectacle de certaines scènes ou de certaines forces qui, toutes finies qu'elles sont, dépassent encore la portée étroite de notre intelligence bornée, il est certain que la nature seule nous les présente. Pascal, bien avant Kant, avait remarqué que la nature possède une sorte d'infinité qui, en exaltant la pensée de l'homme et en l'amenant au seuil du monde intelligible et dans la pleine lumière des idées pures, accable son imagination, impuissante à se représenter l'infini que son esprit a conçu ; mais Pascal avait ajouté ce que ne semble pas avoir aperçu Kant, c'est que la puissance et l'immensité de Dieu, appelons-le par son nom auguste, n'apparaissent pas moins dans l'infiniment petit que dans l'infiniment grand. Pascal fait voir à l'imagination effrayée une infinité de mondes dans une goutte de sang d'un ciron, et la perd dans la pensée d'une division infinie de la matière, comme au sein d'un autre abîme. Entre le monde qui peuple les feuilles d'un fraisier ou d'une rose, et le monde qui habite les solitudes alpestres, il n'y a pas pour la pensée la distance qu'imagine M. Jouffroy. Nous avons beau enfler ou diviser nos représentations imparfaites, nous ne pourrons jamais atteindre la réalité des choses, « nous n'enfantons que des atômes.[1] » De cette impuis-

---

[1] Pascal. *Pensées.*

sance même de nos efforts renouvelés de nous représenter cette double immensité de l'infinie petitesse comme de la grandeur infinie, naît en nous l'idée pure, intelligible de l'absolu, de l'immense, du grand, du puissant, du parfait, de Dieu. C'est là, certainement, une des sources d'où jaillit en nos âmes l'idée de Dieu; mais ce n'est pas seulement dans la nature inorganique ou vivante, mais privée de raison, que l'homme voit apparaître la majesté de Dieu; ce n'est pas seulement le spectacle des cieux immenses, peuplés d'étoiles innombrables; ce ne sont pas seulement les effets prodigieux des forces naturelles qui racontent sa gloire et sa puissance; nous le portons plus près de nous, dans notre pensée et dans notre âme : *est Deus in nobis*, il y a du divin en nous. L'idée de l'infini, présente en nous et antérieure à tous les phénomènes sensibles qui la réveillent, est une partie de notre être, et, tout en nous en faisant comprendre la faiblesse et la misère, en fait aussi toute la dignité et tout le prix. Ce roseau qu'une feuille tombée écrase, cette mèche qu'un souffle éteint, portent dans leur essence l'infini, c'est à dire Dieu même. Il le pense, il le voit, il l'aime. Mais de quelque source cachée ou connue qu'elle nous vienne, cette pensée, cette vision, cette adoration de Dieu n'a plus rien aujourd'hui qui puisse être esthétique, et ce serait, je crois, attenter à sa majesté. Elle n'est plus esthétique, c'est à dire qu'elle ne produit plus l'impression sereine et insouciante que font fleurir dans l'âme la grâce et la beauté : c'est ce que nous aurons occasion de démontrer plus loin. On peut cependant déjà reconnaître avec Kant que c'est là un sentiment de respectueuse adoration ; avec Burke, qu'il y a au fond de l'impression une douleur véritable ; avec Jouffroy, qu'il se compose de crainte, d'humilité et d'espérance ; car Dieu relève celui qui se prosterne, comme il justifie celui qui s'accuse. Nous dirons donc que ce sont là des sentiments qui n'ont aucun rapport avec l'acte esthétique, et que, par conséquent, les objets de la nature, qui seuls les peuvent produire, ne peuvent pas être sublimes au même sens que les œuvres de l'art qui ne les produisent pas ; en un mot, il y a un sublime religieux, moral, dans la contemplation de la nature ; il y a un sublime esthétique, c'est à dire la beauté, dans les chefs-d'œuvre des arts.

Le sublime esthétique, pour nous, ce sera une forme particulière et comme un degré de la beauté. Il y a des beautés qui se révèlent en notre âme par une action si brusque, par un coup si instantané et si profond, elles nous jettent si violemment dans le monde idéal, qu'il y a en nous, avec le plaisir du Beau, comme un saisissement, un frémissement intérieur. Il y a une secousse brusque, une agitation, une intensité d'activité imprimée à nos facultés de sentir, qui mêlent une souffrance épurée[1] à nos jouissances d'art ; c'est comme une crise d'enthousiasme, un accès d'extase et de délire esthétiques. Le sublime surprend l'âme et en suspend pour un instant les forces vitales, pour les exciter plus vivement ensuite.

---

[1] Aristt.

Or, ce qui, dans l'art, est capable de produire de semblables effets, c'est l'énergie, ou la grandeur, ou plutôt le plus haut degré d'énergie ou de grandeur des idées esthétiques révélées par les objets. Toute beauté élève et agrandit l'âme qui la contemple, puisqu'elle la met en face de ce qu'il y a de noble et de divin en nous. Le crime même, épuré, purifié par le rameau magique de l'art, a sa noblesse et sa grandeur presque divine; il y a encore de l'ange dans Satan. La beauté, quand elle est sublime, élève l'âme si haut, ou la ravit avec une si grande force, qu'elle n'en est pas moins surprise qu'heureuse; un cri d'étonnement s'ajoute au cri de l'admiration; au ravissement délicieux de contempler une beauté si pure, mais si élevée, se mêle une certaine émotion inquiète de se sentir subitement transportée à ces hauteurs de la pensée où elle éprouve comme un commencement de vertige.

Mais si cette inquiétude sans danger, si ce vertige sans péril se prolongeait ou se répétait, l'esprit s'en lasserait bien vite et refuserait de suivre l'artiste sur ces sommets de l'idéal trop élevés pour la faiblesse de l'imagination humaine. Mais il y a plus : comme cette faiblesse est le partage de tout ce qui est homme, l'artiste qui voudrait sans cesse gravir ces pentes ardues et planer constamment dans le plus haut des cieux, tomberait d'une grande chute et apprendrait que du sublime au ridicule il n'y a qu'un pas. Les hommes ne s'habitueraient pas à être foudroyés, et si l'art lançait sur eux de trop fréquents éclats de ses foudres, on ne tarderait pas à rire de son tonnerre de carton.

Le sublime ne peut donc être qu'une forme toute particulière, sans permanence, sans durée ; il n'a donc pas même d'essence intellectuelle ; c'est une qualité de la beauté, et une qualité que la beauté ne peut longtemps conserver sans épuiser et rassasier l'âme, c'est à dire sans se nuire à elle-même.

Le sublime comme le Beau est un idéal.

L'idéal est l'idée prise *in individuo*, une généralité individualisée, la conception représentable d'un individu épuisant toute son essence. Or, il n'y a qu'une individualité qui remplisse ainsi toute son essence et qui en possède toutes les perfections : c'est Dieu. Toute autre individualité ne les possède que mutilées par l'accident et voilées par les formes sensibles qui la limitent en même temps qu'elles la révèlent et même la déshonorent. Le Beau, l'idéal, ne peut donc avoir d'autre existence réelle qu'en Dieu, qui le constitue, ou qu'en l'homme, qui en forme la notion. Mais le Beau est essentiellement représentable, et Dieu se dérobe par son essence à toute représentation. D'un autre côté, la nature, le monde des réalités ne renferme que des individualités que déshonorent dans leur essence l'accident et le hasard, qui sont bien loin d'épuiser l'idée de leur genre ; il reste uniquement que le Beau n'ait d'autre réalité que la réalité de nos conceptions et de nos idées, qui assurément ne sont pas le pur néant.

Il ne faut pas nous faire de la beauté un être étrange,

suspendu entre le ciel et la terre, appartenant à ce monde des essences intermédiaires qu'avait rêvé la féconde imagination de Platon, mais qui s'est dissipé, comme un rêve brillant mais sans réalité, au jour de la critique sévère et de la pure et droite raison d'Aristote. Les idées ne sont point des essences, des êtres véritables, des généralités distinctes des choses particulières, que l'induction en dégage et qui en sont séparables.[1] Nos idées ne sont pas les principes de l'être des choses individuelles, leur principe d'unité logique à la fois et réelle, celui de leur vie et de leur substance ; nos idées ne sont que les modifications de notre être pensant ; et comme l'essence de notre être est de penser, nos idées, nos pensées sont moins des actes de notre être que notre être même. Je pense, donc je suis ; voire, je suis la pensée même. Cette identité de la pensée et de l'être, cet idéalisme profond et sensé, quand il est restreint, comme par Descartes, à l'homme qui en a la conscience, conduit aux abîmes de la métaphysique allemande quand il est étendu, par une induction sans fondement, à l'être des autres choses que l'esprit de l'homme ne peut pas pénétrer et où il ne peut pas faire descendre le regard infaillible de sa conscience. Mais ramené à ses limites vraies, et tant qu'on ne l'étend pas au delà du témoignage de la conscience, ce principe est certain autant que lumineux ; il nous apprend que toutes nos idées, toutes nos représentations ont une réalité certaine, puisqu'elles ne sont autre

---

[1] Aristt. *Métaph*, liv. XIII, c. 4.

chose que notre esprit pensant et imaginant. La beauté est donc comme est l'idée de vertu, comme est l'idée de force ou de cause ; mais cette manière d'être ne nous suffit pas, et comme il est de l'essence de la beauté d'être représentable et, par conséquent, de revêtir des formes visibles, où l'individualité libre se manifeste clairement à notre faible esprit, nous cherchons à l'objectiver, à la faire sortir du monde intérieur où elle se débat obscure et confuse, pour l'appeler à la lumière, dans le monde visible, palpable, sensible des sons, des couleurs et des formes ; nous cherchons à la réaliser sous des figures matérielles, et nous demandons à toutes les formes de la matière si elles la contiennent ; mais la réalité nous répond qu'elle ne peut pas la contenir. En Dieu, qui la possède comme il possède toutes les perfections de l'être, elle est comme noyée, pour notre faiblesse, au sein de sa majesté et dans l'éblouissement de sa splendeur. Nous sommes donc obligés, comme nous nous sentons naturellement inclinés à la créer. Cette création, c'est l'art. « Hormis le seul être existant par lui-même, rien n'est beau que ce qui n'est pas. »

Il n'y a donc pas de Beau moral, il n'y a pas de Beau naturel ou physique : il n'y a qu'une beauté, c'est la beauté esthétique, c'est l'idéal, que seul peut réaliser l'art. Il ne peut être réalisé dans la vie, dans la vie morale ; car l'acte moral ne sort pas de l'agent. C'est une représentation qu'il faut à l'idéal, une chose en dehors de lui qui le contienne, l'exprime, ou au moins en éveille l'image radieuse. Sous ce rapport, on peut approuver Aristote quand, au début de sa *Poétique*, il nous enseigne que toute poésie, et on pourrait ajouter tout art, est une imitation. Mais il faut convenir avec Hégel, qu'entendre et interpréter ainsi la théorie de l'imitation, c'est au fond la détruire et probablement méconnaître la pensée de son auteur. Pour nous, il nous reste à appuyer nos dernières propositions de développements d'autant plus nécessaires qu'elles s'accordent moins avec les idées admises, et qu'elles choquent davantage les systèmes établis ou plutôt les opinions acceptées.

---

§ IIme. *Du Beau moral.*

C'est en se servant de nos principes mêmes que Platon, S. Thomas, S. Augustin, admirablement résumés et reproduits par Leibnitz, arrivent à reconnaître une beauté morale, à faire même de cette beauté morale l'essence et le type de toute beauté.[1] Ce système si élevé a captivé par sa noblesse tous les grands esprits. Novalis va jusqu'à dire : « La philosophie, la religion, l'art, la morale, ont un même objet et un

---

1 M. V. Cousin. III, *De l'Art*, 8ᵉ leçon. *Du Vrai, du Beau et du Bien.* « La beauté morale est le fond de toute vraie beauté..... La fin de l'art est l'expression de la beauté morale à l'aide de la beauté physique. »

même but. ¹ » Kant seul, suivi en cela de Hégel, a su résister à cet entraînement, et ce sévère moraliste a porté la grandeur morale et la vertu à une telle hauteur que la beauté n'a plus l'espérance de l'atteindre et qu'elle n'est plus morale que par alliance. Reprenons donc ce premier principe qu'on essaie de tourner contre nous, et distinguons dans cet amour ce qu'on semble comme à dessein vouloir confondre.

Le Beau est ce qui est aimable à l'homme : « Or, dit Leibnitz, ² l'amour est cette affection qui nous fait trouver du plaisir dans les perfections de ce qu'on aime, et il n'y a rien de plus parfait que Dieu, rien de plus charmant... L'ordre, les proportions, l'harmonie nous enchantent : la peinture et la musique en sont des échantillons. Dieu est tout ordre; il garde toujours la justesse des proportions, il fait l'harmonie universelle. Toute la beauté est un épanchement de ses rayons. »

De son côté S. Thomas nous dit : « Le bien est ce que tout être appète. ³ » Les choses sont appétibles selon qu'elles sont parfaites, puisque tout aspire à la perfection. Donc Dieu, la perfection et la plénitude du bien, est l'objet suprême, la fin dernière de tous les désirs, de toutes les appétences, en un mot, de l'amour de l'homme ; et si la beauté suprême est ce qui est souverainement aimable, Dieu est assurément cette beauté suprême, puisqu'il est l'excellence du bien. Le Beau

---

1 Cf. Willm. *Hist. de la philos. allem.*, tom. III, p. 24.
2 Préface de la *Théodicée*.
3 Cf. Aristt. *Ethiq.* I.

n'est qu'une forme du bien : identiques dans la réalité, ils ne diffèrent que rationnellement, c'est à dire par notre manière de concevoir les choses; nous concevons le Beau comme une forme, le bien comme une fin ; et, comme le dit Descartes : « l'agrément (ou la beauté) est particulièrement institué de la nature pour nous représenter la jouissance de ce qui agrée le plus, comme le plus grand de tous les biens qui appartiennent à l'homme.[1] »

Donc, Dieu est Beau ; l'essence de la beauté est en Dieu.

Avec des logiciens aussi formalistes, avec des penseurs de cet ordre, on ne saurait mettre trop de circonspection et trop de méthode dans la discussion. Je commence donc par dire ici comment j'entends la poser, et quel sens, selon moi, il faut attacher aux termes.

L'idéal est une conception d'une des facultés de l'âme; l'âme de l'homme est faite à l'image du Dieu qui l'a créé à sa ressemblance. Toutes les pensées et tous les mouvements intellectuels, imparfaits et grossiers, qui s'agitent dans le désordre et dans la lutte, dans l'esprit humain, Dieu en a la plénitude, l'excellence, la perfection. Toute la perfection de l'effet est de ressembler ou, s'il le peut, de s'égaler à sa cause. Donc Dieu a la pleine réalité, comme être à la fois parfait et réel, *ens realissimum*, de toutes les perfections dont nous concevons l'idée, dont nous souffrons la privation, dont nous ne trouvons qu'en lui la réalité

---

[1] Descart. *Passions de l'âme*, II, 82.

positive et l'excellence absolue. Il est incontestable que dans l'idéal il y a une idée de puissance absolue, il y a un côté divin, et que l'essence de cette idée, comme celle du vrai, comme celle du bien, ne sont et ne peuvent être qu'en Dieu.

Sans doute on peut admettre que la raison conçoive une beauté absolue, ou l'idée absolue de la beauté ; mais en concevant le Beau comme absolu, la raison ne peut s'empêcher de le confondre ou de l'identifier avec toutes les autres idées qu'elle peut aussi concevoir comme des absolus. Sans doute Dieu est la suprême beauté, comme il est le bien suprême et la suprême vérité ; mais comme il ne saurait y avoir plusieurs absolus, tout cela revient à dire qu'il y a un être absolu en qui nous concevons l'essence et la perfection, la plénitude de toutes les perfections, mais en qui ces perfections se confondent. Il est et il est parfait. L'être et la perfection sont la même chose. Il a la réalité et la plénitude de la puissance, de la vérité, de la justice, de la bonté et même de la beauté, si l'on veut envisager la beauté comme une perfection. La beauté donc, dans sa perfection, réside en Dieu. Mais en Dieu comment la distinguer des autres perfections dont il est l'unité ? En quoi consiste-t-elle proprement ? Je suis, quant à moi, dans l'absolue impuissance de déterminer par une notion claire, distincte, et de résoudre en une idée précise ce que signifie le mot : être Beau, appliqué à Dieu. En disant que la beauté est en Dieu, et surtout en disant que le Beau c'est Dieu, on dit peut-être une chose véritable, mais qui a moins de clarté que de vraisemblance. Je le demande à la conscience de tous ceux qui réfléchissent : savent-ils bien ce qu'ils disent, quand ils disent que Dieu c'est la beauté, à moins de confondre la beauté, c'est à dire de la perdre dans l'océan immense des perfections infinies de l'Être Suprême? Ne peut-on pas dire *à fortiori* ce que S. Augustin disait du dogme de la Trinité, et surtout des explications qu'il en donnait : [1] *Dictum est non ut aliquid dicerctur, sed ne taceatur,* c'est moins pour dire quelque chose que pour ne pas se taire.

C'est donc, à ce point de vue, ne rien dire que de définir le Beau comme Dieu même ; mais quand on pourrait se faire une idée nette et claire des mots qu'on emploie, devrait-on s'en servir? Aime-t-on Dieu et doit-on l'aimer comme on aime un objet beau? Et dans les sentiments qui nous portent vers lui, n'y a-t-il pas des caractères qui mettent un abîme infranchissable entre l'amour moral et saint par excellence de Dieu et la païenne adoration de la beauté, entre la religion auguste et redoutable et l'art frivole et charmant?

Et d'abord l'idéal est-il tout entier une perfection qu'on puisse attribuer à Dieu? Sans doute il y a dans l'idéal un côté divin, c'est l'idée de force, de liberté, d'individualité épuisant toute la richesse de son genre, et Dieu seul réalise cette idée ; mais il entre aussi nécessairement dans l'idéal une notion de forme sensible, matérielle, au moins imaginable, qui n'est pas une perfection, mais au contraire une ombre qui obscurcit

---

[1] *De Trinit.*, V, 10.

le reflet de l'idée et qui, transportée en Dieu, en défigurerait l'auguste essence. Nous ne sommes pas de purs esprits, des anges ni des dieux : [1] nous sommes des corps unis à des esprits, et toute beauté, la plus idéale que nous puissions concevoir, est une représentation sensible, une forme extérieure pénétrée de l'idée, identifiée avec elle, mais visible autant qu'elle. Il n'y a pas de forme en Dieu, sinon une forme intellectuelle. Il est l'être amorphe sous le point de vue sensible. L'idéal devrait être, et il ne peut pas être, il n'est pas. C'est pour cela, et précisément parce que la réalité ne le saurait contenir, puisqu'elle le contredit, c'est pour cela que nous le créons. Il y a des philosophes qui ont aussi imaginé Dieu comme un idéal; mais ce sont des philosophes de cette école dont le chef [2] osa dire un jour aux étudiants réunis à son cours : « Messieurs, nous allons créer un Dieu. » Impiété aussi sacrilège au fond que ridicule dans le faste solennel de la forme. Nous créons le Beau; nous le créons en nous, par une conception intérieure où l'image s'incorpore avec la pensée, où l'idée s'incarne dans une forme sensible et imaginable, où le fond s'harmonise avec la forme et la pénètre; nous le créons extérieurement, en l'exprimant par des objets matériels que nous disposons et transformons à notre gré, que nous défigurons et détruisons dans leur essence propre, pour les détourner à notre usage et les plier à nos idées : c'est la seule créa-

---

[1] Cf. *Théodic.* Le corps et l'âme sont unis de telle façon en nous qu'ils forment une seule personne, et, comme dit Leibnitz, *un suppôt.*

[2] Fichte.

tion qui nous soit possible et la seule qui nous soit permise. Créer Dieu est une proposition contradictoire, une impossibilité absurde. Il y a donc entre la beauté idéale et Dieu des différences profondes : il entre du fini dans l'idéal, quoiqu'il soit vrai de dire qu'il enveloppe l'infini, et si, sous prétexte d'épurer la beauté, nous voulons dégager le fini qui la rabaisse, il reste alors, comme seul élément de la beauté, l'infini, qui comprend tout, mais qui absorbe tout dans son immensité. La beauté c'est alors la justice, c'est la vérité, c'est la puissance, c'est la bonté; elle n'a plus rien qui la distingue, non pas seulement en Dieu, mais en l'homme qui, ne voyant plus en elle que le bien suprême ou l'infini, ne peut s'empêcher de la confondre et de l'absorber en lui. Je crois, quant à moi, qu'en élevant si haut cette douce image, on risque de la perdre dans les nuages; il faut se garder de trop spiritualiser la beauté : elle flotte dans le monde des ombres qui passent et des figures qui disparaissent; elle n'est pas la lumière pure et sans ombres; à force de vouloir la subtiliser, je crains qu'elle ne s'évapore; comme la religion elle-même, et beaucoup plus encore, il faut l'épaissir un peu, et on ne peut s'empêcher de le faire. Tous les philosophes le confessent, l'idée de la beauté emporte celle d'une forme, et non pas seulement de cette forme immatérielle qui constitue l'individualité et l'essence, mais d'une forme sensible, d'une image. Il y a une perfection absolue dont l'homme conçoit la réalité, la vérité; mais il la conçoit réelle et vraie en Dieu seul, et il conçoit que lui-même il n'y saurait atteindre. Aussi dans cette glorification de son être, dans cette divinisation de sa personnalité transfigurée, il veut contempler quelque trace de la vérité de sa nature imparfaite et finie, qui lui permette de se reconnaître encore dans cette représentation idéale et vraie. La pure lumière de la perfection l'éblouirait, il ne s'y reconnaîtrait plus, et, à l'entendre d'une certaine manière, il ne l'aimerait pas. Dans tout tableau, il veut des ombres, dans toute harmonie une dissonnance, dans tout caractère des faiblesses, dans toute beauté une certaine langueur mortelle, une *morbidezza* qui, au sein de la force presque divine, rappelle l'humanité. Dieu est au dessus de cette faiblesse. Parmi tous les attributs que les théologiens lui confèrent et parmi toutes les perfections qu'il possède, je trouve, en suivant S. Thomas : infini, éternel, vivant, bon, sage, omniscient, puissant ; je ne trouve point beau. La *Somme* lui donne la science, l'amour, la justice, la miséricorde, la béatitude ; elle ne lui reconnaît pas la beauté, à moins toutefois qu'elle ne la confonde avec sa bonté, auquel cas la beauté n'est plus qu'un nom ; son essence propre s'évanouit et se perd dans une autre essence dont elle sera tout au plus une qualité, je ne sais laquelle, ou un accident que je ne sais comment déterminer.

J'ai raisonné jusqu'à présent dans l'hypothèse d'un accord sur les principes, sur ce principe que le Beau est ce qui est aimable à l'homme ; mais il est bien évident que si tout le monde accepte les termes de cette proposition, chacun l'entend à sa manière.

Que signifie pour nous le mot aimable? qu'est-ce qu'aimer? n'y a-t-il pas plusieurs formes dans cet acte auxquelles répondent plusieurs formes d'objets?

Nous avons déjà fait remarquer que toute philosophie et toute théologie reconnaissent plusieurs espèces d'amour: l'amour est ce mouvement de sympathie secrète, d'intime affinité qui d'abord tend à unir l'être qui le ressent à l'objet qui l'excite. Dans cette tendance, on distingue tout d'abord celle qui naît des sens et n'est accompagnée d'aucune perception, ni d'aucune liberté; qui se satisfait dans la destruction de l'objet désiré qu'elle s'assimile ou cherche à s'assimiler; qui, de plus, exige que les sens soient réellement satisfaits, et suppose par conséquent une réalité matérielle : c'est l'amour sensitif. Il en est évidemment un autre qu'accompagne la connaissance, non point parfaite peut-être, mais réelle quoique confuse et rapide, qui se porte avec liberté vers un objet qui lui est semblable et pour s'unir à lui; qui part de l'âme, n'implique point une sensation et n'exige point pour se satisfaire une réalité matérielle, ou, s'il en exige une, ne se satisfait point en elle en tant que matérielle, et ne la considère que comme une apparence. C'est ici un amour spirituel ou intellectuel; mais cet amour lui-même a des modes divers.

S. Thomas en a fait la distinction, mais incomplète, je crois, et peu profonde.[1] Dans cet amour intellectif,

---

[1] Il en a fait une autre, mais qui a peu de rapports à notre sujet : L'amour qui désire pour soi le bien qui est dans un autre, est concupiscible; celui qui veut et désire le bien d'un autre, et qui trouve là sa jouissance, est de bienveillance.

il reconnaît un mouvement qui se satisfait dans la réalité intellectuelle, dans la possession vraie de l'objet aimé, et c'est l'amour du bien ; et un mouvement qui se satisfait dans la contemplation seule, dans la connaissance de l'objet, et c'est l'amour du Beau. Mais à moins de confondre l'acte d'aimer avec l'acte de connaître en soi, et la science avec l'amour, il faut que l'objet contemplé ait par lui quelque chose qui explique la secrète sympathie qui nous attire à lui ; et le principe de cette affinité ne peut être que le bien qu'il annonce et dont il nous fait goûter en imagination la jouissance, en nous en présentant l'apparence avant que nous puissions entrer dans la possession de la réalité. De là la définition de S. Thomas : le Beau est la même chose que le bien ; il en est le signe et la promesse et comme l'espérance. Le bien est ce qui plaît par soi, et le Beau, ce dont la connaissance, l'appréhension plaît.[1] Système qui, parti de principes fort opposés, arrive cependant aux mêmes conclusions que celui de Hobbes : « le bien qui s'annonce par des signes apparents s'appelle Beau. » Le Beau est donc le signe apparent et la promesse du bien ; c'est aussi, comme nous l'avons vu, la pensée de Descartes.

Mais je ne puis m'empêcher de croire et de dire que les motifs de cette distinction ne sont pas exacts et que les faits les démentent. J'aime le fruit réel qui

---

[1] S. Thom. *Som. théol.* Ire, IIe part. quest. XXVII, art. 1. Ita quod bonum dicatur id quod simpliciter complacet appetitui, pulchrum autem dicatur id cujus ipsa apprehensio placet.

à mes yeux et qui promet une jouissance pro- à mes sens, d'un tout autre amour que le tableau, la peinture qui le représente. Le que je trouve à contempler le tableau qui re- te ce fruit que j'aime, ne provient nullement pérance de satisfaire prochainement ma soif ou im, ou de la jouissance imaginaire mais sen- qu'il me fait goûter en espérance ; c'est un d'un tout autre ordre. La réalité m'importe peu pparence me satisfait ; je dis plus : la réalité, t quelque idée de jouissance physique au plaisir einture, affaiblirait l'amour esthétique et pour- ler jusqu'à le détruire. De même, le culte et tion de Marie diffèrent essentiellement de l'ad- on que cause le chef-d'œuvre contemplé de ël. L'amour de la vertu et du bien diffère essen- ent de l'enthousiasme qu'excite la reproduction rt d'un caractère et d'un acte qui poussent le bien ertu jusqu'à l'héroïsme. Aimer le Beau ce n'est tout la même chose qu'aimer Dieu.

faits de conscience et l'observation personnelle trent d'une manière évidente, selon moi, que Beau nous plaît, ce n'est pas parce qu'il nous ce et nous représente la jouissance prochaine et du bien.

e semble que S. Thomas n'a pas énuméré tous ets de l'amour : l'amour ne se borne pas à unir, de deux êtres un seul ; il a surtout une puis- créatrice qu'il est étonnant de voir négligée. ur veut engendrer dans le sein de la beauté, ou du moins il y a un amour dont tel est le caractère, et ce ne saurait être l'amour du bien, ni l'amour de Dieu, où ces termes n'auraient plus de sens.

Qu'est-ce en effet qu'aimer Dieu? Les théologiens répondent volontiers : c'est être uni à Dieu; « c'est jouir de Dieu à cause de lui-même.[1] » Bien que je ne voie pas en quoi la réponse ou la définition est plus claire que le terme à définir, je me borne à remarquer que le terme de cet amour est une absorption en Dieu, une assimilation à Dieu, et que c'est en cela même que consistent la jouissance et la perfection de cet amour. Il n'est pas question, il ne saurait être question de création. L'homme touché de cette grâce, se perfectionne, se transforme; il dépouille le vieil homme, il devient un autre être; mais là s'épuise son acte, c'est là son terme et son repos. J'observe, de plus, que ces mêmes philosophes scolastiques que je consulte, tout en admettant l'amour de Dieu pour lui-même, reconnaissent que cet amour est une vertu, qu'il enveloppe une communication réciproque d'affection mutuelle, et qu'il n'est pas étranger à l'espérance d'une récompense.[2] Sans doute l'amour de Dieu, comme tout amour, est une joie; mais cette joie est la récompense et le dernier complément de la vertu qui met la puissance en possession de sa fin et la conduit au repos désiré.

Qui ne voit déjà comment l'amour de la beauté la

---

[1] S. Aug. *De doct. Christ.*, III, 10.
[2] S. Thom. *Somm. théol.* IIe, IIe part., quest. 23, art. 3.

plus pure, la plus idéale, la plus raffinée, est différent de l'amour de Dieu, et tellement différent que je ne puis m'empêcher de signaler que, malgré son apparente grandeur, cette théorie me paraît porter une atteinte profonde à la majesté auguste de l'idée de Dieu? Pour moi, je crois qu'on se laisse abuser par les homonymies qui sont si fréquentes dans les langues, et que le libre et indifférent amour de la beauté ne saurait se confondre sérieusement avec l'amour divin. Je ne connais qu'une réponse à la fois claire et certaine à cette question où le mysticisme s'égare, c'est celle de S. Mathieu : « Aimer Dieu, c'est obéir à sa loi. » Or, une loi, une loi absolue, universelle, tel est le caractère de tout acte moral.[1] Partout où une loi apparaît, éclate le caractère de moralité, resplendit la vertu et rayonne le devoir : or, le devoir et la jouissance n'ont rien de commun ; ils peuvent se réunir dans un même acte sans se confondre. Se conformer à la loi divine, c'est le devoir, et accomplir ce devoir c'est aimer Dieu; c'est un acte moral par excellence. Sans doute il y a une jouissance et une satisfaction attachées à cette obéissance, à cet amour; mais comme l'a fait admirablement remarquer Kant, c'est en cela même que consiste le sentiment moral, ou plutôt le sens moral, qui est la faculté d'éprouver du plaisir ou du déplaisir, par la seule conscience de l'accord ou du désaccord de nos actions avec le devoir. On ne reconnaît pas une action pour bonne à la satisfaction qu'elle nous cause ; mais on s'en

[1] Cf. Kant. *Critiq. de la Rais. pratique.*

réjouit parce qu'on la reconnaît pour bonne,[1] et on la reconnaît pour bonne à sa conformité avec une loi absolue et universelle, avec une idée de la raison.

L'amour de Dieu n'est pas incompatible avec l'obéissance à ses lois : je suis si loin de le contester, que je ne connais pas d'autre définition claire de l'amour de Dieu, que l'obéissance ; mais bien qu'un plaisir soit attaché à cette obéissance obligatoire, et si léger que soit ce joug, c'est un joug. Ce plaisir est moral ; cet amour est un devoir, une vertu qui espère et qui attend sa récompense ; et alors je ne vois plus comment cet acte peut être confondu avec l'acte esthétique, où assurément tout est libre, indépendant, où le devoir, le mérite et le démérite n'entrent pour rien, où n'apparaît aucune loi, où ne brille aucune vertu. On ne pourra jamais imposer à ma conscience, comme une loi absolue, l'obligation de goûter et d'aimer le Beau et de me conformer à ses maximes.

Non ! Dieu n'est pas la beauté, et l'art n'est pas la religion, pas même la forme extérieure de la pensée religieuse, c'est à dire de la pensée de l'âme en communication avec Dieu. Prenons bien garde aux conséquences dernières qui peuvent s'échapper un jour de ces principes d'une noblesse en apparence incontestable ; elles briseront bientôt les faibles barrières où une raison inconséquente voudra les retenir. On a dit : « le divin est le plus parfait idéal ; » mais qui l'a dit ? c'est Hégel. Est-on disposé à le suivre jusqu'au

---

[1] Cf. Kant. *Critiq. de la Rais. pratique.*

bout dans son inflexible logique, et à accepter les conclusions que contient dans ses redoutables prémisses ce syllogisme hasardé? Et moi, qui ne suis qu'un méprisable adversaire de ce grand esprit, mais fort de la tradition d'une grande école qu'il a pu éclipser un instant, mais qu'il ne remplacera pas et qu'il n'aura pas même la funeste gloire d'avoir anéantie, je dis : l'idéal est humain; Dieu est une idée absolue, universelle, une idée de la raison. Nous pouvons concevoir, par un effort difficile et en montant dans les plus profondes ténèbres de la philosophie, nous pouvons concevoir Dieu comme personnel et à la fois infini ; mais notre raison tournoie à ces hauteurs, et nos pensées tourbillonnent, bien loin que notre imagination puisse y atteindre. Pour que nous puissions aimer de cet amour libre, qui n'exclut ni n'impose aucun devoir, qui n'enferme aucune vertu, il faut que l'objet soit revêtu d'une forme non seulement particulière, mais sensible : or, Dieu échappe à toute forme sensible et presque à toute forme. Les figures et les images, les couleurs et les ombres peuvent le signifier ; elles ne l'expriment pas ; elles ne le représentent qu'après en avoir mutilé l'essence et abaissé jusqu'au fini l'incompréhensible infinité; ce n'est plus Dieu que les arts nous font connaître, sous prétexte de nous le faire mieux voir et mieux aimer : c'est un Dieu, et un Dieu c'est l'idéal de l'homme. Tout amour de Dieu qui voudra s'écarter du précepte de S. Matthieu, qui ne se confondra pas en une obéissance obligatoire quoique volontaire, et morale quoique accompagnée de satisfaction, aboutira, qu'il le sache ou qu'il l'ignore, à l'anthropomorphisme. C'est au paganisme seul qu'il a été permis de représenter la divinité, précisément parce qu'il en avait méconnu la grandeur et l'infinité.

Leibnitz a beau dire en parlant de Dieu : « Rien n'est plus charmant ; » est-ce donc pour nous charmer, pour en faire un jeu, que nous cherchons à nous élever péniblement jusqu'à son inaccessible hauteur ? Cette pensée est grave, sérieuse, accablante ; elle ne peut et elle ne doit entrer dans l'âme qu'accompagnée de crainte et de tremblement. Sa bonté même ne doit pas rassurer sa fragile créature, qui chaque jour l'offense et doit craindre de tomber entre les mains inévitables de sa justice et de sa colère. En face du Dieu vivant et courroucé, que peut faire l'homme, sinon se taire, adorer et trembler ? Qu'y a-t-il de commun entre ces sentiments de l'homme religieux, et l'admiration, cette fête joyeuse de l'âme qui s'épanouit à la vue de la beauté et la salue de ses cris d'enthousiasme sans trouble et sans peur ? Comment concilier la maxime religieuse : « malheur à vous qui riez, car vous pleurerez, » avec ce rire intérieur et délicieux, cette paisible sérénité de l'âme que provoquent les créations de l'art ? Comment identifier cette foi mystérieuse, cette soumission même raisonnable à d'incompréhensibles propositions, avec cette fière indépendance et cet orgueil de l'esprit qui veut se satisfaire dans la contemplation de sa propre puissance épurée et surtout agrandie ? Le sentiment religieux est essentiellement la conscience de la petitesse et de la faiblesse de l'homme. L'homme est un être déchu, qui a le souvenir de sa grandeur passée. Cette pensée toujours présente, c'est l'idée religieuse. C'est donc une douleur, une douleur qu'allège l'amour, que console l'espérance, mais qui n'a rien de commun avec cette joie délicieuse, suave, intime de la beauté. Je sais qu'il est des arts qu'on appelle religieux ; il y a même, dit-on, une littérature et une poésie sacrées; une musique, une peinture, une sculpture, une architecture sacrées, et l'on a voulu expliquer l'origine, le progrès et le but de tous les arts par une manifestation de plus en plus radieuse et complète de l'idée de l'infini. L'art est un degré dans ce développement progressif de l'esprit qui aspire à percevoir l'infini : tantôt il est un degré intermédiaire, tantôt il est le plus élevé, le couronnement et la floraison du savoir, tantôt il est le plus humble. « Tous les arts, dit M. de Lamennais, sortent de l'architecture, et l'architecture n'a qu'un objet : construire le temple de Dieu. » Le Beau infini c'est le verbe, ou le resplendissement de la forme infinie qui contient toutes les formes individuelles finies.[1] »

Malgré la magnificence de langage et cet éclat de style dont M. de Lamennais pare tout ce qu'il touche, il ne faut pas se laisser prendre à ces définitions bien vagues dans leur profondeur. Je ne nie point que les arts n'accompagnent, dans la plupart des cultes religieux, la prière qui en est l'essence ; mais je remarque aussi qu'on remplit les temples de lumières, de fleurs,

---

[1] *Esquis. d'une philos.*, tom. III. *De l'Art.*

de parfums. L'encens ne peut aspirer au rôle d'exprimer le resplendissement de la forme infinie. Toutes les religions ont voulu s'emparer de l'homme tout entier ; elles l'ont attaqué de tous les côtés et se sont adressées à ses sens comme à sa raison, à son imagination comme à son âme ; mais ces secours, ces auxiliaires sont des accessoires et non l'essence auguste de la religion. On a pu se servir des arts pour captiver les hommes, les attirer dans les temples, les y retenir, pour disposer leurs esprits à écouter ou les forcer au moins d'entendre la parole du prêtre ; mais cela ne veut pas dire qu'en soi les arts, et j'y comprends la poésie même, soient essentiellement religieux. Il ne suffit pas pour cela qu'ils soient destinés à un culte, renfermés dans un temple, qu'ils traitent des sujets religieux ; il faut qu'ils fassent entrer dans mon esprit, qui ne la doit recueillir qu'avec trouble et avec crainte, la grande, l'infinie pensée de Dieu : or, par cela seul qu'ils me le font voir et qu'ils le représentent, ils le mutilent ; ils font apparaître devant moi et à moitié créé par moi, un idéal auquel j'ajoute librement ce que l'artiste a négligé, auquel je retranche avec la même indépendance, et souvent l'extase du spectateur devant la représentation du Dieu a profané son autel.

Aussi tous les cultes ne sont pas d'accord sur l'usage à faire des arts pour concourir à l'édification religieuse des peuples : les Juifs, les Musulmans interdisent toute représentation de Dieu ; les protestants ont chassé la peinture de leurs temples où ils ont conservé la musique ; il y a eu des hérésiarques qui ont voulu détruire le culte des images et les briser comme des idoles; et dans le sein du catholicisme lui-même, si favorable qu'il soit aux arts, il y a eu des protestations répétées et d'éloquentes condamnations contre ce culte païen de la beauté. Chacun, du reste, peut parfaitement se rendre compte de la question : regardons autour de nous et demandons-nous sincèrement si les arts qu'on appelle religieux remplissent parfaitement l'objet pour lequel on suppose qu'ils ont été créés. Les tableaux qui décorent les églises d'Espagne, d'Italie, de Belgique, y attirent-ils des fidèles ou des curieux, excitent-ils des émotions purement chrétiennes ou de païennes admirations et de très profanes enthousiasmes ? Quand la peinture et la sculpture veulent se réduire à n'être qu'un enseignement religieux, un mode figuratif de l'éducation, elles choisissent des formes convenues, des types généraux dont il n'est plus permis de s'écarter une fois qu'ils ont été adoptés; les figures deviennent des symboles et signifient des pensées ; ce sont des signes abstraits et comme une variété de l'écriture : ils signifient, ils n'expriment pas; ils perdent toute valeur poétique. C'est le caractère général de la sculpture et de l'architecture de l'Inde et de l'Egypte, et de la peinture byzantine. J'ai souvent remarqué dans les maisons religieuses où l'imagerie tient une grande place, et trop grande peut-être, que les représentations figurées étaient généralement détestables de dessin, de goût, et pauvres d'idéal; il y a une absence presque complète de charme, de grâce, de beauté ; mais je crois que cette platitude de composition, cette vulgarité de couleur, cette lacune idéale sont recherchées avec intention, ou qu'au moins les qualités contraires ne sont nullement désirées. Il y a dans cette intention, si c'est une intention, une pensée profonde ; et dans cette indifférence, si ce n'est que de l'indifférence, un instinct sûr vraiment pratique. L'art est un magicien qui ouvre à l'imagination les portes du royaume de la liberté et de la fantaisie : comment le confondre avec la religion? On a dit, et je pense qu'on a eu quelque raison de le dire : l'art est toujours, quoi qu'il fasse, l'art est païen. Celui qui goûte le Beau et qui en une certaine mesure le crée, plane librement dans une région sereine où il se joue ; il s'affranchit de tout joug, même de celui de la raison, et par conséquent, *a fortiori*, de celui de la foi. Si l'on peut dire qu'il adore, il faut ajouter qu'il adore des idoles ; la religion enferme la pensée dans le cercle infranchissable et déterminé d'un dogme inflexible ou qui prétend l'être ; expression de la vérité, il est immuable et immobile comme elle. L'art est la région du changement, du mouvement, de la variété, presque du caprice ; il s'égaie en mille inventions, se joue dans le mensonge, rapetisse ou augmente, et ne laisse aux choses aucune de leurs proportions réelles ; il ne respecte pas toujours le vrai, ni même le vraisemblable. On a fait depuis longtemps remarquer que les grandes créations poétiques semblent une protestation de l'idéal contre la tyrannie des idées religieuses ; les plus fervents chrétiens, j'en excepte le célèbre auteur du *Ver Rongeur,* ont voulu eux-mêmes se réserver d'adorer les idoles de l'art et l'innocent paganisme de la beauté ; la poésie homérique succède aux vers orphiques, aux cantiques sacerdotaux des prêtres de Thrace ; mais Homère modifie profondément, sans la détruire, la religion de la Grèce. A l'origine de tous les arts, dira-t-on, on les trouve confondus avec les actes religieux ; mais c'est précisément cette confusion qui atteste que les arts ne sont pas nés encore. Soudés à la religion, dont ils ne sont qu'une formule symbolique, ils s'agitent dans le chaos, dans le désordre, dans la lutte de tous les éléments divers et opposés, réunis dans un mélange incohérent ; ils ne pourront arriver à la pleine possession d'eux-mêmes, s'individualiser qu'en se séparant du tronc qui les a portés. C'est ainsi, par exemple, et pour répondre à un fait souvent cité, qu'en France et partout au moyen-âge, le théâtre a été bien plutôt une institution religieuse, un acte liturgique, qu'une forme littéraire : c'était un acte de piété plutôt qu'un plaisir de l'imagination.[1] C'est bien le cas de dire : *Quantum mutatus ab illo ;* mais qu'en est-il resté de ce théâtre et qu'est-il devenu ? Il n'a produit que des pauvretés plus niaises que naïves, et malgré les efforts d'une critique habile, malgré ces démangeaisons de réhabilitation qui travaillent les esprits, je ne puis voir dans ces œuvres plates, sans intrigue, sans caractère, sans style, rien

---

[1] Les curés de Paris retardèrent l'heure des vêpres pour permettre à leurs paroissiens d'assister aux représentations des mystères si utiles aux mœurs et à la religion.

de beau, rien même qui m'intéresse ; ce ne sont qu'un amas de ténèbres et comme une masse épaisse d'ombres que dissipe et fait oublier pour toujours l'éclatante lumière du *Cid*, de *Cinna* et de *Polyeucte*. C'est du *Cid* que date le vrai théâtre français.

Qu'au moyen-âge la forme dramatique appliquée à des faits religieux répondît à des besoins élevés, moraux, j'y consens ; mais ce n'étaient pas des besoins d'art et des plaisirs esthétiques. Dans ces ténébreuses époques de l'histoire, toute la vie intellectuelle des peuples s'est réfugiée dans la vie religieuse : or, quand la pensée religieuse envahit ainsi la vie d'un peuple et intervient dominante dans toutes ses actions, il n'y a plus de place pour les arts, pas plus pour les arts littéraires et libéraux que pour les métiers vulgaires. La force des besoins et des facultés de l'âme humaine ne permet pas à cette invasion de couvrir toutes les formes de la vie de son niveau unique et uniforme. L'art comprimé, opprimé, n'est pas supprimé, et on en peut apercevoir partout quelques rayons égarés. Mais qu'on suppose un instant l'âme absorbée entièrement dans l'idée religieuse, tout devient religieux ; mais aussi tous les arts cessent d'avoir leur spécialité et perdent leur individualité propre. On ne mange pas, on communie. La sainteté se mêle jusqu'à la cuisine : on ne tue pas un bœuf ou un mouton ; on immole des victimes. Le boucher, personnage peu idéal, se tranfigure en un sacrificateur. L'origine du mot pontife est curieuse par les faits qu'elle révèle. L'art de faire des ponts a été un art religieux, et la franc-maçonnerie n'a pas laissé perdre dans ses rites cette origine sacrée des métiers manuels. Les arts libéraux ne s'affranchissent pas davantage de ce joug qui, pour être divin, n'en est que plus pesant. La tradition est sainte, et le respect du passé étouffe le germe de l'avenir. Il est impossible de franchir les règles, parce que ce sont autant de lois religieuses; l'audace du génie serait une sacrilége impiété. Ces règles, puisées dans une idée étrangère à l'art, l'étouffent; c'est une atteinte à la liberté dont il a besoin, et sans laquelle il rampe ou meurt. La poésie, la peinture, la musique, asservies au culte, soumises à des rites, à des formules sacrées et consacrées, immobiles, en dehors desquelles l'imagination n'ose rien entreprendre ou n'entreprend qu'avec timidité, n'aboutissent à produire que des types généraux constamment répétés, à des formes convenues, incessamment copiées, et qui, perdant sans cesse un peu de la vie qui a pu animer la forme originaire, perdent tout caractère, toute individualité, toute liberté, toute grâce, toute beauté. « Je voudrais, dit Lessing,[1] que ceux-là fussent regardés comme des ouvrages d'art, dans lesquels l'artiste a pu se déployer comme artiste et n'a suivi que les lois de la beauté. Il faudrait refuser ce nom à tout monument qui porterait des traces trop visibles des conventions mythologiques, parce que, dans ces monuments, l'art n'a point travaillé pour lui-même, mais pour la religion dont il était l'auxiliaire. » L'art n'est religieux que par alliance ; mais je ne crois

---

1 *Laocoon*, p. 38.

pas que cette alliance doive être très intime : elle est funeste à tous les deux. Partout où l'art réalise pleinement son objet, qui est d'enchanter l'imagination et de la ravir par l'expression de l'idéal, l'idée religieuse est absente ou au moins plus faible. La réciproque est d'une égale justesse. Partout où le principe sérieux et sévère de la religion triomphe, l'idéal s'enfuit et la grâce s'envole : l'art et la beauté ont disparu ; la sérénité finit et le sérieux commence. Qu'importe au fidèle prosterné sur la pierre et abîmé dans l'adoration extatique du Dieu, que son image soit de la main de Raphaël ou du plus grossier artisan !

Il est vrai cependant de dire qu'en Grèce l'idée religieuse et l'idée esthétique semblent ne faire qu'un. C'est, selon M. Grote,[1] le génie particulier de l'esprit grec. « La plupart, si ce n'est toutes les nations, ont eu des mythes, mais aucune autre que les Grecs n'a su leur donner un charme immortel et un intérêt général. » La poésie n'a fait que développer la création des mythes antiques, faite par la foi religieuse, et a su, sans les altérer, les embellir et y ajouter le don de la grâce. Le mythe, le récit religieux est le fondement unique, la source commune de tous les arts. On n'aperçoit pas le point où la religion finit et où l'art commence. Les Grecs eux-mêmes semblent n'avoir pas su faire la distinction des dieux inventés par leurs anciens prêtres, ou *des dieux éclos du cerveau de leurs poètes*; mais cela tient à ce que, d'une part, la conception religieuse de

---

[1] Grote. *Hist. of. Græce*, tom. I, p. 486.

divinités multiples et de forme humaine prêtait aux créations libres de l'art, et que, de toute antiquité, le génie grec a eu un caractère essentiellement poétique, artistique, et je crois peu religieux. Ils ont traité leurs divinités avec un sans façon où éclate leur grâce aimable, mais où ne brille pas le respect et où n'apparaît pas la crainte. L'imagination riante, sereine, insouciante et active de la Grèce, n'est point attristée par la vision sombre de l'infini, par l'apparition terrible d'un Dieu qui viendra tôt ou tard faire éclater sa sévère justice; tout leur rit dans la vie présente, et ont-ils vraiment cru à une vie future? L'immortalité de l'âme n'était encore qu'une espérance dont s'enchantait le génie prophétique de Socrate, et que sa raison n'osait affirmer. Cette pensée, qui n'est dans son plus grand penseur qu'un doute, n'avait pas pu prendre possession de l'âme et pénétrer profondément les esprits. Peut-on dire que les Grecs ont eu une religion véritable? Hégel[1] dit que ce fut la religion de l'art; mais l'art est-il une religion, et si pur, si noble, si grand qu'il puisse être, le plaisir a-t-il pu être un Dieu?

On nous oppose enfin les poésies sacrées, et nommément les poésies lyriques de Pindare, les psaumes hébraïques et la Bible même. Pour Pindare, bien qu'il se plaigne déjà que l'art ait faussé la tradition des mythes, bien que son génie dorien et son âme religieuse l'aient porté à des formes austères et à un style dont la simplicité sévère et parfois rude rappelle le style de l'ordre

---

1 *Cours d'Esthét.*, tom. III, p. 229.

dorien de l'architecture,[1] cependant la grâce y resplendit et l'idéal le couronne; c'est par des métaphores qu'on peut l'appeler un prêtre. Toutes ses hymnes sont faites pour des fêtes, pour être chantées, dansées, jouées en public, dans l'enceinte du Téménos ou des jardins qui entouraient le temple; c'est un poète et uniquement un poète.

Quant à la Bible, je me contenterai de reproduire le jugement de Hégel, que j'adopte entièrement et que je fonde sur des raisons que je vais avoir l'occasion de donner, quand il s'agira des psaumes. « L'Ancien Testament, dit Hégel,[2] renferme bien plusieurs récits du genre épique, ainsi que des morceaux poétiques semés çà et là; l'ensemble cependant n'est nullement une œuvre d'art. » Pour peu qu'on y réfléchisse et de quelque manière qu'on envisage la Bible, on ne pourra jamais y voir une intention et une œuvre d'art; cela me paraît plus clair que le jour, et j'en dis autant des psaumes.

Au fond de cette forme de la pensée qu'on rattache à la poésie lyrique, il y a une portée, une intention essentiellement pratiques; l'art a ici un autre but que de plaire, et toutes les fois que la pensée se propose un autre but, le Beau ne joue plus aucun rôle dans ses formes, ou du moins ne joue plus qu'un rôle secondaire. Le psaume est un discours politique chanté, et il pourrait être rangé dans ces genres mixtes où l'art apparaît encore, mais subordonné à un but qui lui est

---

[1] M. Vitet. *Pindare et l'Art grec. Revue des deux Mondes.* 1er fév. 1860.
[2] *Cours d'Esthét.*, tom. II, p. 272.

étranger, sinon contraire : or, chez les Hébreux, où la faculté esthétique ne paraît pas avoir été très pure ni très forte, et où la poésie lyrique a une portée si évidemment positive, politique, théocratique, je ne sais vraiment si on la doit considérer comme une poésie véritable. Aux yeux des croyants sincères, la Bible est la parole de Dieu, et ils n'admettront pas volontiers que ce ne soit que par un artifice de style et par des figures de rhétorique qu'on entend retentir sa voix dans les écritures. Non! c'est la parole même du Dieu vivant, entendue par son prophète et répétée par lui. N'a-t-il donc parlé que pour repaître nos imaginations de magnifiques images et charmer par un jeu d'esprit des loisirs ennuyés? Qu'il y ait d'inimitables accents d'éloquence, un éclat d'expressions poétiques qui n'ont été nulle part surpassées ni même, si l'on veut, égalées, j'y consens. Le sens esthétique est universel, et il tourmente à leur insu les esprits; sans qu'ils le sachent, au milieu de leurs graves et sérieuses préoccupations, pendant qu'ils font descendre Dieu sur la terre, qu'ils déploient sa tente dans le ciel, qu'ils font éclater la majesté de sa voix terrible sur la montagne, ils cèdent à un besoin d'artiste, besoin inné, dont ils n'ont pas conscience, mais qu'ils n'ont pas perdu, pour ne pas le connaître : c'est lui qui façonne le mouvement de la phrase, qui y jette les grandes images, invente des tours vifs et rapides, y répand l'éclat du style et l'harmonie, en un mot, qui embellit la pensée. Mais comme ils ne l'ont pas recherchée, ils n'ont trouvé la beauté que par hasard ou par politique. On peut leur reprocher de reproduire constamment les mêmes formes de style, les mêmes métaphores, les mêmes mouvements de pensées et de sentiments; mais ils n'ennuient que le lecteur qui voulait s'y plaire, et c'est une intention qu'ils n'ont jamais eue. Ils voulaient commander, gouverner, exercer un empire sur les esprits, et non pas les charmer. Un chrétien qui ne voit plus dans la Bible qu'un poème, d'abord ne serait plus guère chrétien : lire les Prophéties et les Lamentations pour y trouver les jouissances de l'art et les plaisirs du goût, c'est porter atteinte à la sainteté du livre et, en outre, s'exposer fort à ne pas rencontrer ce qu'on cherche. La poésie s'y fait jour, mais au milieu de pensées qui ont un tout autre caractère; au fond, c'est une prière, une forme d'expiation, une partie du culte, un instrument tantôt d'opposition, tantôt de gouvernement politiques. La comédie grecque avait certainement aussi son rôle politique, et toute la poésie dramatique a la prétention, fort peu justifiée selon moi, d'être une école de mœurs.[1] Mais ce but était fort secondaire, et ce résultat

---

1 Le rôle de la parabase, dans le chœur de la comédie grecque, est ainsi fixé par Aristophane lui-même, *Gren.*, v. 686 : « Le chœur sacré doit donner de sages conseils et d'utiles leçons à la patrie ; » et celui de la poésie en général, d'une manière plus relevée encore, *Gren.*, v. 1,007 : « Pourquoi devons-nous notre admiration au poète? — A cause de la sagesse de ses leçons. C'est nous qui rendons les hommes meilleurs dans les cités. »

Voltaire, dans la préface de *Sémiramis*, adopte ces principes : « La véritable tragédie est l'école de la vertu, et la seule différence qui soit entre le théâtre épuré (Voltaire revient ici à la purgation ou purification d'Aristote dont il s'est tant moqué) et les livres de morale, c'est que l'instruction se trouve dans la tragédie toute en action, c'est qu'elle y est intéressante et qu'elle se montre relevée des charmes d'un art qui ne fut inventé autrefois que pour instruire la terre et pour bénir le ciel, et qui, pour cette raison, a été appelé le langage des Dieux. »

Le P. Tournemine ne va pas jusqu'à croire cette transformation du théâtre

a été peu sensible. Je ne sais s'il corrige, mais je sais que le théâtre plaît et que toute poésie a pour but de plaire. On aura beau subtiliser : Homère et Aristophane sont des poètes, et non des moralistes ou des prophètes ; David est un saint, un voyant, un pontife, un roi. Si l'on veut ne pas se laisser abuser par des métaphores, qui ne sont que des métaphores, chanter, peindre, sculpter, danser, n'est pas prier ; le chant, la peinture, la danse s'associeront aux fêtes du culte, mais ne constituent pas le caractère religieux d'une forme de la pensée ; un danseur n'est pas un pontife.

On me fera remarquer qu'il y a certaines formes de la musique comme certains instruments qui semblent consacrés aux autels, et qui paraissent avoir un caractère essentiellement religieux : ainsi l'orgue, par exemple, et le plain-chant. Mais c'est si peu le caractère essentiel de cette musique et de cet instrument, qu'ils ont été employés à leur origine et longtemps à de très profanes usages. Le plain-chant n'est autre chose que la mélopée du théâtre grec ; et l'orgue, dont le timbre nous paraît aujourd'hui si grave et si sévère, faisait au temps de Julien fureur dans la société romaine, résonnait dans les joyeux festins et accompagnait les danses. « Les dévots païens n'en aimaient pas le profane usage dans leurs temples et dans leurs mys-

---

accomplie, mais il l'espère et la considère comme possible : « Tous ceux qu'un zèle raisonnable anime contre la corruption des mœurs, qui souhaitent la réformation du théâtre, voudraient que nous eussions plus de soin d'atteindre à sa véritable fin, de rendre le théâtre, comme il peut l'être, une école de mœurs. »

Il est bon de relire ce que pensent de ces maximes Bossuet et J.-Jacques Rousseau.

tères : ils n'y voulaient que des chants à l'unisson.¹ »
Aujourd'hui même on joue sur l'orgue toute sorte de
musique et jusqu'à des airs de danse. Il est vrai que
cela semble contredire la gravité solennelle de son
caractère, moins religieux que grave et intellectuel.
Quant au plain-chant, les innovations introduites dans
la gamme, la pratique de l'harmonie, l'invention de
la septième sensible qui crée les dissonnances et provoque l'art si riche et le jeu si fécond des modulations, ont pour ainsi dire rendu le plain-chant sans
tonalité et presque sans rhythme, ou au moins sans
mesure, étranger à la musique. C'est en cessant d'être
musical qu'il a commencé à devenir religieux. La
psalmodie des prières est absolument dans le même
cas : elle se tient, et avec raison, éloignée des formes
esthétiques et nécessairement profanes de la musique.
On ne sait pas trop aujourd'hui si, en accompagnant
le chant grégorien suivant les règles du contre-point,
on n'en altère pas l'expression et le sens ; c'est au
moins un point contesté et la question est au moins
indécise. D'ailleurs, malgré cet accompagnement peut-
être inintelligent, qui force la mélodie à se préciser,
la plupart des prières des cultes publics se font encore
dans une tonalité flottante et si peu marquée, dans un
rhythme vague et si effacé qu'on n'y reconnaît pas les
caractères vrais de l'art musical, et l'impression qu'on
en reçoit n'a aucun rapport avec le plaisir très pur,
si l'on veut, mais très peu religieux de la véritable
musique.

1. E. Lamé. *Etude sur Julien. Magasin de librairie*. tom. VII, p. 60.

Il n'y a aucune forme de l'art, il n'y a aucun art qui soient essentiellement religieux. L'art n'est pas une religion, de même que Dieu n'est pas le Beau.

Il nous reste à chercher si le Beau, qui n'est pas, suivant nous, le bien suprême, ne serait pas un degré inférieur de cette noble idée ; s'il ne serait pas le bien dans l'homme, tel que l'homme le comprend et le pratique ; en un mot, si le Beau n'est pas la vertu.

Il faut d'abord reconnaître, tout le monde en convient, que la réunion, sous le titre d'esthétique, de la morale et de l'art, repose sur la synonymie des mots beau et honnête. Cette synonymie, dit Herbart,[1] suppose un rapport intime entre les idées mêmes, et j'ajoute que si cette synonymie avait la portée et la profondeur philosophiques qu'on lui suppose, elle n'irait à rien moins qu'à prouver non seulement un rapport intime entre l'idée du bien et celle du Beau, mais leur parfaite identité. Cette noble identification de l'art et de la vertu passe ordinairement pour un axiome de la philosophie platonicienne ; c'est une erreur. On ne trouve pas dans les œuvres de Platon cette définition fameuse qu'on persiste à lui attribuer : le Beau est l'excellence du bien et la splendeur du vrai ; pas plus qu'on ne trouve dans S. Augustin cette autre qui n'en est que la traduction : *decus splendor boni*. On aurait tort de croire même que cette pensée est implicitement renfermée dans la doctrine de Platon, et qu'elle ressort naturellement et comme un rejeton spontané de

---

1 Wilm., tom. IV, p. 533. *Histoire de la Philosophie allemande.*

la racine même de ses idées. Je crois que c'est là une erreur. Platon, il est vrai, l'expose dans le *Gorgias*; mais il la modère, la restreint, la réfute presque dans le *Philèbe*, et la détruit avec une grande sévérité et peut-être un peu de sophisme dans l'*Hippias*.

Quoi qu'il en soit, Platon ne l'a nulle part appuyée d'une démonstration positive; mais, comme tous les autres philosophes, il fonde son exposition sur le mot Beau qui dans toutes les langues a un sens moral. C'est à l'aide de cette ressource suspecte et presque équivoque, que dans le *Gorgias* Socrate contraint Polus d'avouer qu'il est bon de souffrir pour la justice, parce qu'il était passé dans les habitudes du langage de dire qu'il est beau de souffrir pour elle. C'est le seul argument qu'on trouve; mais je me permettrai de le considérer comme insuffisant, bien qu'assidûment reproduit. Fonder toute une théorie sur le sens d'un mot, sens peut-être métaphorique, mot qui a peut-être deux significations très distinctes, n'est-ce pas bâtir un bien lourd édifice sur un fondement bien fragile et bien ruineux? N'est-ce pas donner aux langues, à leurs usages capricieux, à leurs vices nécessaires, une précision de sens, une profondeur d'analyse, en un mot une force et une vertu de démonstration qu'elles ne sauraient avoir la prétention de posséder? Sans doute on dit : il est beau de mourir pour la patrie, pour la vérité, pour la justice; mais les Anglais disent : une belle odeur. Faut-il en conclure, malgré l'expérience universelle, que les sensations de l'odorat, aussi bien que celles de la vue et de l'ouie, contiennent l'idéal et transmettent le sentiment de la beauté? Ne nous laissons donc pas conduire et tromper par les mots souvent équivoques, et par leurs sens multiples et indéterminés. Je ne puis pas admettre avec Herbart, que, « de toutes les théories d'art, la plus élevée c'est la morale ; » avec Novalis, « que l'art et la morale ont un même objet et un même but ; » avec les stoïciens, que résume si admirablement le mot vraiment stoïque de Sénèque, qu'il n'y a qu'un art, celui de devenir un homme vertueux, l'art de la vie.[1]

Qu'est-ce donc éminemment que la vertu, même dans son excellence? Elle repose sur l'idée intelligible du bien, accompagnée de l'obligation de l'accomplir et de le réaliser en nous. Cette notion du devoir ou de la loi morale devient le mobile de la volonté et la règle de nos actions. La loi morale est donc, d'un côté, un concept de la raison ; de l'autre, un aveu de la volonté qui se reconnaît soumise à un autre pouvoir qu'elle-même. De plus, selon Kant, l'accomplissement du devoir produit sur le sentiment un double effet :[2] d'un côté il réprime la nature sensible, et par là cause une sorte de douleur, de souffrance ; de l'autre, par la victoire que la loi remporte sur ces penchants de la na-

---

[1] *Ars est bonum fieri.* Ce mot de Sénèque, ep. 90, est véritablement stoïque. On le retrouve avec un certain étonnement dans un écrivain moderne : « L'architecture, la peinture, la musique, la poésie, sont les degrés par lesquels il est donné à l'imagination humaine de s'élever vers l'idéal. Mais sont-ce là tous les arts par lesquels on peut gravir vers la beauté ? Je crains bien d'avoir omis le premier et le plus important de tous, la sagesse, la justice, la vertu, l'art de la vie. » Edgard Quinet. *Cours commencé en avril* 1839. Voir *Revue des deux Mondes*, 1858, tom. XVI, p. 153.

[2] Kant. *Hist. de la Philos. allem.* Willm, t. I, p. 395.

ture, elle produit le respect, l'estime. Ce respect c'est le sentiment moral. Le sentiment ou plutôt le sens moral est la faculté d'éprouver du plaisir ou du déplaisir de l'accord ou du désaccord de nos actions avec le devoir; mais il est en soi si peu un sentiment de plaisir, qu'il est forcé et qu'on ne s'y livre que malgré soi. La loi morale, dans son imposante majesté, n'obtient d'abord de nous qu'un hommage involontaire, à cause de la conscience de notre imperfection : voilà la vertu et la jouissance qui l'accompagne; comparons-les donc avec la beauté, et nous verrons si nous avons tort de prétendre que le sens moral n'est pas le sens esthétique.

Qui dit Beau, dit une conception libre et que nulle loi ne gouverne et ne réprime : est-ce là la notion du bien ? Qui dit Beau, dit un idéal indéfini auquel, suivant sa puissance créatrice, l'imagination ajoute, enlève, corrige ; la notion du bien est-elle ainsi indéterminée ? Qui dit Beau, dit un sentiment dont l'essence est d'être agréable ; et il semble que l'essence du sacrifice soit une douleur, parce qu'elle est un combat, et que la victoire même est achetée au prix de la souffrance. Qui dit Beau, dit un acte créateur, qui ne se repose que dans la contemplation de l'objet extérieur qu'il a produit et où il a déposé l'idéal dont la vision le ravissait; le Beau tend toujours à une expression : en est-il ainsi du bien? Je l'ai fait déjà observer : le faire n'est pas l'agir; l'action est toute intérieure ; le faire produit nécessairement quelque chose d'extérieur. L'homme, dans l'action morale, dans la pratique, se pose, il est vrai, le bien qui est sa fin, comme quelque chose d'autre que lui-même ; mais c'est une forme abstraite, exclusivement générale, n'ayant rien ni d'imaginable, ni de particulier, ni d'individuel ; c'est une idée de la raison qu'il conçoit et qu'il veut réaliser en lui ; et cette forme dépourvue d'être, puisqu'elle est abstraite, lorsqu'elle aura été réalisée en lui, ne produira aucun être nouveau, aucun ouvrage subsistant à part en dehors de l'action et de l'agent, aucune individualité numérique ; cet acte même ne produira dans l'être aucun changement substantiel ; il ne fait que le qualifier. L'homme, par la vertu, perfectionne son essence ; il ne la change pas et il ne crée rien.

Enfin le Beau c'est la force, et je ne crois pas qu'il en soit de même de la vertu. Dans la loi absolue que le bien me révèle, m'est révélé en même temps l'absolu lui-même, l'infini. L'idée du bien enveloppe donc l'idée de l'infini, devant qui disparaissent mon imaginaire indépendance et ma force fragile ; le devoir me fait connaître à la fois et ma dépendance et ma faiblesse : il ne saurait être la beauté. La vraie vertu humaine, c'est la douceur. Le Christ est l'agneau divin. Les anciens mêmes l'avaient vu : les vertus douces appartiennent par dessus toutes les autres à l'humanité.[1]

---

[1] Cicéron. *De Offic.*, 1, 15. Colendum autem esse ita quemque maxime, ut quisque maxime virtutibus his et moribus erit ornatus, modestia, temperantia, hac ipsa de qua multa jam dicta sunt, justitia. Nam fortis animus et magnus, in homine non perfecto nec sapiente, ferventior plerumque est : illæ virtutes virum bonum videntur potius attingere. Je n'ai pas besoin de dire que *illæ* se rapportent aux vertus douces. Cette distinction de

La grandeur et la force, dans l'homme qui ne peut atteindre la perfection ni la sagesse, ont quelque chose d'impétueux, de violent, de redoutable. Il en coûte cher à l'humanité d'avoir des grands hommes. Dans la réalité, c'est une race redoutable; ils ne sont guère aimables que dans l'art. Les héros de la poésie ne sont pas des gens avec qui l'on aimerait à vivre; Scudéry n'avait pas tort de dire qu'il n'aurait voulu de Chimène ni pour sa fille ni pour sa femme. Peu de femmes goûteraient la vertu de Polyeucte, si fortement détaché des attachements honteux de la chair et du monde, qui regarde l'amour de son épouse d'un œil si stoïque, et dont les yeux,

Éclairés des célestes lumières,
Ne trouvent plus aux siens leurs grâces coutumières.

La force libre nous plaît tellement par elle-même, qu'elle ne cesse pas de nous plaire quand elle aboutit au crime et qu'elle méconnaît la loi de la raison. Si le Beau c'était le bien, que deviendrait dans ce système la sombre beauté du mal; ces tableaux lamentables de la tempête, de l'incendie, de la peste, de la mort; ces effrayantes peintures de laideurs morales dont le vice et le crime ne détruisent pas la beauté esthétique? que deviendrait Cléopâtre, cette coupable mère? cette lady Macbeth, dont l'eau de tous les océans

---

Cicéron est d'une justesse et d'une profondeur qui la rendent digne d'être méditée. C'est aussi l'homme agréable à Dieu que peint Isaïe, XXII, 1, 2, 3 : « Il ne sera pas contentieux; il ne criera point et on n'entendra point sa voix dans les places publiques; il ne brisera pas le roseau cassé et n'éteindra pas la mèche qui fume encore. » Cf. Bossuet. *Médit. sur les Evangiles.*

ne lavera point la petite main sanglante? que deviennent Don Juan, le Tartufe, l'Avare, et presque toutes les créations des poètes comiques? On arrive par ces théories, en apparence d'une morale si élevée et si pure, ou à condamner tous les arts, ou à les purifier, les consacrer tous; on refait la morale ou on détruit l'art; on chasse Homère d'une république immorale et impossible. Non, le Beau n'est pas la vertu; la vie n'est pas un art au même sens que la musique, et on n'en joue pas comme on joue du violon : il n'y a pas de *virtuoses* de morale. L'homme de bien, quoi qu'en dise Sénèque,[1] n'est pas un artiste, et surtout l'artiste n'est pas nécessairement l'homme de bien. J'admire ce noble précepte de tous les anciens : il faut être un honnête homme pour être un grand orateur, comme un grand poète. Vauvenargues nous l'a répété avec une éloquence digne de Pascal : « Il faut avoir de l'âme pour avoir du goût; les grandes pensées viennent du cœur. » J'aime entendre Plotin nous dire : « Fais comme le statuaire à la statue qu'il veut élever à une beauté parfaite; il retranche, il enlève, il polit, il épure, jusqu'à ce qu'il y fasse éclater la beauté Eh bien, toi aussi, retranche ces imperfections, redresse ces penchants vicieux; purifie par la lumière ces pensées ténébreuses, rends-les toutes éclatantes et toutes lumineuses; ne cesse pas de travailler à ta statue jusqu'à ce que tu sois parvenu à y faire resplendir comme la face de la divinité, la grâce de la

---

[1] Ep. 85. Sapiens artifex vitæ.

vertu; jusqu'à ce que tu voies, assise sur le trône inébranlable de la sainteté et de la pureté, régner en toi la sagesse.¹ »

J'admire ces éloquentes paroles qu'aurait enviées Platon; j'y vois d'admirables préceptes de morale : je n'y puis voir des principes d'esthétique. Sans doute la corruption du goût gâte ou peut gâter l'âme, et la corruption de l'âme amoindrit toutes les facultés intellectuelles et poétiques. Boileau s'indignait, non sans quelque raison, contre la parodie qui s'attaque à tout ce qui est pur, noble et grand, et s'efforce de le montrer vil et bas, et la dénonçait comme un attentat contre la morale en même temps qu'un attentat contre le bon goût. Le Beau aime le bien; ils s'allient volontiers et s'associent, mais sans perdre leur individualité propre; l'un et l'autre enferment la notion de la force ordonnée; mais dans l'un la notion de liberté domine, et dans l'autre c'est celle de l'ordre; le premier ne reçoit de règle que de lui-même ou de l'imagination, le second obéit à la loi absolue que la raison à la fois lui révèle et lui impose. Il n'y a pas haine ni antipathie entre ces deux frères jumeaux : il y a souvent accord, toujours ressemblance, mais toujours aussi une indépendance complète. Si le Beau méconnaissait le bien jusqu'à en renverser toutes les règles, il se détruirait lui-même, parce que la force qui ne veut recevoir aucune loi devient vite de la faiblesse et qu'elle s'épuise par l'intensité même de ses violences. Mais n'avons-

---

1 Plotin. *Ennéad*, VI, 1, 9.

nous pas montré nous-même la parenté de ces deux notions avec assez de développement pour n'être pas tenu d'y revenir ; maintenons en même temps leur mutuelle indépendance, et rappelons-nous bien que s'il faut être honnête homme pour être un grand orateur, cela est loin de suffire ; de même qu'il ne suffit pas d'être un grand orateur pour être toujours un honnête homme. La beauté et le génie de l'art sont des dons gratuits de Dieu : il les distribue comme il lui plaît, comme il dispense la richesse, la santé, la naissance, et par d'autres règles, ce semble, que celles de la justice. Il dépend de nous de mal user de ses dons ; nous pouvons, par la bassesse de notre âme et de notre cœur, altérer et flétrir les nobles facultés qu'il nous a données ; il ne dépend pas de nous d'acquérir le génie, même au prix de la vertu.

Il y a plus : la beauté morale des caractères de la poésie et des personnages de l'art n'est pas toujours en proportion de leur valeur poétique et littéraire ; la noblesse de leurs sentiments n'en fait ni l'intérêt dramatique, ni la grâce esthétique : c'est là un fait d'expérience. M. Alfr. de Musset n'est pas le seul qui a dû dire à Manon Lescaut :

> Tu m'amuses autant que Tiberge m'ennuie.

Antiochus est un bien bon fils, Cléopâtre une affreuse mère, Iago un abominable scélérat ; l'intérêt du spectateur s'attache à ces créations pour ainsi dire en raison directe de leur perversité morale. Comment cela se pourrait-il si le Beau était la vertu ? Assurément ce serait inexplicable. L'épopée homérique est moralement inférieure et très inférieure à tous les romans chevaleresques où prédominent le sentiment de l'honneur, la passion désintéressée de la gloire, et, jusque dans l'amour le plus ardent, un sentiment de respect pour la femme, que n'a point connu l'antiquité héroïque : qui oserait cependant pousser le fanatisme des réhabilitations jusqu'à comparer sérieusement la chanson de Roland à l'*Odyssée* et à l'*Iliade* ?

Le sentiment moral est lié au plaisir esthétique en ce sens, dit Kant, « qu'on peut se représenter comme esthétique la beauté d'une action. » Mais cette force de représentation esthétique n'appartient pas à la moralité même de l'action, mais à l'imagination, et elle peut aller jusqu'à effacer, sinon détruire, le caractère purement moral. Je puis assister en artiste à des scènes affreuses, à une bataille par exemple ; et tandis que chacun combat et meurt pour le devoir ou pour l'honneur, composer, à l'aide de la réalité présente, un tableau dramatique où je dispose, suivant des règles d'art, la lumière et l'ombre, les groupes de combattants, les morts, les blessés, etc. Toutefois, je doute qu'un artiste puisse assister à ce jeu terrible et sanglant de la force, où se décident peut-être l'honneur et la destinée de son pays, sans que son cœur, sinon son bras, ne prenne part aux dangers, aux péripéties de la lutte, aux douleurs de la défaite, à l'orgueil du triomphe ; et s'il se laisse aller à ces émotions très élevées, très nobles, les scènes d'héroïsme ne se présenteront plus à lui, sur le moment même au moins, avec leur caractère esthétique : il se ferait scrupule et considèrerait comme un oubli de toutes les règles du patriotisme et de l'humanité, d'étudier en artiste l'attitude de ce soldat héroïque que la mort vient de frapper dans la gloire du triomphe, d'observer curieusement le jeu de sa physionomie et le feu mourant de ses regards intrépides, le dernier cri, le dernier salut à la patrie et à la vie, sorti de ces lèvres frémissantes. Qui oserait, devant ces trépas sublimes, ces victoires glorieuses ou ces triomphantes défaites, qui oserait aligner des rimes, murmurer un air d'opéra, fût-ce un air de *bravoure;* en un mot, avoir des pensées pour autre chose que pour cette patrie pour laquelle tous exposent en ce moment et beaucoup ont déjà versé leur sang? Qui pense à l'art? qui pense à s'enchanter, à se réjouir, à rire de ce rire intime, et à laisser le cœur se gonfler de cette délicieuse palpitation de la beauté, dans des circonstances où l'âme est assaillie dans ses profondeurs, où elle tressaille et frémit tout entière, absorbée dans une seule pensée, dans un seul sentiment?

Non, la vertu n'est pas la Beauté. Le mot grec peut signifier l'un et l'autre; mais ces deux significations sont diverses, et si l'on ne doit pas nier qu'il y a entre elles quelques analogies, on ne doit pas refuser d'avouer qu'il y a autant de différences. L'argument par lequel on veut les confondre repose sur un abus de langage; ce n'est qu'une métaphore ou une catachrèse. Si l'on veut faire une réflexion naïve sur ce que nous éprouvons dans notre conscience quand nous admirons un acte de dévouement héroïque, et dans notre imagination quand nous admirons un tableau ou un opéra, on ne pourra s'empêcher de reconnaître que les choses qu'on appelle moralement belles sont des actions simplement morales, qu'il n'y entre absolument aucun élément esthétique, et que toute leur beauté consiste dans l'excellence de la vertu qui y resplendit et y rayonne. Ces splendeurs morales, ces rayonnements de la vertu sont du domaine de la conscience et de la vie réelle ; l'art n'est qu'un jeu : [1]

> L'illusion féconde habite dans son sein. [2]

Le Beau est noble ; il n'est pas sérieux. J'entends par sérieux tout ce qui relève de la vie morale et du devoir, ce qui est du domaine de la conscience, ce qui a un rapport direct à la vraie destination de l'homme. Le sérieux n'appartient pas à l'idéal : je le vois toujours sourire de son sourire divin. Pour que l'émotion du beau puisse naître et durer, il ne faut pas qu'un seul instant l'esprit se croie dans la sphère sérieuse des réalités morales ; sans cela, tout caractère esthétique est détruit, et les larmes délicieuses sont changées en larmes amères. La beauté morale, c'est la palme immortelle qui couronne le sacrifice ; c'est la gloire qui illumine le dévoûment, le désintéressement, le mar-

---

[1] Il est bien évident que l'art n'est qu'un jeu, comme l'état esthétique non plus n'est qu'un jeu. L'idéal étant une conception de notre esprit, aidée par des formes extérieures, il faut qu'il traite ces formes extérieures comme si elles n'avaient été créées que pour lui plaire : il s'en joue donc ; il ne les respecte pas, il ne les traite pas sérieusement ; il en méconnaît ou en détruit la destination vraie ou utile quand elles en ont : c'est donc encore une fois un jeu.

[2] André Chénier.

tyre, la victime triomphante de l'honneur et du devoir. Tout cela n'est point un jeu : rien n'est plus grand, rien n'est plus sublime, mais rien n'est plus réel et plus sérieux. C'est un fait d'expérience intérieure, une vérité psychologique que Kant a démontrée d'une irréfutable manière : il n'y a de sérieux pour l'homme que ce qui intéresse directement sa destinée, et sa destination est d'être un être moral : or, nous avons beau aimer le bien, le bien n'a pas pour caractère essentiel d'attirer spontanément les inclinations de la volonté, mais de la contraindre et de lui commander : ce qui commande ainsi à la volonté, ce qui lui fait connaître et subir le joug d'une loi, ce n'est pas un idéal indéfini et d'une réalité chimérique, c'est une idée de la raison. Le devoir, la justice, la vertu, la sainteté ne sont pas des entraînements fougueux, des mouvements impétueux, des inclinations sans résistance de la volonté ; j'en atteste les combats que la passion livre si fréquemment dans notre âme au devoir, les révoltes où elle l'emporte et les chûtes où elle la précipite. Il faut que l'idée lumineuse du bien répande dans notre cœur sa clarté et sa chaleur, pour y combattre et y dompter les instincts naturellement indociles de notre volonté naturellement rebelle. Je ne place donc pas l'idée du bien dans une inclination innée de l'âme vers lui, mais dans la notion du devoir, dans l'idée d'une loi, d'une loi absolue qui fait fléchir ma volonté et qui ne se trouve que dans ma raison ; je trouve là le principe du mérite et du démérite, notions étrangères à la volonté et encore plus à la beauté. Quoi qu'en dise

Platon, ce qui fait la dignité de notre être, ce qui donne du prix à la vie, ce n'est pas la contemplation des idées pures, ni l'adoration de la beauté : c'est la pratique de la vertu.

Mais parmi les actions qui forment la vie morale, n'y en a-t-il pas quelques unes qui, excitant un ardent amour et transportant les âmes d'un saint enthousiasme, méritent d'être appelées belles? Je ne vois pas, quant à moi, ce qu'elles y gagneraient : quand un acte a été qualifié de sublime, d'héroïque, de saint, je ne vois pas ce que l'épithète de Beau y ajoute, et je pense qu'elle ne ferait que l'affaiblir. Mais quoi qu'on pense à cet égard, ceux qui font l'objection ou croient que le Beau est le bien, théorie que je n'ai pas la prétention d'avoir détruite, mais que j'ai déjà combattue, ou ils admettent que le Beau diffère spécifiquement du bien, mais qu'il y a certaines actions vertueuses qui sont en même temps belles ; mais c'est une chose dont je ne conviendrai pas facilement, si toutefois l'on retient la distinction profonde du bien ou du Beau ; car quelles peuvent être ces actions privilégiées qui, outre le bien, possèdent le Beau? Sans doute ce sont les plus sublimes et les plus saintes ; mais alors le Beau est le couronnement de la vertu, la fleur de la justice ; c'est l'excellence du bien, c'est par conséquent le bien même, et l'on retombe dans l'identification de ces deux idées qu'on avait acceptées pour différentes. D'un autre côté je ne pense pas qu'on puisse avoir la pensée d'admettre à la beauté morale les vertus d'un ordre inférieur ; je ne vois donc pas où trouver le principe de distinction qui fait que des vertus, les unes sont simplement vertueuses, les autres sont belles. Je persiste à croire qu'il n'y a ici qu'une difficulté de langage : le mot Beau a un sens moral, et quand il est pris dans ce sens, il signifie le plus haut degré, l'excellence, la fleur de la vertu ; car remarquons bien que nos actions ne sauraient être à la fois, pour le même esprit, belles et vertueuses ; l'acte par lequel je les admire comme belles n'est ni simultané ni identique à l'acte par lequel je les admire comme saintes. Mais peut-être veut-on dire simplement, par ce mot Beau moral, qu'on peut considérer comme esthétique la moralité d'une action, ce qui n'est pas nié, [1] ou que l'idéal, dans ses plus libres conceptions, ne doit pas détruire complètement les idées intelligibles de la raison, qui sont non seulement le bien, mais encore le vrai : ce qui n'est pas nié et ne le saurait être. Le Beau n'est pas le seul qui ait le pouvoir d'exciter en nous l'amour ; le bien partage avec lui ce noble privilége ; mais la beauté seule excite dans l'âme un amour qui la porte à un acte créateur.

Confondre la beauté avec la vertu, c'est confondre des notions très distinctes, et en même temps détruire vraiment le Beau. Qui ne voit, en effet, que s'il y a un Beau moral, c'est à dire dont la vertu soit l'essence, toutes les autres beautés languissent auprès de cette essence vraiment divine? C'est la seule qui soit digne de notre admiration comme de notre amour. Le seul

---

[1] Il faut se rappeler toutefois qu'aussitôt qu'on considère une action au point de vue esthétique, sa moralité est détruite dans notre esprit.

art qui mérite que l'homme le pratique et l'honore, c'est, comme on l'appelle par une métaphore qui devient un terme propre, c'est l'art de la vie. Le Beau, c'est la floraison de la justice, c'est la sainteté. Je crois avoir démontré que cette confusion ne repose sur aucune preuve solide, et être autorisé à répéter ici, en finissant : que le bien est ce qui est tel que la raison nous commande de l'aimer et de le pratiquer ; que le Beau est ce qui est tel que nous l'aimons spontanément, sans que la raison nous en fasse une loi, ni la conscience un devoir.

Il n'y a pas de Beau moral : ce qui n'empêche pas que le Beau ne soit moral, c'est à dire que l'idéal dans ses plus libres créations doit refléter au fond un certain ordre, une certaine loi morale, et que, par là, il peut indirectement avoir sur l'âme une puissance d'action salutaire, sans qu'il faille cependant à cet égard se faire trop d'illusions. Le Beau ne sera jamais la règle de la vie, ni l'art l'école de la vertu.

§. IIIme. *Du Beau réel.*

Le réel est ce qui est ; l'idéal, ce qui devrait pouvoir être et ne peut pas être. L'idéal est une forme individuelle, imaginaire, épuisant toute l'essence du genre ; l'individualité réelle est limitée par l'imperfection, la faiblesse, l'accident, qui la mutilent fatalement. Il ne se peut donc que la réalité soit l'essence du Beau, et c'est du reste ce que nul philosophe, pas même le sophiste Gorgias, n'a prétendu. L'essence du Beau n'est pas d'être réellement : ni l'or, ni l'eau, ni la jeune fille dans tout l'éclat de ses charmes, rien de tout cela n'est la beauté. Ceci donc accordé, il reste à savoir si la réalité peut participer à la beauté, en quoi et comment, dans quelle mesure elle peut être belle? Si elle n'est pas vraiment belle, et qu'elle n'ait qu'une beauté empruntée et chimérique, comment l'art, qui ne peut exprimer l'idéal qu'avec les moyens que la réalité lui fournit, peut-il être au dessus de cette réalité dont il emprunte les instruments et dont il imite les effets? Comment enfin le réel peut-il servir à exprimer la beauté, s'il ne la contient pas ?

Avant d'entrer dans le développement de ces questions, il est nécessaire autant qu'utile d'établir dans le réel quelques divisions qui faciliteront nos recherches. Le monde extérieur, de quelque manière que la science le considère, peut être divisé en deux grandes classes : le monde des êtres doués de la pensée, et nous ne reconnaissons cette essence qu'à l'homme ; et le monde des êtres organisés et des choses inorganiques, où nous n'apercevons pas ce que nous appelons un esprit, une âme, quel que soit d'ailleurs le principe de leur individuation, et sans juger en aucune manière si Leibnitz a eu tort ou raison de prétendre que tout être créé a pour principe de vie et *d'unicité*, comme il l'appelle, une âme, ou principe actif et spirituel. Nous ne considérons donc dans la réalité extérieure que le genre humain d'un côté, la nature de l'autre, et quelqu'imparfaite que puisse être, aux yeux des savants, une classification aussi élémentaire, elle sera suffisante, comme elle était nécessaire à nos recherches.

Je me demande donc d'abord : l'homme possède-t-il la beauté? Il ne semble pas possible de le nier.

En premier lieu, il est manifeste que le plus grand amour de l'homme c'est l'homme : pour celui qui aurait vécu longtemps loin de la société humaine, pour un être abandonné dans la solitude et dans le désert, le seul son de la voix humaine troublerait tout son être et remplirait ses yeux de larmes délicieuses. Au seul bruit des pas de l'hôte envoyé par les dieux, j'accours, et je lui dis en le pressant sur ma poitrine : sois le bienvenu, mon frère ! Mais cet amour qui me rend si chères la présence et la vue de mes semblables, est-ce cet amour qui ne cherche dans l'objet aimé que la satisfaction d'un plaisir personnel et égoïste, ou bien cet amour généreux qui, abdiquant toute pensée intéressée, ne pense qu'au bien de celui qu'il aime, et se déclare pour lui prêt à tous les sacrifices? N'y a-t-il pas une essence profondément morale, religieuse, dans cette tendresse naturelle qui a fondé la société et qui seule la fait vivre ? N'y a-t-il pas une sainteté véritable dans cette universelle charité? C'est déjà le mot de Cicéron et de Tacite : *Caritas generis humani*, dit l'un; *Generis humani fœdera sancta*, dit l'autre.

De quelque manière qu'on envisage l'homme, mais surtout si on l'envisage au point de vue spiritualiste et chrétien, il a une destination plus haute que de servir d'objet à une émotion désintéressée, mais entièrement dépourvue de moralité, telle que celle du Beau; et ainsi déjà l'amour de l'homme n'est pas l'amour de la beauté.

Cependant l'homme est une force individuelle, libre; il a la conscience d'un commerce si intime entre son âme et son corps, qu'il est certain que la forme en lui exprime l'essence : il plaît donc, et non seulement il plaît, mais il veut plaire; il a le don de la grâce. Il est donc certain qu'il possède la beauté en quelque mesure; mais cette mesure est vraiment petite. Ramenons l'exemple de Platon : je vois devant moi apparaître la jeune fille dans toute la magnificence de sa beauté et dans tout le charme de sa pureté innocente et de sa grâce naïve; si mes sens sont trop fortement captivés, si je reste emprisonné dans le monde de la sensation pure, c'en est fait de l'émotion chaste de la beauté; mais admettons que les désirs de la volupté, devant laquelle l'idéal s'enfuit, soient domptés en moi par la beauté même : cela n'est pas sans exemple; supposons que l'amour qu'elle m'inspire soit pur de toute sensualité grossière, que mon cœur et mon âme y aient seuls part : cela paraît, avouons-le, bien difficile; est-il sur la terre des amours si épurés? Les âmes fortement éprises ne descendent pas au fond de leur conscience pour y observer tout ce qui s'y passe, et il s'y passe des phénomènes, elles sont agitées, sans le savoir, d'inquiètes ardeurs et de troubles profonds que les sens seuls y ont pu allumer. [1] Mais supposons qu'il n'en soit

---

[1] Cela est si vrai, que l'amour du Beau se contente d'une apparence;

rien, et que l'amour de la jeune fille soit en moi d'une virginale innocence : eh bien! sera-ce uniquement sa beauté que j'aimerai? Dans la multitude des pensées et des sentiments qui feront tressaillir mon âme, dans la foule des rêves que me causera la divine pureté de son regard et de son front, sera-ce une impression égoïste, personnelle, esthétique, qui m'agitera? Est-ce que le bonheur dont je formerai en moi-même le tableau ne sera pas celui du dévoûment le plus absolu, du plus complet sacrifice? Être à elle, lui appartenir corps et âme, confondre ma vie dans sa vie, et vivre deux en un seul sous le regard de Dieu, n'est-ce pas le rêve de tous les amoureux? Ce n'est qu'un rêve, mais il y a quelque chose de religieux, de grave, presque d'austère, il y a un reflet de sainteté dans cette promesse mutuelle du sacrifice. Dans la jeune fille aimée, je verrai la chaste mère de mes fils, la joie du foyer domestique, la bénédiction de la maison, et comme l'ange qui la protège ; j'adorerai au fond de mon cœur cette tête chère et sacrée endormie sur l'oreiller conjugal, ou penchée sur un berceau. Mais si mon amour est sincère, il sera respectueux : je n'en rabaisserai pas l'objet à n'être plus qu'une forme qui parle à mon imagination, à ma tête comme on dit, comme un modèle d'atelier qui sert à l'artiste et l'aide à concevoir et à reproduire la beauté parfaite. La femme n'a-t-elle sur la terre aucune autre mission, aucune autre destinée

---

que dis-je, s'en contente? il l'exige presque. L'amour du réel ne subsisterait pas un instant, si à la réalité on substituait visiblement une image. Quand Pygmalion fut épris de sa statue, il lui avait donné la vie.

que de servir aux jouissances de mon imagination?[1] Si elle en a une autre, elle dépasse en importance celle à laquelle je voudrais la rabaisser; si je veux la respecter, il ne faut pas que j'oublie sa véritable destinée, et, quoi qu'on fasse, on ne l'oublie jamais complètement. L'homme ne traite jamais son semblable comme il traite un objet d'art, et il lui porte, jusque dans ses mépris, un reste d'hommage; l'homme est par dessus tout un être moral : mon premier devoir envers lui est la justice, c'est à dire le respect, et mon plus grand c'est la charité, c'est à dire un saint amour.

L'homme, sans doute, est une force, mais emprisonnée dans toutes sortes de liens, mutilée par toutes sortes de blessures. Dans quelles étroites limites se meut sa liberté! La loi morale, comme les lois physiques des forces naturelles, lui laisse à peine d'autre empire que la conscience. L'individualité même qui est en lui, dont au moins il a le principe, combien pauvre et combien effacée elle se présente! Les divers traits de sa physionomie tiraillée par mille passions contraires, les divers mouvements de son âme travaillée par mille agitations opposées, n'ont point cette unité radieuse, resplendissante, qui déploie l'originalité, la personnalité, le caractère; c'est pourquoi la grande peinture de portrait refait l'homme qu'on croit qu'elle

---

[1] Kant. *Critiq. du Jug.*, tom. I, p. 260. « Quand, par exemple, on dit : c'est une belle femme, on ne pense pas dans le fait autre chose, sinon que la nature représente dans cette forme *les fins* qu'elle se propose dans le corps de la femme; car, outre la simple forme, il faut encore avoir égard à un concept, en sorte que le jugement porté sur l'objet est un jugement esthétique et logique à la fois. »

reproduit ; elle étudie le caractère général, en cherche l'unité, l'essence, ce qui en fait à la fois la grandeur et l'originalité, pour les mettre en relief, et elle néglige et efface tous les accidents qui troubleraient cette idée et l'empêcheraient d'être facilement saisie : voilà pourquoi le portrait n'est pas une reproduction fidèle et servile. Copier les rides, le bourgeon, le tic, les veines, les pores de la peau, photographier, en un mot, c'est défigurer l'être et non pas le reproduire ; c'est fixer un moment, une impression, un sentiment, une sensation, rapides, accidentels, transitoires, et, en les fixant, sembler les donner pour durables, leur attribuer une importance et une valeur qu'ils n'ont pas dans la réalité ; en un mot, c'est prendre l'accident pour l'essentiel, et une collection de traits sans lien pour le caractère, dont l'essence est d'avoir une unité.

La beauté de l'homme réel ne peut jamais être idéale ; elle a une netteté de contours, une précision de dessin et de formes qui nuisent à la conception de l'idéal. L'idéal a quelque chose d'indéfini, et c'est une idée précise et distincte que la notion du réel imprime dans l'esprit. Comme les impressions sont réelles, elles ne peuvent jamais être vraiment chastes. Qui oserait dire qu'il contemplerait la beauté d'une femme comme la beauté d'une statue?[1] Le nu dans l'art est d'une aussi grande pureté que les formes vêtues. En est-il ainsi de la réalité? Quelle femme honnête oserait regarder

---

[1] On raconte à ce sujet une bien singulière circonstance de la vie de Goëthe. Jamais la chasteté germanique n'a été mise à une plus périlleuse épreuve. Ces Allemands sont véritablement étonnants.

publiquement l'homme nu et en admirer la beauté.

Néanmoins, quoique toute individualité créée, loin d'épuiser toute la richesse de son genre, soit rapetissée par mille accidents; bien que la force n'y soit pas vraiment libre, vraiment puissante; bien que le caractère et l'individualité n'y soient ni resplendissants ni énergiques; bien que la destination supérieure de l'homme, en tant qu'être moral, empêche qu'on ne le traite comme une peinture et qu'on ne voie en lui qu'un objet propre et fait exprès pour exciter en nous des jouissances esthétiques; toutefois, comme l'homme a une âme, c'est à dire une force qui a une certaine liberté et un certain caractère, l'homme possède la beauté, mais dans une mesure étroite et petite.

Que sera-ce donc de la nature, du monde inorganique et même des êtres organisés? Le Beau est non pas seulement ce qui plaît, mais ce qui est fait exprès pour plaire, et uniquement ou au moins spécialement pour plaire. Y a-t-il quelque chose de semblable dans la nature? y a-t-il dans la nature, d'abord, des forces réelles, libres, actives? L'ordre, l'harmonie qu'on y admire lui appartiennent-elles? et ce qu'elle en possède est-il véritablement l'harmonie et l'ordre? Ces forces de la nature ont-elles vraiment une individualité et un caractère? C'est ce qui nous paraît plus que douteux.

Et d'abord, qu'est-ce qu'une force? C'est un principe d'activité, c'est une substance qui possède en soi la faculté d'un développement quelconque, ne fût-ce que d'un effort. En admettant même avec

Leibnitz, et je ne suis nullement obligé de l'admettre, que tout être créé a pour principe de vie une substance de cette nature ; toutefois Leibnitz lui-même reconnaît que ses monades ne sont pas des forces libres, puisqu'il ne leur accorde ni la conscience ni la raison.[1] Si les forces de la nature ne sont pas libres, elles ne sauraient être belles ; elles le seront encore moins, si on admet que la nature n'a que des causes secondes, c'est à dire qu'elle n'en possède pas de réelles, ce que soutenait Clarke contre Leibnitz : « Ce qu'on appelle les forces de la nature n'est véritablement qu'un mot sans aucun sens.[2] » Je n'ai point à me prononcer entre ces deux systèmes ; mais ce qui m'inquiète dans celui de Leibnitz, c'est sa tendance ; je vois déjà la pente où, à sa suite, et en forçant, en outrant ses principes, sera précipitée la philosophie allemande ; j'entends déjà Schelling appliquer à la matière ce que Leibnitz avait appliqué seulement aux êtres vivants ; je l'entends dire : « La beauté de l'âme a une expression sensible : comment cela pourrait-il se faire, s'il n'y avait dans la matière un principe actif qui a de l'affinité avec l'âme et lui ressemble? » Mais c'est cette conclusion même qu'il tire du fait de la beauté exprimée dans une forme sensible, qui m'é-

---

[1] Hégel, *Cours d'Esthét.*, III, p. 182, reproduit en les adoptant les idées de Leibnitz et s'approprie pour ainsi dire ses expressions mêmes : « L'âme n'est autre chose que le principe vivant qui constitue l'unité et l'individualité du corps comme tel, tandis que l'esprit est l'être qui a conscience de lui-même, qui se sait, qui possède la connaissance réfléchie de ses sentiments et de ses pensées. » Cf. Leibnitz. *Principes de la Nature et de la Grâce*, n° 4.

[2] Leibnitz. Ed. Dutens, tom. II, p. 189.

pouvante et que je repousse. Cette assimilation du corps humain, indissolublement uni dans un même suppôt, dans une unique individualité, à l'âme, et pouvant, devant ainsi l'exprimer, avec la matière qui, par une conséquence peu certaine, doit avoir aussi un lien indissoluble avec quelque principe actif et vivant dont elle sera l'expression, aboutit bientôt à cette proposition où je vois en germe tout le système de Hégel : « La nature est l'existence positive du principe divin. » Dieu conçu comme une âme du monde qu'exprime et contient l'univers visible, c'est à dire le panthéisme antique, moins sa grâce, voilà en définitive ce que renferme la doctrine de Schelling, qui ne me paraît pas aussi éloignée de Hégel qu'on a bien voulu le dire, au moins dans ses tendances. Je ne vois pas comment on peut échapper aux conclusions redoutables où nous entraîne Schelling, si l'on adopte son principe. Du moment qu'on reconnaît avec lui que la nature a une beauté qui lui appartient en propre, qui ne lui est ni communiquée ni prêtée; du moment, en outre, que l'on accorde que la beauté n'est pas la réalité même, il faut admettre qu'il y a dans la nature autre chose que la matière, et qu'elle est agitée d'un principe actif[1] qui a de l'affinité avec l'esprit. Mais il n'y a d'affinité possible qu'entre des choses de même nature ; il n'y a d'activité véritable que dans la force, il n'y a de force que dans l'esprit, et, par conséquent, tout cela revient à dire que la matière contient un esprit,

---

1 Virg. VIe liv. Mens agitat molem.

en d'autres termes, que la nature est l'existence positive de l'esprit : l'univers est la forme visible de Dieu.

Comment refuser d'admettre la conclusion logique de cette argumentation rigoureuse, en consentant au principe? c'est ce qu'il m'est impossible de comprendre. Aussi c'est le principe même que j'attaque ; je nie que la matière contienne réellement et exprime naturellement la beauté ; il me semble que ces dangereuses théories, si séduisantes cependant, ne reposent que sur des comparaisons qui n'ont jamais passé pour des raisons. L'âme humaine a conscience qu'elle est unie indissolublement à un corps et ne fait avec lui qu'un même être ; elle le sent, elle le sait, elle l'affirme et a le droit de l'affirmer. De là nous concluons légitimement que son corps exprime son âme, et qu'ils possèdent comme ils goûtent la beauté ; mais quant à la nature, l'homme ne sait rien et ne peut rien affirmer de semblable ; toutes les comparaisons qu'on peut faire de son corps avec la matière sont de pures hypothèses qui ne sont susceptibles d'aucune démonstration, et les théories assises sur ces fondements ruineux n'ont pas plus de solidité que les principes.

Non! la matière n'est pas l'existence positive du principe divin : c'est la création de Dieu, c'est son ouvrage, et il ne peut exister entre l'œuvre et l'ouvrier cette unité, cette affinité, Hégel dira cette identité, qui lient dans un même suppôt l'âme et le corps de l'homme. Si quelqu'œuvre de Dieu pouvait le représenter, ce serait assurément son plus noble ouvrage, c'est à dire l'homme lui-même, et non la matière inerte, sans mouvement, sans âme, sans pensée, en un mot, sans force.

« Comme la cause, dit S. Thomas,[1] agit selon sa forme et produit un effet semblable à elle, l'effet ressemble nécessairement à la forme de la cause. » L'effet a donc quelque ressemblance avec la cause qui a déposé en lui quelque chose d'elle-même, sa forme, comme l'architecte dépose dans l'édifice qu'il construit la forme intellectuelle qu'il en avait conçue, le modèle, ou, comme on disait dans l'école, la cause exemplaire, l'idée, dans le sens du mot grec. Mais qu'est-ce que cela veut dire? sinon que la matière et surtout les formes de la matière ne s'expliquent pas par elles-mêmes, et qu'elles contiennent la trace, qu'elles révèlent l'empreinte d'une action qui lui est étrangère, et la présence, non pas en elle, mais bien au dessus d'elle, et par conséquent hors d'elle, la présence d'un principe qui lui communique toutes ces vertus empruntées et toutes ces apparences spirituelles dont la réalité ne saurait lui appartenir. Qu'on voie dans la nature des ombres, des reflets qui font illusion, je le veux bien; mais on n'y trouvera pas le rayon, c'est à dire la lumière même de la beauté. Ce que les cieux racontent, ce n'est pas leur propre gloire, mais la gloire de Dieu. « La valeur du spectacle de l'univers est au fond, morale, religieuse,[2] » et non point esthétique. La nature peut bien révéler à l'homme le monde moral, mais comme lui étant à la

[1] *Somm. théolog.*, part. I, quest. IV, art. 3.
[2] Cf. Thom. Reid., tom. V, p. 265.

fois supérieur et étranger. De même qu'il fait servir la matière à ses besoins matériels, l'homme la fait servir aux besoins de son imagination et de son cœur, et il en use tour à tour comme d'un appareil d'instruments, ou comme d'un système de symboles et de signes ; mais il n'en tire que ce qu'il y dépose, et s'il récolte de la contemplation de la nature une ample moisson d'idées morales, c'est que lui-même les y a semées. Je repousse ces affinités mystérieuses de la matière avec l'esprit ; mais, par suite de son infirmité intellectuelle, l'homme, obligé de matérialiser sa pensée, peut imaginer, à l'image de ce qui se passe en lui, une certaine ressemblance entre les objets de la nature et les modifications de l'esprit ; par là il obtient non seulement le signe, mais l'expression, plus puissante encore. Mais cette assimilation, cette identification, elle n'est pas, ne l'oublions point, dans la nature des choses : elle est du fait de l'homme ; c'est un acte de son intelligence et de sa volonté qui l'opère ; et il ne peut, il ne doit du moins jamais être la dupe d'une illusion, d'une fiction dont il est lui-même l'auteur.

La nature est-elle, en effet, véritablement douée de vie et de force ? Ses opérations, ses mouvements sont-ils intelligents volontaires, libres ? ou bien, au contraire, ses impulsions sont-elles uniquement mécaniques ou au moins instinctives, comme chez les animaux ? Dans la création tout entière, je n'aperçois vraiment qu'une force, et c'est celle de l'homme ; mais parce qu'en lui il y a un corps et une âme, et que la matière, indissolublement unie à l'esprit dans une même personne, l'exprime et le représente, il suppose et il peut se figurer qu'il en est ainsi de toutes les choses qui l'entourent et avec lesquelles il s'est primitivement confondu. La pensée de l'être, et de l'être qu'il est, absorbe tellement son esprit et l'envahit si complètement, qu'il se fait facilement des autres choses la même idée que celle qu'il a de lui-même ; il se réfléchit en quelque sorte dans la nature extérieure, y voit partout, parce que partout il l'y a mise, sa propre image ; il croit que les objets existent à sa manière, qu'ils ont comme lui une individualité vivante, sensible, intelligente, pensante, active ; il leur prête sa vie et son âme, et bientôt il les divinise. Comme son corps obéit aux mouvements intérieurs et invisibles de la pensée qui l'anime et l'agite, comme ses mouvements extérieurs révèlent et expriment la cause cachée qui les produit, de même, pour lui, les objets extérieurs ont une âme qui parle à son âme, un principe invisible que cache et trahit en même temps la forme visible qui l'enveloppe ; ils expriment une pensée et deviennent un système plus ou moins compliqué de signes et de symboles. « Toutes choses, dit Pascal, sont un voile qui couvre Dieu, mais aussi qui le révèle. » On peut concevoir la création comme un symbole de la puissance divine, et le monde comme un livre, comme un poème où il a raconté sa gloire. Dans cette manière d'envisager les choses, elles ont toutes une âme ; tout vit, tout pense, tout parle ; de là ce caractère moral que les langues donnent, par des métaphores universelles, aux choses les plus insensibles,

les plus dépouillées de vie et de pensée, et qui animent et vivifient le style ; mais ce langage que tous les peuples emploient, tous les peuples l'emploient par une *figure*, c'est à dire par un artifice, par une fiction, par une modification quelconque de la réalité altérée et détruite. Quelque crédules qu'ils aient pu être aux vaines créations de leur imagination ou effrayée ou séduite, les hommes n'ont pas cru réellement à l'anthropomorphisme apparent qui jette dans le discours tant de mouvement et tant de grâce. On peut entendre les soupirs du vent sans croire absolument que le vent est une personne très affligée qui pleure et se lamente. Les hommes se jouent en créant ainsi des êtres imaginaires et en peuplant de ces créations vaines la terre, le ciel et la mer ; ils se font un plaisir de ces imaginations, et ils savent bien que tout cela n'est qu'un jeu, que la réalité n'est pas telle qu'ils l'ont conçue et qu'ils la reconstruisent pour se distraire, qu'elle n'a pas été faite pour la destination qu'ils lui imposent de vive force. Tout dans la nature a un but, et un but sérieux ; nous le cherchons en toute chose ; nous voyons ou nous supposons dans toutes ses productions des causes finales, non pas seulement une finalité, mais des fins réelles, précises, déterminées, connues d'ailleurs ou même inconnues, peu importe ; celles même qui semblent uniquement faites pour le plaisir de nos yeux, le cheval, le paon, l'oiseau de paradis, nous ne pouvons croire que ce soit là leur fin réelle, et, comme dit Kant, une voix secrète nous avertit que les œuvres de Dieu doivent être bonnes à quelque chose :

or, ce but utile auquel leurs formes doivent atteindre et aspirent, ne permet plus de les considérer comme un objet de contemplation esthétique. Ce n'est qu'en méconnaissant la fin réelle de la nature, en fermant les yeux sur sa destination supérieure, qui est l'homme moral, qu'on peut arriver à y poser, à y supposer des forces vraiment libres, et qui nous paraissent faites pour nous plaire et faire exprès de nous plaire. Mais personne ne s'y trompe; nous attribuons un art à la nature; mais c'est une illusion dont nous nous enchantons sans en être la dupe : la poésie n'est qu'un jeu.

Le grain de blé qui jaunit dans le sillon et la grappe que le soleil colore sur le penchant des coteaux, n'ont point été faits, nous le savons tous, pour nous inspirer des émotions d'art, pour exciter l'imagination des poètes et leur arracher des vers harmonieux : ils sont faits pour nous fournir le pain et le vin nécessaires à notre existence réelle. Les splendeurs des cieux et les rayonnements de la lumière ont leur but, leurs effets déterminés, connus ou inconnus, que la science explique ou cherche à expliquer. Si nous voulons y trouver la beauté, il faudra détruire jusqu'à la trace des services réels et des effets positifs qu'ils produisent; il faudra effacer de notre esprit l'évidente réalité, la remplacer par une hypothèse, afin de ne plus voir dans la création que la manifestation sensible et le symbole aimable de la force divine. Alors seulement on peut regarder chaque chose comme une forme où resplendit une parcelle, un rayon de la divinité, et qui l'exprime en son langage; encore cette impression, en définitive, est-elle plutôt religieuse qu'esthétique : la grâce et l'idéal s'envolent devant l'idée de Dieu apparaissant dans sa majesté.

Un de mes amis prétendait que dans les bois et sous les branches où chantent les oiseaux, dans les roseaux,

Orgue du marécage aux mille tuyaux verts, [1]

où le vent murmure, il entendait des concerts plus mélodieux et des harmonies plus célestes que toute la musique des Mozart comme des Gluck, des Rossini comme des Bach et des Palestrina.

Je réponds d'abord que je plains ceux à qui le sens de la musique paraît manquer si complètement : il n'y a pas à discuter avec des organisations où il y a des lacunes irréparables ; il est impossible de faire comprendre la couleur à un aveugle, le son à un sourd, et il n'est pire sourd que celui qui ne veut pas entendre ; j'ajoute que ces chants qui les ravissent ne sont pas ceux qu'ils ont entendus : c'est un concert imaginaire qu'ils se donnent à eux-mêmes ; c'est une musique intérieure dont les bruits et quelquefois le silence de la nature ont éveillé en eux l'idéale harmonie. « L'imagination, dit Kant, [2] comme une faculté poétique, crée pour ainsi dire une nature nouvelle, en se servant des matériaux que lui fournit la nature réelle. » On contemple d'autres cieux, [3] et les bruits de

---

[1] Hégésip. Moreau.
[2] *Crit. du Jug. esthét.*, tom. I, p. 265.
[3] Joan. *Apoc.*, 21, 1: Vidi cœlum novum et novam terram.

la terre ont une mélodie dans notre âme que la terre n'a point entendue. Nous admirons donc dans la nature une beauté qui n'y est pas et que nous seuls y avons mise.

Les forces et les scènes de la nature n'ont point d'unité ni d'individualité ; dans ses formes, comme dans ses couleurs, comme dans ses bruits, tout est vague, confondu, noyé ; ses voix sont insaisissables et inarticulées ; rien n'est distinct, rien n'est séparé, rien n'est individualisé, et surtout rien n'est véritablement un : il y a dans l'espace juxtaposition, dans le temps succession ; mais c'est l'homme qui lie les faits et les choses par l'idée de cause et d'affinité corpusculaire. La nature est incessamment changeante, ne produit pas un spectacle constant ; elle n'a pas de caractère ; il faut la fixer pour la contempler, et fixer ce Protée insaisissable et dont l'essence est de changer toujours, c'est le détruire dans sa vérité. Ces nuages que l'aube colore ne resteront pas un seul instant dans les mêmes rapports de situation, ne présenteront pas un instant la même figure, ne reflèteront pas les mêmes teintes ; le vent agite toujours diversement les flots de cette mer agitée et les feuillages mobiles de ces forêts ; un peintre de batailles est heureusement condamné à une inévitable fiction, c'est à dire à une composition ; les scènes réelles n'ayant point de durée, n'ont pas de sens : tout change avec l'heure, avec la saison, avec le ciel, avec mille circonstances toujours diverses et toujours renouvelées.

Regardez comment le peintre compose son paysage :

presque toujours, et surtout de notre temps, il emprunte ses matériaux aux scènes réelles de la vie ou de la nature. Mais que de choses il y ajoute ! que de choses il en efface ! Il ajoute tout ce qui peut achever, il efface tout ce qui peut affaiblir l'unité de l'impression qu'il veut produire et de la conception idéale que le spectacle de la réalité a excitée en lui et qu'il veut communiquer. S'il veut peindre un âpre défilé de montagnes, un désert sauvage ou mélancolique, il peut se faire que, par un de ces démentis que la nature se donne souvent à elle-même, un rayon de soleil splendide, une végétation printanière y répande une teinte joyeuse et y donne un caractère de gaîté éphémère. Le peintre arrachera ces fleurs, flétrira ces mousses verdoyantes ou dorées, voilera les splendeurs de cette lumière qui transfigure tout ce qu'elle éclaire et dont l'effet détruirait le sens de la scène en mutilant l'unité du tableau. Au contraire, comme la nature n'a pas égard, dans ses créations, aux limites de notre capacité imaginative et à l'étendue de l'action de nos sens, il rassemble, dans un espace que le regard du spectateur peut embrasser d'une seule vue, tous les traits disséminés, épars, perdus dans l'immensité d'une scène qui ne peut pas se présenter tout entière et en même temps sous les yeux ; il rétablit l'unité et l'harmonie des objets, et en fait ressortir le sens par des rapprochements habiles : par là il aide l'imagination du spectateur à produire l'idéal qu'il a conçu lui-même, et à recueillir, en une seule forme et en une impression totale, toutes les impressions isolées et les images noyées au sein de la réalité et perdues pour la plupart des hommes. C'est, en effet, le don même du génie que d'apercevoir ce lien secret des choses, ces rapports intimes et mystérieux, cette sympathie qu'elles doivent avoir entre elles. Le vulgaire a besoin qu'on les lui fasse toucher du doigt, et l'artiste achève, par la puissance et les moyens qui lui sont propres, cette unité que l'aspect des choses lui a fourni l'occasion de concevoir. Béranger se plaint quelque part de la manie de citation qui semble tourmenter les hommes versés dans l'étude des littératures classiques : « ils ne savent voir la nature, dit-il, qu'au travers d'un vers grec ou d'un vers latin. » Mais ce vers est un tableau complet et parfait, grâce auquel tous les détails importants sont présentés vivement à l'imagination, où les détails insignifiants et qui n'auraient servi qu'à troubler l'unité, ont été écartés, où chaque chose joue son véritable rôle, où l'unité resplendit radieuse, et où rien n'est oublié de ce qui peut concourir à l'effet total. Que de sentiments, d'idées, de rêves, d'images, de souvenirs il y a dans ces deux vers :

> Quam juvat immites ventos audire cubantem,
> Et dominam tenero detinuisse sinu !

C'est par la magie de cette expression parfaite des choses, et j'y ajoute la magie du rhythme, qui a aussi sa puissance d'expression propre, c'est par cette perfection inimitable du style que le poète fait voir, fait entendre, comprendre au vulgaire ce que, sans lui, il n'aurait jamais ni compris, ni entendu, ni vu. Est-il étonnant que, pour exprimer un spectacle ou une scène qui éveille tant d'idées diverses et tant d'impressions confuses, l'homme qui cherche à les recueillir et à les ramener à l'unité, désespère d'y arriver par lui-même, et ne trouve rien de mieux que de rappeler les grands poètes qui les ont si parfaitement représentées. C'est, en bien des cas, la meilleure manière de faire voir la nature que de la présenter à contempler à travers un vers latin, et même, quoi qu'en dise Béranger, à travers un vers grec.

Le sentiment que j'expose ici est celui de Hégel et celui de Plotin qui dit clairement : « Ce sont les arts seuls qui possèdent la beauté. [1] » L'unité est le caractère éminent de toute vie et de toute force active : « L'être animé n'est qu'un tout dont les parties sont unies entre elles par la sympathie. [2] » Pour qu'un objet quelconque soit ou paraisse vivant, il faut que l'unité y resplendisse et s'y manifeste à tous les regards, non seulement à l'esprit, mais encore aux sens : or, il est de fait que les diverses parties de la réalité ne se groupent pas visiblement autour d'un centre qui les rassemble et les appelle à lui ; dans les forces et les scènes qu'elle nous présente, on ne voit pas éclater ce principe d'unité qui, pénétrant l'être entier dans son apparence extérieure, en déploie à tous les yeux l'énergique vitalité ; toujours empêchée, toujours pauvre, toujours divisée ou confondue, la nature ne peut jamais être ni parfaitement ni vraiment belle.

---

[1] *Ennéad.*, V, 8, 1.
[2] *Ennéad.*, IV, V, 8.

Si elle n'a ni force ni unité véritables, a-t-elle au moins l'ordre? La nature nous fait concevoir l'ordre, et même l'ordre absolu, et elle ne le possède pas : il est dans la réalité toujours troublé par le désordre. Le mouvement des astres n'est régulier qu'en apparence ; nul jour n'a vingt-quatre heures, et il n'y a pas d'heures égales entre elles, si ce n'est approximativement ; il y a des taches au soleil et de la poussière dans le plus pur de ses rayons ; nulle forme n'est géométrique dans la nature, nul cercle n'est conforme à sa définition ; nul son, nulle succession de sons n'obéit aux règles abstraites de l'harmonie. C'est dans le domaine de la science ou de l'idéal que tout a sa perfection : elle n'existe pas sur la terre.

La nature n'a donc rien de ce qui constitue la beauté, et la lui donner en propre, c'est pencher beaucoup trop vers un panthéisme poétique, vers une adoration de la nature qui n'est pas sans danger, et dont le premier résultat est d'abaisser sérieusement la dignité des arts, et dont le second est de justifier les théories du réalisme. Le plus grand des musiciens, dans ce système, est bien peu de chose, comparé à un rossignol ; mais qui pousserait la témérité du paradoxe jusqu'à soutenir de pareilles hypothèses et à en accepter toutes les conséquences? Si la nature était destinée à exprimer, qui ne voit qu'elle exprimerait parfaitement? Or, si elle exprimait parfaitement, l'art ne serait jamais né ; car il a précisément pour objet de l'embellir. « L'art, dit Bossuet, est l'embellissement de la nature. » Mais quoi, embellir, qu'est-ce que donner la beauté? Or, si l'art peut donner de la beauté à la nature, il faut en conclure, d'une part, que la nature en est pauvre, et de l'autre que l'art en est riche. Il a précisément pour objet de la corriger, de lui ôter, comme si c'était une tache et une souillure, toute trace des services réels, utiles, qu'elle peut rendre, tout caractère d'un bienfait positif et pratique. Comparez le plus beau cheval anglais sorti des écuries de lord Derby, avec le cheval de Job,[1] ou celui d'Homère :[2] la beauté de l'un, ou ce que l'on appelle ainsi, ne sera peut-être visible que pour les amateurs ou les marchands de chevaux ; il y faut des connaissances spéciales. Les beautés du cheval de l'*Iliade* ou de l'Écriture sont goûtées de tous les hommes : ils ont pour juger un tout autre idéal. « Pour juger de la beauté des objets de la nature,[3] particulièrement des êtres animés, comme par exemple le cheval, nous prenons généralement en considération *la finalité objective* de ces êtres ; mais alors notre jugement n'est plus un pur jugement esthétique, c'est à dire un simple jugement de goût ; nous ne jugeons plus la nature comme faisant l'effet de l'art, » et c'est ici « un jugement téléologique. » Les fleurs que nous mettons dans nos jardins pour le spectacle de nos yeux ne sont pas les fleurs de la nature. L'art, pour se satisfaire, les a corrigées et en même temps déformées ; il les a refaites suivant un principe à lui, et, en les transformant ainsi pour le

---

[1] Job, ch. 39, v. 19.
[2] Hom. *Iliad.* VI, 506. Virgil. XI, 492. Cf. *Fragments d'Ennius. Annales.*
[3] Kant. *Crit. du Jug.*, tom 1, p. 260.

plaisir des hommes, il les a mutilées dans leur essence, il les a rendues impropres à leur destination vraie ; il a détruit leur fécondité comme aussi leurs vertus salutaires. L'homme ne sait pas et ne peut pas jouir de la nature telle qu'elle est; elle lui semble imparfaite et grossière; il dédaigne la pâle églantine dont l'humble étoile brille à peine dans le feuillage des buissons, et il élève dans ses jardins la rose superbe qui enivre ses regards et ses sens : les fleurs de nos parterres sont, à un certain point de vue, des fleurs artificielles.

Pour jouir de la nature, l'homme l'idéalise, c'est à dire la détruit. Pour la rendre belle, il faut la transformer réellement ; pour la trouver belle, il faut la transformer en imagination, c'est à dire la méconnaître ou l'oublier. La réalité ne satisfait pas l'homme ; au delà et au dessus des jouissances et du bien-être qu'elle lui procure, il cherche encore autre chose ; le plaisir qu'il goûte à la contempler n'est jamais pur, parce qu'elle ne peut jamais être vraiment idéale; malgré tous les efforts de son imagination, la réalité s'impose à son esprit dans son objectivité positive, et dément la finalité fausse où on voudrait la plier un instant. L'orage est beau, mais surtout en peinture, et il faut une dose peu commune d'enthousiasme poétique pour en goûter les beautés au moment où l'on en éprouve les très réels inconvénients; les effets de neige, les horreurs des batailles, le spectacle de la peste, de la famine, de l'incendie, la douleur et la mort, ont fourni à tous les arts des sujets d'œuvres admirables ; on trouvera même des sources de délicieuses émotions esthétiques dans des tableaux d'un ordre bien inférieur : un chant lointain de lavandières au bord d'un étang, un paysan qui rentre à la ferme en excitant de l'aiguillon la marche paresseuse de ses bœufs, une mare infecte et croupissante, un fumier pourri, une cabane de paysan dont le toit moussu s'effondre, une vitre brisée illuminée du soleil couchant. Tout ce que l'art touche se convertit en or. Mais supposez un instant que ces scènes soient réelles, que vous assistiez de corps comme de cœur et de près à ce qu'elles ont d'horrible, de dégoûtant ou de vulgaire, et tout jeu de l'esprit, tout plaisir, toute émotion esthétique aura vite disparu ; je dis plus : il y a telle de ces scènes où le sentiment du profane plaisir de l'art serait une impiété ou une cruauté sacrilége.

Il ne faut pas confondre une certaine sensualité très délicate, un certain bien-être physique que l'on éprouve au milieu des forêts ou des champs, baigné dans la fraîche et pure atmosphère, goûtant leur tranquille silence et leur paix, avec le plaisir esthétique que nous pouvons prendre à la contempler. Le sens le plus étranger au Beau, l'odorat, est peut-être celui qui nous apporte les sensations les plus délicieuses, mais, quoique délicates, très réelles et très physiques. M. de Kératry a fait très finement observer que la rose serait trouvée moins belle si elle n'avait pas son parfum : j'en conclus que dans la beauté réelle, il entre une sensation physique qui détruit, selon moi, l'essence vraie de la beauté. Aux champs, l'air qu'on respire, les parfums simples et salutaires des arbres et des plantes, la fraîcheur humide des eaux et des rosées dont s'enivrent les poumons, l'action des gaz sur les nerfs, l'électricité répandue dans l'air et les végétaux, tout peut développer le sentiment d'un état heureux, d'une vitalité plus forte et en même temps plus sereine ; mais tout cela est réel, et si cette action peut enivrer les sens de voluptés, elle peut aussi engourdir l'âme. L'imagination qui s'y abandonne en reçoit d'abord une énergie factice, puis elle retombe dans une inertie passive, épuisée par la jouissance même. Le tour des littératures orientales peut nous faire comprendre quelle puissance énervante une nature riche et splendide peut exercer sur l'esprit. Le caractère des situations où cette contemplation nous plonge, en nous absorbant, est le vague ; son influence excessive détruit notre activité et ne nous laisse plus maîtres de nos volontés, libres de nos pensées ; l'équilibre est faussé dans les imaginations comme dans les âmes où la raison ne gouverne plus. La nature a absorbé l'homme ; la matière a absorbé l'esprit, c'est à dire autant qu'elle l'a pu, se l'est assimilé, et en a altéré l'essence pure en lui communiquant quelque chose de la sienne. Nulle idée dans l'intelligence n'arrive à une précision suffisante ; dans le style, les images éclatantes et confuses se succèdent sans se lier ; c'est le désordre et comme le bouillonnement informe du chaos. On prétend que l'esprit indou n'a jamais pu arriver à distinguer nettement le monde de la réalité de celui de l'imagination, et il est certain que dans leurs poèmes on ne sait jamais si l'on marche sur un terrain historique ou si l'on entre dans le domaine de la fiction et de la fable.

Je crois donc que l'homme peut se servir de la nature pour concevoir l'idéal; mais j'incline à croire que naturellement elle ne l'exprime pas; elle n'exprime que par une fiction dont il est l'auteur et dont il n'est jamais la dupe; par une espèce de création dont tous les esprits sont loin d'être capables. Avant de voir la poésie dans la nature, c'est nous-mêmes qui l'y avons mise.[1] Elle ne nous apparaît au point de vue esthétique que par un effort d'imagination créatrice qui transfigure la réalité; par une illusion volontaire, dont nous avons toujours conscience, qui par conséquent ne peut jamais être complète, et qui est loin d'être universellement partagée. Comme le dit Kant, il faut pour cela qu'elle nous fasse l'effet de l'art; mais elle ne fait pas cet effet à tous les hommes, et il faut pour cela une disposition esthétique et une grande force de cette faculté qui « a une grande puissance pour créer, comme une autre nature, avec la matière que lui fournit la nature réelle.[2] » Elle n'est propre, ajoute-t-il,[3] « qu'à ceux dont l'esprit a déjà été cultivé pour le Beau ou dont l'esprit est éminemment propre à recevoir cette culture. » Cela se comprend facilement; il n'est pas facile de négliger les idées nettes, claires, certaines, que produit la contemplation de la nature, de supprimer en soi les reten-

---

[1] Th. Jouffroy. *Cours d'Esth.* p. 320. « Il arrive souvent qu'un objet purement agréable nous paraît beau, parce que nous y mettons le Beau qui n'y est pas. »

[2] Kant. *Crit. du Jug.*, tom. 1, p. 265.

[3] Kant. *Crit. du Jug.*, p. 241.

tissements des sensations ou des besoins pratiques et positifs qu'elle est destinée à satisfaire et qu'elle satisfait pleinement, pour les détourner à un usage pour lequel elle n'est point faite. La nature nous conduit à un jugement téléologique, et pour l'amener à produire un jugement esthétique, il faut véritablement lui faire violence. Que serait-ce que le réel, expression de l'idéal, sinon la confusion de tous les termes et de toutes les idées? Schelling dit quelque part que le réel n'est point le contraire de l'idéal : qu'est-il donc alors? L'objection étonne peu de la part de ces philosophes, dont la prétention est de concilier toutes les propositions contradictoires et, finalement, d'identifier toutes les idées. Mais si l'idéal est ce qui ne peut pas être, comment ne serait-il pas le contraire, sinon le contradictoire de ce qui est? Observons-nous bien, et nous reconnaîtrons qu'il est très exact de dire que, dans le plaisir que nous cause la nature, il y a toujours plus ou moins ou de sensations physiques ou de pensées religieuses ; ainsi la solitude, l'étendue, le silence, ont une action sur les organes ; les scènes de la vie réelle sont toujours mêlées de retours personnels, et il est difficile de s'en abstraire ; l'action positive, directe, se révèle toujours et souvent malgré nous. Ce n'est pas du tout une bonne manière de peindre la nature, que d'aller se placer en plein champ ; nous ne saurions jamais y voir absolument qu'une décoration ou plutôt un décor de théâtre. A chaque instant on est ramené à la réalité ou vulgaire, ou déchirante, ou ridicule. S'asseoir sur un vieux banc de pierre tout verdi de mousse, à l'ombre d'un chêne séculaire, quoi de plus poétique? Mais que le banc soit humide, qu'un oiseau indiscret salisse votre habit ou votre main, ayez trop chaud ou trop froid, trop de soleil ou trop d'ombre, entendez un bruit, voyez venir un personnage importun, et vous allez voir s'écrouler l'édifice imaginaire que vous vous efforciez de construire et dont la réalité n'était que le prétexte ou l'occasion. Je défie le plus héroïque des faiseurs d'églogues de se coucher poétiquement au milieu de l'herbe, dans la rosée des matinées de juin ou de mai, avec un pantalon blanc. L'art ne connaît aucune de ces gênes; son soleil n'a jamais de trop brûlantes ardeurs; son herbe mouillée ne tache pas, n'enrhume pas; son fumier ne sent pas mauvais, et le vieux chien galeux, qu'il nous montre se soulevant sur la paille moisie pour caresser encore une fois avant de mourir, son maître enfin de retour, nous fait pleurer,[1] et ne nous fait pas reculer de dégoût; tout est pur parce que tout est idéal.

Cependant, pour les imaginations d'artiste, la nature a sa beauté, et c'est même elle, suivant Goëthe, qui, les invitant à la reproduction, devient le principe ou l'origine de l'art. Mais comme la réalité se suffit à elle-même, s'explique et se comprend complètement toute seule, les hommes ne sont pas en général portés à lui chercher un autre sens. Il en serait tout autrement si la nature avait une beauté réelle et qui lui

---

[1] *Odyssée*, XVII, q. v. 290, s. q. q.

appartînt en propre. Qui donc la verrait mieux que ceux qui en ont étudié les secrets, les agents mystérieux ; que ceux qui ont avec elle le commerce le plus intime et le plus familier ? Sont-ce donc les naturalistes,[1] ou les habitants des campagnes qui sont le plus sensibles à la beauté ? Ne le sait-on pas ? il n'y a de poésie dans les champs que pour les poètes, parce que cette poésie est au fond de leur âme et que c'est de là qu'ils la répandent sur le monde extérieur ; ils méconnaissent et les fins pratiques et la valeur religieuse de la nature qu'ils contemplent ; ils la traitent comme si elle avait eu l'intention, dans ses productions, dans ses couleurs, dans ses formes, de nous plaire : et la traiter ainsi, c'est vraiment se jouer d'elle ; ils y voient une lacune et ils la remplissent. Qui donc, si ce n'est le peintre ou le poète, voit le soleil s'élancer dans le ciel, brillant et radieux, comme l'époux enflammé qui sort de la couche nuptiale ? Qui a donc entendu s'éveiller sous les ombrages, quand l'aube colore de teintes roses le pâle orient, qui donc a entendu s'éveiller, comme un mélodieux concert, comme une musique délicieuse, les chants des oiseaux et ces doux bruits d'ailes palpitant sous la feuillée ? Pour les poètes seuls la nature a un sens poétique,

---

[1] Je ne prétends pas que l'admiration de la nature soit le résultat de l'ignorance de ses forces, comme l'a cru Burke. M. A. de Humboldt a eu raison de répondre qu'il y a une admiration intelligente ; mais on peut la goûter sans la comprendre et la comprendre sans la goûter ; ce sont deux facultés distinctes. S'il y a des naturalistes qui goûtent la beauté de la nature, c'est qu'ils sont doués de facultés esthétiques. Ces organisations si complètes sont rares ; mais il n'est pas impossible qu'il y en ait eu et qu'il y en ait encore.

parce que seuls ils la transfigurent ; seuls ils inventent, ils créent une nouvelle terre et d'autres cieux : *vidi cœlum novum et novam terram.* Le savant n'y voit que ce qui y est : l'électricité, la chaleur, la lumière ; de l'oxygène, du carbone et de l'azote. Les paysans y voient du bois, du foin, du blé, du vin, c'est à dire de l'argent. Ils ne vont ni l'un ni l'autre au delà de la réalité, l'un la plus haute, l'autre la plus basse. Pour les âmes touchées de l'amour de la beauté et qui ont soif de l'idéal, elles ne se bornent pas à ce qu'elles voient : elles devinent, elles pénètrent au delà de ce que les sens perçoivent, et contemplent, évoqué par elles-mêmes, le monde enchanté de la beauté, pour elles,

> Rien n'est stérile en ces asiles frais :
> Pour qui sait les cueillir, tout a des dons secrets ;
> De partout sort un flot de sagesse abondante ;
> L'esprit qu'a déserté la passion grondante,
> Médite à l'arbre mort, aux débris du vieux pont ;
> Tout objet dont le bois se compose, répond
> A quelque objet sacré dans la forêt de l'âme ;
> Un feu de pâtre éteint parle à l'amour en flamme ;
> Tout donne des conseils au penseur, jeune ou vieux ;
> On se pique aux chardons ainsi qu'aux envieux.
> La feuille invite à croître, et l'onde, en coulant vite,
> Avertit qu'on se hâte et que l'heure nous quitte :
> Pour eux rien n'est muet, rien n'est froid, rien n'est mort. [1]

Le génie des poètes, ne leur en a-t-on pas fait assez souvent le reproche, ne sait pas voir les choses telles qu'elles sont ; sans le savoir même, il y ajoute de son propre fonds et leur communique sa pensée, sa vie,

---

[1] M. Victor Hugo.

son âme ; il voit et nous fait voir les grosses larmes qui tombent des yeux du fidèle cheval de guerre qu'on conduit derrière le cercueil de son maître :

> Post bellator equus, positis insignibus, Æthon
> It lacrymans, guttisque humectat grandibus ora. [1]

Combien de fois le tableau de Mlle Rosa Bonheur ne s'est-il pas présenté à tous les yeux dans son aspect vulgaire, dans sa grossière et prosaïque réalité? Il a fallu l'inspiration d'un artiste pour y découvrir et nous montrer ce qu'il pouvait contenir de poésie. La valeur du spectacle de l'univers est, au fond, religieuse ; la nature des impressions réelles qu'il produit est la sensation : il n'y a ni dans l'une ni dans l'autre de ces modifications de notre âme, l'impression et le plaisir vraiment esthétiques.

Je ne saurais mieux terminer la discussion de cette thèse, moins étrange [2] qu'elle n'a pu le paraître, qu'en citant les pensées suivantes de Goëthe, [3] cet admirateur si passionné et si intelligent de la nature : « Une œuvre d'art parfaite est supérieure à la nature, en ce que les objets épars y sont réunis en un tout, et que les choses les plus communes même y ont leur signification et leur importance. La nature organise un être vivant, mais indifférent; l'artiste produit une œuvre non pas vivante,

---

[1] Virgile, XI.

[2] C'est le sentiment de Hégel, de Goëthe, de Diderot même, de Schelling, de Solger, son disciple, qui dit nettement : « Le Beau n'existe que dans l'art ; il n'est pas donné dans la nature. »

[3] Willm. *Hist. de la Philos. allem.*, tom. IV, p. 466, dans les observations de Goëthe sur l'*Essai de Diderot sur la Peinture*.

mais significative. Pour jouir de la nature, il faut que le spectateur y apporte du sentiment, des idées, un sens, tandis que tout cela il veut le trouver dans l'œuvre d'art. Une imitation parfaite est impossible ; l'artiste imite plutôt la puissance qui a produit la nature, que les œuvres produites par cette puissance; il représente ce qui vit, ce qui est un, ce qui émeut nos facultés, excite notre désir, élève notre esprit, la force, la vie, la forme, en un mot, le Beau. »

Nous ne croyons pas avoir détruit toute source de poésie dans la nature, en niant la présence réelle de la beauté dans son sein, et en l'expliquant par les sentiments et les idées que le spectateur lui prête et, comme dit Goëthe, lui apporte. Quand nous aurions diminué un peu cet enthousiasme vague qu'elle paraît exciter aujourd'hui, nous ne croirions pas avoir rendu un mauvais service à l'art. Je sais bien que les grandes œuvres poétiques contemporaines sont empreintes profondément d'un ardent naturalisme, depuis les *Harmonies* de M. de Lamartine, les *Contemplations* de M. Victor Hugo, jusqu'aux *Symphonies* de M. de Laprade. Le paysage est devenu pour ainsi dire l'unique genre de la peinture contemporaine : c'est du moins celui qui attire et absorbe les artistes les mieux doués; mais qu'on y prenne garde : toute image est une sensation, et le Beau n'est ni un acte de sensation pure, ni un objet matériel. Le sentiment de la nature ajoute quelques couleurs à la palette, quelques notes à la gamme ; mais couleurs et sons, précisément parce qu'ils sont très matériels et très sensibles, reproduisent plus vaguement l'idée invisible et immatérielle qui échappe et se dérobe à toute représentation par trop sensible. Si cette inspiration qui agit fortement, mais plutôt sur la sensibilité nerveuse que sur l'imagination et sur l'âme, domine dans tous les arts contemporains, ce n'est peut-être pas à leur honneur : ce n'est pas là la qualité maîtresse du génie. Ce qui m'intéresse par dessus tout, c'est l'homme, sa grandeur, sa force, ses combats, même ses défaites. Le XVIIe siècle, à l'exception de La Fontaine, semble complètement dépourvu de cet amour exclusif de la nature que Jean-Jacques Rousseau a fait revivre parmi nous, et cette lacune ne porte pas, que je sache, une atteinte sérieuse à sa gloire. Un commerce trop intime avec la nature, une valeur excessive donnée à ses productions insignifiantes, l'habitude paresseuse de plonger son âme dans le monde de ces vagues harmonies de l'univers, et d'oublier sa raison dans la vision du rêve, conduisent tout doucement au naturalisme ; c'est une religiosité panthéistique, un mysticisme nuageux et sensuel qui, dans ses aspirations confuses et ses conceptions brouillées, fait flotter au sein de la matière un esprit mal dégagé d'elle. Cette idolatrie sans idoles est nuisible à l'art autant qu'à la morale ; elle énerve le génie comme la vertu ; l'imagination s'épuise, se noie, et la raison chancelle ; comme un mauvais génie, l'indétermination des idées s'empare de l'esprit et finit par le rendre impuissant à concevoir nettement, et incapable de voir la lumière ; on n'écrit plus, on peint, et le style semble, par son luxe difforme, destiné à cacher la pauvreté, la nudité de la pensée ; dans la peinture, c'est la couleur qui éclate : la forme n'a plus de dessin précis, de contours nets ; dans la musique, l'idée mélodique disparaît, écrasée sous l'appareil d'une harmonie, pathétique quelquefois, mais souvent vide et toujours vague. Tout cela ne me paraît pas enviable, et il serait grand temps d'arrêter les arts sur la pente fatale où ils se précipitent.

§ IVme. *De l'Art.*

Le Beau est donc une forme individuelle et idéale de la force active dans le développement indéfini de sa liberté : idéal et par conséquent chimère qu'on veut toujours atteindre, qu'on espère et qu'on désespère tour à tour et sans cesse de réaliser par une imitation, par *le faire* et non par *l'agir*. Pour qu'il reste fidèle à sa loi, qui est de plaire, et dans la mesure que lui trace cette seule loi, il doit se conformer à la vérité, tout en la dépassant, et à la vertu, tout en l'attaquant. Cet idéal, tel que l'esprit humain le conçoit et le voit, est une conception sans objet réel, créée par l'activité spontanée et la liberté de l'imagination. Cette conception représente à l'homme de la réalité l'homme idéal, et non l'homme véritable ; l'homme et le monde du rêve, de la fantaisie, de la poésie, et non le monde et l'homme vrais et réels. Le Beau n'existe que dans la pensée qui le crée ; mais il a toute la réalité de nos idées, qui assurément, je le répète, ne sont pas le pur néant.

Or, le Beau n'existant pas au sein de la réalité, pour que nous puissions nous en donner le spectacle, nous enchanter en nous voyant, dans ce miroir magique, revêtus d'une beauté idéale, nous sommes obligés de représenter cette conception, cette forme intelligible qui nous ravit, dans une forme sensible ; nous reflétons cette image dans un objet extérieur qui nous la renvoie plus brillante ; nous refaisons sur ce modèle intérieur, dont la contemplation nous transporte, la réalité imparfaite, et nous nous élevons au dessus d'une condition dont la vérité nous offense et nous humilie. Cette création où l'homme se réjouit de se trouver libre et fort, où, dégagé des misères de la vie, affranchi de la réalité qui l'opprime, il s'admire dans sa grandeur idéale; ce monde nouveau qu'il édifie pour ses propres jouissances et pour sa propre gloire, c'est le monde des arts. A cette œuvre, il consacre la flamme la plus vive de son génie, il prodigue ses admirations et son enthousiasme; c'est celle qu'il couronne de la renommée la plus haute et la plus durable comme la plus chère. Qu'est-ce que la gloire de Thémistocle et de Périclès, auprès de la gloire de Platon et de Démosthène, auprès de la gloire de Sophocle, de Pindare et d'Homère?

> Trois mille ans ont passé sur la cendre d'Homère !
> Et depuis trois mille ans Homère respecté,
> Est jeune encor de gloire et d'immortalité. [1]

[1] André Chénier.

L'œuvre des politiques et des hommes de guerre est vite détruite : Thémistocle a voulu sauver sa patrie, et elle a été vaincue ; César a voulu opprimer le monde et l'asservir, et le monde, asservi et opprimé, a été affranchi et sera libre un jour. Les œuvres du génie ne meurent pas : elles fleurissent éternellement dans la mémoire des hommes d'une beauté immortelle et d'une immortelle jeunesse. Les chefs-d'œuvre de la poésie en particulier semblent se rire du temps : c'est le suprême effort de la raison et de l'imagination, et il semble que l'immortalité, autant que la gloire, leur appartient. On ignore qui a découvert le marteau, la scie, le clou, le feu ; on ne sait pas qui a trouvé le blé, qui nous a enseigné à faire le pain ; on peut ne pas connaître les auteurs des sciences et les sciences elles-mêmes ; tandis que la voix du temps chante sur les ruines des empires les chants de leurs poètes, tandis que la postérité admire les chefs-d'œuvre de leurs architectes et de leurs statuaires, et gémit de ne pouvoir ravir au passé jaloux les couleurs des tableaux que les années effacent, et les sons des flûtes et des lyres pour jamais évanouis.

Cependant, parce que l'homme a une destination supérieure, qu'il est avant tout et par dessus tout un être moral ; parce que l'homme est fait pour la vérité et la vertu, et non pour le mensonge et le plaisir, les arts, qui ne sont qu'un jeu, qui ne vivent que de fictions et de chimères, les arts sont ou du moins ils peuvent être un danger ; ils peuvent absorber les préoccupations de l'homme et envahir son âme ; on peut vouloir en appliquer les fictions à la réalité, et, par là, mettre le roman dans la vie, et, dans la vision enchanteresse de la beauté, oublier l'austère devoir. A cet égard, tous les moralistes, à quelque école qu'ils appartiennent, sont unanimes, et ce n'est pas sans quelque apparence de raison. La recherche exclusive de l'idéal détruit l'équilibre des facultés, et par conséquent la raison qui le leur impose et qui seule le conserve; c'est ce qui explique comment les esprits voués exclusivement au culte des arts, chez lesquels un contre-poids salutaire ne vient pas rétablir l'équilibre, tombent fréquemment dans le désordre. Le plaisir le plus pur, les jouissances du goût ou du savoir ne sont pas le but suprême et la fin dernière de l'homme; ils ne suffisent pas pour remplir la vie et y laissent toujours un vide. L'âme, hors de sa voie véritable, qui est le devoir, est comme un navire sans lest : il erre au gré de tous les vents, au caprice de tous les flots. De là, chez les artistes et chez ceux qui ne veulent vivre que de plaisirs, fût-ce des plaisirs innocents de l'art; de là, dis-je, des idées pratiques si fausses, des mœurs si libres, des travers de jugement qui se manifestent jusque dans le débraillé du costume et l'excentricité des manières; c'est à tel point qu'on se croit un artiste quand on les imite dans leurs excès ou dans leurs ridicules. Il ne s'agit que de porter une barbe longue et de la dérober aux soins de Licinus!... *O ego lævus!* L'opinion, qui les a longtemps tenus en suspicion, qui encore aujourd'hui les redoute, sans être toujours équitable envers les personnes, a cependant, en principe, un fond incontestable de justice. Quel père voit avec plaisir son fils embrasser les arts comme une carrière, c'est à dire comme un emploi grave et suffisant de la vie? Quelle mère voit sans terreur sa fille monter sur les planches d'un théâtre, ou se livrer exclusivement à la peinture ou à la musique? L'amour des mères n'est pas aussi aveugle qu'on le dit ; elles pressentent et elles devinent qu'il y a là un danger.

Je dis même qu'il y a un danger pour l'art : il ne saurait, sans péril, s'enfermer dans la limite toujours étroite d'une profession spéciale. Les anciens, nos maîtres, n'ont pas connu cette infinie division du travail, qui a pu servir l'industrie moderne, mais qui compromettra la philosophie, la poésie, l'art tout entier, rapetissés au rôle d'un métier. Il faut que l'artiste se plonge dans le grand courant de la vie morale, de la vie générale, pour y puiser des inspirations généreuses, fécondes, et ne pas y substituer des partis pris d'école, des règles factices d'atelier, des idées étroites et de convention sur la beauté.

Cependant parce que l'art contient un danger, il n'est pas un mal. Comme la liberté, dont il est l'œuvre et le représentant, il est un bien, puisqu'il est une force, et de même qu'il faut lui tracer ses limites, il faut lui faire sa place. L'art n'est pas le Beau : il en est la représentation ; il en est plus que la représentation : c'est la révélation de l'idéal. Cette forme, qui nous révèle le Beau et nous le fait goûter, a tous les caractères de l'idéal qu'elle exprime. Quand donc on demande quelle est la destination de l'art et sa mission dans la société et dans l'individu, c'est demander quel est le rôle de l'idéal dans la vie, et la place du Beau dans l'ordre des idées et des branches de l'activité humaine : or, nous l'avons vu, l'idéal a son caractère propre, son rôle spécial : il plaît ; l'art qui le reproduit n'est donc en soi ni une forme de l'éducation des peuples, ni un instrument ou un appareil destinés à compléter le culte religieux. L'art, comme le Beau, a pour objet de plaire ; c'est par l'impression agréable et désintéressée qu'il excite, qu'il se distingue de toutes les autres formes de la pensée ; mais s'il a son originalité, son indépendance qu'il faut ménager, cependant il n'est qu'un seul des éléments de l'entéléchie entière qui est l'homme : il est une seule des faces de cet être à la fois un et divers, et ne constitue pas assurément tout l'homme. Partie d'un tout vivant, organisé, harmonieux, il a sa place dans l'ensemble et n'en doit troubler ni l'économie générale ni l'ordre ; au contraire, il doit subir aussi la loi de l'ordre, prendre et remplir toute la place que cet ordre lui impose, mais ne pas empiéter et savoir à la fois s'y maintenir et s'y contenir. Si l'art se suffit à lui-même et repousse toute dépendance, il ne suffit pas à l'homme qui se reconnaît d'autres besoins et d'autres devoirs. L'homme n'est pas essentiellement un artiste, et l'idéal n'est pas la règle de la vie. La vie n'est pas un enchantement de l'imagination se plongeant, sur les ailes du songe, dans un monde de beautés idéales, c'est à dire de chimères ; ce n'est point, quoi qu'on en ait dit, le songe d'une ombre. La vie est sérieuse : c'est un combat où le mot d'ordre est le devoir. L'homme est essentiellement une personne morale. L'art n'est pas destiné à supprimer la conscience ou la science, le Beau à suppléer le vrai et le bien ; il n'est ni la radieuse promesse de la vérité, ni le magnifique couronnement de la justice ; il est indépendant ; mais s'il voulait transformer son indépendance en hostilité ou sa force en souveraineté ; s'il prétendait remplir toute la destinée humaine, et subordonner à ses lois, frivoles après tout, le cœur et l'âme des peuples, nous dirions sans hésiter : périssent les arts, périssent tous les arts plutôt qu'une seule vertu dans le cœur humain ! [1]

Mais il n'en est pas ainsi : l'art ne commande point à la science ni à la morale, et il ne leur obéit qu'autant que ses propres intérêts le lui recommandent. L'art pour l'art est une maxime juste ; il ne veut être asservi à aucun but, ni religieux, ni moral, ni utile ; il ne sert à rien, Dieu merci, à rien qu'à plaire, mais c'est assez ; il haït tellement la dépendance, l'apparence même d'un joug, que les beautés poétiques les plus pures, les modèles parfaits du goût n'existent que dans une langue morte. Sans doute, comme on l'a déjà remarqué, c'est parce qu'une langue qui n'est plus parlée, n'est plus soumise, ni dans sa grammaire, ni dans son dictionnaire, aux altérations incessantes que le temps fait subir aux choses vivantes ; les mots

---

[1] Hélas ! qu'est devenue cette nation qui, par une confusion perverse, par un renversement outrageux de la vérité morale, a fait de l'art une vertu, et salué l'artiste du nom de l'homme de bien : *virtuoso*. Elle a senti pourtant que l'art ne remplace pas la patrie. Que Dieu bénisse les douloureux efforts qu'elle fait en ce moment pour revenir à la vie morale !

ne vieillissent plus ni dans leurs formes ni dans leurs sens : de nobles ils ne deviennent plus vulgaires ; de tragiques, grotesques ; de graves, bouffons ; d'énergiques, faibles ; [1] mais c'est aussi, c'est surtout parce que la langue morte ne sert plus au commerce et à l'échange des idées vulgaires, triviales, à l'expression des besoins positifs et prosaïques de la vie ordinaire ; les mots ne se plongeant plus dans ce courant de pensées communes, basses, ne contractent pas, dans cette lie impure, des relations, des associations d'idées qui, en se mêlant nécessairement à leurs sens poétiques, en troublent la transparence et en voilent l'éclat. La langue devient exclusivement un instrument poétique, un organe esthétique : le Beau est alors le seul objet de l'attention de l'esprit, qui n'est troublé dans sa jouissance par aucun souvenir importun et inévitable d'une autre pensée. Il en est de même de tous les arts qui créent des choses qui, en même temps qu'elles sont belles, peuvent encore être utiles, telles que les vases étrusques, les tableaux religieux, les tapis des Gobelins, les palais habités, les sculptures d'or et d'ivoire sur des meubles ou des vases ; il n'y a qu'au moment où l'on ne s'en sert plus, où on ne les avilit plus par des usages familiers ou vulgaires, où la trivialité de leur destination n'abaisse pas aux yeux la beauté de leur forme par une involontaire association d'idées, c'est

---

[1] Qu'est devenu le sens de *gêner* et d'*ennui* qui avaient encore tant de force au XVIIᵉ siècle ?

— Dans l'Orient désert, quel devint mon ennui ? —
— Ah ! que vous me gênez !   Racine.

à ce moment que le plaisir du Beau s'éveille complètement pur, sans souillure ni mélange.

Ainsi donc, la maxime l'art pour l'art, est une maxime incontestable, et le mot de Cicéron : *Nulla ars in se tota versatur,* ne l'est pas moins. Il en est ainsi de toute individualité qui n'est pas absolue et parfaite.[1] Elle doit être libre, car la liberté c'est la force, et si l'on commence par détruire la force individuelle, il n'y a plus de société possible, puisqu'en accumulant des zéros on ne saurait obtenir un nombre. D'un autre côté, cette force doit avoir sa mesure, parce qu'elle n'est pas unique et absolue ; si elle ne voulait écouter qu'elle-même, n'obéir jamais qu'à ses propres inspirations, n'avoir ni égard ni respect pour rien, la société ne serait plus possible, puisqu'elle n'est autre chose que l'organisation, c'est à dire l'arrangement ordonné des forces individuelles. De même, dans cette unité vivante de forces diverses qu'on appelle l'homme, l'art doit être libre, avoir ses principes et son but propres ; et cependant il doit reconnaître qu'il n'est pas le but de la vie, et, sans abdiquer ses libertés, il doit respecter les mesures que lui conseille l'intérêt et qu'exigent les droits de la vérité et de la vertu.

Je sais bien que des moralistes sévères, s'autorisant de ces conclusions, pourraient arriver à proscrire encore tous les arts et à renverser tout à fait ce culte

---

[1] Il n'y a aucune chose humaine, aucun être créé qui se suffisent absolument à eux-mêmes. L'homme même ne trouve pas en lui ni sa raison d'être, ni son but absolu. Dieu seul se suffit à lui-même. Il ne faut donc pas attacher à nos maximes un sens absolu.

païen de la beauté. Puisque nous avons une mission sérieuse à remplir ici bas, puisque notre vie est un combat, à quoi bon ces arts frivoles qui nous repaissent de vaines chimères, qui dérobent notre temps, nos efforts, notre âme tout entière à la destinée réelle que nous sommes appelés à poursuivre ? N'y a-t-il pas, comme dit Bossuet, *un grand creux* dans tous ces plaisirs ? Si le mathématicien, devant un chef-d'œuvre de peinture ou de musique, dit en haussant les épaules : qu'est-ce que cela prouve ? on peut lui répondre que la vie humaine n'a pas pour but supérieur et pour fin dernière, la démonstration et la pratique du syllogisme parfait. Mais si l'homme de bien nous dit : vous êtes sur la terre, vous l'avouez, pour pratiquer la vertu ; or, quelle vertu produit donc cette merveille que vous adorez ? cette adoration profane est-elle sans inconvénient, au moins sans danger ? Si l'art est inutile, absolument inutile au but sérieux de la vie, n'est-il pas par cela même funeste ? Tous les réformateurs qui ont été préoccupés de la vie morale des peuples, ont maudit ou proscrit les arts. Qu'aurons-nous à répondre ? Et d'abord, s'il est vrai que les sages qui ont voulu rétablir les mœurs et inspirer aux peuples l'amour de la justice, ont cherché à étouffer l'amour de la beauté, il faut avouer qu'en fait leurs tentatives ont mal réussi. Platon a chassé Homère de sa chimérique cité, et l'antiquité tout entière a vécu dans l'admiration et dans l'adoration du plus grand poète qu'ont connu les hommes. Malgré les paroles sévères, les proscriptions verbales qu'ont prononcées les apôtres, les saints, les docteurs du christianisme, les arts ont forcé la porte des temples ; la peinture les transforme en musées, et la musique, hélas ! les transforme trop souvent en salles de concert. La réalité a été plus forte que les systèmes, et les besoins de l'imagination l'ont emporté. Pour avoir cette puissance, il faut que ces besoins aient leurs racines dans la nature véritable de l'homme, qu'ils fassent partie de son essence ; par le seul fait qu'ils sont indestructibles et essentiels, ils sont respectables, comme toute œuvre de Dieu, qui fait bien ce qu'il a jugé bon de faire. Il n'y a que trop d'esprits, soi-disant réformateurs, tout disposés à trouver à reprendre dans l'ouvrage du créateur, et à corriger, par suppression, puisqu'ils ne le peuvent par addition, ses erreurs et les imperfections de ses créatures. Si Dieu nous a donné l'amour du Beau, le besoin de le voir, de le goûter, de le reproduire, soyons-en assurés d'avance, c'est qu'il était bon qu'il en fût ainsi ; ayons un peu moins de confiance dans nos raisonnements et un peu plus dans sa sagesse. L'amour du Beau n'est pas contre la destination supérieure de l'homme ; il a sa place même dans la vie et son rôle à remplir dans l'histoire de l'humanité. Quand bien même nous ne pourrions pas le définir, nous pourrions l'affirmer, et l'art déjà serait justifié ; mais il n'est pas difficile de montrer comment il se justifie et s'explique.

La vie est un combat, un combat sans relâche, sans trêve ; la victoire n'est jamais complète, elle est toujours suivie d'une autre épreuve où le plus vaillant peut succomber. C'est donc un déploiement incessant d'énergie laborieuse, de pensées graves, c'est une intensité pénible de la raison et de la volonté. La paix véritable, qui est la couronne triomphale de cet athlète fatigué; le repos, qui est son espoir et sa suprême récompense, ne lui sont pas réservés sur cette terre, et pourtant il en éprouve déjà en ce monde le désir inquiet et le vague pressentiment. Il ne peut pas perpétuellement tendre les ressorts de son âme et user sa force dans les excitations du devoir et de la vertu; il éprouve le besoin de relâcher la corde trop tendue, d'oublier les épreuves et les défaillances de la vie réelle, de détendre son âme, pour ne pas épuiser en lui la force morale et éviter le découragement fatal du désespoir. Cette paix qui rafraîchit et rassérène son âme fatiguée d'efforts, cette liberté tranquille,[1] il les trouve dans le monde enchanté des arts, qui, l'arrachant pour un instant à la vie sérieuse, le rendra plus dispos, plus vaillant, plus robuste, pour les nouveaux combats qui l'attendent. Peut-on dire alors qu'il est absolument inutile?

Ce n'est pas tout encore : ce que l'homme aime, c'est l'homme, et ce que l'homme aime le plus, c'est la force, la liberté, la grandeur de l'homme : or, le mal est privé de force, comme de liberté, comme de beauté; les véritables puissances de l'homme sont des puissances justes : l'idéal de la force est donc saint ; il n'est pas la sainteté même, mais il en est revêtu; le bien ne

---

[1] *Pax, tranquilla libertas.* Cic., de Rep.

le constitue pas, mais le couronne. Le comble de l'art est de créer des héros. Il y a du divin dans la beauté : or, l'émotion du Beau, essentiellement active, a quelque chose aussi de pratique. L'homme n'admire pas impunément la grandeur divine de la beauté : l'exaltation imprimée dans la sensibilité et l'imagination retentit dans l'être entier et s'élève parfois jusqu'à l'âme, pénètre au plus profond du cœur. L'unité humaine est telle que toutes nos facultés se modifient, se complètent, se pénètrent les unes les autres : les élans du cœur, les ravissements de l'imagination enflammée par la vision de l'idéal, qui n'est pas Dieu, mais qui est divin, illuminent la raison, retrempent le courage et l'espérance, assainissent et fortifient la volonté. Sans doute il y a là un danger : avec des arts suspects, dans des esprits malsains ou mal préparés, le roman peut entrer dans la vie et la corrompre ; dans des âmes faibles et présomptueuses, orgueilleuses et ignorantes, la tentative de faire entrer l'idéal dans la réalité, et, s'emportant hors des voies communes et connues, la vanité d'aspirer à la sainteté, peuvent aboutir à des chutes profondes ; mais c'est un danger inévitable, et un de ceux avec lesquels il faut nous habituer à vivre, contre lesquels il faut se prémunir et qu'il faut se garder de supprimer. D'ailleurs je crois aussi que, dans les grandes âmes et dans les cœurs vaillants, c'est peut-être ce sentiment, ce besoin d'idéal qui fait les martyrs et les héros. L'idéal est une excitation à la vertu ; c'est aussi la conclusion de Bacon : [1] « La poésie, dit-il, est

---

1 *Dignité et accroissement des Sciences*, liv. II, ch. XIII.

moins recommandable par le plaisir qu'elle peut procurer, que par la grandeur d'âme ou la pureté de mœurs qui peuvent en être le fruit. Ainsi ce n'est pas sans raison qu'elle semble avoir quelque chose de divin, puisqu'elle élève l'âme et la ravit, pour ainsi dire, dans les hautes régions, accommodant les simulacres des choses à nos désirs, au lieu de soumettre l'âme aux choses mêmes. Les anciens n'avaient rien négligé pour en faire une école de vertu, et les grands hommes et les plus sages philosophes la regardaient comme l'archet des âmes. » L'art est moral, religieux par alliance et, pour ainsi dire, par surcroît.

Le Beau étant une conception essentielle à l'esprit de l'homme, est universel, et l'art qui le représente doit s'adresser à tous les hommes, et chercher à faire apparaître la vision céleste aux plus humbles comme aux plus grands des esprits; mais il ne doit rien sacrifier de sa véritable essence, même sous le prétexte de se mettre à la portée d'un certain public. Tant pis pour les petits maîtres qui n'eussent pas compris l'Hippolyte d'Euripide : ce n'était pas là un si grand malheur, et cette mauvaise raison ne justifie pas Racine d'avoir gâté l'héroïque pureté de ce noble caractère. C'est l'œil fixé sur l'idéal, c'est absorbé dans cette contemplation ardente que l'artiste doit former son œuvre, régler son imagination, conduire sa main. Exprimer la vraie beauté, c'est le seul but comme la seule loi de l'art. Quand il se fait le complaisant des ignorances de la foule, ou le courtisan des préjugés des beaux esprits, il devient grossier ou fade, violent ou maniéré, et je ne sais lequel est le pire.

Enfin, parce qu'il est humain par un de ses côtés, mais qu'il est essentiel à l'homme, nous ne comprenons pas le Beau hors de l'humanité, nous ne comprenons pas davantage que l'humanité en puisse jamais être sevrée. L'art n'est pas, selon nous, un moment dans la vie, une phase du développement total de notre espèce, un mouvement partiel de la pensée, qui, une fois accompli, doit disparaître et céder sa place à une autre forme; produit par un indestructible besoin de notre être, un et divers, qu'on mutile en le réduisant à une unité abstraite, il a toute la durée promise à l'humanité même, et s'il n'est pas éternel, c'est que rien de ce qui est de l'homme, tel que nous le connaissons, ne peut aspirer à l'éternité :

Debemur morti nos nostraque.

TROISIÈME PARTIE.

HISTOIRE DES PRINCIPAUX SYSTÈMES D'ESTHÉTIQUE, TANT ANCIENS QUE MODERNES.[1]

L'histoire des systèmes de philosophie n'est pas la philosophie même : il reste toujours, dans la multitude des doctrines qu'elle nous présente, un choix à faire, et le principe de ce choix est déjà une philosophie; mais c'est une grande lumière pour pénétrer dans ces ténèbres où repose tout problème métaphysique ou psychologique, et l'esprit qui a eu un commerce fréquent avec les puissants génies qui en ont parcouru les profondeurs, sent se fortifier son regard et s'accroître ses forces. C'est de plus, selon moi, un acte de conscience pour celui qui s'est aventuré à exprimer une opinion sur un de ces redoutables sujets, d'exposer ce qu'ont pensé à cet égard les grands maîtres de l'esprit humain, et de mettre sous les yeux les diverses doctrines où il a été recueillir avec bien de la peine sa gerbe empruntée. Je considère cette rapide histoire,

[1] Tout ce qui concerne la critique de l'esthétique moderne, excepté l'analyse des systèmes de Schelling et de Hégel, a été ajouté au texte du mémoire adressé à l'Académie. C'est principalement pour dégager la responsabilité de l'illustre compagnie, et pour obéir à l'une de ses plus pressantes recommandations, que je signale ce détail qui intéresse fort peu le lecteur.

cette analyse critique succincte, non seulement comme un complément nécessaire, mais comme un utile contrôle de mon travail. Je l'ai déjà dit : je n'ai point inventé de système. Il sera facile au lecteur de retrouver ici dispersés tous les principes dont j'ai cherché à composer un système et que j'ai essayé de réunir et de lier en un faisceau ; il pourra en même temps juger si j'ai fidèlement interprété, si j'ai sagement critiqué ces doctrines qui ne laissent pas d'offrir, au moins à mon esprit, quelques obscurités difficiles à percer. Il y a plus : s'il trouve mon choix peu judicieux, et le système que j'ai adopté peu raisonnable, je lui ouvre un trésor de pensées, de théories, de systèmes, où il pourra puiser lui-même des principes plus solides ou plus lumineux : à côté de l'erreur, je place la source de la vérité ; à côté de l'ombre, je laisse au moins la lumière.

Je commence par les systèmes ou les aperçus des anciens sur le Beau. Ils ne sont pas nombreux : quelques mots d'Aristote, les débris mutilés et incohérents d'un système chez S. Augustin, de brèves mais solides et profondes définitions chez S. Thomas, que je joins aux anciens parce qu'il s'appuie sur eux ; enfin les grandes pensées de Platon et le véritable système de Plotin, voilà les richesses que nous offre l'antiquité. Je ne suivrai pas dans cette analyse l'ordre des temps ; je ne fais pas une histoire de l'esthétique ; je n'ai point à montrer par quelles phases a passé l'idée du Beau dans la science philosophique, mais à dire ce qu'ont pensé sur ce grave et charmant sujet les grands esprits de l'antiquité et des temps modernes. L'ordre d'importance de ces systèmes nous sera plus utile, et je le choisis sans scrupule.

SAINT AUGUSTIN.

Il est assez difficile de mettre d'accord et de rallier à une même pensée les idées éparses que S. Augustin a émises dans tous ses ouvrages sur la beauté. On en rencontre dans ses lettres, dans ses *Confessions*, dans le livre *de l'Ordre*, dans le *Traité sur la Musique*. Malheureusement ces différents écrits appartiennent à diverses époques de sa vie, et se rapportent à des directions d'idées qui, sans être contraires, ne sont pas toujours parfaitement semblables. Nous avons, de plus, perdu les livres qu'il avait composés spécialement sur ce sujet,[1] et qui auraient pu nous donner le fond de sa pensée et la clef de son système. Privé de cette ressource précieuse, il faut donc se borner à tirer de ses volumineux écrits les passages qui ont rapport à notre matière, les comparer, les rapprocher et les expliquer.

Comment se fait-il que le même philosophe qui a écrit deux fois cette phrase que nous avons déjà citée :[2] *Num amamus aliquid nisi pulchrum*, « Pouvons-nous aimer autre chose que le Beau ? » proposition qui a toute la valeur d'un principe et qui contient toute une théorie, comment se fait-il que le même philosophe ait écrit cette autre qui en semble la contradictoire : « Il est certain que nous ne pouvons aimer qu'une chose, et

---

[1] *De Pulchro et Apto*. Cet ouvrage, qui fut son premier et qu'il avait dédié à un orateur romain, avait été composé avant sa conversion.
[2] *Conf.*, liv. IV, c. 13. *De Music.*, VI, 13.

c'est le bien : *Non amatur certe nisi bonum solum.* [1] »
« Le bien seul est aimé, dit-il ; pourquoi aimez-vous les choses créées ? parce qu'elles sont bonnes ; car bonne est la terre avec l'escarpement des montagnes, la douce inclinaison des collines et les larges allées ; bons sont les prés fertiles, *agréables, émaillés de fleurs*; bonne est la maison convenablement disposée ; bon l'air modéré, serein, pur et salubre ; bonne la nourriture bienfaisante qui apaise la faim, répare les forces et soutient la vie. » Cette énumération, qui se prolonge un peu trop, se termine par le bien suprême, Dieu, dont l'amour est, pour l'homme, la source de tous les biens.

Comment concilier ces deux textes et accorder ces deux principes ? Est-ce le Beau, est-ce le bien qui est, suivant S. Augustin, l'objet, et par conséquent la cause de l'amour, la cause finale du moins ? Le bien est-il identique au Beau à ce point qu'on en puisse indifféremment employer les noms l'un pour l'autre ? C'est ce que nul passage de notre auteur ne m'autorise à supposer. Est-ce plutôt qu'il a changé d'avis ? Je le croirais volontiers, car il semble blâmer dans ses *Confessions* le principe que le Beau est le seul objet de notre amour : « *Amabam pulchra inferiora et ibam in profundum et dicebam amicis meis : num amamus aliquid nisi pulchrum?* » Ainsi donc, c'était quand il était plongé dans des amours coupables, quand il se perdait dans un abîme d'erreurs en poursuivant une beauté basse

---

[1] *De Trinit.*, VIII, c. 3.

et grossière, qu'il disait à ses amis : « Aimons-nous donc autre chose que la beauté? »

Quoi qu'il en soit, alors qu'il n'avait pas encore reconnu ses erreurs, cette grâce, cette beauté [1] qui nous attirent vers les choses et font que nous les aimons, étaient, suivant lui, l'effet de l'accord harmonieux des parties, *convenientia partium;* cette harmonie fait des parties un tout, et par cela même en constitue la beauté. [2] Et il distinguait avec raison ce rapport harmonieux des parties entre elles, de la convenance, *apte*, qui n'est plus qu'un rapport à un autre objet, d'une chose à sa fin.

L'accord le plus parfait est l'unité, et, par conséquent, la forme essentielle de toute espèce de beauté est l'unité; [3] mais il n'y a d'unité qu'en Dieu; les autres êtres, les corps, n'en ont que des vestiges, des empreintes, des traces; cependant, quoique nul d'entre eux ne puisse réaliser l'unité parfaite où ils aspirent, tous cependant font des efforts glorieux pour l'atteindre, et au moins l'appellent et la désirent. Dans tous les arts, c'est la proportion, c'est l'harmonie qui plaît; quand elle est présente, tout est beau : or, cette harmonie aspire à l'égalité et à l'unité. [4]

Les choses sont donc belles parce qu'elles tendent

---

1 *Conf.*, IV, c. 13. Decus et species.

2 *Conf.*, IV, c. 13. Animadvertebam et videbam in ipsis corporibus aliud esse quasi *totum* et *ideo* pulchrum : aliud autem quod ideo deceret, quoniam *apte* accomodaretur alicui.

3 *Ep. à Cœlest.*, 18. Alias. 63.

4 *De Ver. relig.*, c. 30, § 55. In omnibus artibus convenientia placet : qua una salva et pulchra sunt omnia, ipsa vero convenientia æqualitatem unitatemque appetit.

à l'unité, et leur beauté se mesure suivant qu'elles remplissent parfaitement cette unité, ou bien qu'elles en sont plus éloignées et n'en ont qu'une apparence pauvre et menteuse.[1]

Mais l'unité, le rapport plus ou moins éloigné à l'unité, tout cela est du domaine du nombre, et même, puisque l'unité parfaite n'est qu'en Dieu, tous les objets n'ayant à l'unité que des rapports, tous ces rapports, qui constituent leur beauté, sont de véritables nombres ; par conséquent c'est évidemment par le nombre que les belles choses plaisent, c'est à dire sont belles ;[2] mais il y a une infinité de rapports et de nombres : ce qui plaît dans le nombre, c'est ce qui le rapproche de l'unité, c'est à dire l'ordre, ou le nombre régulier. L'ordre est donc l'essence de la beauté.[3] Là où le nombre préside à l'arrangement des parties, de manière à les lier en un tout, à les rapprocher de l'unité, il y a ordre et par conséquent beauté : or, ce n'est pas le sens, c'est évidemment la raison qui juge de l'unité, qui mesure les rapports des parties et des choses ; en un mot, c'est la raison qui voit la loi qui les ordonne, le nombre qui les gouverne et leur imprime la grâce du rhythme ou de la proportion.

Tel est à peu près le sentiment de Diderot : « J'appelle, dit-il,[4] Beau hors de moi, Beau réel, tout ce

---

[1] *De Ver. relig.*, c. 31, § 59. Hanc ipsam unitatem summene impleant an longe infra jaceant et eam, quodam modo, mentiantur. *De Ord.*, I, c. 8. Ratio sentit nihil aliud sibi placere quam pulchritudinem, et in pulchritudine figuras et in figuris dimensiones, et in dimensionibus numeros.

[2] *De Music.*, VI, 13. Hæc igitur pulchra numero placent.

[3] *De Ver. relig.*, c. 31, § 59. Nihil est ordinatum quod non sit pulchrum.

[4] *Encyclop. Méthod.*, mot Beau.

qui contient en soi de quoi réveiller en mon entendement l'idée de rapports; » et par conséquent le goût, dans cette théorie, n'est que la faculté d'apercevoir, de sentir, comme dit Augustin, des rapports.[1]

Ainsi l'univers est gouverné par le nombre, comme il a été disposé dans le nombre, le poids et la mesure.[2] Le mal lui-même a sa beauté expliquée par l'ordre et par le nombre; le mal lui-même rentre dans l'ordre et concourt à la beauté du tout;[3] car il y a un ordre et par conséquent un nombre dans le rapport des causes et des effets. Le hasard disparaît, et avec lui le désordre et l'accident. Cet arbre a poussé ici plutôt que là, parce que l'homme y a vu, ou que la semence apportée par le vent y a trouvé une terre plus propice. Est-ce un arbre stérile? son bois ou son ombre auront ou leur agrément ou leur utilité, et serviront encore aux hommes; il cachera le nid d'oiseaux qui charment les solitudes; il abritera ces poètes ailés qui, dans le morne silence du désert, font éclater les chants joyeux de l'amour et de la vie. Si ses rameaux désolés ne portent ni fleurs ni fruits; si ses branches maudites ne protégent ni l'oiseau qui chante, ni l'insecte qui bourdonne, du moins ses feuilles, emportées par le vent, roulant dans la tempête ou flottant sur la surface des eaux, diront à l'homme que toute joie terrestre est fragile, que tout bonheur n'est que mensonge ici

---

[1] Cf. l. l. *supr.* Ratio sentit.

[2] *Sagess.* XI, c. 21.

[3] *De Ord.* II, c. 4. Mala in ordinem redacta faciunt ad decorem universi. Leibnitz, préface de la *Théodicée.* « Dieu est tout ordre, et la beauté est un épanchement de ses rayons. »

bas, ou plutôt un songe qui ne dure même pas l'intervalle d'une nuit. Ainsi tout rentre dans l'ordre ; tout exprime, tout raconte, tout chante l'ordre, et l'univers est un magnifique poème qui révèle la gloire du Dieu qui l'a créé : [1] *Cœli enarrant gloriam Dei.*

Sans doute l'ordre, l'unité, éclatent dans tout ce qui est Beau ; mais ce n'est pas à dire qu'ils en constituent l'essence. D'abord ne faut-il pas faire quelque attention aux objections qu'avaient déjà soulevées contre ce principe Platon et Plotin? Il n'y a nulle partie isolée qui puisse aspirer à la beauté, si l'on considère l'unité comme un effet de l'ordre, et non comme son principe; il n'y a nulle beauté dans ce qui est parfaitement simple. [2] Ce ne sont pourtant pas des parties laides dont l'arrangement pourra faire du tout une chose belle. Il faut donc reconnaître que « la beauté, comme le dit Plotin, est moins l'ordre et la proportion que ce qui éclate dans la proportion et dans l'ordre. [3] »

En outre, l'ordre, le nombre, ne sont qu'une abstraction et ne diffèrent pas des parties arrangées. La beauté consiste dans les parties ordonnées, *congruentia, convenientia partium :* or, tout ce qui est partie, tout ce qui est divisible est matériel; la beauté consiste donc dans des choses matérielles. Il y a plus : qu'entend S. Augustin par le mot unité? On peut considérer l'unité comme une grandeur de con-

---

[1] S. Aug. *Ep. ad. Marcell.* 138. Alias 3. Velut magnum carmen cujusdam ineffabilis modulatoris.

[2] Plat. *Hippias.* Plotin, *Ennéad.*, VI, 1. 1.

[3] Plotin, *Ennéad.*, VI, 7, 22.

vention, ou une grandeur idéale, à laquelle on rapporte, pour les comparer, d'autres grandeurs de même espèce, et alors la beauté est confondue avec la grandeur, théorie que nous ne tarderons pas à rencontrer; ou bien il entend, par unité, ce principe immatériel, spirituel, que les alexandrins plaçaient au dessus même de l'être. En tout cas, nous trouverons ces deux systèmes qu'il est par conséquent inutile d'examiner ici, et entre lesquels nous ne savons celui que S. Augustin avait choisi; il en est ainsi de l'identité du Beau et du bien, à laquelle il a paru se rallier et que nous aurons occasion d'examiner avec détail.

SAINT THOMAS.

S. Thomas [1] ne s'éloigne guère des principes et de la conclusion du grand évêque d'Hippone : « Puisque le bien de l'être est tout ce qui lui est naturel et convenable, la cause de l'amour est nécessairement le bien. » Qu'est-ce donc que le Beau? « Le Beau et le bon sont la même chose, [2] puisqu'ils reposent sur une base commune, savoir la forme; mais cela n'empêche pas que ces deux entités ne diffèrent rationnellement dans l'idée que nous nous en formons. En effet, le bon se rapporte à la faculté appétitive, puisqu'il est ce que toute chose appète, et forme par cela même la cause finale. Au

---

1 *Somme Théol.*, I, IIe part., quæst. 27, art. 1.

2 *In subjecto*, dit S. Thomas; mais par ce mot il entend évidemment autre chose que le sujet qui les perçoit ou les conçoit. Le mot *subjectum* équivaut ici philosophiquement comme étymologiquement à *substratum*, le fond, l'essence, si ce n'est même la substance.

contraire, le Beau se rapporte à la faculté cognitive, attendu que l'on appelle belles les choses qui plaisent à la vue; il consiste dans une juste proportion où les sens retrouvent leur ressemblance avec bonheur; car ils ont eux-mêmes des rapports d'ordre et d'harmonie, car le sens est une espèce de raison, et il est même toute la faculté cognitive. [1] »

Plus loin, S. Thomas répète à peu près la même doctrine : « Le Beau est en soi la même chose que le bon; [2] mais ils diffèrent rationnellement. En effet, le bien étant ce que tous les êtres appètent, ce en quoi l'appétit se satisfait, est de l'idée, appartient à la notion du bon; mais lorsque l'appétit se satisfait seulement dans la vue ou la connaissance d'un objet, l'objet est rationnellement du domaine du Beau; et voilà pourquoi les sens qui ont le plus de rapport au Beau sont ceux qui sont cognitifs, la vue et l'ouïe, qui sont les ministres de la raison. Nous disons de belles vues, de beaux sons; mais nous n'attribuons pas la beauté aux choses qui tombent sous le goût, sous l'odorat, sous le toucher. Ainsi on voit que le Beau n'est que le bien, auquel s'ajoute l'idée d'un rapport avec la faculté cognitive : de sorte qu'on appelle bon ce qui plaît lui-même, et Beau ce dont la perception plaît. »

---

1 S. Thom., I, quæst. 5, art. 4. « Unde pulchrum in debita proportione consistit, quia sensus delectatur in rebus debite proportionatis, sicut in sibi similibus : nam et sensus ratio quædam est et omnis virtus cognoscitiva. » Par un oubli fort singulier, cette phrase significative, qui rappelle l'axiome : nihil est in intellectu nisi fuerit prius in sensu, a été omise dans la traduction de M. Lachat. Ed. Vivès, 1854.

2 Utrumque græce quia scilicet amatores veluti ad se vocat sive allicit, ut ex Dionysio colligitur. Note sur ce passage de S. Thomas.

On ne voit pas bien comment, si la beauté consiste dans une juste proportion, dans un nombre par conséquent, elle peut être identifiée au bien. Mais le nombre et la proportion se retrouvent également dans le monde moral, et si la beauté du corps [1] « consiste en ce que l'homme ait les membres bien proportionnés, de même la beauté spirituelle consiste en ce que les pensées et les actions de l'homme soient bien proportionnées, suivant la lumière de la raison spirituelle. Cette dernière beauté, c'est l'honnête, c'est la vertu, et voilà pourquoi S. Augustin dit : « J'appelle honnêteté cette beauté intelligible que nous nommons proprement spirituelle. »

En résumé, le bien, la connaissance, la ressemblance, sont les causes de l'amour, et le principe de S. Denys l'Aréopagite : « Tous les hommes aiment non seulement le bien, mais encore le Beau, » est repoussé par S. Thomas. Le Beau est ce dont la perception plaît ; l'impression esthétique est donc une perception agréable ; toute perception s'accomplit par le sens ; il y a dans le sens un certain nombre, une juste proportion, et toutes les choses qui ont cette juste proportion, analogue à celle du sens, plaisent au sens dans la perception, sans doute ; car S. Thomas ne le dit pas expressément, parce que la proportion leur rend la perception plus facile.

La beauté est donc la proportion.

Ce sont là des idées très voisines de la doctrine d'Aristote.

---

[1] Part. IIe, IIe, 145, art. 2. Honestum est idem spirituali decori.

ARISTOTE.

Comme pour S. Augustin, nous avons perdu le traité spécial que le grand philosophe avait composé sur ce sujet. M. Ravaisson [1] émet l'opinion que le titre que nous fait connaître Diogène de Laërce, signifie plutôt *de honesto* que *de pulchro* ; je ne vois pas bien pourquoi. L'*Hippias*, qui a bien évidemment pour matière le Beau, porte le même second titre que le traité perdu d'Aristote. Il est du reste oiseux de discuter sur le sens d'un titre, quand on ne possède pas un seul fragment du texte de l'ouvrage : toute base manque pour le déterminer.

Nous venons de voir S. Augustin et S. Thomas définir la beauté un rapport; nous allons entendre Aristote formuler plus scientifiquement les mêmes idées, et leur donner cette rigueur logique et cette sévérité de formes que son génie imprime à tout ce qu'il touche.

« Nous aimons nos sens parce que c'est par eux que nous connaissons, et le sens que nous aimons le plus c'est celui de la vue, parce que c'est la vue qui nous fournit le plus de connaissances. [2] »

« Tous les hommes se plaisent au spectacle d'objets imités. La cause de ce fait est qu'apprendre est une jouissance très agréable, non seulement aux hommes curieux de savoir, mais même aux autres hommes, pourvu qu'ils puissent participer à la connaissance sans beaucoup de peine et de temps. C'est pour cela

---

[1] *Essai sur la Métaphys. d'Aristt.*, tom. I, p. 101.
[2] Aristt., *Métaph.*, I, ch. 1.

que nous aimons à voir les représentations figurées, parce que de cette vue il résulte que nous apprenons ; nous tirons d'un raisonnement cette conclusion : ce qu'est chaque chose; par exemple, que celui-ci est tel.[1] » « Il y a là un syllogisme qui nous apprend que cette chose est telle.[2] »

Il est impossible de dire plus catégoriquement que l'acte esthétique est un fait de connaissance. Les hommes aiment le Beau, parce que les hommes aiment naturellement à connaître. C'est un syllogisme, et le mot révèle tout le système. Le Beau ne peut donc être qu'une chose tombant sous le raisonnement, et, par conséquent, d'après l'axiome péripatéticien, sous le sens; et en effet le Beau consiste « dans la grandeur et dans l'ordre.[3] » C'est la grandeur ordonnée. « Le Beau, soit dans l'être vivant, soit dans les choses, se compose de parties, et non seulement il faut que ces parties soient disposées avec ordre, il faut en outre que le tout ait une certaine grandeur et non pas toute espèce de grandeur; car la beauté consiste dans l'ordre et dans la grandeur. C'est pour cela qu'un animal trop petit ne saurait être très beau; car la vue est troublée, et la sensation ne dure qu'un temps imperceptible. Il en est de même d'un animal trop grand; on ne le voit pas tout entier en même temps; l'unité, le tout échappe aux yeux.[4] » Or, l'unité est le caractère de tout ce qui

---

1 *Poét.* 4.

2 *Rhét.* I, 2. Cf. *Rhét.*, III, 10.

3 *Poét.* 7. *Politiq.* VII, 4.

4 Aristt. *Poét.* 7. L'édit. de Tyrwhitt donne une leçon confirmée par quelques manuscrits et qui atténue un peu ce principe : *le Beau se compose*

est beau ; toute beauté doit ressembler à ce qui vit : être vivant, un et entier.[1]

Ainsi la beauté est d'essence matérielle, puisqu'elle se compose de parties et qu'elle a une certaine grandeur déterminée. « Les plus grandes formes du Beau sont l'ordre, la proportion, la limitation.[2] » Ce dernier terme emporte évidemment l'idée de corps, puisqu'il n'y a que les corps qui soient susceptibles d'être limités ; cependant la convenance et le rapport entre ces parties matérielles, la proportion et l'harmonie qui règnent entre elles, sont plus estimables que les choses mêmes où elles se manifestent. Aristote évite ainsi de tomber dans le grossier matérialisme d'Hippias ; mais en ne faisant plus de la beauté qu'un rapport numérique, tombant sous le calcul, il la réduit à n'être plus qu'une idée abstraite et logique, susceptible d'être saisie par l'intelligence seule, et soumise à des démonstrations scientifiques et mathématiques ; comme le bien lui-même, le Beau devient un objet des mathématiques. Il faut l'entendre pour le croire : « Ceux qui prétendent que les sciences mathématiques n'ont rien à dire sur le Beau et sur le bien, se trompent. En effet, ce sont ces sciences au contraire qui ont le plus à dire sur ce sujet ; car ce sont elles qui peuvent le mieux démontrer. Parce qu'elles ne les nomment pas,

---

de parties. Tyrwhitt lit : toute beauté, soit vivante, soit chose qui se compose de parties.

1 *Poét.*, 23.

2 *Métaph.*, *vulgo* XIII, c. 3. Ed. Duval et trad. Bessarion, XI, c. 3, p. 957. La limitation est l'extrémité des choses : c'est la forme de la grandeur et de tout ce qui a la grandeur.

parce qu'elles se bornent à montrer les faits et les raisons des faits, il ne faut pas croire qu'elles ne s'en occupent pas. Les plus grandes formes du Beau sont l'ordre, la proportion, la grandeur limitée : or ce sont là, précisément là les choses que les mathématiques excellent à montrer.[1] » En effet, quels sont les objets des mathématiques? les grandeurs et les nombres : or la proportion est un nombre, et le limité est une grandeur.

« Le bien et le Beau diffèrent, ajoute Aristote ; car le premier consiste toujours dans une action, l'autre est placé dans des choses immobiles. » C'est conséquent. Là où il ne peut être question que d'ordre, de symétrie, de grandeurs numériques, on tombe dans la sphère des abstractions et des formes logiques. La beauté, cet idéal vivant, perd le mouvement et par conséquent la vie ; car elle est différente en cela du bien qui, consistant essentiellement dans une action, suppose un agent, c'est à dire une force active, douée de vie et de mouvement. Du reste le bien, comme le Beau, tombe également dans l'empire vide et froid des mathématiques.

LES STOÏCIENS.

Les stoïciens avaient sur ce sujet adopté presqu'entièrement les idées d'Aristote ; seulement ils confondaient le Beau et le bien : « le Beau c'est le bien parfait.[2] » Ils tiraient même la définition du bien de celle

[1] *Métaph.*, XIII, c. 3.
[2] Diog. Laert., VII, 100.

du Beau par la série de syllogismes qu'a rétablie M. Ravaisson,[1] et dont je me borne à donner les conclusions.

Le bien, c'est ce en quoi consiste la beauté, c'est à dire l'harmonie, la proportion,[2] la convenance. En effet le Beau, c'est l'objet de la louange, avait dit Aristote.[3] Le bien est ce qui est désirable, par conséquent aimable, par conséquent digne d'approbation.[4] Il suffit de montrer que la louange n'est que la forme la plus parfaite de l'approbation, si toutefois elle n'est pas l'approbation même, pour montrer que le Beau c'est le bien, ou plutôt le bien c'est le Beau.

Il devient donc nécessaire de savoir ce que dans ce système on entend par le bien. Dans la doctrine d'Aristote, le bien est un acte; car il est la fin et la cause du mouvement : or la fin, c'est l'acte même où le mouvement se termine. Le mouvement est un acte imparfait, parce qu'il a sa cause et sa fin hors de lui; la perfection de l'acte est l'acte qui a sa fin en lui-même : tel est l'acte immobile de la pensée. Mais, chez les stoïciens, le bien n'est plus l'acte pur, la pensée qui se suffit à elle-même : c'est le rapport, la proportion qu'impose à la matière la raison ou la volonté; c'est la vertu, c'est la loi : or la loi, c'est toujours quelque ordre.[5] Comme le Beau, le bien est donc un rapport et une harmonie; c'est un équilibre

---

1 *Essai sur la Métaph. d'Aristt.*, tom. II, p. 189.

2 *Chrysip. ap. Galen. de Hippocr. et Plat. placit*, V, p. 159.

3 *Rhét.* I, 9.

4 Cicér. *Tuscul.*, V, 15.

5 *Politiq.*, VII, 4.

tenu par la raison et par la raison seule entre toutes les affections et les idées humaines : *Opinionum judiciorumque æquabilitas et constantia cum firmitate quadam et stabilitate pulchritudo vocatur.*[1] Le Beau identique à un semblable bien, n'est et ne peut être que le Beau moral, le *decorum*, qui consiste dans trois qualités difficiles à définir, comme le dit Cicéron lui-même, et qu'il appelle *formositas, ordo, et ornatus ad actionem aptus*.[2] La beauté du corps même est morale; sa force, et même son teint coloré, annoncent l'exercice et le travail. Le nom de *dignitas* équivaut à celui de *decorum*.[3] Le propre de toute beauté est d'exciter la louange et l'approbation de ceux avec qui nous vivons.[4] Au fond, il n'y en a qu'une espèce, c'est la beauté morale; il n'y a qu'un art, c'est l'art de la vie.

Ce sont là des maximes stoïciennes et vraiment stoïques : elles portent à la fois ce caractère de grandeur et d'exagération, d'élévation et de chimère, propre à la doctrine et qui en fait la force et la faiblesse.

PLATON.

On a, bien à tort, attribué cette théorie à Platon, qui l'a réfutée avec cette nuance de sophisme qui dé-

---

[1] Cicér. *Tuscul.*, IV, 14.

[2] *De Offic.* I, 35. Decorum illud positum est in tribus rebus, formositate, ordine, ornatu ad actionem apto, difficilibus ad eloquendum.

[3] *De Offic.* I, 36. Pulchritudinis duo genera sint quorum in altero venustas sit, in altero dignitas.

[4] *De Offic.* I, 28. Hoc decorum movet approbationem eorum, quibuscum vivitur.

pare un peu la dialectique de l'Académie. Si le Beau est la cause du bien, dit-il dans l'*Hippias*,[1] la cause et ce dont elle est la cause sont deux choses différentes, et par conséquent le Beau et le bien sont deux choses différentes. Loin d'être le père du bien il en est plutôt le fils : il est l'effet plutôt que la cause. Pour avoir l'idée complète du bien, il faut embrasser et réunir dans une seule idée, la vérité, l'ordre et la beauté. Le Beau n'est donc plus ici qu'un indice, qu'un caractère, un élément de l'idée totale du bien.[2]

La pensée vraiment platonicienne, la pensée même de Platon est celle qu'adopteront les néo-platoniciens et que formulera Plotin ainsi : « Le bien est le principe de la beauté et de l'amour.[3] » Elle n'est guère d'accord, comme je l'ai déjà fait remarquer, avec la fameuse définition qu'on a si souvent attribuée à Platon : le Beau est l'excellence du bien et la splendeur du vrai, proposition qu'on chercherait en vain dans ses ouvrages exprimée en ces termes, et dont on aurait beaucoup de peine à extraire le sens et l'esprit du fond naturel de ses idées.

Quoi qu'il en soit, si cette magnifique image qui représente le Beau comme une perfection, comme une splendeur radieuse du bien, a un sens philosophique, et

[1] *Hipp. maj.*, trad. de M. V. Cousin, p. 145.
[2] Platon, *Philèb.*, p. 94. Il est vrai que, par une concession qui semble une contradiction volontaire, il ajoute dans le même dialogue : « L'essence du bien vient de nous échapper ; elle est allée se jeter et se perdre dans l'essence du Beau ; car, en tout et partout, la juste mesure et la proportion sont une beauté, une vertu. » Il en résulte toujours, qu'admettre une beauté morale, c'est perdre l'essence de la beauté dans l'essence de la vertu.
[3] Plot., *Ennéad.*, VI, liv. VII, c. 34.

ici je ne puis m'empêcher de croire avec Aristote que ces brillantes et poétiques métaphores n'ont pas la précision de sens nécessaire à la science, et qu'en vérité elles sont un peu vaines et presque vides ;[1] si ces métaphores se peuvent résoudre en une proposition claire et nette, c'est évidemment en celle-ci : le Beau est le principe du bien. Il en est le principe, l'essence, puisqu'il en est l'excellence, et que la vraie nature, l'essence de toute chose, est ce qu'elle a de meilleur et de plus excellent. Ce n'est certainement pas d'une idée qui lui soit inférieure, qu'une idée excellente peut tirer son origine et surtout son principe. Le Beau est le bien devenu excellent et arrivé à sa perfection; c'est bien véritablement la maxime stoïcienne; mais qui ne voit que ce principe établit entre les idées une hiérarchie tout à fait contraire aux idées platoniciennes, puisqu'elle met au sommet des essences idéales le Beau et en fait le père du bien. Les platoniciens, au contraire, et les alexandrins, fidèles en ce point du moins à la doctrine de leur maître, relèguent le Beau au rang d'effet : « Le Beau nous détourne quelquefois du bien même, de même que l'objet aimé fait oublier son père à l'amant.[2] » Dans la théorie de Platon, le bien est le principe suprême, souverain, absolu ; il est au dessus de l'acte, au dessus de l'être même dont l'acte est la mesure ; car il est la raison de l'être, comme le but où tend tout acte. Pour Platon, l'acte n'est pas, comme aux yeux d'Aristote, un principe pur et parfait, se suf-

---

[1] *Métaphys.*, I, 30.
[2] Plot., *Ennéad.*, VI, 7, 22.

fisant à lui-même, immobile et simple, cause première et fin dernière de tout mouvement. Loin d'être un mobile, l'acte est encore un mouvement; tout mouvement a une fin révélée par un désir : or la fin de ce mouvement de l'acte est et ne peut être que le bien. Que peut-on donc concevoir, dans une théorie pareille, qui soit placé au dessus du bien, qui puisse en être appelé la perfection et l'excellence? Absolument rien, puisque c'est le bien qui domine, enfante et meut tout, puisque tout se rattache et retourne à lui comme au principe premier et au but dernier des choses. Mais non seulement cette définition, qui place le Beau au dessus du bien, ne peut pas appartenir à la vraie doctrine platonicienne qui la contredit expressément, mais elle ne peut même se concilier avec celle qui l'accompagne et qu'on donne toujours comme en étant le corollaire ou le complément. Ceux qui pensent que le Beau est l'excellence du bien, ne peuvent pas admettre en même temps qu'il soit l'éclat et la lumière du vrai. Ce sont, en effet, deux propositions contradictoires, au moins dans les termes, à moins qu'on n'identifie l'essence du vrai, celle du bien et celle du Beau, auquel cas la définition ne signifie absolument rien, n'explique rien, rigoureusement parlant, puisqu'on se borne à unir par une affirmation deux termes antérieurement déclarés identiques. Ce n'est pas la peine de poser une affirmation. A égale A : cela est plus certain qu'instructif. On peut, on doit faire, je le sais, une seule idée de ces trois, et dire que le vrai, le Beau, le bien, sont des choses substantiellement identiques, en ce sens qu'elles se réalisent uniquement et par conséquent s'identifient dans l'être absolu, parfait, qui contient et qui est tout bien, toute vérité, toute beauté. Sans doute parce que l'intelligence infirme et finie de l'homme analyse les attributs, les isole les uns des autres, et les sépare de la substance qui les porte, la substance et ses attributs n'en forment pas moins un tout essentiellement un et identique, et d'une unité indestructible ; sans doute le Beau n'est pas une essence, c'est à dire une réalité vivante, quoique Platon nous la montre au rang des essences glorieuses qui forment le chœur céleste à la suite de Jupiter.[1] Il n'est qu'une vertu, un rayonnement qu'on ne peut réellement détacher de l'astre qui projette toutes ces splendeurs ; mais du moment où les nécessités de la science et la nature du langage et de l'esprit humains ont conduit à ces abstractions et à ces analyses ; du moment qu'on sort de l'être et de la réalité substantielle pour entrer dans le domaine des idées et de l'intelligence ; du moment enfin qu'on a distingué les essences des trois idées, il faut maintenir ces distinctions logiques, sous peine de tomber volontairement dans les plus inextricables confusions.

Or, les platoniciens et les néo-platoniciens font cette distinction, et, après l'avoir faite, il ne leur est plus permis de la méconnaître. Les néo-platoniciens disent : « La beauté est un objet de l'intelligence, de la contemplation ;[2] le bien, le bien seul est l'objet de

---

[1] Platon, *le Phèdre*.

[2] Plotin, *Ennéad.*, VI, 7, 22, 35. « Le bien n'est pas, comme la beauté, un objet de contemplation, mais d'amour.... La beauté est la plénitude de l'intelligence. V, 8, 3.

l'amour. » La vue la plus éveillée de la beauté laisse la raison froide, si l'âme n'est échauffée par l'amour du bien. « Sans l'influence du bien suprême, aucune chose n'aime, aucune chose n'est aimée. L'objet ne devient désirable que quand le bien l'illumine et vient donner aux choses les grâces, et à celui qui les désire, les amours.[1] » Pour Platon, qui fait du Beau l'objet du désir de la production et de l'amour, il le distingue bien évidemment de la contemplation pure et spirituelle où le réduisent, à l'exemple d'Aristote, les Alexandrins; par conséquent on ne peut concilier, ni dans sa doctrine, ni dans toute autre qui distingue ces deux idées, une définition qui, par l'un de ses termes, met la beauté dans le vrai, et par l'autre la met dans le bien; il faut donc non seulement l'enlever à Platon, mais l'effacer du nombre des définitions discutables.

Suivant Platon, l'amour n'étant que l'amour de la beauté,[2] la beauté c'est ce qui est aimable. Mais qu'est-ce en soi que cette chose aimable ? Ce n'est pas une réalité sensible ni la matière qui la constitue, car cette réalité sensible est changeante et périssable; cette matière, la plus pure et la plus solide, n'est ni indestructible ni inaltérable. D'un moment à l'autre une des causes auxquelles elle est soumise, pourra la modifier, et changer en un objet affreux l'objet le plus aimable. De plus, cette réalité étant mêlée à toutes les

---

[1] Plot., *Ennéad.*, VI, 7, 22.

[2] Cicér., *Tusc.*, IV, 35. Auctore quidem Platone Stoïci amorem ipsum conatum amicitiæ faciundæ ex pulchritudinis specie definiunt.

autres choses de même nature, se compare à elles : plus aimable que les unes, moins aimable que les autres, elle n'exprime pas ce qui est aimable en soi, puisque l'aimable devient plus ou moins et ne demeure pas stable. Ce qui est aimable en soi n'est pas non plus la sensation même; car cette sensation n'est rien que le sujet modifié d'une certaine manière, et alors la beauté n'est plus rien en elle-même, et n'est qu'un certain état de l'âme dont les objets extérieurs sont l'occasion et non point la cause. S'ils n'en sont que l'occasion, la beauté est purement subjective, et ils n'en sauraient être la cause ; autrement ce seraient eux qui seraient beaux, et non pas la sensation qui serait belle; ce qui détruirait le principe que l'on a admis. Ainsi, ni l'or, ni la jeune fille, ni le plaisir, ne sont la beauté. Si l'on entend par beauté la convenance et la proportion, elle n'est plus qu'un rapport, elle n'existe pas dans les parties ordonnées; en outre, comme elle suppose nécessairement des parties, elle exclut la beauté de tout ce qui est un et simple. Enfin cette définition, qui tend à conclure que les parties en elles-mêmes n'ont ni laideur ni beauté, et que leur arrangement seul les qualifie, est contredite par la plus vulgaire expérience : ce ne sont pas des parties laides dont la proportion peut faire un ensemble beau; et si l'on analyse la beauté d'un tout, on verra la beauté éclater encore dans les parties. Si l'on entend par Beau, l'utile, l'utile n'étant qu'une relation, un intermédiaire, on peut demander toujours : utile à quoi? Si l'on répond utile au corps, on retombe dans les hypothèses déjà combattues et détruites de la beauté sensible ; si l'on répond : ce qui est utile à l'âme, on confond le Beau avec le bien, qui peut en être considéré comme le père et doit par conséquent en être distinct.[1]

Ce qui est aimable en soi, est une chose en soi : or, les choses sensibles constituant la région du temps et du changement, ne sont que la copie imparfaite ou altérée des réalités véritables, des pures essences, en un mot, des idées. Seules les idées sont quelque chose en soi : donc ce qui est aimable en soi, ou la beauté est une essence ou une idée. Maintenant qu'est-ce qu'une idée platonicienne ? C'est, dit Xénocrate,[2] la cause exemplaire de ce qu'il y a de constant et de perpétuel dans la nature ; c'est le type de la réalité, c'en est aussi l'essence ; mais cette essence, qui est une généralité, un universel, est-elle ou non séparable des réalités dont elle est le type et l'essence ? Socrate, en rendant l'essence inséparable de la réalité, n'avait fait de l'idée qu'un être logique. Platon la rendit séparable : il en fit le principe d'où toutes les choses individuelles participent et tirent leur réalité et ce qu'elles ont de commun entre elles, le principe d'unité de leur vie et de leur substance ; par là il éleva l'idée au rang d'un être réel, par conséquent singulier et individuel,[3] subsistant par lui-même, indépendant et absolu.

---

[1] L'Hippias.

[2] Proclus in Parmenide.

[3] Aristt., Métaphys., I. M. Vacherot (Hist. de l'école d'Alexandrie, tom. I, p. 9 et 10) a contesté la justesse de cette appréciation des idées platoniciennes. Il prétend que la dialectique platonicienne se contente de distinguer

Les choses ne sont que parce qu'elles participent aux idées, et c'est par cette participation aux diverses essences ou idées qu'elles sont telles ou telles. Les idées sont donc le principe de la forme et de l'essence des choses qui participent à l'être sans le posséder. L'idée seule est la véritable essence. C'est donc parce que les choses participent à l'idée de la beauté que les choses sont belles. Mais comment concevoir cette participation? C'est principalement à cette théorie que le sévère Aristote applique les épithètes trop justifiées, de métaphore poétique, de fiction pure et de vaines paroles. La participation n'est qu'un mot vide de sens. Il est impossible de comprendre comment l'essence d'une chose peut être séparable de cette chose, c'est à dire comment cette essence peut être à la fois en elle et hors d'elle. Par cette participation, dit Aristote, les hommes ne sont plus une seule chose : ils en sont plusieurs, et plusieurs différentes ; un animal et un bipède ; car ils participent évidemment de ces deux idées. L'unité et la simplicité de l'essence disparaissent : or, qui dit essence, ne dit-il pas unité et simplicité?

Quoi qu'il en soit, toutes les idées du vrai, du Beau et du bien, forment, suivant Platon, la région du monde intelligible, le côté divin et immuable des choses. Ces

---

l'essence des individus sans les en séparer. C'est une assertion bien difficile à maintenir devant les textes d'Aristote. *Métaphys.* XIII, c. 4. Cf, liv. VII, p. 169. Ce mot ne peut se borner à signifier distinct, car on ferait supposer que Socrate ne les distinguait pas. Hégel lui-même, qui voit dans les idées de Platon des objets intellectuels, reconnaît que ce sont des objets réels : ce sont les qualités des choses reconnues pour absolues

essences sans couleur, sans forme, impalpables, [1] ne peuvent être contemplées que par la pensée ; elles sont l'objet de toute science, car on ne peut connaître que ce qui est; c'est la nourriture de toutes les âmes, la source de toute justice, de tout amour, de toute félicité ; l'âme y retrouve ce qui convient à sa nature et ce qui lui est semblable ; elle s'y retrouve elle-même, car elle aussi est une idée ; [2] mais elle se retrouve purifiée par ce chaste commerce. Comme un oiseau céleste, elle s'envole sur les ailes de la raison et de l'amour, libre de ce tombeau qu'on appelle le corps, que nous traînons après nous, et où nous sommes emprisonnés comme l'huître dans sa coquille.

Au milieu de ces essences, la beauté est perçue par le plus lumineux de nos sens, la vue, qui, malgré sa finesse, ne peut cependant contempler la sagesse dans tout son éclat ; car si sa claire image venait à frapper nos regards, nous sentirions des transports d'amour passionné tels que nous ne pouvons aujourd'hui même les concevoir. Aujourd'hui c'est la beauté, et non la sagesse, qui seule est visible à nos sens, qui seule est aimable.

Aussitôt qu'elle l'a perçue, l'âme éprouve un frémissement délicieux et profond, mélangé d'une certaine crainte, comme à l'aspect de la divinité. En effet, c'est Dieu lui-même qui la visite et qui, descendant en elle, y jette les transports et le délire de l'inspiration ; car

---

1 Plat., *le Phèdre*.

2 M. Vacherot cite, sans indication précise, ce passage du *Theœtète*, où l'âme est appelée une idée. Je n'ai pas pu le retrouver.

l'inspiration où nous jette la beauté est un délire, et ce délire est divin.[1] Il ne faut pas croire, en effet, que tout délire soit un mal. Le délire inspiré par les dieux est supérieur à la sagesse humaine : c'est par le délire que les dieux dictent au poète ses chants sublimes ; ce sont en effet les dieux seuls qui parlent par sa bouche, et il n'est auprès des hommes que leur saint interprète.[2] Comme une abeille harmonieuse, sur ses ailes légères et sacrées, il s'est envolé dans la région des idées, dans le jardin des Muses : là il a entrevu la beauté, et, troublé, éperdu, hors de lui, il rapporte du ciel les choses qu'il y a entendues.[3] Semblables aux Corybantes qui ne peuvent danser s'ils ont conservé leur raison, les poètes ne s'appartiennent plus ; ils ne sont pas les véritables auteurs des chants que nous admirons ; ils sont possédés des dieux, qui s'en servent comme de serviteurs, comme d'instruments dociles de leurs volontés.[4]

Ainsi, en soi, ce qui est aimable, c'est la beauté, et la beauté c'est l'idée, c'est à dire l'essence de la beauté. Comme toutes les autres essences, « la beauté est éternelle, incréée et impérissable ; exempte d'accroissement et de diminution ; qui n'a rien de sensible ; qui existe éternellement et absolument par elle-même et en elle-même ; de laquelle découlent toutes les autres beautés, et dont la contemplation donne seule quelque prix à la vie humaine. »[5] En un mot, c'est Dieu.

1 C'est le don de prophétie, c'est la seconde vue du *voyant*.
2 Horace. Sacer interpresque Deorum.
3 *Ion.* Je suis chose légère et semblable aux abeilles.
4 *Ion.*
5 *Le Banquet.*

J'ai dit plus haut ce que je pensais de cette maxime : la beauté c'est Dieu même ; je n'ai pu y voir ni une définition solidement assise, ni un principe évident d'esthétique. Il n'est pas facile d'ailleurs d'extraire des œuvres de Platon, sur aucun des problèmes de la philosophie, une théorie complète et dogmatique, un système enchaîné et affirmatif. On peut dire que fonder des théories, construire un édifice scientifique, n'a été ni le but, ni le souci de ce noble et beau génie. Sans aller jusqu'à rabaisser ses pensées du terme trop peu respectueux de *fantaisies philosophiques*,[1] on peut dire qu'elles ne présentent pas cet ensemble, ce lien d'idées, cette suite serrée de raisonnements qui font la force et la beauté sévère d'une doctrine. Platon semble, par la poésie du style et le charme incomparable de l'éloquence, avoir eu en vue plutôt de séduire les imaginations, d'émouvoir, d'entraîner les âmes, de les enchanter par la grâce, que de satisfaire à la raison par des constructions géométriques, par une exposition savante et une chaîne non interrompue de démonstrations. Il a eu un but pratique : un changement dans les mœurs et les sentiments. Le dialogue ne s'adresse qu'à l'interlocuteur et à des assistants peu nombreux ; ce cadre animé est l'image des habitudes et des goûts de cette société grecque aimable et subtile, raffinée et délicate. La forme sévère de la science n'était alors ni connue ni désirée ; il est évident que c'est Aristote qui la fonde. Aristote écrit et parle, non pas pour convertir

---

[1] M. Ernest Renan, *Revue des deux Mondes*, 1858, tom. XV, 1er avril.

les âmes ou redresser les mœurs : il est mû uniquement par le besoin de savoir, indépendamment de tout autre but et de tout autre résultat. On ne trouve rien de semblable dans Platon, qui n'a, sur le sujet qui nous occupe comme sur tous les autres, fait que jeter çà et là, en discourant, et comme en se jouant, des traits profonds et des vérités lumineuses mêlées à beaucoup d'ombres.

PLOTIN.

Mais nous allons trouver dans Plotin une véritable théorie du Beau, une doctrine savamment construite et empruntée, comme toute la philosophie alexandrine, à la double source de Platon et d'Aristote, troublée par les idées et surtout par le style des théogonies orientales.

Nous venons de voir que pour Platon la beauté est une idée. L'idée étant l'essence même, le type intelligible des choses, et la forme intelligible étant la seule vraie forme des choses et leur vraie réalité, l'idée, l'être, l'essence, la vérité, sont des termes identiques qui n'expriment qu'une seule et même chose. Cependant chez Platon les idées, parfois considérées comme des êtres réels, sont aussi considérées seulement comme des entités logiques et abstraites, sans mouvement et sans vie. Il semble hésiter; mais Plotin n'hésite pas, il n'éprouve aucune incertitude et ne laisse flotter aucun doute sur sa pensée; il adopte, en le précisant et en le complétant, le système de Platon; il fait de la beauté une idée, et de l'idée il fait nettement une âme, une vie : or, dans le monde des idées, tout ce qui vit, pense, et tout ce qui pense est un ; car l'être véritable est la pensée, est l'intelligence. Si penser, si connaître, c'est mettre en rapport l'objet pensé et le sujet pensant; si la vérité est nécessairement une adéquation entre ce sujet et cet objet, comme une chose ne peut être adéquate à une autre qu'autant qu'elles sont toutes deux de même nature, il est nécessaire que le sujet et l'objet soient de la même nature : or, le sujet étant esprit, c'est à dire un intelligible, il est nécessaire que l'objet le soit également, c'est à dire que l'idée se pense elle-même, comme l'avait déjà dit Aristote, et se réduise à la plus parfaite identité,[1] à la pure unité, dernière forme et souverain principe, bien suprême où tendent toutes les puissances douées de vie, pour en recevoir le complément et la perfection de leur nature.

Il résulte de là que la beauté étant une idée, l'idée étant un principe, une essence éminemment intelligible, la vérité et la beauté se confondent; le Beau n'est en chaque chose que son essence véritable, son idée vraie; de là ces propositions significatives : la beauté est la plénitude de l'intelligence;[2] la beauté est la réalité et l'apparence de l'être.[3] Or, s'il en est ainsi, malgré quelques expressions contradictoires des *Ennéades*, on est amené nécessairement à cette conclusion : que la théorie de la beauté se confond, pour les néo-platoniciens, avec la théorie de la connaissance, et

---

[1] Voilà en germe toute la théorie d'Hégel.
[2] *Ennéad.*, V, 8, 3.
[3] *Ennéad.*, VI, 7, 5.

avant d'expliquer leur système sur le Beau, il convient d'examiner leurs doctrines sur la connaissance et la vérité.

Il ne faut pas croire que ce que nous venons de dire s'applique uniquement à la beauté spirituelle : la beauté du monde extérieur, que Plotin est loin de dédaigner,[1] se rattache encore au même principe. En effet, la matière est intérieurement agitée et conduite par une raison, par une âme, par une intelligence invisible qui seule y dépose la vie, en constitue l'essence et l'idée, en commande les mouvements, la rend active et féconde.[2] Cette raison qu'est-elle, sinon une idée? et qu'est-ce que la matière, sinon un ensemble de formes mortes, infécondes, immobiles, mais qui représentent la forme invisible et la pensée vivante qui au dedans les meut et les vivifie? Le monde sensible n'est donc qu'un symbole du monde invisible; il en est la représentation, et la vérité de cette représentation en constitue la beauté; il ne signifie pas seulement, il exprime; c'est un livre et plus qu'un livre : c'est un poème. C'est aussi le mot dont se sert S. Augustin; c'est une idée que la Bible avait la première émise et que toutes les religions s'empressent d'admettre. La création est représentée, dans la *Sagesse*, comme un éclat, un rayonnement de la gloire de Dieu.[3] La grandeur et la beauté de la créature peuvent faire connaître

---

[1] *Ennéad.*, II, 9, 17.

[2] Cette âme ressemble beaucoup à la monade de Leibnitz. Cf. *De notione Substantiæ et principia Philosophiæ*. Ed. Dutens. Tom. II, p. 14 et 22.

[3] Ch. 13.

et en quelque sorte rendre visible le créateur. Si donc le monde sensible est la représentation du monde intelligible, connaître la vérité de ce qu'il représente et saisir sous ses formes visibles la forme invisible qu'elles révèlent et cachent en même temps, c'est en goûter la beauté. [1]

Nous retombons ici dans la doctrine d'Aristote. Jouir de la beauté c'est connaître, c'est faire un agréable syllogisme qui nous apprend quelque chose facilement et promptement : or, qu'est-ce que connaître, suivant les alexandrins, qui ont adopté sur ce point presque toutes les idées d'Aristote?

Nous l'avons déjà dit : ce qui fait le fond, l'essence des choses même matérielles, ce n'est pas la matière ; c'est la forme que leur confère l'acte, lequel acte détermine et réalise les puissances latentes de la matière, actualise la possibilité. Cette forme qui, de plus, donne aux choses l'unité, c'est à dire, selon les alexandrins, le bien suprême, c'est l'idée, c'est à dire un principe intelligible. C'est ce principe intelligible que, dans la connaissance, saisit seule l'intelligence, car il échappe à la sensation ; c'est ce principe intelligible, on le voit, qui fait l'être véritable des choses, tandis que le rapport de cet intelligible à l'intelligence en constitue la connaissance vraie, la vérité.

L'être est donc identique à l'intelligence ; [2] et la

---

[1] M. de Lamennais, *Esq. d'une philos.*, tom. III. « Le sentiment du Beau naît, lorsqu'à travers les formes visibles l'esprit découvre l'invisible essence. »

[2] « L'être d'une chose consiste à être perçu. » Berkeley. « Tout ce qui est rationnel est réel, et tout ce qui est réel est rationnel. » Hégel.

pensée, véritable vie de toutes choses, se pensant elle-même, son acte, qui est sa forme, est la pensée de la pensée.

Mais tandis qu'Aristote trouve dans cette contemplation de l'intelligence par elle-même, l'acte pur et parfait, se suffisant à lui-même, remplissant tous les désirs de l'être et toute la perfection de la vie, les alexandrins, se rapprochant de Platon, conçoivent un but à cet acte; ils ne le considèrent plus comme immobile, c'est à dire comme mouvement n'ayant d'autre fin que lui-même; au contraire, ce mouvement a une fin; cette fin, c'est le bien auquel tendent tout acte, tout mouvement de ce qui vit et de ce qui pense : or, l'intelligence humaine, à moins qu'elle ne s'élève par un laborieux exercice à des facultés supérieures de connaître, ne peut comprendre que ce qui a une forme, et le bien n'a pas de forme, non seulement pas de forme sensible, mais même intellectuelle. Il y a plus : l'âme alors qui s'élève jusqu'à lui, se fait semblable à lui, et, comme un amant qui prend modèle sur sa maîtresse, elle se dépouille aussi de toute forme; le bien et l'âme ne font plus qu'un, sans qu'on puisse les distinguer.[1]

Le bien est donc sans forme, car il est l'unité absolue; il est l'absolu, et qui dit absolu dit amorphe. Mais quoiqu'il n'ait pas de forme, il engendre la

---

[1] On voit que ce n'est plus la raison qui s'élève à ces hauteurs intellectuelles, pour saisir ce principe dans son être dépouillé de forme; c'est l'extase, le délire, l'anéantissement ou au moins la suspension de la raison, comme dit saint Denys l'Aréopagite.

forme ; il dépose sur les choses une trace et une marque de lui-même ; cette trace, cette empreinte, cette forme, fleur de l'essence, rayonnement de la vérité, c'est la beauté. Ainsi on le voit, la beauté n'est qu'un symbole ; ce n'est pas elle qui fait naître l'amour ; ce n'est pas elle qui est exprimée par une forme sensible : elle est la forme qui exprime l'essence sans forme du bien. Chaque chose ne devient désirable que parce que le bien, dans un chaste hymen, dans une union intime et pure avec l'âme, y répand les couleurs et les grâces, et allume dans l'âme que la beauté laisse froide, un feu qui la dévore, une lumière qui fait tout resplendir, tout rayonner, qui transfigure toutes choses.

Le Beau est la forme de ce qui est aimable, et ce qui est aimable c'est le bien, principe suprême, sans figure et sans forme, sans lequel aucune chose n'aime, aucune chose n'est aimée.

Ainsi, si l'on considère la beauté, non pas dans sa forme mais dans son essence véritable, elle est identique au bien, identique à son tour au vrai et à l'être. La beauté donc se mesure à la capacité des choses à se laisser dépouiller de toute figure. Toutes les formes, toutes les idées qui ont encore de la multiplicité, de la diversité, sont dans la privation ; celles qui sont susceptibles d'avoir une représentation sensible, n'ont qu'un reflet fort effacé de la beauté. La beauté réelle est dans une chose absolument amorphe, l'un et l'absolu. En effet, tout ce qui a une forme ou figure, se mesure ; tout ce qui se mesure, n'est ni infini, ni se suffisant à soi-même ; il ne tire pas sa beauté de lui-même : ce n'est donc qu'une beauté empruntée. Il faut monter plus haut pour trouver la source et l'origine d'où elle émane : et d'où peut-elle émaner, si ce n'est de l'absolu entièrement amorphe ?

Contempler la beauté réelle, c'est regarder en soi et y voir l'unité suprême ; comme un homme dont Apollon s'est emparé, contemple en lui-même le Dieu qui le possède et auquel il s'est identifié. Il résulte de là, que tant que cet œil intérieur de l'âme est obscurci par des passions, des vices ou des erreurs, il ne peut pas voir cette essence éblouissante, cette face auguste de la divinité qui n'entre pas dans l'âme des méchants.[1] Pour contempler la beauté il faut la posséder ; il faut être Beau pour juger de la beauté ; par conséquent il faut purifier par la lumière de la vérité et par la grâce de la vertu, toutes les pensées impures et ténébreuses qui s'opposent à la parfaite identification du sujet et de l'objet, de l'intelligence et de l'intelligible ; il faut que l'homme travaille lui-même à sa statue jusqu'à ce qu'il voie régner en lui la sagesse ; alors il devient à la fois la vue et la lumière ; il se fait, pour voir Dieu, semblable à Dieu : que dis-je identique à Dieu ? il devient Dieu lui-même. La beauté n'est autre chose que la vertu ; la vertu pour l'âme, c'est de s'assimiler à Dieu : or, Dieu est un esprit pur et parfait ; il faut donc que l'homme tue en lui toutes

---

[1] S. Jean Chrisostôme. « Quand on a l'œil sain et vigoureux, on découvre les splendeurs du Beau qui planent au dessus de tout ce qui paraît désordonné. »

les sensations qui tiennent au corps et à la matière ; qu'il sorte de cette prison, de ce tombeau où il est enchaîné comme un captif privé de la lumière ; qu'il s'affranchisse de cette chair et de ce sang [1] où il est enseveli, dont les désirs impurs le souillent, et dont le poids le fait retomber loin du ciel et loin de Dieu. [2]

On reconnaît facilement dans ce système, avec plus de développements et plus de méthode, la plupart des idées de Platon. La beauté est une essence et pour ainsi dire une substance ; essence purement spirituelle, amorphe, absolue. Toutes les choses individuelles et particulières qui sont belles, ne le sont que par une participation à ce principe raisonnable qu'elles sont naturellement propres à recevoir. Cette raison pénètre la matière et l'amène à l'unité, parce que l'objet prend la forme de l'idée qu'il a reçue. Nous avons déjà dit en quoi cette théorie nous paraissait inadmissible : elle identifie le Beau avec le vrai, et fait de l'acte du goût un acte de connaissance, système dont nous avons, dans la première partie de cet ouvrage, cherché à réfuter l'erreur. En outre, que la recherche de l'absolu soit permise ou interdite à l'esprit humain, qu'il puisse ou non sonder les mystères de la cause et de la substance, peu importe ici, et ce n'est pas le reproche que nous avons le droit et l'intention d'adresser à Plotin ; mais il ne peut être permis, et il n'est

---

1 Cf. Bossuet.
2 Cf. *Ennéad.* 1. Tout le sixième livre.
   Ennéad. V, liv. 8, ch. 1, 2, 3, 8, 10.
   Ennéad. VI, liv. 7, ch. 30, 31, 32, 33, 34 et 22.

assurément d'aucune utilité de multiplier les essences et les absolus; car, ainsi que le disait Aristote, où s'arrêter dans cette construction toute d'hypothèse? Combien y aura-t-il d'essences? de quoi y aura-t-il, de quoi n'y aura-t-il pas des essences? Puisqu'il y a une beauté, essence séparable des choses belles, il y aura une animalité, essence des animaux ; une *tabléité*, une *coupéité*, essence des coupes et des tables. On quitte ici les sentiers de la raison, la voie du sens commun ; on livre la science à l'imagination, et l'on met à la tête du ménage la folle du logis.

Non seulement on multiplie indéfiniment les essences, mais on confond les notions ; en faisant du bien et du Beau pour ainsi dire le même principe, on ruine leur spécialité, leurs différences, c'est à dire toutes leurs raisons d'être, et on supprime la question même de la beauté. Ajoutons enfin, que l'identité du sujet et de l'objet, de l'intelligible et de l'être, très véritable quant à ce qui concerne l'étude de l'homme par lui-même et l'acte de conscience, devient, si on presse et l'on étend la théorie, un impénétrable abîme au fond duquel toute différence substantielle et formelle entre les choses s'engloutit; l'homme et la création ne sont pas : ils deviennent ; tout coule, rien ne subsiste ; le seul vrai, c'est le devenir ; l'être et le non être sont de pures abstractions; c'est l'antique philosophie d'Héraclite : l'homme devient tour à tour et sans cesse, par un mouvement permanent et immanent, pure matière et pur esprit, bête, plante et Dieu : panthéisme insensé et monstrueux, où tous les êtres ne sont plus que des modes changeants, des formes fragiles de la substance unique d'où tout sort et où tout rentre.

Ces conclusions ne sont pas, il est vrai, explicites dans la doctrine des alexandrins ; mais elles sont contenues en germe dans cette dangereuse théorie de l'identité d'où Hégel les saura tirer un jour.

LES MODERNES. — KANT.

On peut résumer facilement et brièvement les systèmes de Platon, d'Aristote, de Plotin même ; malgré leur profondeur, la simplicité, l'élégance et la grâce de l'esprit grec permettent d'en saisir vite les traits saillants, d'en comprendre et d'en reproduire sans trop de développements les lignes régulières et l'ensemble clair dans sa majesté.

L'esprit allemand ne se laisse pas ainsi aborder ni pénétrer. Puissant, original, patient, scrupuleux et minutieux d'exactitude dans le détail, il n'est pas dénué de subtilité ; il n'a ni le sens ni le don de cette clarté élégante, de cette lumière transparente qui fait éclater le dessin de l'idée, qui revêt de grâce et anime de sa vie et de son mouvement les pensées les plus austères et les plus hautes recherches de la science ; il aime l'appareil des formules techniques, et ne semble pas détester l'obscurité où se joue sa force tranquille de pénétration. Il semble que, pour les Allemands, la philosophie soit le temple serein de Lucrèce :

Edita doctrina sapientum templa serena.

Il leur paraît sage de l'entourer et d'en protéger

l'accès contre l'insolence téméraire de la foule et des profanes, par une ombre religieuse et de saintes ténèbres. Kant ajoute à ces caractères du génie philosophique de sa race, la difficulté d'une terminologie spéciale, d'un dictionnaire et d'un style tout particuliers. Si on veut, comme il le mérite, se rendre un compte exact du système esthétique de Kant, il faut s'attendre à des développements plutôt qu'à un résumé, à des longueurs plutôt qu'à une analyse rapide et brève. On ne résume que ce qu'on domine; on n'abrège qu'un ensemble dont on pénètre sans peine les détails, sans perdre l'unité du tout. On n'est jamais certain de s'être assimilé à ce point la pensée germanique ; on ne peut guère réduire un style si plein, une pensée si condensée, où chaque mot est calculé et a une portée souvent profonde ; on ne peut abréger cette phrase prodigieusement synthétique, repliée en tant de contours pénibles ; au contraire, on est obligé de la déployer, de l'étendre, de l'allonger par conséquent, pour entrer et faire pénétrer l'esprit dans ces replis obscurs et comme à dessein obscurcis, où se cache, autant qu'elle s'exprime, la pensée neuve, originale, juste, profonde, du célèbre fondateur de la philosophie critique. Son génie, qui mérite bien cette attention, la nature de son esprit, qui réclame ces soins, seront nos excuses pour l'étendue disproportionnée des développements où nous nous croyons obligé d'entrer.

Tout le monde sait quelle est la pensée mère et le résultat final des travaux philosophiques de Kant.

Avant de suivre les anciens philosophes dans la recherche de la vérité, excité, dit-on, par la lecture de Hume, il a voulu examiner, par une critique approfondie, la valeur de nos facultés de connaître, et déterminer la limite de leur puissance légitime ; acceptant, sans les revoir ni les contrôler, les résultats de la psychologie admise, il a fait la critique des facultés de l'esprit telles que cette psychologie les lui indiquait, et de cet examen approfondi il a cru pouvoir conclure que l'entendement n'a aucune autorité pour juger de la réalité de ses objets, et que toutes les notions qu'il nous fournit, en ramenant à ses catégories les intuitions particulières que lui communiquent les sens, sont subjectives, c'est à dire qu'elles sont purement des modifications du sujet pensant, sans qu'on puisse légitimement en inférer l'existence et la réalité des objets pensés. Il n'y a pour nous que des phénomènes ; les choses extérieures peuvent être, mais nous ne pouvons affirmer qu'elles sont : *a posse ad esse, consequentia non valet;* l'existence de Dieu et l'immortalité de l'âme ne sont pas susceptibles d'une démonstration scientifique, théorique. Il est vrai que la raison, la raison pratique, en nous faisant connaître au fond de notre être la loi morale, comme obligatoire non seulement pour le sujet qui pense, mais obligatoire pour tous les êtres doués de raison, comme absolument obligatoire, a une autorité qui dépasse le sujet et nous fait pénétrer au sein de l'intelligible, dans l'absolu ; il n'en est pas moins exact de dire, que le système de Kant est un idéalisme, un scepticisme que le mot transcendantal décore et n'atténue pas ; il est moins complet que celui de Hume, parce qu'il n'est pas aussi conséquent, et que, par une contradiction flagrante et que rien ne peut lever, il attribue sans motif à la raison pratique une portée d'affirmation objective qu'il refuse sans cause à la raison théorique ou pure.

Quoi qu'il en soit, le caractère de cette philosophie est tout critique, et si, dans la morale, elle s'en dépouille, elle le reprend aussitôt dans l'examen de la faculté distincte que Kant a appelée le jugement, et à laquelle il s'efforce de rattacher l'explication des phénomènes esthétiques.

La critique de la raison pure nous apprend que, par une conséquence nécessaire de notre organisation intellectuelle, nous sommes obligés de ramener à des idées générales, à des catégories contenues dans l'entendement, telles que le temps et l'espace, les notions particulières que nous fournit l'intuition sensible ou la perception.

On comprend, en effet, que toutes nos perceptions seraient comme si elles n'existaient pas, pour la connaissance, si elles ne renfermaient rien de général. Infinis de variété comme de nombre, sans aucune cohérence, sans aucune liaison entre eux, les éléments empiriques de la connaissance, isolés, n'aboutiraient à rien de déterminé, si l'entendement, au moyen de ses principes, ne les consolidait en les fixant et en les liant par des notions générales. La faculté, et en même temps l'acte de cette faculté de ramener le particulier fourni par l'intuition au général, de concevoir, de penser [1] le particulier comme contenu dans le général, c'est le jugement. Ces lois générales fournies par l'entendement, sous lesquelles l'esprit va déposer, *subsume*, comme dit Kant, les éléments donnés par la sensibilité ; ces principes qui rendent l'expérience possible et la constituent même, sont pour cette raison appelés *constitutifs*, et le jugement qui se fonde sur ces principes constitutifs, déterminant les connaissances que nous pouvons nous former de la nature, s'appelle le jugement déterminant. [2] Le jugement déterminant n'est, comme on le voit, que *subsumant* ; la loi d'après laquelle il opère cette *subsumption* lui est prescrite *à priori* par les nécessités de la nature de l'esprit ; par conséquent il n'éprouve pas le besoin de chercher à trouver une loi par lui-même et ne ressent aucun plaisir à suivre celle qu'il subit.

Mais l'esprit n'est point encore satisfait : il éprouve le besoin d'idées plus générales que celles où il peut monter par le moyen des catégories de l'entendement ; il désire s'élever à une unité plus haute encore, et embrasser, sous une loi plus vaste, les formes que peuvent prendre la nature et les lois particulières auxquelles elle paraît soumise. L'unité des principes est le but où

---

1 *Denken. Critiq. du Jug.* Introd.

2 On ne voit pas bien tout d'abord pourquoi Kant a fait du jugement l'acte d'une faculté spéciale. N'est-ce pas un acte de l'entendement ? Ou l'entendement n'est-il qu'une table rase, une faculté inerte qui contient des idées, mais qui ne saurait les employer ? On va voir tout à l'heure les raisons plus ou moins spécieuses qui ont inspiré à Kant la pensée de détacher de la critique de l'entendement, la faculté de juger qui paraît lui appartenir si proprement.

il aspire, et le principe transcendantal [1] qui lui permettra d'y arriver n'est point contenu dans l'entendement. La raison est donc obligée de le tirer d'elle-même. Mais le concept que nous cherchons à nous en former sous l'impulsion du besoin intellectuel, est tout à fait contingent ; il est relatif à nos moyens de connaître et de réfléchir sur la nature à laquelle nous n'avons nul droit de le prescrire ; puisque si, « la réflexion sur les lois de la nature s'accommode à la nature, » il n'est pas dit pour cela « que celle-ci se règle sur les conditions d'après lesquelles nous cherchons à nous en former un concept. [2] »

Ces principes, ces idées de la raison qui règlent notre réflexion sur la nature, ne sont donc que des règles de connaissance, des principes purement régulateurs fournis par la raison pure. La plus haute de ces règles ne peut être que celle-ci : les lois de l'entendement laissent encore dans les lois particulières de la nature quelque chose d'indéterminé ; pour effacer cet élément d'indétermination, il faut considérer ces lois empiriques et particulières encore de la nature, d'après une unité véritable, et pour nous faire une idée de ce que doit être cette unité, il faut la croire « telle que l'aurait établie un entendement qui, en donnant ces lois, aurait eu égard à notre faculté de connaître, et

---

[1] Kant., Introd., *Critiq. du Jug.*, p. 30. « J'appelle transcendantal, le principe qui représente la condition générale *à priori* sous laquelle seule les choses peuvent devenir des objets de notre connaissance ; » et « j'appelle métaphysique le principe qui représente la condition *à priori* sous laquelle seule des objets dont le concept doit être donné empiriquement, peuvent être déterminés davantage. »

[2] Kant., Introd., *Critiq. du Jug.*, p. 28.

voulu rendre possible un système d'expérience fondé sur les lois particulières de la nature.¹ »

Ce principe est celui de la finalité de la nature, c'est à dire l'idée que nous sommes conduits à nous faire que, dans ses lois particulières, la nature s'accorde avec le besoin que notre intelligence éprouve de lui trouver des principes universels. L'acte par lequel l'esprit opère cette connaissance est évidemment un jugement, puisque nous ramenons encore le particulier au général ; mais ce jugement n'est pas de la même nature que celui dont nous avons déjà parlé : c'est par une loi nécessaire que l'entendement applique aux phénomènes particuliers des principes qu'il trouve en lui-même, tandis que les idées d'après lesquelles se règle la raison ne sont que des besoins intellectuels, des *desiderata* logiques qui n'emportent aucune réalité objective ; aussi ne les trouvons-nous pas directement, nécessairement ; ce n'est que par une réflexion, par un retour de l'esprit sur l'infinie variété des lois de la nature, dont la confusion le travaille et l'irrite, qu'il éprouve le besoin et le désir de les ramener à l'unité. Les jugements fondés sur ces principes régulateurs de la raison sont donc réfléchissants, puisque le particulier seul était donné, que le général ne l'était pas, et qu'il a fallu un acte de réflexion pour le chercher et le trouver.

Le jugement réfléchissant est ainsi l'acte par lequel l'esprit parvient à apercevoir la finalité ou la concor-

---

1 Kant., Introd., *Critiq. du Jug.*, p. 28.

dance de la nature, avec le besoin que nous éprouvons d'en ramener les lois à l'unité.

La finalité de la nature n'est point une fin réelle : c'est la possibilité d'une fin, c'est un principe *à priori*, il est vrai, mais formel et purement subjectif, une idée de la raison. De plus, comme cette idée n'est pas donnée dans l'entendement, mais cherchée, mais trouvée, elle est contingente : elle pourrait ne pas être. Cependant comme ce besoin d'unité qui nous tourmente est un principe *à priori*, il est universel, et comme c'est un besoin et un désir de l'esprit, la privation en est une peine, la jouissance et la possession un plaisir. Il y a donc une satisfaction attachée à l'acte du jugement réfléchissant, et, par suite de ce que nous venons de dire, cette satisfaction est universelle.[1]

Or, il y a des nuances dans ce besoin d'envisager la finalité de la nature et sa concordance avec notre faculté de connaître.

Si nous nous arrêtons à l'impression sensible produite sur l'état de nos facultés par cette disposition de la nature à s'harmoniser avec nos facultés, sans chercher à rapporter les objets considérés par nous à un concept

---

[1] C'est ce caractère de la peine et du plaisir attaché au jugement réfléchissant, qui a inspiré à Kant la pensée malheureuse et peu justifiée de détacher le jugement de l'entendement, dont il est l'acte éminent et propre, et d'en faire une faculté spéciale. Cette classification ne se soutient même pas en accordant le principe ; car la peine et le plaisir ne se trouvent pas dans le jugement déterminant, qui doit être par conséquent restitué à la raison. Il y a longtemps d'ailleurs qu'Aristote a reconnu que nous avions du plaisir à connaître, sans distinction de jugements réfléchissants ou de jugements déterminants. D'ailleurs, quelle en est donc la différence réelle ? Ils sont tous deux purement subjectifs, et ne nous font pénétrer ni l'un ni l'autre au sein de la réalité, dans la connaissance des choses en soi.

déterminé, mais nous bornant à une contemplation libre et insouciante, le jugement est esthétique.

Si, au contraire, au plaisir [1] produit en nous par cette harmonie de nos facultés cognitives, se joint une notion déterminée des objets contemplés ; si nous les rapportons à un concept déterminé ; si nous ne plaçons plus en nous-mêmes la finalité de la nature, mais si nous cherchons dans les objets une finalité objective ; en un mot, si nous considérons l'univers comme un système de fins, si nous en cherchons les causes finales, alors le jugement est téléologique : il devient logique et cesse d'être esthétique.

Ainsi donc, c'est uniquement ce qui, dans la représentation d'un objet, est purement subjectif, ce qui ne peut être un élément de connaissance, en un mot la sensation, plaisir ou peine, mêlée à cette représentation, voilà ce qu'il y a en elle d'esthétique.

Or, cet élément qui précède la connaissance, c'est la finalité, et c'est la représentation de cette finalité formelle et subjective qui est esthétique. Je dis formelle, parce que le plaisir, lié avec la représentation, a sa source dans la forme de l'objet contemplé, et non dans l'élément matériel de sa représentation considérée comme sensation propre. Dans ce cas, nous jugeons que le plaisir est nécessairement lié à la représentation de l'objet, non seulement pour le sujet qui saisit cette forme, mais pour tous ceux qui en jugent, et par conséquent cette satisfaction est universelle.

---

1 Ce plaisir d'ailleurs ne tarde pas à être effacé par l'habitude, et l'attention que notre esprit porte aux notions des choses nous détourne de la réflexion intérieure où nous pourrions goûter l'harmonie de nos facultés.

L'objet d'une telle représentation est Beau; la faculté de juger un tel objet s'appelle le goût.

Cette idée de la finalité de la nature, dans laquelle entre nécessairement l'idée d'un être puissant et bon qui, en la créant et en la disposant, aurait eu égard à nos facultés de connaître et en aurait préparé l'harmonie, cette idée n'appartient pas à l'entendement; elle nous élève au dessus des perceptions sensibles et de la matière; c'est un intelligible qui nous sert à passer dans le monde pur des idées et du suprasensible où nous dépose enfin la raison pratique, et que nous révèle d'une manière ferme et certaine la loi morale; mais cette idée nous transporte jusqu'au seuil de ce domaine auquel elle n'appartient pas plus qu'au monde sensible, et n'est qu'une transition entre eux.

De plus, le concept de la finalité de la nature nous fait concevoir un rapport de la nature à des fins; de la finalité esthétique nous passons, nous glissons à la finalité pratique. Les fins de la nature ont pour objet nécessaire l'homme : elles nous conduisent à concevoir la fin de l'homme, qui est l'accord de la liberté avec ses fins dans le monde moral, et, par conséquent, la nature doit pouvoir être d'accord avec la liberté. Par là, le jugement de goût est lié à quelque chose qui se révèle dans le sujet même et hors du sujet, comme un objet suprasensible et moral; d'où le Beau peut être considéré comme le symbole de la moralité. « C'est l'intelligible, dit Kant,[1] que le goût a en vue; c'est en

---

[1] Kant., Introd., *Critiq. du Jug.*, § LVIII.

lui que conspirent nos facultés de connaître supérieures, et, sans lui, il y aurait contradiction entre leur nature et les prétentions qu'élève le goût. »

Telles sont les conclusions de la *Critique du Jugement*, renfermées dans une introduction d'une lecture ingrate, difficile, mais écrite de ce style plein et concentré qui caractérise l'auteur, et où sont résumés et entassés en quelques pages les résultats de son système, avec une force de concentration intellectuelle, une vigueur et une originalité incomparables. On a déjà vu le vice fondamental du système ; il repose sur une classification illégitime. Le jugement est-il une faculté spéciale ? a-t-il pour caractère la peine et le plaisir ? Kant lui-même renverse sa fragile psychologie par les aveux que la vérité lui arrache.

En effet, il reconnaît, et il est bien obligé de reconnaître, qu'au jugement déterminant n'est attaché aucun plaisir, et que le plaisir qui primitivement accompagne le jugement téléologique, devient bientôt insensible par suite de l'habitude ; ce plaisir se confondant avec la connaissance même, ne peut guère être donné comme son caractère éminent et distinctif. Il ne reste donc que le jugement de goût qui le conserve. Ce fait seul nous semble ruiner une classification semblable, car il montre que le principe n'en est applicable qu'à un acte sur trois que renferme cette faculté. Mais qui ne voit que la peine et le plaisir sont attachés à une foule d'actes que le jugement ne renferme pas? Le principe n'a donc ni la généralité, ni la spécialité nécessaires ; il ne s'applique pas à tous les actes de la faculté de juger, et il s'étend à beaucoup d'autres. La peine et le plaisir ne sont donc pas les caractères distinctifs et éminents du jugement. Si l'on écarte cette pensée bizarre, quoique profonde, et qu'on entre dans la description détaillée et la déduction savante du fait esthétique, on admirera la sagacité, la force, la pénétration de l'esprit analytique de Kant, et on trouvera dans son système des points aujourd'hui acquis à la science.

La *Critique du Jugement esthétique* est une théorie du Beau et du sublime.

On sait que la peine et le plaisir sont les caractères du jugement réfléchissant.

Si l'on considère un jugement de cette nature au point de vue de la *qualité*, et qu'on observe que la satisfaction qu'il nous fait éprouver est dégagée de tout intérêt, c'est à dire qu'on jouit de la vue ou de l'idée de l'objet sans le désirer lui-même et sans prendre aucun souci de son existence réelle, c'est un jugement esthétique, et l'objet d'une semblable satisfaction est appelé Beau. Le goût est le plaisir contemplatif et désintéressé résultant de la seule perception d'un objet ; c'est ce que Kant appelle le premier moment de l'acte du goût. Dans le second, on considère le jugement au point de vue de la *quantité*, et alors, dans un jugement, lorsque la satisfaction produite par l'objet est universelle, et que l'objet est représenté sans concept objectif, c'est le Beau.

Il ne faut pas qu'on puisse rapporter l'objet à un concept déterminé, car alors le jugement serait logique. Comment se fait-il donc que, quoiqu'il n'y ait rien d'universellement partagé que la connaissance, le jugement esthétique ne soit pas un jugement de connaissance, et cause cependant une satisfaction universelle? Observons d'abord que l'universalité de la satisfaction n'est pas postulée, mais seulement réclamée; c'est un assentiment plutôt qu'un consentement. Les concepts, principes de la connaissance rationnelle des choses, sont de deux sortes : les concepts de la nature et ceux de la liberté. Le principe auquel nous rapportons l'objet Beau ne peut être ni l'un ni l'autre : ni un concept de la nature, parce qu'il n'est pas accompagné de plaisir aperçu, et que ce plaisir en tout cas ne serait pas désintéressé; ni un concept de la liberté, en ce que la représentation par laquelle l'objet est donné dans un jugement esthétique, précède le plaisir attaché à cet objet, tandis que le sentiment moral est la faculté d'éprouver du plaisir ou du déplaisir par la seule conscience de l'accord ou du désaccord de nos actions avec le devoir. On ne reconnaît pas comme bonne une action, à la satisfaction qu'elle nous cause, comme on reconnaît une chose belle à ce caractère; on ne se réjouit que parce qu'on la reconnaît pour bonne.

Ces deux explications étant également impossibles, le motif qui attribue à une représentation donnée la propriété de pouvoir être universellement partagée, ne peut être qu'un état de l'esprit déterminé par la relation des facultés cognitives[1] entre elles, en tant

---

1 L'imagination et l'entendement.

qu'elles rapportent la représentation, non pas à un concept particulier, mais à la connaissance en général. L'analyse d'ailleurs justifie cette hypothèse; nous sentons et nous pouvons observer que dans l'acte esthétique nos facultés cognitives sont en jeu; nous sentons qu'elles s'exercent librement et qu'elles ne sont astreintes à aucune règle particulière de connaissance; nous sentons que, dans ce libre jeu, elles conservent dans leurs relations une parfaite harmonie et qu'elles en jouissent. Le fondement du plaisir universel et désintéressé, produit par un objet représenté sans concept, est donc dans l'harmonie entre elles de nos facultés cognitives; l'état esthétique est purement subjectif, et c'est l'esprit qui, par son jugement, détermine la beauté de l'objet, et non la beauté de l'objet qui détermine le jugement de goût.

Le point de vue de la *relation* qui constitue le troisième moment du jugement de goût, éclairera la définition fournie par les deux premiers, et achèvera de la faire comprendre, en la précisant et en la complétant.

La satisfaction sans concept, produite universellement par la beauté et qui est comme le sentiment intime de l'harmonie de nos facultés représentatives, éveille en outre en nous l'idée que l'objet peut être considéré comme ayant une fin relative à nous. La nature qui seule sollicite l'exercice de nos facultés cognitives, et à l'occasion de laquelle nous en sentons l'harmonie, peut être conçue *à priori* comme ayant avec elles une relation de finalité.

Une fin est l'objet d'un concept en tant que celui-ci

est considéré comme la cause de celui-là, que le concept est considéré comme la cause de l'objet. La propriété de ce concept d'être considéré relativement à l'objet comme cause, autrement dit, sa causalité, est la finalité du concept, *forma finalis*. Il y a une finalité objective et une finalité subjective ; une finalité matérielle et une finalité formelle.

La finalité que nous concevons dans le jugement esthétique à la nature, par rapport à nos facultés représentatives, n'est pas objective, c'est à dire considérée comme hors de nous ; nous ne connaissons pas à la nature, nous ne lui concevons pas hors de nous, nous ne voyons pas dans les objets esthétiquement contemplés, un concept de la causalité de la nature, comme le seraient le concept du bien, celui du devoir ; elle n'est pas non plus subjective, comme elle le serait si nous concevions la nature comme ayant pour cause et pour but de produire dans le sujet un attrait, une émotion ou un sentiment de plaisir ; elle n'est pas matérielle comme lorsqu'on dit en parlant de l'œil : la vue est la cause finale de l'œil, c'est à dire qu'en organisant l'œil tel qu'il est, la nature a eu un but, une idée de finalité matérielle, et ce but c'est la vue, et c'est ce but qui a déterminé la production matérielle de l'objet.

L'idée de finalité que nous concevons à la nature dans le jugement de goût, n'est donc, à proprement parler, ni objective ni subjective ; elle n'est pas matérielle : elle est formelle ; c'est la simple forme de la finalité. La concordance de la nature avec nos facultés de connaître peut être considérée comme une finalité ;

nous pouvons supposer, il est possible que la disposition des objets naturels ait eu pour but tout exprès de nous plaire; mais si l'on trouve des rapports de finalité de la nature à nos facultés de connaître, nous ne sommes nullement autorisés ou obligés à affirmer que la nature a été réellement produite pour ces rapports, qui ne peuvent alors être des fins, c'est à dire des concepts considérés comme causes.

La conscience de cette finalité constitue le plaisir esthétique, et la beauté est la forme de la finalité d'un objet, en tant que cette finalité y est perçue sans représentation de fin, sans qu'on y saisisse un but : c'est la beauté libre, *pulchritudo vaga*, comme l'appelle Kant; c'est la beauté véritable qui n'est pas attachée à un concept. Cependant quelquefois le concept de la finalité d'un objet se mêle à la satisfaction universelle et au sentiment; c'est encore la beauté, mais mélangée, adhérente à une autre idée : *pulchritudo adhærens*. Le jugement, en ce cas, n'est pas pur; il est à la fois esthétique et logique.

Ce qu'il y a de remarquable dans cette beauté adhérente, c'est qu'elle est seule susceptible d'un idéal, parce qu'elle est seule liée à une idée de la raison déterminant *à priori* la fin de l'objet et sa perfection. En ce sens, il n'y a d'idéal que l'homme; il n'y a donc pas de type, de prototype du vrai Beau : il n'y a pas d'idéal du Beau libre et il ne saurait y en avoir.

Nous sommes arrivés au quatrième moment du jugement du goût, où il est considéré sous le point de vue de la *modalité*. Sous ce rapport, la satisfaction attachée à ses objets est reconnue comme nécessaire et le Beau se définit : ce qui est reconnu, sans concept, comme l'objet d'une satisfaction nécessaire. Quand nous déclarons une chose belle, nous ne permettons à personne d'être d'un autre avis ; cependant cette nécessité n'est pas fondée sur des preuves *à priori*, apodictiques, et par conséquent elle n'est pas démontrée. Notre jugement est fondé sur notre sentiment, et par conséquent la nécessité que nous y trouvons est subjective ; mais il y a nécessité, parce que c'est un sentiment commun à toute l'espèce, un *sensus communis* qui la fonde. Ce *sensus communis* est une faculté commune à tous les hommes, de déposer, de penser, de subsumer, comme dit Kant, certaines représentations, abstraction faite de toute sensation et de tout concept, sous les conditions subjectives, mais universelles de la faculté de juger. C'est aussi une faculté commune à tous les hommes, d'éprouver, par suite de ce premier acte de l'esprit, une satisfaction, qui doit être universelle et qui est nécessaire, dans le sentiment de concordance de ces représentations avec ces conditions. En somme, le jugement esthétique n'est que le sentiment de l'accord des intuitions dans leur liberté avec l'entendement dans sa généralité. En résumé, le jugement de goût se fonde sur un concept, mais indéterminé et indéterminable, d'un certain principe en général de la finalité subjective de la nature pour le jugement. Nous ne pouvons trouver ni dans la nature, ni en nous ce principe ; il la dépasse et nous dépasse nous-mêmes : c'est donc un principe intelligible ; c'est l'idée indéterminée du suprasensible; c'est l'intelligible que le goût a en vue, c'est vers lui que conspirent nos facultés de connaître supérieures.

Cet intelligible est un idéal, c'est à dire une conception de l'imagination, la représentation de quelque chose de particulier, considéré comme adéquat à une idée, ce qui devrait pouvoir être et ce qui ne peut pas être, une idée indéterminée que la raison nous donne, mais qui ne peut être représentée par des concepts, mais seulement dans une exhibition particulière et par conséquent par l'imagination. Cette idée de la raison se lie à ce principe que nous révèle l'observation téléologique des êtres et de la création. Quoique nous ne connaissions pas le principe interne de l'infinie variété des lois de la nature, qui pour nous est inexplicable et dont rien ne saurait démontrer la finalité objective,[1] nous sommes amenés par le jugement téléologique à concevoir l'idée d'un système universel des fins de la nature. Le jugement esthétique nous le fournit comme un objet de contemplation ; mais nous avons la conscience que la nature n'existe pas seulement pour être un objet de contemplation ; cette contemplation même suppose une autre fin plus réelle par laquelle seule elle a du prix : cette fin, c'est l'homme ; ce qu'il y a en lui d'essentiel comme être moral, c'est la liberté, c'est la vertu.

Puisque la fin des beautés de la nature est une des-

---

[1] L'accord de l'état final du monde avec notre moralité, est une harmonie purement idéale, purement subjective, admise de confiance, et objet seulement de la foi ou plutôt de l'espérance.

tination morale, l'idée du Beau se lie avec l'idée du bien, avec laquelle elle a d'ailleurs tant d'analogies, et l'on peut dire que le Beau est le symbole du bien; mais il ne faut pas croire pour cela que Kant identifie le Beau au bien ; il s'est attaché, au contraire, à les distinguer très fortement l'un de l'autre. Il a, en effet, solidement démontré que le plaisir moral n'a rien de commun avec le plaisir esthétique,[1] et que le goût des beaux-arts n'a rien de commun avec la vertu ; c'est là, suivant lui, une opinion louable, honnête, mais sans fondement. Le bien est une idée de la raison à laquelle nulle intuition et nul effort de l'imagination ne peuvent atteindre. L'idée esthétique dont le Beau est l'expression, est une conception de l'imagination à laquelle n'est adéquate aucune pensée : c'est la représentation d'une chose individuelle que l'on considère comme adéquate à une idée, mais que l'on sait en même temps ne pas l'être et ne pouvoir jamais l'être en réalité. L'amour du Beau n'est moral que par alliance. Si l'amour de la nature, lorsqu'il est habituel, est la marque d'une âme portée au bien, c'est qu'on ne la regarde pas au point de vue esthétique ; c'est que nous ne pouvons ici nous borner à une pure et indifférente contemplation. Il y en a qui ont admis que la nature avait en vue de produire le Beau, qu'elle en a eu le dessein et par conséquent l'idée. Des formes belles et inutiles semblent le démontrer ; mais outre qu'on ne peut nier que le principe des formations de la nature, en beaucoup de cas, ne

---

[1] Willm., *Hist. de la Phil. allem.*, tom. II, p. 101.

soit une fin réelle, et qu'il ne faut pas multiplier les principes, on peut s'assurer que ces formes, qui semblent faites pour le plaisir des yeux, sont le produit d'une tendance purement mécanique, machinale, sans dessein et sans idée. La preuve de ce fait c'est que, quand nous jugeons de la beauté de ces choses, c'est en nous-mêmes que nous cherchons *à priori* la mesure de notre jugement. S'il en était autrement, dans l'hypothèse du réalisme de la finalité de la nature, nous apprendrions d'elle ce que nous aurions à trouver beau, et le jugement de goût, soumis à des principes empiriques, perdrait cette liberté qui est un fait de conscience reconnu et certain. La nature n'a pas formé ses figures pour notre satisfaction; la propriété qu'elle a d'en produire de telles ne peut être sa fin réelle, c'est une finalité et non une fin ; c'est un idéalisme et non un réalisme de convenance : c'est là la seule supposition qui permette d'expliquer comment ce jugement réclame une validité universelle sans fonder sur des concepts la finalité représentée dans l'objet.

Ainsi donc, c'est toujours un jugement téléologique que nous portons sur la nature; ce jugement téléologique, inséparable de sa contemplation, nous révèle un système de fins morales, et par là l'existence d'un législateur souverain du monde moral et intellectuel. Mais le Beau et le sublime ne sont rien pour l'intelligence pure, et ce qu'on appelle le Beau intellectuel et le Beau moral n'ont aucune réalité. Il est vrai qu'on peut se représenter comme esthétique la moralité d'une action; mais elle ne peut devenir esthétique sans perdre la pureté de son caractère moral et intellectuel, c'est à dire sans perdre ce qui en fait la dignité et le prix. Le seul objet d'un plaisir intellectuel pur et absolu, c'est la loi morale, et la vertu fait naître le respect, l'estime et non pas l'amour.[1]

Le Beau peut être appelé le symbole du bien ; mais il faut bien entendre le sens que Kant attache au mot symbole. Ce mot, en effet, ne veut pas dire une intuition sensible qui ait un contenu analogue à l'idée qu'il rappelle ; au contraire, lorsqu'un concept ne peut être conçu que par la raison, et qu'aucune représentation de l'imagination n'y peut correspondre, pour le représenter on se sert d'une intuition qui ait, non par son contenu, mais par le mode de la réflexion, par le procédé et la règle du jugement, quelque analogie avec lui : on appelle alors cette intuition symbolique du concept.

Or, si on observe entre le concept rationnel du bien et l'idéal esthétique du Beau, des traits d'analogie formelle, comme, par exemple, que le bien comme le Beau plaisent immédiatement ; qu'ils plaisent indépendamment de tout intérêt ; que le jugement du Beau suppose et représente l'accord de l'imagination et de l'entendement, comme le jugement moral suppose et représente l'accord de la liberté avec les lois universelles de la raison ; enfin que le principe de ces deux espèces de jugements est conçu comme universel, l'un objectif, l'autre subjectif ; cependant ils n'ont en réa-

---

[1] Wilm., *Hist. de la Phil. allem.*, tom. II, p. 95.

lité, dans leur essence intime, aucune analogie matérielle; ils n'ont de ressemblance que dans la forme. On doit donc reconnaître une affinité du bien et du Beau, sans pour cela les confondre, et observer que cette même alliance existe entre ces deux sentiments et le sentiment religieux, l'amour désintéressé du vrai, de la science par elle-même, sans que rien néanmoins autorise la confusion de toutes ces idées; en un mot, il ne peut y avoir que trois systèmes sur le Beau : ou il est l'agréable, c'est un réalisme empirique; ou il est le bien, c'est un réalisme rationaliste; ou il est le principe indéterminé d'un plaisir *à priori*.

La finalité est ce principe, et elle est toute subjective; mais on peut considérer encore cette finalité de deux manières : ou comme l'effet d'un dessein prémédité, d'un but déterminé, d'une harmonie préétablie que se propose de réaliser la nature, c'est un réalisme; ou cette concordance entre la faculté de juger et les formes de la nature est purement accidentelle et s'établit sans but, elle n'est qu'en idée, c'est alors un idéalisme; et c'est l'opinion que Kant adopte, parce que, comme nous l'avons déjà dit, sans cela ce ne serait pas nous qui jugerions de la beauté en nous-mêmes et par nous-mêmes, ce serait la nature et la science de la nature qui nous apprendraient ce qui est Beau; tandis qu'au contraire l'observation et la critique du jugement de goût, prouvent qu'il ne s'agit pas là de savoir ce qu'est la nature, ou quelle fin elle se propose, mais uniquement quel effet elle produit sur nous.

L'idéalisme de la finalité subjective de la nature ainsi que de l'art est le principe unique du jugement esthétique, c'est à dire de la beauté véritable.

On a, dans ce grand et solide système qui contient tant de vérités fécondes et des principes dont tout le monde a profité, on a contesté quelques détails : par exemple, que le jugement esthétique fût dénué de tout attrait, de toute émotion, et par conséquent de toute finalité subjective. Nous avons en effet cherché à démontrer qu'il n'en était rien, à moins qu'on ne se méprît sur le sens des termes, auquel cas il n'y avait plus qu'une discussion de mots oiseuse et vide. On lui a reproché avec moins de justesse, d'avoir prétendu que le sentiment du Beau était indépendant de toute finalité objective, soit externe, soit interne. Nous avons aussi fait voir qu'en soi, en son essence, le Beau n'était pas ce qui est utile à quelque chose hors de lui-même, ni la perfection, soit claire, soit confuse, avec laquelle Mendelsohn identifiait la beauté; car la perfection n'est que la conformité de la chose à ce qu'elle doit être en elle-même, et le Beau se confondrait ainsi avec le vrai. On a contesté avec plus de raison la définition de la beauté, considérée comme la concordance de l'imagination avec les conditions générales de l'entendement; on a justement fait remarquer que la conscience ne constatait nullement que le plaisir du Beau fût cet état d'harmonie intellectuelle; que la définition était arbitraire, et qu'en outre elle renfermait un élément de contradiction avec les principes du système. Kant, en effet, écarte de la beauté l'idée d'un concept; comment n'a-t-il vu que, par sa définition, il l'y faisait rentrer. Qu'est-ce, en effet, que ces règles, ces conditions générales de l'entendement, si ce ne sont des concepts, des concepts déterminés et abstraits? On a trouvé aussi quelque peu étrange que l'idéal de la beauté se trouvât dans la beauté mélangée, et que la beauté pure, libre, en fût privée ; on a donc assez justement contesté la valeur de cette distinction équivoque et malheureuse. Mais la plus sérieuse, comme la plus générale des objections auxquelles ce système est exposé, est celle que lui a faite Herbart. Si cette finalité, si cette concordance qui constitue toute la beauté est toute subjective; si elle est une forme, une idée nécessaire de notre intelligence, comme l'idée de l'espace et du temps, comment se fait-il qu'on ne puisse pas l'appliquer partout? Tous les objets ne fournissent-ils pas à l'imagination des intuitions qui, par la constitution même de notre esprit, doivent concorder avec les règles générales, les lois universelles de l'entendement? Il est impossible de le nier; mais alors tout serait Beau, et c'est ce qu'il est impossible d'admettre. Il est évident que le principe de la finalité subjective telle que l'entend Kant, devrait pouvoir s'appliquer à tous les phénomènes de la nature, et que cependant si on l'identifie avec la beauté, on ne le peut pas appliquer à tous, à moins de braver ouvertement le sens commun. Il y a donc une contradiction au cœur même du système, et une contradiction que rien ne peut lever.

Du Beau Kant a distingué le sublime. Le sublime

n'est ni un degré ni une espèce du Beau. C'est, il est vrai, comme le Beau, l'objet d'un jugement de réflexion, jugement particulier, quoique s'attribuant une validité universelle, plaisant par lui-même, et ne prétendant qu'à plaire, et non à donner une connaissance, enfin dont la satisfaction exprime l'accord de la faculté d'exhibition (l'imagination), dans une intuition donnée, avec le pouvoir de fournir des concepts que possèdent l'entendement et la raison. C'est donc un jugement esthétique; mais il y a entre le Beau et le sublime ces trois différences profondes :

Premièrement. Le Beau étant la forme de la finalité, concerne la forme de l'objet, laquelle consiste dans la limitation. Le sublime doit être cherché dans un objet sans forme, en tant qu'on se représente dans cet objet ou à son occasion, l'illimitation, tout en concevant dans celle-ci la totalité, c'est à dire alors l'infini; d'où il suit que le Beau est une exhibition d'un concept indéterminé de l'entendement, le sublime d'un concept indéterminé de la raison. D'un côté, la représentation est liée à la représentation de la qualité; de l'autre, à celle de la quantité.

Secondement. Le plaisir du Beau contient le sentiment d'une excitation directe des forces vitales. La satisfaction du sublime ne se produit point ainsi, directement et immédiatement du moins. Le premier effet du sublime est de suspendre au contraire les forces vitales; mais l'effusion qui suit n'en étant que plus forte, produit une satisfaction plus vive, comme si on renaissait à la vie. On est d'abord repoussé, puis attiré par l'objet, et peut-être ces deux sentiments ne cessent-ils pas d'être simultanés ; aussi n'est-ce point un charme, un jeu : le sublime est sérieux.

Troisièmement. Enfin, la beauté naturelle renfermant une finalité de forme, l'objet *paraît* avoir été prédéterminé pour notre imagination. Quoique le sentiment reste subjectif, on peut dire en un sens que l'objet est Beau, puisqu'il y a convenance formelle entre l'objet naturel et nos facultés. Mais l'objet qui produit en nous le sublime ne peut pas être appelé sublime, parce que cette concordance de la forme de l'objet avec notre imagination peut n'exister pas, et que bien loin que notre sentiment du sublime en soit diminué, il sera peut-être en nous d'autant plus profond que l'objet fera par sa forme plus de violence à notre imagination. Le sublime a sa source dans les idées de la raison, et spécialement dans l'idée de l'infini. Il est donc en nous et ne peut pas être dans les choses de la nature. Ce n'est pas le désordre ou la dévastation qui sont sublimes, ce sont les idées que ce spectacle agite et éveille. Au lieu d'être moral uniquement par alliance, par analogies formelles, le sentiment du sublime qui fait apparaître la vision de Dieu, est moral par son origine, par sa nature, directement, immédiatement.

Après avoir envisagé le sublime comme le Beau aux quatre points de vue de la quantité, de la qualité, de la relation et de la modalité, et après avoir constaté que le jugement en est universel, désintéressé, subjectif, nécessaire, Kant divise le sublime en deux espèces.

Le Beau est un repos, le sublime un mouvement ; ce mouvement a lieu vers la faculté de connaître, l'entendement, ou vers la faculté de désirer, la raison, suivant qu'il est produit par la contemplation de la grandeur ou par celle de la puissance : de là un sublime mathématique et un sublime dynamique.

Le sublime mathématique est ce qui est absolument grand, c'est à dire ce en comparaison de quoi toute autre chose est petite. Mais dans la nature toutes les grandeurs sont relatives ; aucune n'est absolue. Il n'y a donc pas de sublime dans la nature ; notre raison seule conçoit l'idée d'une grandeur absolue. Le sublime est donc ce dont la seule conception atteste dans l'âme la présence d'une faculté qui surpasse toute mesure des sens.

C'est donc à la fois une peine provenant de l'impuissance de notre imagination à embrasser la totalité de certaines grandeurs, du désaccord de notre imagination impuissante avec la faculté du suprasensible ou la raison ; et un plaisir qui nous vient de l'attestation en nous de la présence d'une faculté suprasensible ; dans notre âme, de l'idée de l'infini et de l'absolu qu'elle y fait pénétrer, et, par conséquent, d'une destination noble et supérieure de notre être.

Il faut donc bien remarquer que l'estimation logique ou numérique des grandeurs n'offre jamais rien de sublime, parce qu'elle est sans obstacle et sans efforts. Aucune faculté n'est poussée à ses limites et n'a reconnu la stérilité de ses efforts ; c'est l'estimation imaginative seule qui la crée : la distance du pôle à l'équateur, évaluée en mètres, n'a absolument rien de sublime. On voit donc que le nom de mathématique convient mal à ce sublime; car les sciences mathématiques ont pour objet le nombre, c'est à dire une grandeur éminemment relative, puisque le nombre étant un rapport, n'a rien d'absolu.

Le sublime dynamique est le sentiment qu'inspire le spectacle d'une force terrible sans pouvoir sur nous; il a sa source dans la conscience de notre supériorité morale, qu'il atteste et qui le fait naître, sur la nature, en nous et hors de nous, sur la sensation et sur la matière; par conséquent il se rattache à la même origine que les idées morales, le devoir, dont la conscience est la condition du sublime. L'homme est sublime en face de la nature qui le dévore ou qui l'écrase; car il sait qu'il est un être moral, c'est à dire noble et grand, et que la nature aveugle dont il est la proie ou la victime n'est rien au prix de lui.

Par conséquent le sublime suppose une plus grande culture, non seulement du jugement esthétique, mais encore de la faculté générale de connaître. Sans cette faculté supérieure, les puissances redoutables de la nature exerceraient sur nous un pouvoir réel; elles imprimeraient dans notre âme le sentiment lâche et vil de la terreur, avec lequel disparaîtrait le plaisir du sublime devenu effrayant.

Dans le Beau comme dans le sublime, mais dans le sublime plus que dans le Beau, la nature est l'occasion de tout ce que nous éprouvons. La nature suffit à tout expliquer, et le domaine des beaux-arts, parfaitement inutile, est l'empire de la plus libre fantaisie. Les beautés naturelles sont bien supérieures aux créations de l'art, parce qu'elles sont morales, et plus rares, parce qu'elles sont plus élevées.[1]

Kant a joint à cette analyse profonde, sagace, fine, du sentiment esthétique, un chapitre que lui-même a déclaré une esquisse fort incomplète et fort peu étudiée sur le système des beaux-arts.

Dans les idées esthétiques, il y a à exprimer une pensée, une intuition, une sensation ; c'est par les moyens dont se fait l'expression des idées esthétiques que se distinguent et se divisent les arts.

Il y a trois moyens d'expression :

1° La parole, qui comprend le mot, le geste, le ton, et qui communique simultanément et conjointement la pensée, l'intuition, la sensation. Les arts de la parole sont l'éloquence et la poésie ; elles sont l'une et l'autre définies d'une manière assez bizarre : l'éloquence, suivant Kant, est l'art de traiter une affaire de l'entendement comme un jeu de l'imagination ; et la poésie est précisément le contraire, c'est à dire l'art de traiter un jeu de l'imagination comme une affaire de l'entendement.

2° Les arts figuratifs ont pour procédé d'expression l'intuition sensible, et représentent la réalité visible : ce sont la peinture, la statuaire, l'architecture, et, ce qui paraît assez peu sérieux, l'art des jardins.

3° Il y a des arts qui n'ont d'autre moyen d'expres-

---

[1] Kant, *Analyt. du sublime*, trad. Barni, tom. I, p. 241.

sion que des sensations, *un beau jeu de sensations*, comme dit Kant : ce sont la musique et le coloris ; par où l'on voit que la peinture ayant deux moyens d'expression, se partage en deux branches très distinctes et appartient, par l'un de ses procédés, aux arts figuratifs, et par l'autre, aux arts purement sensuels, la couleur n'étant qu'une sensation pure de l'œil, à laquelle n'est attachée aucune intuition, absolument comme la musique.

Je n'ai pas besoin de relever les graves erreurs dont Kant se rend ici coupable ; la modestie avec laquelle il annonce qu'il ne présente ici que des idées très légèrement étudiées, désarme la critique, et l'évidence de ses erreurs la rend presque inutile.

Pour apprécier la valeur relative des arts, il faut se rappeler que le principe d'un pareil jugement est tout entier dans la nature du plaisir esthétique : or, celui-ci n'est qu'un moyen de cultiver les facultés, d'éveiller les idées et non pas d'exciter la sensation matérielle ni même l'émotion ; car l'émotion n'a pour but que la jouissance et ne sert qu'à énerver les âmes. Il faudra donc ranger les arts dans l'ordre même où nous venons de les énumérer. Les couleurs et les sons n'aboutissant, par des sensations fortes, qu'à des idées vagues et confuses, mettent une partie de la peinture, le coloris, et la musique tout entière, au dernier rang des arts, en valeur esthétique comme en dignité réelle. Loin de reconnaître le caractère si éminemment sociable de la musique, Kant l'accuse formellement, et avec une vivacité plaisante, de manquer d'urbanité, parce que le bruit de ses intruments s'étend trop loin et incommode les voisins. A une accusation de cette nature on n'est pas tenu de faire une réponse sérieuse ; contentons-nous de dire :

<small>Cet homme assurément n'aimait pas la musique. 1</small>

THOMAS REID.

Bien qu'il se sépare de Kant en bien des idées importantes, Thomas Reid a pourtant avec lui des points de rapprochements sérieux qui me permettent de les rapprocher dans cette analyse qui, je l'ai déjà dit, n'a pas la prétention d'être une histoire de la philosophie esthétique, et autorise peut-être moins de sévérité chronologique et logique dans la succession des systèmes.

Il ne faut pas demander à la philosophie écossaise une grande profondeur de vues, des conceptions fortes et originales, des déductions rigoureusement enchaînées, ni même cette ordonnance qui fait la beauté sévère d'un système. Cette philosophie modeste, sage, sensée, plutôt pratique que spéculative, n'a pour ainsi dire d'autre règle que le sentiment universel des hommes, qu'elle étudie avec une observation patiente, avec une finesse ingénieuse et même minutieuse, surtout dans le langage, où il se manifeste peut-être moins fidèlement qu'elle ne le paraît croire.

Thomas Reid, dans l'essai qu'il a consacré à la grandeur et à la beauté, commence par quelques observa-

---

<small>1 Voir M. Cousin, *Fragm. littéraires. Biograph. de Kant.*</small>

tions préliminaires sur le sujet. Après avoir affirmé que la beauté [1] « n'a rien de mystérieux, » et que « celui qui l'admire ne sait pas moins en quoi elle consiste que comment elle l'affecte, » assertion dont il sera le premier plus loin à reconnaître l'erreur, il observe « que toute opération du goût implique le jugement, [2] » ce qui sans doute veut dire que l'acte du goût est intellectuel par son fond, par son essence; la perception du Beau n'est possible que sous la condition de la perception de l'objet beau par une autre faculté de l'esprit, et elle en diffère. Il faut donc admettre, avec Hutcheson, que le sens du Beau est réfléchi, et que ses opérations ne sont pas directes et premières, mais secondaires. Il ne nous dit pas s'il admet avec le philosophe irlandais un sens du Beau tout à fait distinct de nos autres sens, un sixième sens, *sui generis*. Après cette analyse peu profonde du sentiment esthétique, Reid étudie l'objet qui l'excite et la cause qui le peut produire. « Il répugne, dit-il, au sentiment universel, [3] que la beauté ne soit point une qualité réelle de l'objet, et qu'elle ne soit qu'une simple émotion dans la personne. [4] » Cette répugnance lui suffit pour conclure que la beauté n'est point simplement un certain état de l'âme, quelque chose de purement subjectif; elle a une réalité ; ce n'est pas la réalité d'une chose en soi, mais celle d'un attribut ou d'une qualité, et cette

---

[1] Thom. Reid, *OEuvres*, tom. V, p. 253, trad. Jouffroy.
[2] Thom. Reid, *OEuvres*, tom. V, p. 257, trad. Jouffroy.
[3] Thom. Reid, *OEuvres*, tom. V, p. 255.
[4] Thom. Reid, *OEuvres*, tom. V, p. 258.

qualité de l'objet résulte de sa nature ou de sa conformation.[1] Ce n'est pas à dire pour cela qu'il n'y ait de beaux que les objets extérieurs ; il constate, au contraire, qu'il y a une multitude de beautés qui ne peuvent se rattacher à aucun de nos organes corporels : en quoi l'auteur des *Essais* me paraît aller au delà de la vérité exacte. Ces préliminaires assez brefs, quoique diffus, et où l'ordre n'est pas la qualité qui brille le plus, se terminent par une appréciation juste et fine de la nouveauté qu'il distingue avec raison de la beauté. La nouveauté nous plaît, parce qu'elle alimente la curiosité, c'est à dire ce besoin d'activité intellectuelle, qui est un principe de notre constitution, un des ressorts les plus puissants de la pensée, et qui ne contribue pas peu à donner du prix et de la dignité à la vie. Après ces observations justes, mais décousues, et où le lien des idées entre elles et avec ce qui suit n'est pas assez aperçu, il aborde son véritable sujet et s'occupe d'abord de la grandeur. L'émotion que produit la contemplation de la grandeur est sérieuse, sévère, solennelle ; elle excite l'âme à l'admiration, la monte à l'enthousiasme et la dispose à imiter, à réaliser en soi ce qu'elle admire : c'est donc une émotion pratique, une phase de la vie morale. Le sublime est l'expression naturelle de cet enthousiasme. Le sublime peut donc ne pas appartenir à l'art, et on reconnaît ici l'influence des idées de Kant.

La grandeur, considérée en elle-même, n'est qu'un

---

[1] Thom. Reid, *OEuvres*, tom. V, p. 258.

degré extraordinaire d'excellence; cette excellence n'est pas autrement définie ni plus amplement expliquée; ce degré extraordinaire n'est déterminé que par son effet, qui est l'enthousiasme. Ainsi la grandeur est l'excellence qui excite l'enthousiasme. C'est seulement la suite des idées qui démontre que cette excellence est une perfection morale, et que cette grandeur appartient en propre à l'esprit. Il n'y a pas de grandeur vraie dans la matière : ce n'est qu'une grandeur apparente dont on la revêt, dont on la décore par suite d'analogies supposées ou imposées entre la matière et l'esprit. Dieu seul est véritablement grand : la contemplation de Dieu excite non seulement l'enthousiasme, mais encore la dévotion, et inspire l'héroïsme, la sainteté, le sacrifice, l'immolation.

On voit que par ce mot de grandeur, Reid entend ce qu'on appelle ordinairement le sublime. D'accord avec Kant, il y voit un acte sérieux, sévère, pratique, une élévation, une purification de l'âme qui influe sur la conduite morale, et qui naît surtout de la contemplation de Dieu. Mais on ne peut guère contempler Dieu que dans ses œuvres; tandis que, d'un autre côté, cet univers n'a guère d'autre signification intellectuelle, d'autre destinée morale que de le révéler : *Cœli enarrant gloriam Dei*; à quoi servent les cieux, sinon à raconter la gloire de Dieu. Aussi dit-il expressément :[1] « la valeur du spectacle de l'univers est au fond religieuse. » Nous ne pouvons que nous associer à ces idées, qui sont

---

[1] Thom. Reid, *OEuvres*, tom. V, p. 265.

celles mêmes qui ont été développées dans cet ouvrage, en ajoutant que la conséquence forcée en est que le sublime, ainsi entendu, est placé, dans la vie morale, par conséquent en dehors et au dessus de l'art et de la beauté. Il faut regretter seulement l'absence d'une démonstration solide et de définitions précises sur l'état et l'objet du sublime.

La beauté est étudiée avec plus de soin, et le chapitre qui y est consacré a plus d'étendue et à la fois plus de valeur. Suivant Reid, on trouve dans le sentiment du beau : 1° une émotion agréable ; 2° la conviction qu'il existe au dehors une qualité réelle qui en est la cause ; certes on peut accorder, et on doit le faire, que la conscience d'un état déterminé de l'esprit, comme d'un jugement que renferme l'acte du goût, implique l'idée de l'existence des choses extérieures et même de la réalité objective de leurs qualités ; mais cela d'abord n'est nullement particulier au sentiment du Beau, et il y a lieu de s'étonner de le voir caractérisé par une propriété qui lui est commune avec tous les actes de la pensée. Kant a démontré, et par un argument irrésistible, que la conscience de ma propre existence, trouvée dans la conscience de ma pensée, est en même temps conscience immédiate de l'existence des choses extérieures.[1] Ensuite il reste toujours à démontrer que la beauté est une qualité des choses extérieures, et la conviction à cet égard doit reposer sur quelque chose,

---

1 Cette profonde démonstration compromet la théorie de Kant sur l'idéalité du temps et de l'espace, considérés comme des formes pures de la sensibilité ; elle n'en est pas pour cela moins bonne, au contraire.

et non pas s'affirmer simplement. Quant à l'émotion agréable qui caractérise en outre le sentiment du Beau, nous croyons avoir démontré qu'il y a dans cette affection ou dans cet acte beaucoup plus qu'une émotion agréable ; cette définition ou plutôt cette description nous paraît très incomplète et très insuffisante.

Quoi qu'il en soit, cet acte du goût est ou instinctif ou rationnel, suivant que la beauté est primitive et réelle, ou dérivée et réfléchie. En effet, la beauté n'appartient pas aux dehors qui nous frappent : elle n'appartient en propre qu'aux qualités intérieures que ces dehors expriment ; nous goûtons instinctivement les unes, et nous ne goûtons les autres que par réflexion, qu'indirectement et uniquement parce que ces objets sont des signes, des expressions ou des effets des beautés primitives.

En effet, le Beau est ce qui est l'objet propre de l'amour et de l'estime, c'est à dire évidemment une perfection réelle, une excellence morale. Ainsi, non seulement toute beauté est morale, elle est la vie morale même, et tout ce qui s'y rapporte et s'en rapproche. Je ne puis m'empêcher de faire remarquer ici que la philosophie est une science, et qu'il n'y a pas de science qui puisse se contenter de termes à peu près justes. L'amour n'est pas du tout l'estime, et avant de définir le Beau, l'objet de l'amour et de l'estime, il faudrait savoir bien nettement ce que l'on entend par amour et surtout par estime, terme moins clair et moins précis encore. L'estime est un tribut forcé.

Quoi qu'il en soit, le Beau étant une perfection, est la conformité à un but, placé soit dans la chose, soit hors d'elle. Toute perfection de la matière inanimée, et par conséquent toute sa beauté, consiste à être admirablement appropriée aux besoins de la vie animale et particulièrement à ceux de l'homme ; c'est le rapport constant des moyens à un but qui prête de la beauté à toute combinaison matérielle dans les trois règnes de la nature : théorie qui confond le Beau avec l'utile, et dont Hégel a solidement réfuté l'erreur, en démontrant avec la plus grande force que l'indépendance était un des caractères de l'idéal ; que le subordonner à un but, c'est l'absorber dans ce but ; car tout moyen n'est rien que par le but où il aspire, où il se réalise et à la fois se perd ; c'est conséquemment le détruire dans sa spécialité que d'assigner un but au Beau.

Reid a cherché dans les arts particuliers des exemples à l'appui de cette thèse, et il expose des vues très singulières et tout à fait inadmissibles, particulièrement sur la musique. C'est ainsi que l'explication des effets de l'harmonie est cherchée dans l'harmonie des sentiments qu'elle est censée exprimer ; mais cette opinion est présentée avec trop de ménagements et de restrictions, et d'ailleurs trop faiblement soutenue pour que nous nous croyions obligé d'insister. La peinture et la poésie sont des arts d'imitation ; les couleurs et les mouvements sont des signes de qualités morales, et c'est par là et en cela qu'ils nous plaisent. Dans la peinture, la beauté croît avec la fidélité de la représentation, et l'effet comme le but de cet art est de rendre l'image la plus naturelle des objets.

Il est difficile de mettre dans une analyse plus d'ordre que l'auteur même n'en a mis dans la suite de ses idées. Reid n'attache ses déductions et ne lie ses observations que par le fil le plus léger ; c'est ainsi qu'après ces exemples, il place, avec Hutcheson, la beauté dans la variété unie à la régularité ; toutefois ce caractère tout extérieur le cède à l'exacte convenance de la forme avec la destination de l'objet.

On voit dans ce système partout présente l'idée de fin réelle, téléologique, qui, selon nous et selon Kant, détruit ou du moins altère la beauté partout où elle domine. Toute la contemplation de la nature aboutit à admirer la sagesse du créateur,[1] et quant à la beauté humaine, Reid, empruntant les termes mêmes de l'auteur du *Dialogue sur la beauté*, la place :

1° Dans la couleur, qui doit exprimer la santé, suivant le mot de Cicéron : *venustas et pulchritudo corporis secerni non potest a valetudine*, mot qui est contestable ;

2° Dans la proportion des parties, qui doit exprimer la force physique ;

3° Dans l'expression, qui doit exprimer l'âme de la personne ;

4° Enfin dans la grâce, qui est un trait indéfinissable et nécessaire de la beauté.

C'est dans ces détails, sans développements, sans

---

[1] Thom. Reid, tom. V, p. 300, s. q. q.

conclusion et pour ainsi dire sans principes, que se terminent, qu'expirent les chapitres que Reid a consacrés au sujet qui nous occupe. A défaut d'autres mérites, ils ont au moins celui d'offrir une lecture facile, un style naturel et des idées claires, au moins d'une clarté extérieure.

HUTCHESON.

Il y a un peu plus de profondeur dans les recherches de Hutcheson, irlandais de naissance, mais écossais par la direction et la méthode de sa philosophie. Comme tous les écrivains de cette sage et saine école, qui se rapproche par beaucoup de points de la philosophie française au XVIIIe siècle, mais qui s'en distingue par un sentiment moral plus profond et plus élevé, et par un besoin moins vif d'ordre et de lien systématique dans les idées, Hutcheson procède par analyses très fines et très justes.

Le Beau, suivant lui, produit un sentiment de plaisir; mais ce plaisir ne peut être rattaché, comme à sa source, à la faculté de la sensibilité externe ; car cette impression se produit dans bien des cas sans qu'elle soit accompagnée de perceptions sensibles, et dans les autres circonstances, dans les plaisirs qui nous viennent des sens, le plaisir que nous appelons du Beau, vient de l'ordre, de la proportion, de l'harmonie, et non de la matière même des choses sensibles. C'est donc par la contemplation interne d'une idée qu'est excité ce plaisir, nécessaire comme toute autre plaisir ou déplaisir, puisque l'âme, dans cette modification, est toujours passive : donc le Beau ne se rattache pas à la sensation.

D'un autre côté, le plaisir éprouvé ne consiste nullement dans la connaissance rationnelle des principes de l'objet. Sans doute la notion de l'objet en soi, dans sa nature et son essence, peut ajouter un élément au plaisir du Beau, mais un élément propre, spécial et tout à fait distinct. Ce n'est donc pas à la faculté de l'intelligence qu'on peut rattacher le sentiment esthétique.

Or, comme ce plaisir nécessaire est en même temps universel, il faut absolument qu'il y ait dans l'homme une faculté spéciale, *sui generis*, pour le lui faire goûter. Hutcheson l'appelle un sens, parce qu'il est certain que l'état de l'âme, à la vue du Beau, est un sentiment ; il l'appelle sens interne, parce qu'il n'a aucun organe corporel, et qu'il nous fait éprouver un plaisir par suite de la contemplation d'une idée. Mais les idées par la contemplation desquelles nous éprouvons ce plaisir sont de deux sortes : celles qui présentent un caractère moral et celles qui manifestent l'ordre, la régularité, la proportion ; dans un cas, c'est le sens interne du bien ; dans l'autre, c'est le sens interne du Beau. Le plaisir du Beau est individuel et n'a rien de commun avec l'intérêt.

Il distingue un Beau absolu et un Beau relatif; mais, par le premier de ces termes, il n'a garde d'entendre quelque chose d'absolu en soi, mais simplement le Beau que l'on observe dans les objets réels et qui semble leur appartenir; tandis qu'il appelle Beau relatif, celui qu'on aperçoit dans les objets qui ne font qu'en imiter d'autres, c'est à dire dans les œuvres d'art. Le Beau absolu est partout et toujours en raison composée de l'uniformité et de la variété, et Hutcheson pousse cette thèse jusqu'à des détails si minutieux qu'il suffit de les citer pour en faire ressortir l'excès et l'erreur. Ainsi, suivant lui, une figure uniforme de vingt côtés, quelle qu'elle soit, est plus belle qu'une figure uniforme de douze côtés. Il n'y a pas à donner d'autre raison, si ce n'est que l'uniformité étant égale dans les deux figures, et le nombre des côtés, c'est à dire la variété, étant plus grande dans la première, la beauté résultante en raison composée de ces deux éléments, a dû s'accroître en raison même du nombre des côtés. Pour le Beau relatif, il n'existe réellement pas; il consiste soit dans la beauté absolue de l'objet imité, soit dans la perfection de l'imitation.

BURKE.

Burke a fondé le Beau sur l'amour; mais il y mêle, comme élément nécessaire, la sensation propre, et le ramène au relâchement des fibres du corps : c'est donc un plaisir accompagné de défaillance et de langueur. Le sublime est fondé sur une certaine douleur également physique, qui, sans aller jusqu'au bouleversement réel des organes, en trouble les mouvements réguliers et inquiète le sentiment de conservation de soi-même; et ce trouble menaçant notre vie nous cause une certaine souffrance. Toutefois ces mouvements violents et impétueux, débarrassant les vaisseaux délicats ou grossiers d'engorgements incommodes et même dangereux, ne laissent pas d'exciter en nous des sensations agréables, sinon un vrai plaisir, qui se mêlent aux sensations douloureuses ; il en résulte un composé qui est ce qu'on appelle le sentiment du sublime, qui est comme une sorte d'horreur délicieuse, de tranquillité mêlée de terreur. Kant fait remarquer avec force que ce système, plein d'ailleurs de fines et profondes analyses, aboutit à détruire la beauté, puisqu'elle n'est plus qu'une sensation purement individuelle, sans principe *à priori*, c'est à dire général. Chacun trouve Beau et a le droit de trouver Beau tout ce qui lui fait une sensation agréable :

Sua cuique Deus fit dira cupido.

PIERRE CROUSAZ.

Crousaz, écrivain de Lausanne, a publié son traité du Beau en 1715, bien antérieurement à tous les philosophes dont nous venons de nous occuper. S'il n'était pas le premier auteur français qui ait écrit sur le Beau, nous n'aurions pas eu beaucoup de regret de ne pas mentionner son nom assez oublié, et de négliger l'analyse de son livre qui l'est peut-être encore davantage.

Après avoir défini le Beau, l'objet qui excite en nous des sentiments agréables ou réclame notre approbation, Crousaz fixe le nombre des caractères du Beau en soi à cinq : la variété, l'unité, la régularité, l'ordre, la proportion. Il lui semble que la variété s'entend assez d'elle-même, et il ne prend pas la peine de la définir. L'unité n'est pour lui que la relation des parties au tout. La définition des trois derniers caractères du Beau, qui, par leurs dénominations, semblent beaucoup se rapprocher, mérite d'être rapportée pour sa singularité.

La régularité est une similitude de position dans les parties, les unes par rapport aux autres; l'ordre est une certaine dégradation, un certain affaiblissement du caractère de certaines parties, qui sert comme de nuance pour passer de l'une à l'autre; enfin la proportion, qui comprend tout, est l'unité assaisonnée de variété, de régularité, et d'ordre dans chaque partie. On peut conclure de ce livre peu philosophique, que la beauté c'est la proportion.

LE P. ANDRÉ.

Le nom du P. André est très connu en France et y a été célèbre; son ouvrage l'est peut-être aujourd'hui moins, et véritablement, comparé aux travaux modernes sur l'esthétique, à la sérieuse philosophie du Beau qui a été fondée en Allemagne, et dont nous avons entendu du moins l'écho, cette négligence s'explique et se justifie. Tout le système du P. André consiste dans une classification des plus savantes, et dans des divisions et subdivisions tellement multipliées qu'on a de la peine à s'y reconnaître. L'auteur constate d'abord l'existence de trois espèces de Beau. En effet, par sa forme il est essentiel, naturel ou arbitraire ; mais d'un autre côté, par sa matière ou son contenu, il se distingue en deux grandes divisions : le Beau spirituel et le Beau corporel.

Le Beau corporel, à son tour, se divise en Beau visible, et en Beau musical ou de l'ouïe; le Beau spirituel, en Beau moral et Beau intellectuel, ou, suivant les expressions mêmes de l'auteur, considéré dans les pièces d'esprit. Ces quatre sortes de Beau, dont chacune est tour à tour envisagée sous sa forme, c'est à dire où l'on étudie le Beau essentiel, le Beau naturel et le Beau arbitraire, font la matière de chapitres ou discours qui forment l'ensemble et la division de l'ouvrage.

Le premier discours est consacré à la définition du Beau, brièvement empruntée à S. Augustin, et qui n'est que la reproduction du mot : *omnis porro pulchritudinis forma, unitas est.* La beauté est l'ordre, ou mieux l'unité. Ce chapitre traite spécialement du Beau visible, et il développe des idées très singulières sur les degrés divers de beauté qu'expriment les divers éclats lumineux des couleurs ; le second discours traite du Beau dans les mœurs; le troisième, du Beau dans les pièces d'esprit ; le quatrième et le cinquième, du Beau musical. D'autres discours, mal liés aux précédents, et détachés de l'ensemble du système, s'il y a là un système, sont consacrés à ce que le P. André appelle le *Modus*, ou le sens de la mesure, le *decorum* ou « *la décence, l'accord, l'harmonie, le juste assortiment de tous les traits qui composent le Beau par rapport aux circonstances de temps, de lieux, de personnes;* [1] » les grâces qui se subdivisent en grâces du corps et grâces de l'esprit, sujet pour lequel l'auteur demande à l'Académie, à qui il adressait son ouvrage, une attention *gracieuse;* enfin il termine sa minutieuse et superficielle analyse par deux chapitres où il étudie l'origine et la nature de l'amour du Beau, et le désintéressement qui caractérise cet amour.

Comme nous l'avons déjà dit, dans chacune des quatre espèces de Beau qu'il a trouvées dans la considération de la matière ou du contenu de la beauté, le P. André applique la division du Beau en trois espèces, selon la forme; par exemple, dans les ouvrages d'esprit : « Je définis, dit-il, le Beau, non ce qui plaît à l'imagination, mais ce qui plaît à la raison et à la réflexion, par son excellence propre, par sa lumière ou par sa justesse, et, si l'on me permet ce terme, par son agrément intrinsèque. » Je ne vois, pour moi, aucun inconvénient à autoriser le P. André à user de ce terme; mais il est permis de n'être pas satisfait de la définition : le Beau, défini par ce qui plaît ou agrée par son agrément, me paraît défini d'une manière assez vague. Quoi qu'il en soit, l'unité est le caractère général que doivent présenter, dans les ouvrages d'esprit, le Beau essentiel, le Beau naturel et le Beau arbitraire. Le Beau essentiel, c'est le vrai, l'ordre, l'honnête, le décent ; le Beau naturel, ce sont les images grandes et gracieuses, les sentiments nobles et généreux, les

---

[1] P. André, 6ᵉ discours.

mouvements pathétiques, forts et tendres ; le Beau artificiel consiste :

1° Dans l'expression et la clarté ;
2° Dans l'originalité et le tour ;
3° Dans le style.

Le style est « une certaine suite d'expressions et de tours tellement soutenus dans le cours d'un ouvrage, que toutes les parties ne semblent être que les traits d'un même pinceau ; ou, si nous considérons le discours comme une espèce de musique naturelle, (qui a jamais ainsi considéré le discours ?) c'est un certain arrangement de paroles qui forment ensemble des accords, d'où il résulte à l'oreille une harmonie agréable. » « Je suis fâché de le dire, ajoute le P. André, mais c'est là l'idée que nous donnent du style les maîtres de l'art, et peu d'auteurs aujourd'hui ont un vrai style. » Hélas ! dirai-je à mon tour, moi aussi je suis bien fâché de le dire, mais est-ce là une vraie définition du style ? Un mot de Cicéron nous en apprend un peu plus que toutes ces périphrases oratoires et ces périodes laborieuses ; il nous a révélé, par un trait aussi éclatant que juste et profond, ce que c'est que le style, en l'appelant la physionomie de l'âme : *oratio quasi vultus animi*.

Pour en revenir au P. André, le style, défini comme nous venons de le dire, a quatre conditions :

1° Une suite marquée dans les matières, les raisonnements et les idées ;
2° Un assortiment dans les tours et les figures ;
3° L'harmonie ;

4° Un certain feu partout répandu, feu qui reste fort obscur dans mon esprit, et dont le P. André réduit le résultat à des effets purement négatifs, comme « à ne souffrir ni les réflexions inutiles, ni les faux brillants, ni les paroles superflues. » Enfin l'unité, qui doit faire le caractère de tout l'ouvrage, se divise, elle aussi, en trois unités :

1° Unité de rapport entre les parties de l'ensemble ;

2° Unité de proportion entre le style et la matière, ce qui n'est autre chose que l'excellent précepte de Cicéron : *sit par rebus oratio* ;

3° Enfin l'unité de bienséance entre la personne qui parle, les choses qu'elle dit, et le ton qu'elle prend pour les dire.

Cet ouvrage renferme des préceptes de rhétorique très sensés, mais très connus, et confondus avec des idées fort opposées. Sous son apparence systématique, il y a une absence réelle de vues d'ensemble, une pauvreté absolue d'idées originales et de pensées de quelque profondeur. Je ne puis attacher aucune importance philosophique à cette œuvre, dont le mérite, tout oratoire, suivant Diderot même, est même sous ce point de vue assez contestable. L'auteur n'aura laissé à la science de l'esthétique ni un principe, ni une méthode, ni une analyse fine et judicieuse, ni une idée piquante ou neuve. Le chapitre sur la musique est le plus étudié et le plus curieux. Je m'étonne des éloges, répétés depuis, que Diderot a prodigués à ce livre, et je ne puis m'empêcher de croire que, par ces éloges excessifs, Diderot était bien aise de contredire et de combattre la compagnie de Jésus, qui accabla de vexations pendant vingt ans son malheureux confrère le P. André.

DIDEROT.

Quand on s'est évertué à suivre la pensée des philosophes de l'Allemagne moderne, je crois que rien n'est plus salutaire ni plus prudent, rien ne rafraîchit mieux l'esprit que de lire quelques pages de Diderot ou de Voltaire. Sans doute il est agréable de descendre dans les augustes profondeurs, ou de gravir les cîmes ardues de la pensée ; il est agréable de contempler, du haut de ces sommets de la science, l'immense horizon abaissé à nos pieds et déployé sous nos yeux ; mais outre qu'à ces hauteurs qui donnent le vertige, il règne encore des brouillards qui obscurcissent la vue et, en atténuant la netteté des perceptions, diminuent notoirement le plaisir de la contemplation, il faut avouer que le voyage est pénible et laborieux. Quand on ouvre un livre de philosophie française, il semble qu'un air plus libre, plus sain, plus frais, rende plus dispos votre esprit ; l'horizon des idées est plus étroit ; la hauteur des pensées n'est pas inaccessible ; mais on respire dans la clarté, on nage dans la lumière ; un souffle, venu de la Grèce, a déposé comme un reflet de l'élégance et de la grâce dont ce peuple, amoureux de la beauté, a revêtu tout ce qu'il a touché. Les Allemands ont beau rire de cette légèreté française, je crois que ni la clarté ni la grâce n'excluent la profondeur, et Diderot en sera la preuve ; c'est un vrai Français, inégal et charmant, mais toujours d'une clarté limpide, ce qui n'a pas empêché Lessing de lui adresser cet éloge flatteur et mérité, d'avoir été le penseur le plus original et le plus profond qui eût, depuis Aristote, spéculé sur l'art.

Diderot, comme tous les philosophes du XVIIIe siècle, « ne reconnaît d'autre principe en philosophie, que l'expérience; d'autre source de nos idées et de nos pensées, que la sensation. » Suivant lui, les notions positives et abstraites d'ordre, de proportion, de combinaison, de rapports, d'unité, comme les notions abstraites et négatives de désordre et de disproportion, sont expérimentales, comme toutes nos idées, et nous viennent également des sens; comme elles ont leur origine dans nos besoins et dans l'exercice de nos facultés, ces idées sont universelles, c'est à dire communes à toute l'espèce, aussi bien que celles d'existence, de largeur, de profondeur, de nombre, notions claires et sur lesquelles on ne conteste pas, et dont nous pourrions par conséquent nous servir légitimement pour définir le Beau, s'il est vrai qu'il n'entre dans la notion du Beau que les idées de rapport, d'ordre et de convenance, et c'est ce que nous allons rechercher.

Il y a dans tous les êtres appelés beaux une qualité commune dont le terme Beau est le signe. Cette qualité ne peut être « que celle dont la présence les rend beaux, dont la fréquence ou la rareté[1] les rend plus

---

1 Ces mots sont de Diderot; ils paraissent peu justes et même impropres:

ou moins beaux, dont l'absence les fait cesser d'être beaux ; qui ne peut changer de nature sans faire changer le Beau d'espèce ; dont la qualité contraire rendrait les plus beaux désagréables et laids ; celle, en un mot, par qui la beauté commence, augmente, varie à l'infini, décline et disparaît. »

Or, il n'y a que la notion de *rapports* capable de ces effets. « J'appelle donc Beau, hors de moi, tout ce qui contient en soi de quoi réveiller dans mon entendement l'idée de *rapports;* et Beau, par rapport à moi, ce qui réveille cette idée. » Diderot excepte cependant les qualités relatives au goût et à l'odorat, sans expliquer pourquoi elles sont exclues, et tout en avouant qu'elles nous fournissent ou réveillent en nous l'idée de rapports.

Mais qu'est-ce qu'un rapport? Le rapport, en général, est une opération de l'entendement qui considère soit un être, soit une qualité, en tant que cet être ou cette qualité suppose l'existence d'un autre être ou d'une autre qualité. Ce rapport n'existe que dans notre entendement ; mais il a son fondement dans la nature des choses : il y a donc en même temps des rapports aperçus, des rapports réels, et même une troisième classe de rapports intellectuels, c'est à dire des combinaisons, des formes et des figures, qui sont conçues simplement dans l'entendement, distribuées dans le vide, et n'ont point de fondement dans un objet réel où elles puissent exister elles-mêmes réellement.

c'est l'intensité et l'affaiblissement, la diminution et l'accroissement qui peuvent produire cet effet.

Il y a un Beau hors de moi ; car mon entendement ne met rien dans les choses et n'en peut rien ôter ; et si elles possédent en soi de quoi éveiller dans l'esprit l'idée de rapports, que je l'aperçoive ou non, elles n'en sont pas pour cela moins belles. Il y a donc un Beau réel et un Beau aperçu ; mais il n'y a pas de Beau absolu, puisque l'idée de relation, de rapport, est contradictoire à celle d'absolu.

Ces rapports, aperçus ou susceptibles de l'être, ne sont pas et ne doivent pas être déterminés. C'est l'indétermination de ces rapports, la facilité de les saisir et le plaisir qui accompagne leur perception, qui ont fait croire que le Beau était plutôt une affaire de sentiment que de raison : erreur qu'on reconnaîtra bien vite, suivant Diderot, quand la complication des rapports et la nouveauté des objets suspendront forcément notre jugement ; on s'apercevra que, dans ces occasions, pour que le plaisir se fasse sentir, il faut que préalablement l'entendement ait prononcé.

Bien que les rapports indéterminés suffisent pour faire naître l'idée de la beauté, les rapports les plus déterminés ne la détruisent pas, toutes les fois que cette détermination précise, ce calcul exact de leur valeur numérique est l'objet immédiat, unique, d'une science ou d'un art. Dans ce cas, la beauté est en raison composée du nombre des rapports et de la difficulté qu'il y avait à les apercevoir ; c'est la beauté de la science des nombres. C'est pour cette raison que le théorème qui énoncera que les asymptotes d'une courbe s'en rapprochent sans cesse, sans jamais la rencontrer, et que les espaces formés par une portion de l'axe, une portion de la courbe, l'asymptote et le prolongement de l'ordonnée, sont entre eux comme tel nombre est à tel nombre ; c'est pour cette raison que ce théorème est justement appelé Beau, d'une beauté où entre cependant aussi la surprise.

Diderot accepte les classifications adoptées de Beau moral, littéraire, musical, naturel, artificiel, d'imitation. Envisagées en soi, toutes les choses de la nature sont belles d'une beauté réelle ; « car en toutes j'aperçois, *dans les parties dont elles sont composées*, de l'ordre, de l'arrangement, en un mot des rapports ; car tous ces mots n'expriment que diverses manières d'envisager les rapports mêmes. Si on compare ces choses entre elles, elles sont belles d'une beauté relative qui croît à mesure qu'elles réveillent en moi les idées d'un plus grand nombre de rapports, qui décline à mesure qu'elles en réveillent moins. »

Cependant il ne faut pas multiplier à l'infini le nombre des rapports dans les choses, et la beauté ne suivrait pas cette progression illimitée ; il ne faut admettre de rapports dans les belles choses que ce qu'un bon esprit peut en saisir nettement et facilement. Mais, dit lui-même l'auteur, qu'est-ce qu'un bon esprit ? à quelle vague notion ramenez-vous l'idée de la beauté ? et quelle source de dissentiments, aussi affligeants qu'inévitables, dans tous les jugements sur la nature et les arts ! Comme il n'y a peut-être pas sur la terre deux hommes qui aperçoivent les mêmes rapports dans un même objet, et qui le jugent beau au même degré, il y a dans l'esprit humain des causes incurables de diversité que Diderot a la patience d'analyser, d'énumérer, et qu'il réduit à douze.

Bien que la beauté ne soit que la somme des rapports que peut saisir un bon esprit, elle n'est pas cependant chimérique, l'idée de rapports existant réellement dans l'entendement et ayant son fondement dans les objets.

La beauté relative naissant de la comparaison des rapports dont les choses comparées peuvent réveiller l'idée, il y a évidemment plusieurs Beaux relatifs, et il faut avoir une grande connaissance de la nature pour prononcer que certains objets sont beaux ou laids ; car ce jugement ne peut être légitimé que par la comparaison d'un nombre infini d'objets de la même espèce. Il n'est donc pas facile d'entendre le précepte si souvent répété aux artistes, *d'imiter la belle nature*, et encore moins de le pratiquer. Ce précepte ne peut avoir d'autre sens que celui-ci : imiter le plus bel objet de la nature dans l'ordre de ceux que vous avez à reproduire. D'où il suit : *premièrement*, que le principe de l'imitation de la belle nature demande l'étude la plus approfondie et la plus étendue de ses productions en tout genre ; *deuxièmement*, « que quand on aurait la connaissance la plus parfaite de la nature et des limites qu'elle s'est prescrites dans la production de chaque être, le nombre des occasions où le plus beau pourrait être employé dans les arts d'imitation, serait à celui où il faut employer le moins beau, comme l'unité est à l'infini ; » ce qui rend bien stérile un principe dont l'application est si rare, ou plutôt ne se rencontre jamais ; *troisièmement*, enfin qu'il n'y a ni beau ni laid dans les productions de la nature, considérées relativement à l'emploi qu'en peuvent faire les arts d'imitation.

On voit que ce système est tout à fait celui d'Aristote, et qu'il se réfute par les mêmes raisons. Goûter le Beau, c'est percevoir un aussi grand nombre de rapports que possible ; c'est penser beaucoup, nettement et facilement. Diderot oublie de nous apprendre pourquoi l'idée de rapports ébranle si puissamment l'imagination, remue si délicieusement le cœur ; il oublie surtout de nous dire pourquoi le plaisir qui accompagne la perception des rapports dans certains objets, ne l'accompagne plus dans certains autres. On aura beau dire qu'il y a de la beauté dans les mathématiques, on ne pourra jamais le croire, et on n'y pourra jamais du moins mettre le charme et la grâce.

SCHILLER.

Schiller distingue entre la grâce et la beauté ; il fait dépendre la beauté de la nature, la grâce de l'intelligence. « La nature, dit-il, a donné le Beau architectonique, l'âme le Beau du mouvement. La grâce est la beauté de la forme sous l'influence de la liberté, et c'est par le mouvement qu'elle se manifeste. La beauté architectonique est un don de la nature, la grâce un mérite personnel. Des mouvements purement physiques dans l'homme ne sont jamais gracieux ; mais il se peut que l'âme domine et anime tellement son corps que la beauté même devient de la grâce, ou que la grâce en devient l'expression générale. »

La qualité esthétique des choses consiste dans la relation qu'elles ont à l'ensemble de nos facultés, sans être pour aucune d'elles un objet déterminé.

L'individu, comme l'espèce, traverse trois degrés de développements : ou bien l'homme est soumis à l'empire de la nature, et vit passivement sous le joug de la sensation ; ou bien il s'affranchit de cette puissance par la contemplation de la beauté, et bientôt il la dominera par la pratique de la vertu. Ce n'est que lorsqu'il est parvenu à apercevoir et à goûter le Beau que l'homme se distingue du monde, le pose hors de lui pour le contempler et en jouir comme d'une chose extérieure et étrangère à lui-même, et qu'il échappe à la sensation ; c'est une réflexion, et cette réflexion est le premier rapport de liberté de l'homme à l'univers qui l'avait jusque là dominé. La beauté est donc l'ouvrage d'une réflexion libre ; par elle nous entrons dans le monde des idées, mais sans quitter le monde sensible, comme il arrive dans la connaissance. La beauté est un objet pour nous, puisque la réflexion en est la condition ; mais en même temps aussi elle est un état du sujet, en ce que le sentiment est la condition de sa perception ; elle est forme *objective* en tant que nous la contemplons ; elle est *vie*, en tant que nous la sentons ; elle est, en un mot, tout à la fois état et action.

SOLGER.

Le Beau n'existe que dans l'art ; il n'est point donné dans la nature ; c'est un produit de la conscience qui vient donner et imprimer sa forme à la matière. Si, malgré cela, on porte des jugements de goût sur la nature, c'est que nous la considérons comme une œuvre d'art, et Dieu comme un artiste.

Sans aller jusque là, on peut considérer la nature comme produite d'après les idées divines, et on concilie ainsi les principes qui semblent contradictoires : celui qui définit l'art l'imitation de la nature, et celui qui le définit la nature idéalisée.[1]

La philosophie de l'art a pour but de faire comprendre quelle en est l'essence, ce qui inspire l'artiste, quels sont les principes internes qui font de l'œuvre d'art une révélation déterminée de l'idée.

Là dessus Solger fait très brièvement l'histoire des théories d'esthétique, et l'on est étonné de trouver les noms de Quintilien, d'Horace et de Longin, écrivains exclusivement didactiques, unis aux grands noms de Platon et d'Aristote.

Disciple de Schelling, il adopte le principe de l'identité de l'objectif et du subjectif, des idées et des choses. La nature et le monde moral manifestent également, mais d'une façon diverse, la conscience divine. La beauté est la révélation de Dieu dans l'apparition essentielle des choses ; c'est l'unité de l'essence et du

---

1 L'idée de la beauté, a dit Winckelmann, est en Dieu, et de là elle se transmet comme phénomène aux choses individuelles.

phénomène, perçue dans le phénomène. Tandis que rapporter la chose individuelle à sa notion, en faisant abstraction du phénomène, c'est en comprendre la vérité. D'un autre côté, faire le bien, ce n'est plus seulement contempler l'idée dans le phénomène, c'est la réaliser par l'action, c'est la produire par soi-même ; tandis que l'art se borne à l'exprimer, à la représenter.

L'art se distingue de la religion, avec laquelle il a d'ailleurs tant d'analogies. L'essence divine est leur objet commun, mais vu sous deux faces diverses : « alors que l'individu se voit lui-même, et que par là il voit le monde tout entier en Dieu, il y a religion ; et alors qu'il voit le monde extérieur, et que par là il se voit lui-même en Dieu, l'art existe. » Dans l'art, l'idée nous appartient ; dans la religion, nous nous anéantissons dans l'idée de l'essence divine.

Le principe du Beau n'est ni l'imitation de la nature, ni l'idéalisation ; c'est la conscience de soi, supérieure, où l'universel et le particulier sont reconnus pour identiques ; là, le moi pensant est un avec la connaissance des choses. Cette conscience de soi est intuition, en tant que l'universel et le particulier s'y réunissent ; idée, en tant que tous les deux, comme matière de la connaissance, s'y pénètrent et y coïncident. Cette idée constitue un monde supérieur, incompréhensible à l'entendement, qui ne se manifeste que par de certaines révélations. Le Beau est une de ces révélations.

L'idée du vrai va au delà du phénomène, pour concilier l'universel et le particulier, et les amener à l'unité. Le Beau n'a point à résoudre ces oppositions :

c'est l'idée considérée comme présente dans le phénomène, et présente par une pensée pratique. Par là elle se rapproche du bien ; mais elle en diffère en ce que l'idée du Beau suppose la conformité de la réalité avec la notion, tandis que celle du bien est toujours à se réaliser.

Le sublime est encore le Beau, et Kant a eu tort de les distinguer ou plutôt de les avoir trop séparés. Le sublime, c'est le Beau, en tant que nous y apercevons l'activité vivante de l'idée ; « c'est Dieu, c'est l'idée, l'action divine apparaissant dans le monde réel ; le Beau, c'est le phénomène rapporté à l'idée et reconnu pour en avoir reçu l'empreinte. »

JEAN-PAUL.

Voici une théorie incomplète, mais profonde et originale. Le point de vue tout particulier où s'est placé l'auteur, lui a permis de fouiller profondément tout un côté de l'art jusqu'à lui peu connu, et d'y découvrir un vrai trésor d'idées justes ou fines.

L'art est l'expression des idées par l'imitation de la nature.

Le ridicule est l'infiniment petit. Il n'y a rien de petit dans le domaine moral ; c'est donc dans l'intelligence qu'il faut chercher le ridicule, une action contraire à son but, une situation qui fait contraste avec ce qu'elle devrait être. C'est une absurdité infinie qui constitue le vrai comique ; il réside par conséquent dans le sujet plutôt que dans l'objet ; c'est l'esprit qui vit et non le corps : or, plus on s'élève au dessus des motifs vulgaires de la vie, plus l'homme paraît ridicule, le monde ridicule, la vie comique.

Le rire est accompagné d'un plaisir : d'où vient ce plaisir? Hobbès l'explique par la conscience de notre supériorité; cette explication est inadmissible : ce sont les femmes et les enfants qui rient le plus.

Le plaisir ne peut naître que de la présence d'un bien; cette jouissance résulte de trois séries de pensées concentrées en une seule intuition :

1° Nos propres pensées vraies et raisonnables;

2° Les pensées vraies des autres;

3° Les pensées illusoires que nous leur prêtons.

Nous passons, en nous jouant, de l'une à l'autre de ces séries, et le plaisir du comique, ou le comique même, est la jouissance ou la poésie de l'entendement s'exerçant avec liberté. Trois caractères distinguent ce plaisir de l'esprit de tout autre :

1° Nul sentiment violent n'en vient troubler le libre cours.

2° Le comique est analogue à l'esprit; de plus, il est sensible, et porte sur les personnes et non sur les choses. Les caractères seuls sont comiques : les formations de la nature ne sauraient être ridicules.

3° C'est un plaisir mêlé de déplaisir causé par la vue de l'absurde; c'est comme un chatouillement qui participe du plaisir et de la douleur.

L'*humour* est le comique romantique. Le propre de la poésie romantique est d'avoir pour domaine la nature infinie du sujet; pour elle le monde entier est folie, parce qu'en présence de l'infini tout est petit, en présence du sublime tout est comique. L'humour est le mépris du monde entier.

L'ironie est l'expression pure de l'objet ridicule; elle dissimule le contraste subjectif, l'idée rationnelle : voilà pourquoi, en apparence, elle est sérieuse et pourquoi elle procède par l'éloge [1].

Il n'y a pas là un principe suffisant pour expliquer tous les arts, et la beauté partout où elle se présente; mais si on médite les pensées de Jean-Paul, en les considérant en dehors du système, on ne pourra leur refuser une grande profondeur et une justesse originale. Le rire, dans l'art, est un des phénomènes les plus obscurs et le moins étudiés; Jean-Paul a eu le mérite d'en reconnaître l'importance, d'en analyser finement les caractères, et d'en chercher, sinon d'en trouver le secret; du moins il a frayé la route et l'a semée de jalons utiles et solides.

M. DE LAMENNAIS.

M. de Lamennais a publié des esquisses de philosophie peut-être un peu trop négligées aujourd'hui, et parmi lesquelles le livre VIII, qui traite de l'art, mérite d'être connu. Après avoir étudié l'homme sous ses autres côtés, l'auteur arrive à le considérer au point de vue de l'activité; cette activité est d'abord purement physiologique, puis elle s'élève successivement,

---

[1] Voir *Pensées de Jean-Paul*, par le marquis de Lagrange. Paris, 1830.

jusqu'à ce qu'elle devienne une activité libre ou dirigée par l'intelligence.

L'apparition de l'art et la vision du Beau, forme extérieure du vrai, marquent le commencement de la vie intellectuelle et l'entrée de l'homme dans une sphère plus haute d'activité.

Le Beau est non seulement la forme extérieure du vrai, mais le vrai même, considéré, il est vrai, non en lui-même, mais dans sa manifestation. La science n'est pas, comme l'art, la simple vision, mais la connaissance intime, la conception du vrai : elle suit donc l'art et en est le couronnement.

A ce moment de son développement, l'homme vit dans une sphère double ; il doit incorporer le vrai dans le réel, et, pour cela, posséder également et en même temps la vision des choses dans leur indivisible essence, le vrai, et la vertu plastique de la nature qui réalise chaque essence sous les conditions de l'étendue, et la revêt pour cela d'une limite effective et spécifique.

De cette idée de l'art il résulte qu'à mesure que l'homme s'avance vers l'époque de la science qui doit naître, l'art se spiritualise davantage, bien que la forme sensible reste toujours un de ses éléments, ce qui le distingue de la pensée pure.

Le développement, c'est l'action même, l'exertion permanente des énergies internes de l'être ; c'est la vie et le progrès de la vie : se développer, c'est se multiplier.

Le mode dé développement de l'homme, de tout ce

qui vit en lui, c'est l'individualisation, qui tire l'être du chaos et est comme l'image de la création. L'individualisation des pensées diverses qui bouillonnent pêle-mêle dans notre esprit, est toute notre activité intellectuelle.

Cette individualisation des pensées dans l'art se produit par le langage : la lumière et les couleurs d'une part, le son de l'autre, sont les deux langages des choses inorganiques et des êtres organisés.

Après ces généralités qui annoncent déjà sa manière, l'auteur entre dans le détail et les développements nécessaires à la parfaite intelligence de ses idées.

L'art implique le Beau infini, identique avec le vrai, dont il est l'éternelle manifestation, et en même temps quelque chose qui le rende accessible à nos sens, qui le détermine au sein de la création contingente.

Le vrai, c'est l'être infini, la source d'où dérive l'inépuisable variété des êtres finis qui le manifestent; par conséquent, le Beau créé ou la variété inépuisable des formes limitées qui manifestent le Beau dans l'espace et dans le temps, a sa source dans le Beau infini.

L'intelligence pure perçoit le vrai, l'idée dans sa pure essence, indépendamment des conditions qui la spécifient dans un être effectif : c'est le général qui donne la forme à toute science. Mais dans l'ordre des développements de l'homme, avant de percevoir l'idée pure, il la perçoit sous les conditions de son existence créée, unie et incarnée au phénomène, et manifestée par lui. L'art précède donc la science et n'en est que la radieuse promesse et l'éclatante aurore; mais il faut conclure que l'art s'effacera devant la science réalisée, comme les blancheurs de l'aube pâlissent devant les splendeurs enflammées du jour; il faut remarquer que le Beau, impliquant la vision de l'idée, exige plus que l'instinct, plus qu'une inspiration aveugle : il réclame l'intelligence et la raison.

Rien n'est manifesté que par la forme, qui détermine et spécifie les choses. Le Beau étant la manifestation du vrai ou de l'être, n'est que l'être même en tant que doué de forme. La forme est donc l'objet propre de l'art, et non pas seulement la forme nécessaire, immatérielle, éternelle, de l'idée pure, mais cette même forme réalisée sous les conditions de l'étendue dans le monde contingent des phénomènes.

L'art implique donc deux éléments inséparables : l'un, spirituel, idéal, dont le type est l'infini; l'autre, matériel, dont le type est le fini; l'un correspondant à l'unité absolue, l'autre aux manifestations limitées et diverses. Le rapport de ces deux éléments, l'unité et la variété, constitue l'harmonie essentielle à l'art.

Quant à ses relations avec les sens, le tact en offre une origine obscure; le goût et l'odorat nous concentrent au dedans de nous, et, ne nous fournissant pas la perception de la forme, y sont étrangers. La vue et l'ouïe, au contraire, qui nous reportent au dehors de nous, sont les sens propres de l'intelligence et les organes de la beauté dans son unité et dans son essence.

L'art impliquant le fini comme l'infini, Dieu n'est point l'objet de l'art; mais toute forme finie qui se rapproche du type immatériel de cette même forme et révèle quelque chose de lui, est l'objet propre de l'art.

Le Beau infini est le verbe ou le resplendissement de la forme infinie, qui contient toutes les formes individuelles finies. Plus une forme finie se rapproche de cette forme infinie, plus elle a de beauté.

En rapport avec le vrai, le Beau a encore une étroite relation avec le bien, parce que le Beau et le bien se résolvent dans le vrai, qui est leur commun principe. Nul art ne dérive de soi. Le Beau implique aussi l'utile, et leurs lois, quoique diverses, se lient. Les formes les plus belles dans tout être, sont aussi les mieux appropriées aux fonctions. La perfection n'est pas la beauté, mais elle coïncide avec elle.[1] Il en résulte que l'art ne dépend pas des fantaisies d'une pensée sans règle : il a, comme les êtres eux-mêmes, des conditions essentielles, nécessaires, d'existence et de développement; il obéit à des lois résultant de l'union des lois de l'ordre physique à des lois de l'ordre intellectuel. Sous ce rapport, il correspond à l'imagination, et est pour l'homme ce qu'est en Dieu la puissance créatrice ; mais néanmoins, malgré la nécessité des lois auxquelles il doit obéir, il y a dans l'art place pour l'originalité de l'artiste, parce que les œuvres de l'art dépendent non seulement de la nature des choses, mais de la manière dont on les sent ou on les conçoit. C'est de cette cause que proviennent l'originalité des individus et la diversité des époques.

---

1 Toutefois, il me semble que si cette coïncidence est réelle et parfaite, la distinction est difficile et presque illusoire ; elle n'a de réalité que dans l'intelligence. C'est une même chose envisagée de deux points de vue par notre esprit.

L'art est donc comme le point de concours de tous les besoins de l'homme ; le perfectionnement de notre être complet en est le but. L'art est radicalement lié à ce qu'il y a de plus sérieux dans la vie humaine. Il y a dans la forme un double caractère : il y a la beauté matérielle ou individuelle de la forme, et la beauté idéale de cette même forme : de l'union de ces deux beautés résulte dans l'art la beauté suprême.

Le laid [1] est une forme qui répugne à notre manière de sentir par une secrète disconvenance, ou par une disproportion marquée dans une forme naturelle. Quand la laideur laisse encore percer le rayon du beau idéal, elle a une place dans l'art souvent plus grande que la beauté de la forme matérielle.

On peut remarquer dans ce système discutable, mais avec lequel il faut compter, qu'en un petit nombre de pages toutes les questions que soulève le Beau ont été abordées et résolues. La magnificence du style et les formes admirables de l'expression pleine de simplicité à la fois et de grandeur, mais trop poétiques, trop oratoires, nuisent peut-être à la conception très nette des idées ; mais malgré un certain vague plus apparent que réel, le système n'en offre pas moins une très forte unité et atteste une philosophie profonde ; nous le croyons digne d'être médité avec attention, et nous promettons à tous ceux qui l'auront lu un charme qui ne sera pas sans fruit.

---

[1] Il est bien difficile à un système qui confond le Beau avec le vrai, d'expliquer la laideur. Pourquoi notre manière de sentir n'est-elle pas conforme à la vérité des choses? L'essence vraie du crapaud ne doit pas répugner à notre manière de juger. Considérée au point de vue de la vérité, on peut dire, avec Diderot, qu'il n'y a dans la nature ni beau ni laid.

M. de Lamennais a fait suivre son système philosophique d'une appréciation des arts particuliers faite au point de vue de ses principes. Le style ici reprend la légitimité de sa puissance, et reproduit avec autant de force que d'éclat les impressions intelligentes et l'admiration passionnée et à la fois réfléchie du véritable critique.

Dieu est le suprême artiste, car il excelle à manifester ses idées sous une forme sensible. « La création ne saurait se concevoir que sous la notion même de l'art, » comme l'art réciproquement « ne saurait être conçu que sous l'idée de la création.[1] » La création, dont les lois sont dès lors les lois mêmes de l'art, serait la beauté parfaite, si toutes les idées préexistantes en Dieu pouvaient être réalisées; mais cela est impossible, car l'infini est contradictoire à l'essence de la création, et tout ce qu'elle peut faire, c'est, par une évolution sans terme et sans espoir, de graviter vers lui, et d'aspirer de s'unir à lui sans jamais y atteindre.

Présent dans toutes les parties de la création, son ouvrage et manifestation de ses idées, on peut dire que Dieu l'habite, et que l'univers est un temple construit par lui-même, pour lui-même, et où resplendit la beauté absolue. Le type de l'art des hommes, qui suit les lois de l'art divin, sera donc aussi le temple. Dans tous les arts, il s'agit toujours de construire le temple de Dieu.

L'architecture est donc le premier des arts, et tous les arts sortent de l'architecture; particulièrement le

---

[1] *Esquis. d'une philos.*, tom. III, p. 473.

temple chrétien est le symbole de la divine architectonique. L'église gothique représente et exprime l'aspiration naturelle, éternelle, de la créature vers Dieu.[1] De même que le règne végétal décore et embellit la création, le temple a aussi sa végétation ; la sculpture naît et fait végéter et vivre la pierre. Il a sa lumière à la fois idéale et réelle, vague splendeur d'un astre mystérieux ; la peinture y répand ses couleurs magiques ; le mouvement de la vie vraie y est introduit par les danses sacrées et les évolutions symboliques des chœurs. Il faut enfin que le temple ait aussi sa voix, expression la plus intime de l'esprit : de là la musique, la poésie, l'éloquence, qui sont les voix du temple humain. L'art musical manifeste les conditions organiques internes de la vision du vrai et du Beau ; bien plus que le Beau et le vrai dans leur immatérielle essence, il émeut plus qu'il n'éclaire ; il ne reproduit pas la vision même de la réalité spirituelle, mais il nous y dispose et nous y prépare. Par là, il forme la liaison entre les arts directement relatifs aux sens et les arts de l'esprit : les premiers s'efforcent d'atteindre à la pensée par une sensation ; ceux-ci, de joindre à la pensée une sensation correspondante ; les uns spiritualisent le réel, les autres incarnent le vrai.

La poésie, qui n'implique pas nécessairement un mètre, un rhythme symétrique, détermine par la parole ce qu'il y a d'indéterminé dans la musique et

---

[1] Ce sont là, je crois, des conséquences outrées, excessives, fausses, et qui ne sont guère fondées que sur des expressions prises tour à tour au sens propre et au sens figuré.

manifeste l'idée pure. L'éloquence est un degré plus élevé encore de spiritualité dans l'art; la pensée y est représentée sous la forme de la science, manifestation parfaite dont le Beau n'est qu'un resplendissement confus, quoiqu'éblouissant;[1] c'est la dernière évolution de l'art. L'art oratoire, par l'émotion qui détermine les volontés, tient à la vie réelle ; comme procédé, il se rattache à la danse par l'action et le geste; à la musique, par l'harmonie, l'accent et le rhythme ; à la poésie, par les images et les mouvements passionnés de l'expression.[2]

L'architecture correspond au monde inorganique; dans ses rapports avec le Beau, elle dépend des lois géométriques de la forme, et la première condition en est la symétrie; elle doit de plus exprimer une pensée; mais comme la musique, elle ne manifeste pas l'idée même, pure et précise; elle détermine dans l'être qui la contemple un état correspondant à un certain ordre d'idée. Chaque peuple, chaque société, chaque religion dépose dans son temple sa pensée prédominante.

Le temple de l'Egypte est un tombeau, parce que la pensée constante de ce peuple est la mort; sa statue

---

1 Voilà les conséquences du principe : l'éloquence, que beaucoup de philosophes ont chassée du domaine de l'art, supérieure à la poésie elle-même ; la science, degré le plus élevé du Beau, et qui, comparée à lui, l'éclipse et le détruit.

2 « Il doit persuader, émouvoir, entraîner; c'est sa partie poétique, et la poésie est un des éléments de l'éloquence ; sans cela, l'éloquence n'appartiendrait pas à l'art. » Nous nous permettons de contester ces trois propositions, et de prétendre que persuader n'est pas le caractère propre de la poésie; que la poésie n'est pas un des éléments de l'éloquence ; enfin que l'éloquence, rigoureusement parlant, pourrait bien ne pas appartenir à l'art.

immobile et raide est une momie. Chez les Grecs, Dieu est le type idéal de l'homme ; l'homme divinisé fut le modèle du Beau. Le temple, habitation de ce Dieu homme, fut ramené à des proportions en rapport avec l'homme : de là les proportions architecturales des temples grecs. La voûte, condition de la solidité et de la durée éternelle, la voûte est romaine ; l'architecture arabe est le songe de la nature ; l'architecture chrétienne a été déjà caractérisée.

La sculpture, reproduction extérieure de la forme idéale, correspond au monde organique, et l'exprime dans la variété des deux règnes végétal et minéral. Pour le panthéisme indien, la création n'est qu'un rêve ; le Beau n'a pas de forme, et la sculpture est uniquement symbolique comme en Egypte. L'art grec a deux origines : l'une égyptienne, l'autre dorienne, qui finit par absorber presque entièrement la première. Une perception exquise de la beauté de la forme et un profond sentiment de la vie éclatent dans ces créations merveilleuses où, sous une apparence ravissante de grandeur, de grâce, d'harmonie, se révèle la majesté du dieu ; une idée sublime et une force de vie intarissable coulent à flots dans le marbre et le bronze. La sculpture chrétienne, plus pauvre assurément, a eu du moins le mérite de créer un type nouveau : la Vierge.

La musique succède à la sculpture, et est étudiée avec plus de soin et pour ainsi dire avec plus d'amour.

L'être absolu étant essentiellement un, la forme qui le détermine est également une ; elle ne saurait être une que le moyen de sa manifestation ne soit aussi un; car le moyen par lequel la forme se manifeste n'est que l'irradiation naturelle de la forme même : or, le son comme la lumière manifeste la forme ; le premier, la forme intrinsèque, qui constitue les choses ce qu'elles sont ; la seconde, la limite, sans laquelle elles ne sauraient être réalisées dans l'espace. Donc la lumière et le son doivent être le même principe primordial, subsistant sous des conditions diverses et diversement perçu, et leur radicale identité doit apparaître dans l'identité de leurs lois fondamentales.

La statuaire, le dessin, n'ont qu'un instant, ne saisissent qu'une expression fixe. Par la danse, l'art passe dans le domaine de la vie et la suit dans les développements que le temps accomplit; la musique et la poésie achèvent ce mouvement. La musique part de la sensation pour s'élever à l'idée, et le langage articulé, parti de la sensation, n'a qu'un rapport indirect avec la sensation.

L'essence du rhythme, qui est la forme du mouvement, renferme : 1° une périodicité réelle ; 2° la décomposition du mouvement total, dans ses rapports avec l'unité fixe de la force qui l'engendre, en une série de mouvements partiels accomplis dans une durée égale, et décomposables eux-mêmes en parties aliquotes de cette durée et de la force génératrice ; 3° dans chacune de ces parties un temps fort et un temps faible. Le rhythme peut avoir deux origines diverses, selon qu'il procède par une progression numérique de termes pairs ou impairs : d'où le rhythme binaire et le rhythme ternaire qui renferment tous les autres possibles. La mesure est le rapport du rhythme au temps ; c'est la lenteur ou la vitesse du même rhythme ; c'est elle qui manifeste la périodicité. L'harmonie est la voix confuse et vague de la création ; l'emploi simultané des sons l'atteste et l'exprime. La mélodie est l'idée claire qui lie ces rapports et n'emploie que des sons successifs et simples. Tout est musique dans la création ; les dissonnances ne nous choquent que parce que leur relation au tout nous échappe.

Je n'extrairai du chapitre de la poésie que la partie très remarquable relative à la comédie.

Qu'est-ce que le rire? Aucun animal ne rit : c'est donc un attribut de l'intelligence. Il paraît être l'instinctive manifestation du sentiment de l'individualité ; il implique toujours un mouvement vers soi et qui se termine à soi.

Le ridicule n'est que le désordre réduit aux proportions de la sottise ; il enfante le mépris, lié lui-même, en ce cas, à la conscience d'une infirmité dont on est soi-même exempt ; il est accompagné d'une secrète satisfaction d'amour-propre, de je ne sais quel plaisir malin. Le rire est surtout l'expression du contentement qu'inspire cette supériorité. On rit de soi, il est vrai ; mais le moi se dédouble, il se sépare de ce dont il rit, s'en distingue et le domine. Jamais le rire n'exprime la sympathie ou la bienveillance ; il fait grimacer la figure et efface la beauté. Qui peut se figurer le Christ riant? La comédie corrige moins les mœurs que les ridicules, et sa tendance est opposée au perfectionnement moral de l'homme dont elle flatte l'orgueil.[1]

M. DE SCHELLING.

Nous terminerons cette incomplète analyse des principales théories d'esthétique par les deux grands systèmes divers, mais non opposés, de Schelling et de Hégel. Ils tiennent une trop grande place dans l'ensemble de leur philosophie tout entière, et ils y sont rattachés d'une manière trop intime et trop nécessaire pour qu'il soit possible de comprendre leur esthétique sans connaître au moins les idées principales et fondamentales de leurs systèmes philosophiques. Cela est vrai surtout de M. de Schelling. Pour lui, en effet, la philosophie de l'art a un rapport nécessaire, essentiel, à la philosophie en général; car c'est dans la produc-

---

[1] Je veux citer, en outre et textuellement, l'enthousiaste appréciation de Shakespeare par M. de Lamennais; c'est presque du délire. *Esquis. d'une philos.*, tom. III, p. 397 : « Quelque chose d'extraordinaire s'opérait alors chez les nations chrétiennes ; elles tressaillaient comme la femme qui va enfanter ; une force secrète, irrésistible, les pressait de produire au dehors ce qu'avait formé dans leur sein un travail interne de dix siècles. Voici donc que naît Shakespeare, extérieurement semblable à tous les hommes, qui *parlait et agissait comme eux,* mais qui était une incarnation de l'humanité entière individuellement résumée en lui, sa conscience vivante. » N'est-ce pas une chose bien remarquable que Shakespeare ait daigné parler et agir comme tous les autres hommes et comme s'il leur était réellement semblable, tandis qu'intérieurement, au fond, il était une incarnation, la conscience de l'humanité, un Messie, un Dieu enfin? Quel que soit le juste respect auquel aient droit des hommes du talent de M. de Lamennais, il est permis de déplorer de tels excès, dirai-je d'imagination ou de pensée, qui ont tant contribué à corrompre le goût et à fausser les esprits. On a beau rire : il y a dans les arts des traditions saines qu'il faut respecter.

tion de l'art, et seulement là, que se montre à nous comme objet, que se déploie comme un spectacle réel, non pas uniquement le principe de la philosophie, que la philosophie elle-même ne peut admettre que comme un postulat nécessaire, mais encore tout le mécanisme de son système.

Un système, en effet, n'est épuisé que lorsqu'il est ramené à son principe : or, le principe de M. de Schelling est l'identité absolue, et, comme telle, l'absolument non objectif. L'intuition intellectuelle nous offre bien l'absolument identique comme objet ; mais cette intuition, nécessaire seulement dans l'intérêt de la spéculation, ne se trouve pas dans la conscience ordinaire, et on pourrait craindre que chez le philosophe qui l'affirme, elle ne reposât sur une illusion purement subjective. Mais ce qui en démontre la réalité, c'est l'objectivité de l'intuition intellectuelle, devenant manifeste dans l'art ; c'est l'intuition esthétique, pouvant être présente en toute conscience et réalisant parfaitement et objectivement cette harmonie de l'objectif et du subjectif, cet absolument identique déjà présenté dans l'intuition intellectuelle. L'art est donc le couronnement de la science, la floraison du savoir ; il en termine et en épuise le système, puisqu'il le ramène à son principe, l'identité. On le voit : l'esthétique tient une place considérable dans la philosophie de l'idéalisme transcendantal ; l'art en est le seul organe, la clef de voûte, l'éternel document. L'imagination ou la faculté poétique, comme l'avait déjà dit Fichte, sous la forme d'un doute, est le fondement de tout le mécanisme de l'esprit humain. [1]

Dans ces conditions, il est évident qu'on ne peut saisir la valeur et entrer dans la vraie intelligence des théories esthétiques de M. de Schelling, que lorsqu'on connaît le système complet des idées auxquelles elles sont appelées à donner un couronnement, et, pour mieux dire encore, qu'elles organisent et fondent.

Deux forces, deux activités contradictoires se partagent le monde [2] et animent tout ce qui est et tout ce qui vit. Identifiées, ou même, ce qui est plus exact, identiques au sein de Dieu, [3] où leur unité constitue l'absolu, l'activité qui a conscience et l'activité incon-

---

[1] Fichte. « Le non moi est un produit du moi, se déterminant lui-même ; le moi se pose alors en même temps comme fini et comme infini. La faculté par laquelle il veut réunir ce qui semble s'exclure, donner tour à tour à l'infini la forme du fini, et le poser ensuite au delà, est l'imagination productive : faculté merveilleuse qui pourrait bien être le fondement de tout le mécanisme de l'esprit humain ; elle balance incessamment entre la détermination et la non détermination, entre le fini et l'infini, et ramène à l'unité les opposés. » Willm., *Histoire de la Phil. Allemande*, tom. II, p. 300.

[2] La forme du système de M. de Schelling se présente, dit M. Willm dans son ouvrage souvent cité, sous l'emblème d'un aimant : l'absolu est le point central d'équilibre et d'indifférence absolue ; mais l'absolu se partage en deux directions qui en sont les pôles et qui forment, d'une part le monde réel, de l'autre le monde idéal.

[3] Cet être supérieur n'est ni objet ni sujet, ni même sujet-objet, mais identité absolue, sans aucune duplicité, et par conséquent sans conscience. « Cet être, éternellement sans conscience, est la racine invisible dont toutes les intelligences ne sont que les puissances, la raison de la légalité nécessaire dans la liberté, et de la liberté dans la légalité. » L'histoire étant une révélation de l'absolu, révélation successive, Dieu n'existe jamais, si l'on entend par existence ce qui s'exprime dans le monde objectif ; mais il se manifeste continuellement, et sa révélation est infinie. L'absolu se manifeste d'abord comme destin, puis comme nature, enfin comme Providence. « Quand commencera le règne de cette Providence, alors Dieu sera. » Cf. Willm.

sciente, la pensée et l'être, en sont sorties : on ne sait pas comment ni pourquoi; sans doute par un besoin de se déployer, par une force d'expansion volontaire ou involontaire; Schelling ne s'explique pas. En quittant le repos inerte où elles étaient endormies dans le sein de l'absolu, elles se sont divisées en deux directions contraires, pour former, l'une le monde de l'intelligence, l'autre le monde de la réalité, celle-ci l'univers, celle-là la raison. Mais de leur identité primitive, et malgré leur contradiction présente, elles ont conservé des ressemblances, des analogies dans leur mode d'action et jusque dans leur essence; elles font effort pour s'identifier encore. Dans les êtres inorganisés et organisés on voit, actives et présentes, des lois qui sont presque une intelligence, ou en sont au moins l'image. Les formes des choses sont les formes de notre esprit. A mesure qu'on s'élève dans l'échelle des êtres, la ressemblance entre le monde de la matière et de l'esprit est plus complète. De la sorte, le fini est le pâle reflet de l'infini; la nature, la manifestation apparente du divin; le réel, la copie de l'idéal : car comment pourrait-il y avoir une expression sensible de l'esprit, s'il n'y avait pas dans la matière un principe actif qui a de l'affinité avec lui et qui lui ressemble?

La nature, en effet, force primitive et sainte, est la force productrice même, organisée et vivante, et non pas la masse des productions; c'est un tout organique qui se produit lui-même, et est à la fois sa cause et son effet; c'est une intelligence comme nous; et voilà comment, portant en nous le principe de notre sympathie pour elle, nous pouvons expliquer l'amour qu'elle nous inspire. Cette notion de la nature sert déjà, en outre, à donner un sens précis à ce précepte tant recommandé de Schlegel et à en mesurer la juste portée : il faut imiter la nature, c'est à dire il faut faire, comme elle, des œuvres vivantes, qui aient une intelligence, un caractère, une âme, une force intérieure enfin qui les meuve et se meuve d'elle-même. L'art, comme la nature, doit être spontanément créateur.

La nature, comme on le voit, est donc déjà un commencement de conciliation entre les deux activités contradictoires qui agitent et constituent toutes choses; en elle s'unissent, dans une mesure limitée, la pensée et l'être; par conséquent elle est une représentation de cette identité absolue qui ne s'accomplit que dans le sein de Dieu, mais une représentation imparfaite, parce que l'activité intelligente qui meut la nature n'a pas la plénitude de la pensée, la perfection de l'intelligence, c'est à dire la conscience de ce qu'elle produit; sa production n'est pas faite en vue d'un but : or, puisque l'idéal, le Beau, n'est autre chose que l'infini présenté comme fini, ou le fini représentant l'infini, la nature n'est pas parfaitement, n'est pas véritablement belle. Les idées seules sont absolument belles; les choses, le produit organique de la nature, n'en sont que de pauvres copies; les produits de l'art, des images plus ressemblantes.

En l'homme, les deux activités se réunissent, et, plus heureuses que dans la nature, elles se concilient. L'homme présente, comme le dit si parfaitement

M. Mignet, [1] « une relation merveilleuse entre la substance corporelle et la pensée spirituelle, une sublime harmonie de l'intelligence et de la matière qui permet à l'existence de devenir connaissance. » Ce qui est dans la nature se sait en lui ; il représente donc cette union des deux principes actifs qui constituent l'essence de l'absolu ; il représente donc l'absolu lui-même, et à ce titre il est beau.

Mais cette représentation est encore imparfaite ; car l'homme est un moi, c'est à dire une individualité qui se maintient libre vis à vis du grand tout, et qui par conséquent s'en distingue et s'en sépare ; il n'est donc qu'une représentation finie, petite, particulière de l'absolu. Il est évident que l'individualité ne saurait en être une représentation universelle ; il reste en dehors de lui tout le monde des choses sensibles, qui reste sans expression et sans signification suffisante. Pour expliquer complètement la nature, et en même temps pour réaliser une représentation plus parfaite de l'absolu, il faut donner à l'univers ce qui lui manque, une véritable raison, la conscience de ce qu'il fait, et la conscience du but de ses productions.

Il suffit pour cela de faire passer la nature par le milieu de cet esprit humain qui la contemple, et qui, doué des deux principes, de l'activité qui a conscience et de l'activité qui n'a pas conscience, la transfigurera en une nature nouvelle. Elle est alors conçue, goûtée et reproduite comme réunissant ce qu'elle possède,

---

1 Séance de l'*Acad. des Sciences morales*, 7 août 1858.

une force active et intelligente, à ce qui lui manque et que lui donne l'esprit humain qu'elle traverse, la conscience de sa force et du but de ses forces productrices.

En imaginant que la nature, force spontanément créatrice, veut représenter l'absolu et sait qu'elle le représente, le moi prend conscience de l'identité du monde réel et du monde idéal.

Or, cette nature ne se trouve que dans l'intelligence humaine, mais enfin elle s'y trouve. Il y a en elle une intuition par laquelle, dans un seul et même acte, le moi est tout à la fois agissant avec conscience et agissant sans conscience; et comme la philosophie transcendantale n'a pas d'autre objet que d'expliquer l'harmonie de l'objectif et du subjectif, de la raison et de l'univers, cette intuition seule résout le problème de la philosophie transcendantale. Cette intuition n'est autre que celle de l'art, transfigurant et concentrant la nature pour la mieux offrir aux regards. L'art est donc le dernier mot de la philosophie, la floraison du savoir, le couronnement de la science, et, au lieu de dire, comme Schlegel : la nature est dans l'art la règle pour l'homme, il faut dire : l'homme est dans l'art la règle de la nature.

Dans le produit de l'art se manifeste, comme imagination créatrice, ce mystère caché dans l'absolu, qui est la source de toute réalité. Ce produit a trois caractères : d'abord il réfléchit l'identité des deux activités, et son principal caractère est d'être l'infini sans conscience ; en second lieu, procédant du sentiment d'une infinie contradiction, il doit faire naître celui d'une satisfaction infinie et même le réfléchir en lui-même ; enfin, comme il exprime l'infini d'une manière finie, et que l'infini exprimé dans le fini est la beauté, la beauté est le troisième caractère du produit de l'art. Bien qu'il soit l'identité absolue du réel et de l'idéal, l'art se distingue pourtant de la philosophie, et est à celle-ci comme le réel est à l'idéal, comme le type à son antitype, c'est à dire à son pendant. Que cette intuition de l'art reproduise et représente la parfaite identité des deux activités, nécessaire et libre, qui se développent dans le monde moral et dans la nature, c'est ce que Schelling démontre comme il suit : le penchant artistique, le génie qui veut enfanter le Beau, provient du sentiment de la contradiction intérieure, de la scission infinie qui sépare ces deux activités ; c'est la faculté de sentir vivement que la matière n'est pas l'esprit, et qu'il y a une distance infinie entre ces deux principes ; de cette lutte intérieure naît l'effort de les concilier; de là cette souffrance et cette douleur au sein de laquelle le génie enfante le fils de sa pensée par un acte involontaire ; de là ce *pati Deum* qu'ont connu tous les poètes, tous les hommes qui ont souffert ce glorieux tourment. Mais quand l'esprit est parvenu à plier sous les lois de l'idée la matière longtemps rebelle, quand il a réussi à concilier les principes contradictoires dans une œuvre objective, il a conscience de ce qu'il a fait ; il se repose dans une joie et goûte une sérénité réfléchies. Quel que soit le démon qui l'agite ou le Dieu qui le mène, il sait toujours où on le mène et où il veut aller. Le génie sans la conscience, c'est à dire sans la raison, est la folie. Il est vrai aussi de dire que l'on ne commande pas à l'inspiration, qu'elle vous emporte et vous ravit malgré vous, et qu'elle est bien voisine de ce délire sacré dont nous avons entendu toutefois Platon célébrer la sagesse. Il y a donc dans l'œuvre d'art, présentes et agissantes à la fois, une activité consciente et une activité inconsciente.[1]

Fils et produit de la contradiction de ces principes, gage de leur réconciliation, l'art représente, comme nous le disions, l'identique absolu. Le Beau est donc à la fois une forme et une idée, une forme engendrée de l'idée et sous laquelle on voit apparaître l'essence, c'est à dire l'élément général et intelligible des choses. Comme la matière qui les revêt est la proie d'une corruption inévitable, l'idée est ce qu'il y a de vraiment vivant en elle ; aussi toutes les créations de la nature n'expriment leur véritable essence, ne sont conformes à leur véritable idée, en un mot ne sont belles, qu'un moment court et rapide. Par une autre conséquence nécessaire, puisque l'idée est le seul principe vivant dans les choses, l'illusion, qui ne représente que les formes, qui, trompant les sens en les satisfaisant, ne laisse rien deviner ni chercher sous elles, est froide, pauvre, vide, morte. L'art, en donnant aux êtres une éternelle jeunesse, un corps incorruptible, loin de leur ôter rien de leur vérité, les révèle au contraire dans la plénitude de leur essence, qui n'est autre chose que l'excellence de leur être. Ce n'est pas l'individu dans un moment donné, c'est sa notion vivante ; car le temps

---

[1] Le génie, dit Goëthe, produit sans conscience : c'est un tisserand qui établit la chaîne d'inspiration et la trame avec réflexion.

n'est pas essentiel à l'être, et bien au contraire. Si la forme découle véritablement de l'essence, elle ne la limite ni ne l'altère ; car cette forme n'est alors que la mesure que l'idée ou la force créatrice s'impose à elle-même, afin de mieux manifester son intelligence et sa sagesse. Cette force qui réside dans l'être et par laquelle, en s'imposant une limite, il se sépare à la fois de ce qui n'est pas lui-même, le manifeste comme un tout en soi, indépendant vis à vis du grand tout : c'est le principe de l'individualisation et de la particularisation ; elle constitue ce qu'on peut appeler son caractère, sa personnalité propre. Il faut, dans les arts, bien s'exercer à distinguer le caractère propre des choses de leur côté positif et extérieur, le centre de leur être de leur surface. Le caractère, rappelons-le, est cette force d'individualité qui maintient au sein des êtres leur unité, leur personnalité, qui les empêche de se fondre ou de se confondre dans le grand tout.

Partout où se montre la forme, comme elle ne peut pas exister sans l'essence propre, le caractère doit être visible ou au moins sensible : c'est donc là un des degrés et le premier degré de la beauté. Le caractéristique est pour ainsi dire le principe générateur du Beau, la beauté dans sa racine. Le caractère n'est vivant que dans l'activité : c'est la réunion de plusieurs forces agissant constamment de manière à conserver un certain équilibre et une mesure déterminée à l'être, et à en former une unité vivante ; c'est la force au repos, engendrant la sérénité dans la forme. Mais si les passions se soulèvent, les forces violemment agitées perdent leur équilibre : cependant il y a place ici encore pour la beauté ; car la forme peut exprimer cette violence faite aux forces de l'être, cette rupture de l'équilibre de ses facultés ; mais cette expression ne doit pas aller jusqu'à altérer l'unité du caractère, qui en est la vie, ni violer la beauté des formes, expression de l'excellence pure de l'essence.

La forme peut ne pas être parfaite sans que le caractère soit altéré ou moins vivant ; mais quand la forme est parfaite, elle est anéantie par sa perfection même ; elle ne sert plus qu'à manifester l'essence : c'est le but suprême de l'art et le second degré de la beauté ; on l'appelle la grâce, c'est à dire une aimable essence qui ne laisse plus distinguer l'opposition de la forme et de l'idée, qu'elle a su concilier, essence qui n'est ni spirituelle ni sensible, ou plutôt qui est à la fois l'un et l'autre.

Enfin, il est un troisième degré de la beauté, et c'est le dernier : c'est lorsque non seulement la forme est anéantie par sa perfection même, mais encore lorsque le caractère, c'est à dire la personnalité énergique de l'être qui s'affirme et se maintient libre en face des autres êtres, est supprimé ou dominé par un principe contraire, le principe du désintéressement et du sacrifice. Le dernier degré de la beauté est l'âme, dont la vertu triomphante peut s'envelopper de grâce et provoque l'amour. Par la vertu de ce principe, tout égoïsme disparaît ; l'essence s'élève au dessus de la mesquine personnalité humaine ; l'être efface, étouffe en lui toute individualité froide et petite, pour vivre par les autres, pour les autres, dans les autres : c'est l'idéal du Beau moral, de la sainteté et de l'héroïsme.

Ainsi, donner aux créations de l'esprit d'abord un caractère, puis la grâce, enfin une âme, c'est remplir la perfection de l'art et atteindre les plus hauts sommets de la beauté. Quant au ravissement que l'homme éprouve à la vue du Beau, il s'explique par la clarté soudaine avec laquelle il se souvient alors que l'essence de la nature est identique à l'essence de l'âme; c'est un trait de flamme et de lumière qui lui révèle l'identique absolu.

HÉGEL.

Il n'y a pas une distance infinie entre les éloquentes imaginations de M. de Schelling, et le système plus complet, plus profond, mieux construit de Hégel; l'un procède évidemment de l'autre, et Hégel est le disciple trop conséquent mais très fidèle des idées de M. de Schelling, qui l'a cependant répudié : on en va juger.

A l'absolu contenant l'identité absolue de la pensée et de l'être, Hégel substitue, pour simplifier, un principe unique, l'idée; l'idée primitive, l'idée pure, l'idée logique, tel est le point de départ logique du système, mais non le principe vivant des choses. Cette idée possède en elle-même une vertu d'expansion, un principe de dédoublement, d'extériorisation, de détermination, qui la réalise; ainsi, l'idée véritable, c'est l'idée telle qu'elle se manifeste dans la réalité et ne faisant qu'un avec elle. ¹ Avant de se réaliser parfaitement, cette idée parcourt des phases successives, et, pure abstraction au sein de Dieu, elle en sort pour parvenir, d'évolution en évolution, à la perfection de la réalisation, qui n'est autre chose que la destruction même de la réalité, c'est à dire un retour de l'idée à elle-même, et par conséquent à l'abstraction et au néant d'où elle s'était échappée au commencement et qui à la fin la dévore.

On voit que c'est l'idée qui tire d'elle-même la réalité, laquelle à ce titre est sienne et lui appartient en propre. C'est donc elle-même qui, par la réalité qu'elle s'oppose, se détermine elle-même. Le général, l'infini, en elle, se nie d'abord comme tel, et devient par conséquent le particulier ou le fini; cette particularisation à son tour se détruit elle-même; car qu'est-ce que le particulier, si ce n'est au fond le général, limité ou déterminé par lui-même? Par cette évolution double, l'idée rétablit son unité divisée, et, tout en se niant et se distinguant, reste infinie. L'idée véritable est la véritable et absolue réalité. Lorsque l'on considère l'idée dans son principe général, c'est la vérité; car elle n'existe pour la raison que par son caractère de

---

1 Hégel, *Cours d'Esthét.*, tom. I, p. 84. « L'idée n'est pas seulement l'unité abstraite et purement subjective de l'idée primitive, mais en même temps son objectivité. C'est l'harmonieuse unité du subjectif et de l'objectif. » Il ne paraît pas que cette harmonieuse unité du subjectif et de l'objectif, au sein de l'idée véritable, diffère essentiellement de l'identité de l'être et de la pensée au sein de l'absolu. La notion éternelle de M. de Schelling, *der ewige Begriff,* idée et essence de l'âme, en même temps connaissance absolue, être seul vrai et seule substance, n'est-ce pas déjà l'idée concrète de Hégel, et même l'*idea idearum* de Spinoza?

généralité et d'universalité. Si, au contraire, l'idée reste confondue et identifiée avec son apparence extérieure et particulière, c'est la beauté. Le Beau, qui n'est que l'idée du Beau, est donc la manifestation sensible de l'idée et n'est rien sans l'idée. Ces deux éléments existent dans la beauté, et ils sont en elle inséparables; aussi, le sens tout seul, la raison toute seule n'en saisissent qu'un seul côté, remarque que Kant avait déjà faite dans ses antinomies du goût. L'expérience prouve, en effet, à la fois que la discussion et le raisonnement peuvent rendre compte du Beau, et qu'il échappe toujours par quelque côté à la théorie et à la logique.

L'idée apparaît d'abord dans la nature. Dans la nature, le Beau c'est la vie : or, dans tout organisme vivant apparaît l'unité, qui est le caractère ou le signe même de la vie. Mais, *premièrement,* il ne faut pas que cette unité se présente comme un rapport de conformité entre des moyens et un but; au contraire, chaque organe doit paraître libre, malgré le rapport mutuel; *secondement*, l'harmonie, dans cette indépendance, doit non pas seulement être comprise par la raison, mais encore visible, sensible, afin d'être goûtée comme belle : or, la réalité ne remplit jamais ces deux conditions d'une manière parfaite; chaque organe semble fait pour la fonction, et les deux éléments, sensible et idéal, n'apparaissent pas dans une parfaite harmonie visible; le réel écrase l'idéal, et c'est cette imperfection même, cette impuissance du fini réel, naturel, pour réaliser l'infini, qui amène à concevoir l'art.

L'art est donc un degré supérieur à la nature dans l'effort de l'idée pour se réaliser; c'est une phase, une évolution nouvelle.

Cette évolution, dans son ensemble, se partage en trois moments successifs et progressifs, qui représentent l'histoire des mouvements de l'idée pour se réaliser dans l'art; elle s'y réalise d'abord dans la forme symbolique; en second lieu, dans la forme classique; un dernier mouvement produit la forme romantique.

La première période est celle où l'idée fait effort pour trouver une forme qui réponde à sa véritable essence, mais ne la trouve pas encore; elle est alors obligée de se contenter d'une image qui représente l'idée, mais qui la représente mal, d'une manière confuse et équivoque : c'est le symbole. « Le symbole, suivant Hégel, est un objet sensible qui ne doit pas être pris comme tel qu'il s'offre immédiatement à nous, ni en lui-même, mais dans un sens plus général. » C'est plus qu'un signe, en ce que le rapport entre l'idée générale et l'objet sensible n'est pas arbitraire, mais naturel; c'est moins qu'une expression, en ce que les objets symboliques ne représentent pas l'idée entière, et en ce qu'ils peuvent en représenter d'autres qu'elle, ou même n'en pas représenter du tout. Au plus haut degré de cet art symbolique se présente le sublime, qui en est le caractère et l'excellence. Le sublime, en effet, n'est que l'impuissance de la forme essayant en vain de représenter une idée dont la grandeur la domine et la dépasse; car cette idée n'est autre que l'idée même, l'essence absolue. Pour transformer les formes réelles du monde sensible en signes d'idées, et les plier à cette fonction pour laquelle elles ne sont pas faites, l'art symbolique est obligé de les gâter, d'en violer la beauté naturelle et la grâce imparfaite et naïve; l'hostilité de la forme et de l'idée est manifeste et choquante. La grandeur de l'idée est d'autant plus apparente que la forme est plus impuissante à la reproduire; de là les productions bizarres de l'art indou et de l'art égyptien, où l'on croit exprimer la grandeur par des productions massives, monstrueuses, colossales, démesurées. Telle est la première forme de l'art, à laquelle appartient aussi la poésie hébraïque; mais la poésie est plus heureuse que les arts figuratifs; car ceux-ci ne peuvent exprimer l'idée absolue que par des symboles impuissants qui la déshonorent et la mutilent plutôt qu'ils ne la manifestent : la parole seule peut aspirer à l'atteindre.

L'art classique succède à cette forme, en vertu de ce principe de mouvement qui anime l'idée, de ce besoin de dédoublement qui la pousse à se distinguer comme sujet et objet, et, par un retour sur elle-même, à s'affranchir définitivement des liens de la nature. Par ce retour sur lui-même, l'esprit acquiert et conserve la conscience réfléchie de sa nature et entre dans la plénitude de lui-même. L'idée se saisit dans sa réalité comme esprit, mais comme esprit particulier et fini; c'est par suite de ce mouvement que l'idée trouve enfin la forme qui répond à sa véritable essence. L'harmonie entre le fond et la forme est parfaite; quoique sensible, condition indispensable de la beauté, la forme n'est plus une forme : c'est l'idée même visible. La matière n'est plus simplement la représentation symbolique et grossière de l'essence spirituelle ; l'esprit l'a saturée de lui-même ; elle est devenue esprit et s'identifie parfaitement à lui ; c'est la période de l'art grec, dont le caractère est la sérénité, la grâce, la majesté simple, la force mesurée : rien de plus beau ne s'est jamais vu ; jamais rien de plus beau ne se verra ; c'est la beauté même.

Mais si l'idée trouve dans cette période la forme la plus conforme à elle-même, c'est que l'esprit humain qu'elle traverse ne connaît à ce moment rien de plus haut que lui-même ; il n'a pas pris encore possession de sa nature infinie ; l'idée du Beau ne s'est pas encore saisie comme l'esprit absolu. Les Dieux qu'il crée, semblables à lui-même, multiples, limités dans leur action, se détruisent par leur contradiction même. Plus tard, la souffrance, la misère que l'esprit éprouve au sein même de cette beauté qui n'assouvit pas tous ses désirs, le portent à jeter les regards plus haut encore, et lui révèlent un principe plus élevé, le principe divin véritable, l'idée infinie, l'absolu tendant à se réaliser, mais non plus dans une forme corporelle ; l'absolu prend conscience de lui-même ; ce qui apparaît encore aux sens ne le satisfait plus ; précisément parce que, dans l'art classique, la forme sensible valait autant que l'idée, cette forme ne peut convenir à la situation nouvelle de son âme devenue plus exigeante. La fusion parfaite entre l'idée et la forme exige que l'une soit limitée comme l'autre : l'idée ne peut donc pas rester absolue sous cette forme limitée qui la représente parfaitement ; désabusée, dégoûtée du monde réel, dans ces hauteurs de la pensée où elle s'est envolée, l'âme ne regarde qu'avec indifférence et mépris tout ce qui est sensible, tout ce qui est limité ; le monde, indigne de la sainteté pour laquelle elle se sent faite et dont elle est éprise, ne peut plus rien exprimer de ce qu'elle sent ; elle brise donc cette harmonie du fond et de la forme, base de l'art et source de la beauté, et rétablit la séparation entre les deux éléments que l'époque classique avait réussi à concilier. L'âme répudie donc la beauté même, trop sensible, trop sensuelle, de l'art grec, et conçoit une beauté tout intérieure, toute spirituelle, qu'elle dépouillera de formes autant que le permettra la nature de l'esprit humain ; dans les formes qu'elle est obligée de conserver, tout ce qui représente la supériorité de l'âme sur le corps lui est bon ; elle redoute ou dédaigne la véritable beauté des formes ; l'horrible, le laid, le trivial, l'obscénité apparente même, ne lui répugnent pas, pourvu qu'ils expriment son mépris pour le monde des sens, et la supériorité de l'idéal sublime qu'elle a conçu. Or, ce n'est plus l'art qui peut représenter ainsi la nature infinie de l'esprit et la conscience qu'il vient de conquérir de son infinité ; c'est la religion, ce sont les scènes de l'histoire religieuse ; il faut un Dieu fait homme ; Dieu qui se sait à la fois universel et individuel ; qui, dans sa vie, ses souffrances, sa naissance, sa mort et sa résurrection, manifeste à la conscience individuelle la destinée de l'esprit, semblable à la sienne, la nature de l'éternel et de l'infini dans sa vérité. L'absolu se contemple ainsi dans le monde moral sans sortir de son essence; car l'être universel se manifeste non seulement dans la personne du Christ, mais encore dans celle de ses apôtres et dans l'humanité tout entière, où l'esprit de Dieu est présent et agit sans que son unité en soit altérée. C'est la dernière phase de l'art : Hégel l'appelle romantique ; elle est immédiatement suivie de la Science, supérieure à l'Art, qui termine et complète les évolutions de l'idée. Ainsi la théorie esthétique aboutit à ces propositions : Dieu, c'est l'humanité ; le Christ est un personnage de l'art, et pour ainsi dire un rôle du drame romantique. C'est une idée qui n'était pas venue à Voltaire. Si le sujet n'avait pas un côté si sérieux et si grave, ce serait bien le cas de dire :

Belles conclusions! et dignes de l'exorde!

Je ne veux faire sur ces théories, plus vastes que profondes et plus brillantes que solides, que quelques observations ; une critique à fond nous entraînerait beaucoup trop loin. Il est heureusement des erreurs qui se refutent d'elles-mêmes.

Et d'abord, tout ici repose sur des affirmations sans preuve. Au commencement était l'absolu, dit M. de Schelling ; au commencement était l'idée, dit Hégel. Vraiment? mais où donc ont-ils vu ce qu'ils nous rapportent, d'où ont-ils tiré ce qu'ils *posent*, comme aiment à dire les Allemands? Tout cet échafaudage, toute cette construction, où donc ont-ils été à même d'en pénétrer le secret? Par quel procédé logique, raisonnable, par quelle méthode scientifique, par quel concours scientifique d'idées ont-ils été amenés à ces étonnantes découvertes, moins neuves toutefois qu'on ne serait tenté de le croire? C'est ce que ni l'un ni l'autre de ces philosophes n'ont daigné nous révéler. Hégel s'en plaint à M. de Schelling et lui dit nettement : « Ce n'est pas là de la philosophie ; ce sont des oracles que vous prononcez. » Mais Springer renvoie l'argument à Hégel, et lui reproche d'être monté à son tour sur le trépied prophétique, qui inspire bien les poètes, mais qui inspire mal, très mal les philosophes.[1]

Tous deux affirment et ne nous prouvent pas qu'ils soient autorisés à affirmer; ils nous autorisent donc, par ce silence, à nier simplement leurs affirmations et à renverser d'un mot leurs constructions fragiles.

Le principe de leurs erreurs et le fondement de leurs hautaines affirmations, c'est qu'il y a un savoir absolu; c'est le besoin logique de tout réduire à un principe unique, source de l'être comme de la pensée, considéré à tort comme une loi de la raison, qui a produit tous ces systèmes, comme ceux de Spinoza et de Fichte. Selon eux, le contenant devant être égal au contenu, l'idée de l'infini, présente dans la raison, atteste la nature infinie de la raison :[2] l'infini seul peut com-

---

[1] Cf. Willm, *Hist. de la Phil. allem.*, tom IV. Springer dit, en parlant de la philosophie de l'histoire de Hégel, et en général de son système : « C'est une révélation plutôt qu'une explication scientifique de la réalité. »

[2] La raison n'a pas l'idée de Dieu : elle est cette idée même ; elle est Dieu.

prendre l'infini. D'un autre côté, l'esprit de l'homme ne peut comprendre que ce dont la substance est virtuellement en lui; il faut que ce qui s'adresse à lui, y trouve de l'écho, quelque chose d'analogue, de semblable, d'identique. Ce qui n'est pas en lui en puissance,[1] on ne saurait comprendre, et par conséquent on ne saurait admettre qu'il puisse lui être transmis du dehors : donc l'infini étant compris de l'homme, c'est qu'il est virtuellement infini; par conséquent il y a un savoir absolu.

La méthode de cette science vraiment nouvelle est la construction, qui consiste à tout montrer dans l'absolu, et à en faire tout sortir; monter et démonter tout le mécanisme de l'absolu, voilà la seule et véritable démonstration ; nous ne savons véritablement que ce que nous avons produit nous mêmes; par conséquent le savoir véritable est à *priori*. L'organe de ce savoir merveilleux est l'intuition intellectuelle, qui n'est autre chose que l'imitation, la reproduction libre et réfléchie des actes primitifs de l'esprit, et par laquelle l'esprit devient le spectateur curieux du travail logique dont il est le théâtre et l'artisan. Cette intuition intellectuelle est une véritable révélation, une illumination de la raison spéculative qui refait la création, dont la raison individuelle est l'inaltérable et authentique document. Plotin avait été à la fois plus sincère et plus clair; il nous avait donné la clé qui ouvre

---

[1] De plus, il ne saurait y avoir de contradiction réelle entre la virtualité et l'actualité qui la réalise ; d'où encore cette conclusion : la raison humaine est Dieu.

ces temples mystérieux de l'absolu, de l'identité, de l'idée, de l'un ; cette clé, il l'appelait par son nom, l'extase, c'est à dire la cessation de tout acte intellectuel vraiment humain, la vision béatifique de la vérité, l'entretien personnel et direct de l'âme avec Dieu, la contemplation glorieuse et sans voile de son auguste essence. Je crains bien que le procédé de tous ces panthéistes ne soit le même ou fort approchant ; seulement ils l'appellent l'intuition intellectuelle, et n'ont pas le courage de l'appeler par son nom, et ils ont raison à quelques égards : si c'est Dieu qui parle, la science humaine doit se taire. Ce n'est point à dire que la vision béatifique de la divinité soit une opération absolument impossible ; c'est une question qui reste entière et à laquelle nous n'avons ni envie ni besoin de toucher ; mais il est avéré que même les vérités acquises par cette voie de connaissance ne sont plus du ressort de la philosophie. La philosophie se borne à la recherche des vérités que la raison humaine peut connaître par ses forces propres, et son objet est de les rendre tellement claires et tellement évidentes que nul être doué de raison ne puisse y refuser son consentement. Les vérités ou propositions acquises par le procédé extatique, n'appartiennent point au domaine de la science, qui est la démonstration même. L'exposition de ces sortes de vérités, quand ce sont des vérités, ne constitue pas une science philosophique ; c'est une religion qui est établie par ces affirmations obtenues par une révélation d'en haut, ou plutôt ici c'est une religion qu'on détruit, et c'est la religion chrétienne. On a pu longtemps s'y méprendre; mais les artifices de style et les réticences habiles de l'expression ont été déchirés par la hardiesse intempérante des disciples, et Strauss est venu détromper ceux qui voulaient se tromper encore. Il est évident que la philosophie allemande, au moins depuis M. de Schelling, et malgré les réclamations tardives et inconséquentes de ce dernier, a repris en sous-œuvre le travail de Voltaire; encore il faut bien remarquer que toutes les objections de Voltaire s'adressent à la raison, qu'il prend pour point d'appui de son scepticisme des idées qui appartiennent à la conscience, et qu'il ramène toute sa discussion au sens commun et à l'évidence, caractère commun de toute science, et surtout de la science par excellence, de la science philosophique.

Mais la question de forme, de méthode, si importante qu'on a pu dire, non sans raison, que la philosophie n'était guère qu'une méthode, n'est pas la seule qui, dans les systèmes de M. de Schelling et de Hégel, ouvre tant d'occasions à la critique. Par une heureuse inconséquence de l'esprit humain, qui, Dieu merci, n'est pas livré à l'empire exclusif et étroit de la logique, des idées très saines, très sensées, très claires, sont quelquefois fournies par une méthode très peu scientifique, et sous une forme qui n'a rien de philosophique. Il y a aussi les hallucinations et les illuminations du bon sens; mais ce n'est pas le spectacle que nous offrent les théories récentes de l'Allemagne. L'Allemagne s'égaie, dit-on, de la légèreté superficielle de l'esprit français, qu'effrayent les austères profondeurs du travail vraiment philosophique; il y a dans ces études une obscurité naturelle, essentielle, qui n'en permet pas l'intelligence ni même l'accès à tous les esprits. Exiger de la philosophie cette clarté extérieure, cette facilité de conception qu'on trouve dans les littératures légères, c'est méconnaître la nature même des idées philosophiques, obscures précisément parce qu'elles sont profondes. Cette critique de notre esprit impatient, vif et léger, est peut-être méritée; mais il ne faudrait pas pourtant que les Allemands s'imaginassent que plus les idées sont obscures plus elles sont profondes, et que c'est un mérite philosophique d'être à peu près incompréhensible. Il y a une clarté intérieure dont tous les systèmes, même les systèmes allemands, ont besoin; il faut qu'ils reposent sur des principes évidents ou accordés : or, quand M. de Schelling nous dit qu'au sein de l'absolu se trouvaient réunies et endormies deux forces contradictoires, l'être et la pensée, l'esprit et la matière; puis, que ces deux principes, si longtemps tranquilles et inertes, se sont un jour réveillés et se sont mis à agir dans deux directions séparées, mais en conservant toujours entre eux les analogies les plus frappantes et en cherchant à concilier les contradictions qui les séparent, et qu'ils finissent cependant à former entre eux une harmonie qui s'opère dans l'humanité ; je dis que si cette contradiction des forces est une condition, une position du système, je ne vois pas du tout comment la duplicité, l'opposition réelle ont pu s'introduire dans l'identité et malgré son essence;

je dis que je n'accorde pas du tout de tels principes, qui ne s'imposent pas par leur propre évidence, qu'on ne se donne pas la peine de démontrer, mais qu'on pose simplement, c'est à dire, pour parler français, qu'on suppose; je dis que ces principes sont non seulement sans clarté, mais sans fondement; que cela n'est pas à croire et que c'est vraiment à n'y rien comprendre; ce ne sont pas seulement des idées obscures, mérite assurément qu'on ne leur saurait refuser, mais ce sont des idées incompréhensibles et absurdes. L'identité absolue de celui-ci, la vertu d'expansion, d'extériorisation donnée par celui-là à l'idée logique, et la faculté attribuée à l'abstraction de se réaliser d'abord et de rentrer dans son abstraction primitive, ne signifient qu'une chose, si cela signifie quelque chose : c'est qu'il n'y a pas de Dieu et qu'il n'y a pas d'homme, j'entends un Dieu personnel et un homme individuel. Pour Hégel, qu'est-ce que le particulier? C'est le général se niant lui-même. Qu'est-ce que cela peut vouloir dire, si ce n'est que le particulier n'est qu'une apparence? Rien n'est, rien n'est en forme du moins, en essence ; tout est dans un perpétuel mouvement pour devenir quelque chose, ou, pour mieux dire, pour devenir rien, puisqu'après toutes ces vicissitudes de l'idée, ces formes transitoires et fragiles qu'elle a successivement revêtues et dont elle se dépouille à chaque instant, elle rentre dans l'abstraction primitive où elle n'a pas pu ou voulu rester, Dieu sait pourquoi! M. de Schelling sans doute et Hégel maintiennent la personnalité humaine, mais ils ne la soutiennent pas; en définissant le caractère, un ensemble de forces agissant constamment dans une direction uniforme, ils oublient de nous dire comment l'absolu a produit ces forces individuelles et d'où vient cette force de personnalité qui les maintient indépendantes vis à vis du grand tout, qui aspire à les engloutir et à les dévorer ; on ne voit nullement comment elles échappent à cet abîme du grand tout, à ce monstre de l'abstraction, à ce gouffre du néant et du vide, où il faut bien, malgré les artifices de style et les contradictions, qu'elles finissent par tomber.

Or, on comprend à peine que l'homme puisse nier Dieu ; mais on ne comprend pas du tout comment l'homme, ce moi, cette personnalité si vivante, si énergique, cette volonté qui sent si bien son individualité, et qui en a une conscience si claire et si haute, puisse se nier lui-même en niant sa personnalité, ou, ce qui revient au même, ne fasse de son être qu'une forme transitoire et mobile de la substance universelle et vague, qu'une phase des évolutions de cette idée abstraite qui, sous des noms divers, forme le fonds commun des constructions des deux philosophes allemands. L'affirmation du moi par lui-même, la notion de l'être, saisie par le témoignage irréfragable de la conscience dans l'affirmation de son propre être, telle est la double base de toute philosophie. Ce n'est pas seulement parce que Descartes, un Français, l'a dit ; c'est parce que tout esprit sent l'évidence et comme la nécessité de ces principes où la philosophie est obligée d'attacher toutes ses propositions. Attaquer ces principes, ou les ébranler, ou les négliger, c'est se mettre hors des voies de la science comme du bon sens, c'est bâtir sur le vide. C'est ce que fait Hégel en prenant pour point de départ une idée abstraite, qui, après des évolutions sans résultat comme sans cause, retourne à l'abstraction qui l'a produite, créant en chemin une humanité, mais ne créant qu'une apparence d'individualités humaines. C'est ce que fait également M. de Schelling, par une identification absolue de l'esprit et de la matière, qui, non seulement ne laisse plus place à l'individualité humaine et à la personnalité divine, mais comble l'abîme infranchissable qui sépare à jamais la pensée de la matière, l'âme du corps, Dieu du monde.

L'esthétique philosophique, fondée sur une pareille métaphysique, ne pouvait manquer de participer à ses erreurs. Hégel va jusqu'à détruire l'art ou, du moins, lui ferme l'avenir que M. de Schelling lui avait réservé. En effet, cette évolution multiple dont l'art n'est qu'un moment, et dont la conscience réfléchie constitue la philosophie même, n'a qu'un but successivement et progressivement atteint : c'est de faire comprendre à l'esprit qu'il est l'absolu. Or, l'art est bien un effort pour chercher à réaliser l'idée qui ne se réalise que dans l'esprit absolu ; mais comme il la réalise sous une forme sensible, il y a lutte entre l'élément matériel, sensible et l'idéal. C'est par la destruction de la forme que l'art romantique fournit le passage de l'art à la religion, où un degré nouveau et supérieur de la réalisation de l'idée va se montrer dans la pensée dépouillée de formes ; la religion se présente alors comme la perfection et en même temps la négation de l'art. La religion est un art épuré, l'art une religion grossière : il doit disparaître, et même il a déjà disparu.

Toutefois, si l'on fait abstraction de la partie systématique de ces idées et du rôle étrange que ces deux philosophes ont voulu donner à l'art, on admirera le nombre de vérités nouvelles, fécondes, qu'ils ont fournies à la philosophie du Beau, et de quelles brillantes lumières ils ont éclairé les sentiers mystérieux de l'art. On peut dire que M. de Schelling et Hégel, avec Kant, ont fondé l'esthétique, qui, depuis eux, n'a pas fait un pas. Que de perspectives étendues ils ont ouvertes! que de vérités de détail et d'une justesse saisissante ils ont répandues sur ce sujet difficile! avec quel goût, quelle intelligence, quelle éloquence ils ont examiné tous les arts, nous ont appris à en connaître la nature, le but, les procédés particuliers, à en comprendre et à en admirer les chefs-d'œuvre !

Lorsque M. de Schelling nous explique comment il faut entendre le précepte si souvent répété : imiter la nature, qu'importe, à l'esthétique du moins, un principe philosophique suspect et même dangereux! Je ne crois pas que la nature soit l'existence positive du principe divin, mais je n'ai pas besoin de le croire pour comprendre qu'imiter la nature ce n'est qu'imiter sa puissance de création, par laquelle elle produit des œuvres organisées, vivantes, individuelles, personnelles. Je n'ai pas besoin de croire, avec Hégel, que l'art est une des formes de la vérité absolue; mais il m'entraîne, quand il me fait pénétrer le secret de tous les arts et goûter la beauté sous toutes ses formes : musique, peinture, sculpture, poésie, il comprend tout et fait tout admirer et tout comprendre; c'est une âme d'artiste avec l'intelligence d'un penseur et un style souvent digne de Platon. Ne lui dût-on que la définition du Beau placé dans l'idéal déterminé; que la distinction si profonde, et selon nous si juste, de la beauté de la nature et de celle de l'art; ne lui dût-on que ce principe, qui seul peut sauver les arts de ce réalisme, de ce matérialisme où ils penchent, je veux dire que l'idéal dans l'art doit pénétrer la forme, resplendir au travers de l'apparence extérieure, en être inséparable; que la beauté n'est précisément que cette unité indissoluble du fond et de la forme, Hégel aurait rendu des services incomparables et aux arts et à la philosophie des beaux-arts. Ce ne sont pas les seuls, mais ce sont les seuls dont il nous soit permis de parler. Entrer dans l'analyse des arts particuliers et de leurs chefs-d'œuvre, tels qu'il les comprend, ce serait entreprendre une œuvre trop longue et hors de proportion avec le plan de cet ouvrage. Du reste, nous le prendrons souvent pour guide dans cette appréciation spéciale où nous allons entrer nous-même, et l'on aura plus d'une fois occasion de retrouver son nom et d'admirer l'excellence de ses jugements.

QUATRIÈME PARTIE.

SYSTÈME ET CRITIQUE DES ARTS PARTICULIERS.

L'art est la transformation du réel en forme expressive du Beau ou de l'idéal : or, l'idéal n'est qu'une conception qui appartient à l'intelligence humaine, et par conséquent, comme l'a dit excellemment Bacon, l'art, *c'est l'homme ajouté aux choses*; c'est une pensée de l'homme imprimée par lui dans une matière et incarnée dans une forme sensible. Mais comme l'homme ne peut pas créer un grain de poussière, ni un atome quelconque de matière, il est obligé, pour réaliser le but de l'art, de se servir des choses que Dieu a créées, et de les approprier à la fin particulière qu'il se propose; pour cela il est obligé de leur faire subir toutes sortes de transformations, de mutilations; il détruit leur essence réelle pour leur donner une essence idéale.

Cependant, quelle que soit la légitimité des droits qu'il se reconnaît sur la création tout entière, il reconnaît bien vite que, pour l'égoïste plaisir de jouir de la beauté, il n'a pas le droit d'attenter à la vie de tout ce qui a reçu de Dieu la pensée, le mouvement ou seulement même la sensibilité. Tout être que Dieu a créé, qui a reçu ce souffle peut-être immortel, qui sait? de la vie, est respectable ; nous n'avons pas le droit ni de le détruire, ni de le mutiler, ni de le faire souffrir, pour repaître nos regards d'un spectacle agréable, ou ravir nos oreilles d'une délicieuse harmonie. Si nous mutilons le bœuf, ce n'est pas dans l'intérêt, après tout frivole, de nos plaisirs esthétiques : Dieu nous a permis d'immoler à nos besoins les animaux, de nous nourrir de leur chair ; il nous a donné des droits presque absolus sur la création animale, parce que ce n'est qu'en vivant et en se multipliant que l'homme peut remplir la destination morale qui fait à la fois la douleur et le prix de la vie. Le monde inorganique, dépouillé de vie, au moins de sensibilité, est donc seul livré aux destructions et aux mutilations de l'artiste.

Mais cette matière inorganique est multiple ; divers sont les procédés et les moyens de la transformer ; différentes les aptitudes des êtres à se prêter aux désirs et à se plier aux volontés humaines ; différents enfin les sens auxquels s'adressent et par lesquels se peuvent percevoir les choses ainsi transformées. Nous avons déjà eu occasion de remarquer que les objets dont nous ne pouvons percevoir les qualités que par l'odorat et le goût, ne sont pas susceptibles de communiquer le sentiment, ni par conséquent de recevoir la forme de la beauté ; il n'y a pas de belles odeurs ni de belles saveurs ; le tact ne nous donne que des idées obscures et semble ne jouer que le rôle d'un organe visuel imparfait ; il ne produit aucune impression esthétique.

Deux seuls sens nous la transmettent ; c'est à la vue et à l'ouïe que doivent parler les formes matérielles où l'homme a déposé l'image de la vie et ajouté la beauté, qu'il a animées, comme Pygmalion, de la flamme de l'esprit et de la pensée. L'idéal ne peut avoir d'expression que dans les choses qui se voient, c'est à dire les formes, les mouvements, les couleurs, d'une part ; dans les choses qui s'entendent, c'est à dire les sons, de l'autre. Ce principe sert à établir deux grandes classes dans les arts, et à distinguer chacun d'eux par les moyens d'expression qu'il emploie ; mais lorsqu'on veut établir entr'eux une hiérarchie, ils se rangent suivant la quantité de beauté, le *maximum* d'idéal qu'ils sont susceptibles de contenir.[1] Comme ce caractère n'est pas aisé à déterminer, et que la porte est ouverte, par ce principe, à des discussions sans fin comme sans fruit, on peut y substituer celui de l'indépendance plus ou moins entière de chaque forme de l'art, qui du reste découle du premier. J'entends par indépendant, un art qui se suffit à lui-même, qui n'a pas d'autre destination que de plaire, et qui

---

[1] Le but de l'art est d'exciter l'imagination du spectateur à produire en soi et à déterminer l'idéal De tous les arts, le plus grand semble donc devoir être celui qui laisse à l'imagination le rôle le plus actif, et la plus grande part de création d'un idéal déterminé. La sculpture et la peinture ont quelque chose de trop arrêté ; elles fixent trop, par la netteté même des perceptions, l'esprit à la chose vue ; je ne puis rien ajouter à l'imitation, et mon esprit ne peut guère voir au delà de ce que voient mes yeux ; il y a trop de réalité pour qu'il reste beaucoup d'idéal. La musique laisse à l'imagination une activité si grande que l'âme s'y épuise dans l'indétermination. La poésie seule arrête les contours de l'idéal sans nuire à l'indéfini qu'exige toute œuvre d'art. Les limites qui déterminent l'idéal dans la poésie sont plus hautes, plus idéales, et n'ont pour objet que d'empêcher l'imagination de se noyer dans le vague et de tournoyer dans le vide.

la remplit complètement lui seul, sans l'aide d'aucun art étranger. Sans doute il y a une affinité, une alliance entre le Beau et le bien, et l'artiste doit la sentir, quoique vaguement, pour concevoir et produire des œuvres vraiment belles; il faut qu'il sache, en cédant à l'inspiration qui l'échauffe, qu'il fait une chose grande, noble, favorable à la destination dernière de l'homme, qui est une fin morale; cela élève son âme, encourage son génie, et agrandit ses conceptions en rassurant sa conscience; mais ce rapport ne doit être que senti d'une manière générale, et jamais être précis et fixe; il repose sur une confusion d'idées qui ne peut être éclaircie sans péril. Ainsi les ouvrages d'arts ont et doivent avoir une destination générale; il y a plus: « la place qu'ils doivent occuper, l'ordre d'idées, de sentiments, de croyances, dans lequel ils sont appelés à figurer, fait une partie de leur mérite.[1] » Ce n'est point pour les musées qu'ont été produits les chefs-d'œuvre de la sculpture et de la peinture; toutefois, à mesure que les arts réalisent plus complètement leur but propre, c'est à dire qu'ils expriment plus puissamment la beauté, ce rapport s'affaiblit, et cette destination devient de plus en plus indéterminée.

L'architecture a un but tellement manifeste qu'il frappe tous les yeux. La peinture et la sculpture ont encore une destination politique ou religieuse: leurs œuvres ornent les places publiques; les monuments,

---

[1] M. Raoul Rochette.

chez les peuples libres, leur racontent leur histoire, leur nomment leurs héros, les entretiennent de la gloire de la patrie ; ailleurs ils remplissent les palais des princes et leur rappellent, comme un utile enseignement, les vertus de leurs ancêtres ; ou bien enfin ils décorent les temples, représentent les dogmes des religions et figurent les leçons de la morale.

La musique déjà s'appartient plus à elle-même ; bien qu'elle ait une action profondément éthique, elle échappe au joug d'une destination même indéterminée dans la plupart de ses créations. A l'exception de la musique religieuse, toutes les autres formes de la musique ont pour but unique de plaire : l'opéra, la symphonie, le quatuor de Beethoven, la musique de piano, si féconde et si savante, ont un but renfermé en eux-mêmes, sont entendus pour le plaisir seul qu'on a de les entendre.

Quant à la poésie, ce caractère est à la fois plus éclatant et plus complet ; elle ne sert à rien, absolument à rien, Dieu merci ! aussi est-elle le premier de tous les arts : ce rang ne lui a jamais été contesté.

Telle est donc la classification et la hiérarchie que nous croyons qu'on peut établir entre les formes particulières de l'art, sans prétendre qu'elle est incontestable et sans vouloir insister ici plus longtemps sur une question où la discussion ne peut guère aboutir, et où les prétentions diverses sont trop contraires pour être conciliables.

Revenons aux moyens d'expression que les différents arts emploient et par lesquels ils se distinguent.

Les formes paraissent dans les corps sous les trois dimensions de l'étendue solide, c'est à dire la longueur, la hauteur et la largeur; le bois, toutes les pierres, les métaux, l'ivoire, la matière inorganique, en un mot, est susceptible de les recevoir. Quand ces corps et ces formes, transfigurés par l'homme, représentent l'idéal, ils donnent naissance à deux arts : l'architecture et la sculpture. Toutefois, un procédé particulier divise la sculpture en deux arts différents, quoique voisins : au lieu de représenter les corps dans leurs trois dimensions complètes, ce qui constitue la ronde bosse, le bas-relief ne leur donne pas toute leur solidité; il ne reproduit que la moitié et quelquefois moins de leur cube réel, et tient à la fois du plan et du solide. Les productions de ces arts sont susceptibles de recevoir la couleur.

Les arts ne peuvent exprimer l'idéal qu'en imitant le réel. La sculpture a pour but et pour objet de reproduire les corps animés, vivants, et d'y ajouter la beauté. Que reste-t-il à l'architecture? quel est son but et son objet? que peut-elle avoir à imiter? uniquement le monde inorganique, qui se présente sous deux aspects : le monde inorganique naturel, et le monde inorganique créé par les besoins et l'industrie des hommes. Où la vie manque, où manque par conséquent la véritable unité, la proportion qui s'en rapproche sera la beauté. La proportion, le nombre, dans les corps étendus et solides, est du domaine de la géométrie. La science fournit des règles, et la nature offre des exemples et presque des modèles; les éruptions volcaniques, les soulèvements qui en déchirant les flancs des montagnes ont ouvert à l'œil curieux et aux pas hardis de l'homme les secrets des abîmes souterrains, les cristaux avec leurs belles formes géométriques et leurs arêtes si admirablement fines et nettes, le tronc des arbres naturellement lisse ou cannelé, ont fourni à l'architecture le tombeau, la pyramide, la colonne, la voûte, dont les combinaisons variées produiront le temple, l'arc de triomphe, l'aqueduc, les cirques, les théâtres, les palais. Les décorations que sont susceptibles de recevoir ces matériaux sont elles-mêmes indiquées par la réalité. Le ver sculpte le bois; l'eau, l'air et le soleil travaillent la pierre et lui donnent des apparences élégantes dont l'art saura profiter en les achevant.

L'idéal a peu de place dans l'architecture, parce qu'elle a toujours un but : ou c'est un but d'utilité pratique et positive, comme la maison ; ou elle a un sens symbolique, et ses formes sont significatives ; sous ce rapport, elle mérite bien le nom qu'on lui donne quelquefois d'art monumental ; ce sont, en effet, des monuments, des documents qu'elle élève ; seul le temple grec est vraiment beau.

Le bas-relief est comme une transition à l'art qui imite seulement la surface ou le plan des choses, la peinture, qui comprend le dessin et la gravure ; son domaine s'étend à tout ce qui se voit ; il n'est rien, pour ainsi dire, qu'elle ne puisse reproduire : la nature tout entière, le monde inorganique et le monde vivant, les actes de la vie morale posent sous ses yeux et s'offrent à ses représentations. Mais non seulement elle ne reproduit pas les choses sous leurs dimensions vraies, elle se sert encore de matériaux qui n'ont aucune analogie avec les choses représentées ; des minéraux broyés, étendus d'eau, de cire ou d'huile, un peu de craie ou de charbon, écrasés sur un mur, sur une table ou sur un morceau de papier, suffisent à ses représentations ; la couleur, car le trait le plus simple n'est cependant qu'une couleur, c'est une ombre et une lumière ; l'ombre et la lumière, ainsi grossièrement imitées, n'offrent donc qu'une vaine image qui ne trompe personne, un mensonge qui se trahit lui-même ; la réalité sensible n'y est que comme apparence du sensible, et non en tant que cause réelle d'une sensation propre : ce sont toutefois des formes matérielles, sensibles, visibles et presque palpables.

Je ne considère pas la danse comme un art véritable, malgré l'estime qu'en ont faite les anciens. Est-il vrai que ce soit une sculpture vivante ? Essayez donc de remplacer la Vénus de Milo par les poses et les mouvements d'une femme nue ; la réalité, le côté physique, la sensation, jouent un rôle trop grand ; les sens, trop vivement excités et bien vite émoussés par la volupté, éteignent toutes les ardeurs chastes de l'imagination. L'homme vivant a pour exprimer tant de moyens supérieurs aux mouvements du corps, qu'on ne peut croire qu'il danse pour exprimer ; on suppose à ses gestes une autre intention, qui est sans dignité, sans prix, sans valeur esthétique.

Nous arrivons aux arts qui s'adressent à l'oreille et

s'expriment par des sons ; nous entrons ici dans le domaine de la vie. Le son est la vie, car c'est un mouvement ; il peut appartenir aux phénomènes du monde inorganique, comme le bruit du vent dans les arbres, dans les roseaux, dans un tuyau creusé par la nature ; ou bien aux animaux qui vagissent, hurlent, bêlent, beuglent, croassent, miaulent ; ou enfin à l'homme qui seul a une voix, la voix articulée. La voix articulée produit deux espèces de son : le son parlé et le son musical, dont la différence est plus facile à sentir qu'à définir : de là, d'un côté la musique, et de l'autre tous les arts de la parole qu'on peut ramener ou réduire à la poésie.

Tout ce qui vibre et remue, vit ou est remué par un être vivant ; la vie donc éclate dans le son, et la pensée, qui est la vie de l'âme, éclate dans la parole.

L'appareil vocal est un organisme que mettent en mouvement les nerfs ; les nerfs sont les agents de la sensibilité. Toute modification de notre sensibilité, toute impression vive, agissant sur les nerfs, agit sur l'organe vocal et nous fait pousser un cri, émettre un son : le son est donc le retentissement le plus intime de notre être, et le sentiment est le domaine de la musique.

Mais le son est invisible ; il est presqu'immatériel et pour ainsi dire sans durée ; chaque son s'écoule et se perd sans laisser de lui aucune trace. Il faut donc que l'âme se souvienne, recueille la mémoire de ces sons envolés, lie les impressions qui s'y sont attachées, pour produire un effet de totalité : c'est par là qu'elle est un art de l'esprit.

Quant à la poésie, le merveilleux instrument du langage et de l'écriture lui permet de mettre la pensée, l'idéal, sous les yeux de l'imagination, de la raison, et en même temps de le faire entrer comme un sentiment au plus profond du cœur humain.

Voilà la division des arts au moyen desquels l'homme, encouragé et comme instruit par la nature, l'imite et l'embellit. Tout le monde accepte ces distinctions, que les faits attestent et maintiennent avec une constance qui justifie nos principes. Quant à la valeur et à la direction spéciale de chacun d'eux, on est peu d'accord. Je ne pense pas qu'il soit possible d'admettre ce côté du système de Hégel, qui, voyant dans l'art un mouvement de l'esprit, qui part du symbole et ne traverse la beauté que pour arriver à la négligence de la forme, recherche quels sont les arts dont le caractère est d'exprimer l'idéal ou de faire triompher l'idée sur la forme dans la représentation esthétique. De cette recherche il résulte pour lui que l'architecture est éminemment symbolique ; la sculpture, éminemment classique, appartient en propre à la Grèce. L'art romantique, qui apparaît chez les chrétiens et dans les temps modernes, est surtout représenté par la peinture et la musique : « l'accent lyrique résonne partout, même dans l'épopée et le drame.[1] » La poésie est universelle en même temps que générale, c'est à dire qu'elle n'est le privilége d'aucun peuple ni d'aucun temps ; qu'elle se prête à toutes les phases que l'art

---

[1] Hégel, *Cours d'Esthét.*, tom. II, p. 387.

traverse, s'accommodant au symbole, à la beauté classique, comme à l'idéal romantique.

Il est inutile d'insister : les formes diverses de l'art ne répondent pas à des moments divers du développement historique de l'homme ou de l'humanité ; c'est un jeu d'imagination que des rapprochements ingénieux, mais souvent forcés, rendent un instant spécieux et que repousse le premier regard de la raison. L'homme est une essence, quelque chose de durable et d'identique ; il ne s'écoule pas dans un mouvement perpétuel par lequel il devienne incessamment un autre, il quitte et reprenne de nouvelles pensées, de nouveaux besoins, presque d'autres sens. Il est presque puéril de dire que, de nécessité logique, l'enfant est un architecte, le jeune homme un sculpteur, l'homme mûr un peintre et un musicien, et qu'on est poète à tout âge ; il y a plus de persistance dans notre être ; le perfectionnement bien lent et bien faible que le temps y apporte, loin de détruire les unes ou les autres des facultés diverses dont l'unité fait notre vie active, les exalte toutes, parce qu'il les lave de l'accident qui les souille, et les rend à leur vraie essence, à leur *maximum* de force.

De tous les arts que nous venons d'énumérer, nul ne peut disparaître, tant que l'homme restera l'homme. Les arts coexisteront toujours, parce que l'homme ne se divise pas, ne se distribue pas dans le temps ni dans l'espace ; son unité ne périt jamais ; il est toujours à la fois tout ce qu'il est : ce qui ne veut pas dire qu'il imprime un mouvement égal et continu à toutes les facultés de son esprit ; que l'art occupe toujours dans ses préoccupations la même place ; que tous les arts progressent également et indéfiniment, et, qu'en fait, ils gardent dans les progrès qu'ils font les relations de suprématie que la théorie peut avoir établies entre eux. L'art disparaît quelquefois, cela s'est vu, de la vie d'un peuple, absorbé par les fortes, cruelles mais nobles épreuves de la liberté et de la justice, par les pensées patriotiques ou religieuses ; ou, au contraire, abaissé et comme diminué par les viles préoccupations du bien-être, de la richesse et de toutes les jouissances sensuelles.

L'industrie, le commerce ou plutôt le jeu, supplantent la poésie, la sculpture et la musique. Il faut aux hommes des plaisirs : il leur reste donc toujours des simulacres des arts ; mais comme à des hommes grossiers il ne faut que de grossiers plaisirs, parce qu'ils ne savent plus en goûter d'autres, les arts deviennent grossiers pour leur complaire, le matérialisme les envahit et le réalisme les déshonore.

Il est une idée très répandue de nos jours, très flatteuse, et je crois vraie au fond, c'est l'idée du progrès indéfini, du perfectionnement continu de l'homme et de l'humanité. « L'âge d'or dont les poètes nous parlent, nous l'avons mis devant nous, dans l'avenir et non dans le passé. » [1] D'après cette doctrine, ce règne du bonheur et de la perfection, terme et fin des mouvements de l'humanité, a été poursuivi sans relâche et

---

[1] Fichte, *Destination du savant*.

sans interruption depuis qu'elle a commencé son laborieux voyage; chaque pas a été une conquête et l'a rapproché du but sans jamais l'en éloigner. L'histoire semble confirmer cette loi consolante et paraît montrer, dans chaque période successive du temps, un progrès nouveau. Les arts industriels qui, tous, allègent le poids du travail et augmentent la somme du bien-être, les sciences abstraites comme les sciences naturelles, également fécondes en applications utiles, ont fait des progrès que rien n'a interrompus et que rien ne paraît devoir interrompre. On dit que même la vertu fait des progrès dans le monde, et, elle aussi, des progrès continus; chaque jour qui s'écoule rend l'homme à la fois plus heureux et meilleur. Nous avons retourné complètement la maxime la plus universelle de l'antiquité, le respect et l'admiration du passé. Tandis que nous ne savons plus rien respecter et que nous n'admirons plus que nous-mêmes, les anciens croyaient que le temps était une puissance jalouse qui se plaisait à tout détruire, à tout diminuer, au moins le génie, la force et la vertu :

>Damnosa quid non imminuit dies?
>Ætas parentum, pejor avis, tulit
>Nos nequiores, mox daturos
>Progeniem vitiosiorem. [1]

Quoi qu'il en soit de cet article de la profession de foi du XIXe siècle, ceux même qui le proclament et s'en déclarent les adeptes les plus fervents, ne peuvent

---

[1] Hor., *Od.* III, 6.

nier que l'art fait tache à ce riant tableau, et que sa décadence certaine et pour ainsi dire aussi continue que générale, déconcerte un peu leur théorie et leurs espérances. L'architecture, la sculpture, l'épopée, la poésie lyrique, la tragédie, l'histoire, l'éloquence, sont, tout le monde l'avoue, chez les modernes, dans une infériorité humiliante. On fait des réserves pour la peinture et la musique, ces arts romantiques, c'est à dire chrétiens et modernes, suivant Hégel; réserves prudemment choisies, que protége, contre une discussion indiscrète, le temps, qui a détruit les tableaux de Polygnote et d'Apelle, brisé les flûtes d'Hyagnis et la lyre de Terpandre, et perdu pour ainsi dire la clef de leur notation musicale.

Ce mouvement en sens contraire de l'art et des sciences morales et industrielles, peut être une difficulté pour les partisans d'un progrès continu : il n'en est pas une pour nous. La loi des mouvements de l'humanité ne nous paraît ni assez démontrée, ni même assez claire pour en porter un jugement solide. La doctrine du progrès continu est sans doute une noble pensée et comme un pressentiment de l'espérance : en même temps qu'elle arrache l'homme au désespoir d'une chute et d'une décadence progressive et irrésistible, elle est un hommage à Dieu dont la Providence nous guide et nous conduit à notre destinée; mais si l'on veut y descendre, on trouve au fond de cette question la question même du libre arbitre. Si l'homme est libre, sa destinée ne peut dépendre que de lui-même et de lui seul, et comme il est faible, le hasard et l'accident doivent entrer dans le monde. D'un autre côté, s'il y a une Providence qui veille sur nous et aide l'homme et l'humanité à accomplir leur fin, il doit y avoir une loi générale qui embrasse tous les accidents, résout les exceptions et concilie les contradictions apparentes. Quelle est la part de l'homme? quelle est la part de Dieu? Qui le dira? qui le saura? Mais cela n'intéresse que le monde de la vie morale. L'homme n'est pas libre d'être beau, il n'est pas libre d'avoir du génie, il n'est pas obligé d'avoir du goût. Dieu donne à l'individu, comme à certaines races, à certaines époques privilégiées, ces dons gracieux. Si la philosophie peut surprendre les secrets de la pensée humaine, elle n'a pas la prétention de pénétrer les secrets de Dieu.

La race grecque a eu pendant plusieurs siècles le privilége de l'art et de la poésie; on s'est évertué à nous expliquer pourquoi : ils étaient, dit-on, plus près que nous de la nature. J'avoue que je n'entends pas bien les termes de cette proposition. *L'aimable simplicité du monde naissant*[1] n'a pas produit ces merveilleux résultats ailleurs que sur les rivages de la Grèce et de l'Ionie; la splendeur de leurs cieux éclaire aujourd'hui encore des hommes grossiers, sans civilisation et sans art. Je pense que si, après les Turcs, on transplantait des nègres à Cymé, à Thèbes, à Athènes, il est douteux qu'ils refissent l'Iliade, les Olympiques, les Perses ou l'Œdipe, la Minerve et le Parthénon. Dire que le sens de

---

1 Fénelon.

l'art est un instinct de la race grecque, race si heureusement douée, concourant avec un développement de grandeurs intellectuelles et morales, de vertus civiles, politiques et militaires, où le doigt de Dieu se fait assurément déjà sentir, qu'est-ce autre chose que de dire, avec Corneille, que la Providence départ à chaque peuple un différent génie, et que cet ordre d'activités diverses change suivant les lieux et suivant les temps. Mais qui peut espérer de surprendre la loi qui régit cette distribution, et d'expliquer les perturbations que l'accident, qui se mêle à tout en ce monde, semble y apporter? D'un côté donc, le génie de l'art semble une grâce départie à une race, à une époque, avec surabondance; et de l'autre, il n'est pas possible de nier qu'un certain état des âmes, des esprits, des caractères, des mœurs, des lois, des gouvernements, c'est à dire que la volonté libre de l'homme n'y soit nécessaire, ou du moins n'y contribue; [1] mais ni l'influence des lieux ni celle de la volonté ne sont prépondérantes; le sentiment de la chair et de la couleur n'est pas le partage exclusif des artistes nés dans les pays de la lumière; Van Dyck et Rubens le prouvent, et si l'on voulait renverser la proposition, les maîtres vénitiens nous montreraient que la vue d'un beau ciel et d'une terre féconde ne tue pas le sentiment de la couleur.

Il faut donc à cet égard être sobre de maximes dogmatiques; les causes de la décadence de l'art pourront être observées, parce que l'homme peut détruire les

---

[1] V. M. de Tocqueville. *De la Démocratie en Amérique*, tom. III. *Influence de la démocratie sur l'art.*

dons qu'il a reçus de la nature ; les causes de ses progrès rapides pourront l'être encore, parce qu'il peut concourir par sa volonté à l'œuvre divine ; mais pourquoi tel peuple et tel individu ont eu le génie de l'art à un si excellent degré, ont eu précisément cette forme du génie et non une autre ; affirmer ou nier que l'humanité puisse jamais connaître des artistes comme ceux qu'elle admire, ce sont là, je crois, des prophéties téméraires, qu'aucune philosophie sérieuse n'approuve et que le bon sens seul réfute. Soyons modestes : nous ne savons pas tout ; nous ne pouvons pas tout savoir, et même, s'il est permis de le dire, ce que nous parviendrons à savoir sera toujours peu de chose.

Si nous ne pouvons pas connaître la loi qui régit les progrès ou les mouvements de l'art, la succession de ses formes diverses, pourquoi celle-ci jette un si vif éclat tandis que les autres pâlissent, est-il permis du moins de rechercher quelle est celle de ces formes qui a le droit de prétendre à la prééminence, et de déterminer historiquement leur origine.

Sur ce dernier point la question se divise : tout homme est un poète, un artiste ; par conséquent l'art date du jour où l'homme a parlé, a bâti, a tracé sur le sable la plus grossière empreinte. En ce sens, il n'y a pas de doute ; tous les arts sont nés en même temps, puisqu'ils sont pour ainsi dire nés en même temps que l'homme. Mais si on cherche l'origine de l'art non plus dans ses sources premières, mais dans ses résultats éclatants ; si l'on demande quel art a le premier produit des chefs-d'œuvre dignes d'admiration, on ne sait vraiment que penser et que dire ; on sera peut être même étonné de reconnaître que le plus grand et le plus difficile de tous les arts semble être celui qui partout est arrivé le plus tôt à toute sa perfection. Homère est antérieur de plusieurs siècles à Phidias, et l'Odyssée au Parthénon ; dans le monde moderne, le Dante et Pétrarque précèdent, de combien d'années! Raphaël, Palestrina et Michel-Ange. Une question plus importante et plus féconde est celle qui a pour objet de rechercher quelles sont les limites respectives des arts et les liens qui les unissent ; en méconnaissant leur véritable spécialité, en s'égarant hors de leur domaine propre, ils perdent toute leur puissance, comme Antée lorsqu'il perdait terre ; rarement les emprunts ou les empiétements qu'ils se sont permis leur ont profité. La sculpture ne peut représenter des groupes nombreux ; elle est avilie par la couleur, que l'architecture ne supporte que dans des constructions sans grandeur et sans majesté. Lorsque la musique veut peindre des images ou signifier des pensées précises, elle devient vague et perd tout le charme de grâce ou de sentiment qui lui est propre ; elle ne fait pas ce qu'elle veut faire, et ne fait plus ce qu'elle peut ; elle a jeté la proie pour l'ombre. Quand la peinture veut faire pousser des cris, raconter au lieu de peindre, exprimer les passions dans leur vérité tragique, elle déshonore ses créations en violant la beauté des formes qui est son domaine et sa limite. La parole même, qui suffit à tout, qui cumule tous les moyens d'expression, ne doit pas oublier qu'elle a son domaine spécial et son objet propre : la parole c'est la pensée même, réalisée et individualisée. La poésie ne peut donc représenter les formes visibles avec la précision de contours et la vivacité de couleur que comportent seules la peinture et la sculpture. Par la seule combinaison des sons, qui ne sont pour elle que des signes et n'ont presque pas de valeur comme sons, elle ne peut pas, comme la musique, ébranler le système nerveux, agent de la sensibilité ; elle n'est donc pas douée de cette émotion intime, communicative et profonde, mais un peu sensuelle et vague. La poésie pense : son royaume est le royaume de l'esprit, de l'âme, de la raison ; elle a une lumière, mais sereine et divine, idéale, plus brillante que la palette du Titien ; une musique sobre, plus expressive que la lyre de Mozart, mais une musique, une peinture, une sculpture qui lui sont propres.[1]

Quoique les anciens aient fait de l'éloquence, de l'histoire, de l'enseignement philosophique, des genres littéraires qui semblent lutter de beauté avec la poésie, je ne puis les admettre dans le domaine pur de l'art. Il s'agissait pour Démosthène de sauver son honneur, et de relever, au moins moralement, Athènes du grand désastre de Chéronée ; il s'agissait pour Thucydide, et il le dit lui-même, non pas de produire une de ces œuvres destinées à briller dans un concours, à y charmer un auditoire frivole, mais de laisser aux peuples un

---

[1] Pour déterminer avec le soin nécessaire les limites respectives des arts, il faudrait un livre, et ce livre a été fait et admirablement fait, en ce qui concerne la peinture et la poésie : c'est le *Laocoon* de Lessing.

monument, une leçon durable, éternelle, il ose lui-même l'affirmer, de sagesse, de prudence et de modération. Pour Platon, il s'inquiétait, non pas de plaire aux beaux et ingénieux esprits d'Athènes, mais d'enseigner la vérité et d'inspirer l'amour de la vertu ; le philosophe, qui a maudit l'art et la poésie, aurait considéré comme un outrage d'être appelé lui-même un poète et un artiste. Cela ne veut pas dire que la poésie et l'art n'ont pas leur place dans les discours de Démosthène, dans les histoires de Tacite et de Thucydide, dans les éloquents dialogues de Platon ; l'art se glisse partout ; l'homme transporte partout ses besoins et ses goûts, et le goût du Beau ne l'abandonne pas, alors même qu'il pense à autre chose ; mais cependant si toutes ses facultés sont actives et simultanément actives, cette activité a ses degrés. Les facultés se subordonnent tour à tour les unes aux autres, et c'est par la prédominance de l'une d'entre elles que chacun de ses actes peut être défini et caractérisé : or, dans toutes les formes de l'art de la parole que nous venons d'énumérer, le rapport à une fin pratique, soit politique, soit morale, soit générale, soit particulière, est évidemment le principe dominant, le but par excellence ; elles ne sauraient justement prétendre à être des arts au sens esthétique du mot, qui exclut précisément toute finalité pratique et réelle. Ce n'est pas Bossuet qui aurait prétendu que le but de la parole est uniquement ou éminemment d'exprimer la beauté et d'en faire goûter le charme ; il lui a proposé une œuvre autrement sérieuse à remplir.

L'ARCHITECTURE.

Je ne crois pas du tout que l'architecture soit le premier né de tous les arts. L'homme a-t-il bâti une maison avant d'instituer une espèce quelconque de langage? On conçoit des peuples qui n'aient pas d'habitations; on en connaît qui ne mangent pas de pain; on n'en connaît point qui n'aient une poésie, des fêtes religieuses ou guerrières qu'ils célèbrent par des danses et des chants. Les branches entrelacées des arbres dans les forêts, les cavernes des montagnes, le lit de mousse ou de feuilles tombées au pied des hêtres, ont pu suffire aux hommes longtemps après que d'autres besoins se fussent révélés et satisfaits. Avant de se construire une demeure, l'homme a eu faim, il a tué des animaux et s'est paré en même temps que couvert de leurs dépouilles. Toutes les théories historiques à cet égard sont vaines; l'histoire ne se repaît point d'hypothèses : elle repose sur des faits certains et les faits manquent. L'induction philosophique elle-même n'arrive pas naturellement aux résultats que paraît confirmer un accord à peu près unanime. Pour moi, si je commence par l'architecture cet examen des formes de l'art, ce n'est pas parce qu'il a dû être le premier né des arts, mais parce qu'il en est le degré le plus humble et la forme la plus imparfaite.

Qu'est-ce en effet que la beauté? L'idéal d'une force, d'une vie individuelle et spirituelle. Comment avec la pierre, le bronze, le bois, exprimer la vie, si ce n'est en imitant les êtres qui en sont doués? Or, cette représentation des êtres vivants et animés appartient à la sculpture. Que reste-t-il à l'architecture? On ne voit guère ce qu'elle a pu réaliser de la fin imposée à tous les arts, de plaire par l'expression d'une force vivante, individuelle, caractérisée, morale; aussi ne remarque-t-on pas l'intention esthétique, le dessein prémédité et prédominant de plaire, dans la plupart des monuments qu'ont édifiés les peuples; ils ont bâti pour des nécessités de la vie domestique, sociale, politique, religieuse, ou pour laisser des souvenirs, des documents, des monuments, des symboles de leurs pensées et de leurs actions. Mais le goût du Beau n'abandonne point les hommes au milieu de leurs préoccupations positives les plus ardentes et dans la poursuite des fins les plus opposées; ils ont donc cherché à l'introduire, à lui faire une place, soit dans l'architecture symbolique, soit dans la construction des édifices nécessaires à leur vie privée ou publique; je ne sais même pas si le goût du Beau ne suffirait pas à expliquer lui seul certaines formes architecturales qui paraissent uniquement inventées pour plaire : la colonne est bien évidemment l'imitation d'un arbre; les plus anciennes colonnes grecques, comme celles du temple de Salomon, étaient cannelées, ainsi que cela se présente sur l'écorce de certains arbres. Cette cannelure grossière que la nature a travaillée sur l'écorce de certaines espèces, ne s'étendant jamais dans toute la hauteur, a dû donner l'idée de la proportion, plus tard déterminée et variable, où cette disposition s'élève. En

Egypte, où les arbres sont rares et les espèces peu variées, le haut des colonnes représente souvent l'écorce squammée du palmier. Comme les arbres, les colonnes égyptiennes et doriques diminuent de la base au sommet; elles s'enfoncent dans le sol comme un arbre, sans base, ou du moins avec une base toujours uniforme, malgré l'infinie variété des chapiteaux. Ce chapiteau gracieux qui la couronne comme une corbeille de fleurs, qu'est-il, si ce n'est comme son feuillage et sa chevelure? Les feuilles et la fleur du lotus, la feuille et le fruit du palmier, du dattier, ornent et parent, comme une coiffure naturelle, la tête de la colonne égyptienne. Je veux bien que le lotus ait une signification symbolique et que la représentation de ces feuillages soit l'emblème de la fécondité du sol, mais c'est aussi une forme élégante et gracieuse; il y a de la beauté, parce qu'il y a là une forme de la vie et même un caractère. La nature inorganique, en effet, a un certain caractère; les pierres et les métaux ont les leurs; le marbre a une autre expression que le bronze; la violette est humble, le pavot languissant; les végétaux ont un caractère et au moins de la grâce. Je ne vois pas pourquoi cette séduction de la grâce n'aurait pas été pour quelque chose dans la création de cette production universelle de l'architecture, la colonne.

La colonne peut exister séparément, être élevée comme un simple ornement devant le camp de la horde et y servir de poteau de guerre, ou à l'extrémité du territoire, comme poteau de limite; certes, elle a pu exister ainsi avant le temple ou le palais qu'elle a supporté et décoré plus tard. La colonne a pu fournir un passage facile à la sculpture; de l'arbre on passe facilement à l'homme, dans un pays surtout où la religion impose la croyance à la métamorphose; de la colonne on passe donc à la statue, d'abord en buste, en gaîne, toujours appuyée. La Diane d'Ephèse n'était guère qu'une pierre conique. Je crois donc que, même chez les peuples amoureux du symbole, le symbolisme n'a pas tout produit, et que le goût instinctif et universel du Beau a contribué à donner certaines formes aux édifices que nous admirons encore. Qu'y admirerions-nous, en effet, nous qui n'en pénétrons pas la pensée et le sens, qui n'en pouvons surprendre l'utilité problématique, si nos regards n'étaient charmés d'une certaine grâce, d'un certain mouvement, d'une certaine beauté qui y resplendissent encore comme sous un voile? L'admiration joyeuse, libre, désintéressée, le Beau seul a le don de l'exciter en nous, et lorsque j'en ressens la chaleur divine en mon âme, je reconnais la présence et l'action de la beauté.

L'architecture ne produit pas cet effet, et par conséquent elle n'est devenue vraiment un art, dans le sens esthétique du mot, que chez les Grecs; et avec le paganisme de la Grèce, cet art a disparu. Seul, en effet, ce peuple a réduit et presque annihilé dans l'architecture le rôle de l'utilité, comme celui du symbolisme, et a fait triompher dans ses admirables constructions le principe véritable, unique de l'art, la beauté.

C'est ce que démontrera une analyse rapide des caractères de l'architecture chez les peuples divers qui ont laissé des monuments dignes d'être regardés.

Que peut être la beauté dans l'art monumental? comment la communiquer aux masses inorganiques, les seuls matériaux qu'il ait à sa disposition? Les choses inorganiques se présentent soit sous la forme de volumes énormes, que l'homme modifie en les réduisant, soit sous celle de volumes très petits qu'il assemble; il creuse le flanc des montagnes, découpe les rochers, ou bien il joint les pierres brisées ou taillées avec ou sans un ciment destiné à en faire un bloc artificiel.

Le monde des corps a pour propriété l'étendue, et l'étendue c'est le limité. La forme des corps n'est que leur limite. Le nombre ou le rapport des limites diverses que sont susceptibles de recevoir les corps, la détermination de la nature de ces limites, la mesure des espaces qu'elles enferment, c'est à dire la science de la géométrie, entrent nécessairement dans l'art de l'architecture, qui dépend en outre de toutes les lois qui gouvernent les corps, pesanteur, résistance, cohésion. Nous avons déjà vu que le Beau étant une forme idéale d'une force spirituelle, il est presque impossible de la donner aux masses inorganiques, si ce n'est par la sculpture; mais il est possible de leur imprimer certains caractères de la beauté, sinon la forme de son essence, et par exemple l'unité. On doit considérer l'édifice comme un corps, et ce corps doit avoir ses membres; non seulement le rapport des membres entre eux et au tout doit exister, mais il faut encore qu'il soit sensible et frappe le regard. Il y a ainsi une proportion dans les constructions relative à nos facultés de voir.

Dans l'architecture, comme dans la poésie, il ne faut pas dépasser la portée de nos sens, il ne faut rien créer de trop grand ni de trop petit; de plus, chaque membre, quoiqu'ordonné avec le tout et nécessaire à l'ensemble, ne doit pas lui être sacrifié; il a besoin d'avoir son indépendance, sa vie propre, c'est à dire sa beauté ; il faut qu'il paraisse nécessaire en soi et non pas seulement par rapport au rôle qu'il remplit dans l'ensemble: c'est de là que naît la variété qui se manifeste aux regards par le mouvement et la diversité des plans.

Mais en quoi, dira-t-on, peut consister l'unité d'une masse inerte, d'un corps sans âme, sans vie ? Où peut être, dans une pareille chose, simple aggrégat de molécules que lie la cohésion, le principe d'individualité, de personnalité, et par conséquent de l'unité véritable ? quelle peut en être la physionomie, quel le caractère ?

Il est certain que l'unité dans l'architecture ne peut se révéler que dans l'unité du but auquel l'édifice est destiné : elle n'existe donc que dans une autre chose étrangère, et l'art ne s'explique que par le but où il se perd comme art indépendant. Il faut que l'édifice ait un but unique, et que l'unité de ce but éclate, resplendisse à tous les yeux ; ce rapport à une fin, vice irrémédiable, incurable, de l'architecture, ne lui permet d'aspirer à obtenir, parmi les arts, que la place la plus humble. Il est presqu'impossible de fixer la limite qui sépare le maçon de l'architecte.[1] Ce dernier

---

[1] Ce sont des maçons qui ont construit nos cathédrales gothiques. Chez les Grecs seuls, les architectes étaient des sculpteurs. Phidias a contribué, dit-on, aux plans du Parthénon. Ce fait s'est renouvelé à la Renaissance.

a comme l'artisan, dans l'esprit, le rapport à une fin ; cela suffit pour détruire toute son indépendance : il n'est plus maître de lui-même ; il dépend de la fin qu'on lui impose et de toutes les conditions qui en découlent ; il les subit fatalement ; car on ne bâtit pas pour bâtir. Religieuse, militaire, domestique, l'architecture a nécessairement un but : le château, le temple, le palais, le tombeau, l'aqueduc ; les membres mêmes de l'édifice, la fenêtre, la porte, même la porte triomphale, rien de tout cela n'existe par soi, ne s'explique par soi-même ; tous les esprits y cherchent ou un but pratique, ou un sens symbolique. Il ne peut donc y avoir qu'une apparence d'unité : c'est celle que le but semble communiquer au moyen. Mais dans l'art aussi bien que dans la morale, la fin ne justifie pas les moyens : il faut qu'ils se justifient par eux-mêmes, et ni l'ensemble ni les détails de l'édifice ne peuvent ainsi s'expliquer.

L'unité apparente, abstraite, qu'à défaut de l'unité véritable, doit exprimer l'architecture, c'est la symétrie ; par là elle se distingue de la nature. S'il y a une loi symétrique dans ce que cette force aveugle construit avec toute sa puissance, nos yeux ne la peuvent atteindre : l'immensité de la masse dépasse la faible portée de nos organes. C'est une très jolie métaphore que de parler de l'architecture des montagnes et de l'architecture des cieux, mais c'est une métaphore : il n'y a rien de symétrique dans la nature.

La proportion produit l'idée d'équilibre, de solidité, de ce mouvement immobile qui est presque la vie.

L'harmonie des formes anime l'édifice et y répand comme une eurhythmie pleine de grâce : c'est une musique glacée, dit Schlegel ; c'est elle qui distribue le corps du bâtiment en membres, ayant chacun leur fonction propre et coopérant cependant tous à la fonction du tout.

On comprend combien d'obstacles opposent à ces principes abstraits les nécessités du but que poursuivent les architectes ; leur art consiste non pas à les sacrifier, mais à ne pas les laisser sentir. Tout ce qui est nécessaire doit paraître libre, et tout ce qui est utile doit en apparence ne servir qu'à plaire ; c'est une lutte entre la beauté et l'utilité, où l'art est presque toujours vaincu.

L'édifice est un corps ; mais tout corps n'a de caractère que dans le principe vivant qui le meut ou l'habite. Cependant les formes sensibles révèlent et expriment l'être pensant et vivant qui les meut ; jusqu'à un certain point on peut dire qu'elles s'identifient avec lui ; cette identification, c'est l'idéal lui-même. Par une illusion moins justifiée, mais qui n'est pas sans vraisemblance, on peut considérer l'édifice comme le corps de celui qui l'habite ; ce n'est là, disons-nous, qu'une illusion, mais que soutiennent nos manières de sentir. L'esprit vivant ne pénètre pas la pierre de l'édifice et ne s'incarne pas dans la colonne qui le soutient ; cependant nous laissons quelque chose de nous-mêmes dans les lieux que nous avons longtemps habités ; à la douleur que nous avons de les quitter, nous sentons que nous les aimons, qu'ils font presque partie de nous, parce que nous les avons un peu transformés à notre image. L'édifice est la demeure de l'homme ou d'un Dieu : il est naturel que cette demeure leur soit appropriée ; qu'elle révèle, imparfaitement il est vrai, le caractère de celui qui l'a choisie ; mais lorsque le Dieu qui l'habite est le Dieu même de la beauté, l'idéal, alors le temple n'a plus qu'un but : c'est de s'approprier à la beauté et par conséquent d'être beau lui-même : alors seulement il y a un édifice idéal.

Il m'est absolument impossible d'admirer comme belles les constructions de l'architecture indoue. Je n'ai pas besoin de dire que je ne les ai pas visitées ; mais, en m'en rapportant aux descriptions des voyageurs et aux gravures, je puis dire que ni les grottes ni les souterrains d'Elora, du Kailasa, du Visvakarmâ, ni les stupa's de Caboul ou de Beghram, ni les pagodes pyramidales ou en terrasses superposées, formant de quatre à douze étages comme celles de Ceylan et de Jaggernaut, ne me paraissent répondre aux exigences de l'art et remplir son but.

Les temples souterrains d'Elora sont enfouis sous la terre et creusés dans une ceinture de montagnes de granit rouge qui s'étend dans un espace de plus d'une heure de marche ; ils ne sont point visités de la lumière et n'ont point de forme extérieure ; ils n'ont point par conséquent de mouvement. Leur immensité même, leur multiplicité,[1] ne permettent pas d'en saisir l'unité, s'il y en a, car il est plus que probable que

---

[1] Il y a douze mille grottes taillées, revêtues d'ornements de stuc, dans la montagne de Bamiyan.

l'intention même d'en mettre a été tout à fait étrangère à ces constructions : c'est l'œuvre des siècles et de milliers d'architectes.[1]

Des calottes sphériques, écrasant de leur masse de pierre des constructions pleines, basses, où, malgré leur énorme épaisseur, on ne trouve qu'une petite pièce formée de blocs de pierres s'élevant jusqu'à la coupole, les stupa's, en un mot, me font l'effet d'un casque énorme placé sur la tête difforme d'un petit monstre sans jambes.

Les pagodes ont plus d'élégance : elles montent, elles s'élèvent, et bien que la profusion des sculptures nuise à la légèreté de l'ensemble, et que les lignes parallèles que forment les terrasses superposées, coupent et fatiguent les yeux par la multiplicité des plans trop rapprochés, il y a là un plus grand sentiment de la grâce ; mais qu'on est loin d'être satisfait ! Comme détail d'architecture, les Indous ont connu la colonne, mais plus fréquemment employé le pilier. Le chapiteau de la colonne est circulaire ; il prend le plus souvent la forme d'un éléphant, ou encore d'une cloche renversée sur laquelle des éléphants entrelacent leur trompe.

On ne peut pas nier les rapports de l'architecture avec les idées philosophiques et les croyances religieuses des peuples ; mais je ne puis pas ni ne veux

---

[2] Le capitaine Seely qui les a visitées, semble n'avoir été frappé que de l'immensité du travail et des proportions : « c'est un rocher naturel haut de cent pieds, qu'ils ont creusé, évidé lentement avec le ciseau... Cette œuvre est inimitable, et l'esprit se perd dans la surprise et l'admiration. »

entrer dans l'explication des monuments par l'interprétation des symboles que les formes architecturales peuvent avoir servi à exprimer. Que l'illimité, le vague, l'immensité matérielle confondue avec l'infini, soient le caractère de l'architecture indoue, je le veux bien ; qu'ils expriment son panthéisme monstrueux, cela peut être, mais cela ne regarde que l'érudition et non l'esthétique ; le Beau n'a rien à faire dans une interprétation de cette sorte. Ajoutons qu'il est naturel que le panthéisme matérialiste de l'Inde n'ait pas été propice au goût et à la claire et divine conception de la beauté. L'adoration d'un absolu métaphysique, l'absorption de l'esprit dans le rêve du néant, du Nîrvana, qui leur ont fait bouleverser les lieux, confondre les temps, égorger l'histoire, ne leur ont guère permis de concevoir l'idéal. Leur raison, noyée dans les images, sans règle et sans frein, est tombée dans l'exagération et de là dans l'impuissance ; l'énergie créatrice a été tuée dans son germe. L'esprit n'existe pour lui-même que lorsqu'il se distingue de ce qui n'est pas lui, et s'oppose à la matière au lieu de s'y perdre : de là le caractère de l'art indou, bizarre, difforme, informe, monstrueux.

L'Egypte a été plus sage et plus spiritualiste, quoiqu'encore profondément symbolique et pratique. Le symbolisme lui-même est mal à l'aise dans l'architecture proprement dite ; je ne vois pas comment on pourrait signifier clairement des pensées avec des murs et des colonnes, si l'on n'avait pas la ressource du bas-relief qui appartient à la sculpture. Aussi il ne paraît pas exact de dire, en parlant de l'art monumental, « qu'en

Egypte, le principe fondamental de l'art est l'absence de l'art.[1] » Vraie peut-être de la sculpture, la maxime cesse de l'être appliquée à l'art dont nous nous occupons. Le symbolisme ne peut pas l'envahir tout entier, ni même l'absorber ; la fin pratique à laquelle tous les monuments peuvent servir, n'empêche pas l'idée de la grâce de percer à travers cette écorce. L'architecture égyptienne a vraiment quelques uns des caractères de la beauté.

Et d'abord elle a le caractère de la force, puisque la solidité de ses constructions a résisté au temps et semble braver l'avenir. L'unité monumentale, à cause de la grandeur de dimension de certains temples, comme le Sérapéum, n'est pas toujours saisissable, et certes c'est un défaut de goût ; mais si elle n'est pas toujours visible et sensible, cette unité existe néanmoins et l'esprit peut la pénétrer.

Le temple égyptien est un système, un corps dont les membres s'enchaînent et s'ordonnent ; il se compose uniformément, d'abord, d'une avenue formée par des galeries couvertes, fermées par des murs à l'extérieur et soutenues à l'intérieur par des colonnes ; au lieu de ces galeries, on trouve aussi une allée d'animaux sculptés. Ces avenues, appelées *dromos*,[2] sont plus ou moins longues : au temple de Philœ il y a trente-deux colonnes dans la galerie ; au Sérapéum, six cent trente sphynx énormes occupent une longueur d'une demi-lieue. A l'issue de cette avenue on

---

[1] M. Raoul Rochette, *Cours d'Archéologie.*
[2] Strabon, XVII.

trouvait le pylône, gardé le plus souvent par des sphynx ou des lions, ou des criosphynx de granit ; quelquefois ces animaux sont remplacés par des obélisques.

Le pylône, appelé aussi propylée, est particulier à l'Egypte et n'a été imité par aucune architecture ; c'est une porte accompagnée, à droite et à gauche, de deux massifs de maçonnerie dont les murs, en talus fortement inclinés, s'élèvent beaucoup au dessus de la porte même. C'est, dit M. Jomard, l'imitation de deux tours carrées qui semblent avoir été placées originairement pour défendre la porte. Cet ensemble a quelque analogie avec la façade de l'église gothique, dont le portail, flanqué des deux tours qui le dominent, semble protéger tout l'édifice ; on a même voulu que cette dernière disposition dans nos églises ait été réellement empruntée à l'architecture égyptienne. Cette hypothèse est ingénieuse plus que naturelle.

Quoi qu'il en soit, ce pylône donnait accès dans une cour carrée fermée de tous les côtés, à l'issue de laquelle se trouvait un second pylône ; ce second pylône ouvrait sur une autre cour carrée, suivie d'un troisième pylône, et cette disposition, cette suite de cours fermées et de pylônes pouvait se répéter jusqu'à six fois, comme elle l'est aux grands temples de Karnak.

Dans le petit temple de Philœ, type réduit, mais complet de l'architecture religieuse en Egypte, après le second pylône vient un portique, plus élevé et plus large que le temple ; c'est une salle hypostyle et hypœthre, fermée de tous les côtés par des murs et ne recevant le jour que d'en haut par la terrasse et par la porte du pylône. Les colonnes, architraves, murs et plafonds, tout est couvert de sculptures, et toutes ces sculptures sont peintes. Il n'y a que cinq couleurs : le jaune, le vert, le bleu, le rouge et le blanc, et bien qu'on puisse croire que la distribution de ces couleurs était, comme tout le reste, soumise à des règles invariables, l'œil est charmé de l'effet qu'elles produisent, et qui n'est pas sans analogie avec celui que font nos églises peintes du moyen-âge, du style qu'on appelle flamboyant.

A la suite du portique vient le temple, plus long que large, divisé en deux parties; les salles intérieures, tout à fait obscures ou ne recevant que peu de jour par de très petites ouvertures pratiquées dans les murs; elles sont toutes sculptées et peintes; et enfin le sanctuaire, qui ne renferme qu'un bloc souvent énorme de granit creusé, où étaient déposés les restes de l'animal sacré, du dieu auquel le temple était consacré. A Philœ, c'est la cage de l'épervier sacré qui personnifiait Osiris; au sérapéum, c'est le tombeau du bœuf Apis. Ces dieux mourant sans cesse, il fallut multiplier les sarcophages et les salles funéraires. Il y a dans cet édifice, récemment mieux connu par les fouilles du courageux et savant M. Mariette, des galeries de 700 mètres, percées de caveaux comme un columbarium romain et destinées à recevoir les sarcophages. Ceux-ci sont des monolithes d'une extraordinaire grandeur et polis avec un soin merveilleux; le plus petit de ceux qu'on a trouvés pèse 65,000 kilogrammes.

On trouve dans l'architecture de ces temples presque tout l'art grec ; la colonne, le portique, tous les détails de la colonne y sont déjà pleins de grâce et de variété. Il n'y a pas un seul genre de colonne que n'aient connu et employé les Egyptiens ; celle qu'ils reproduisent avec la plus grande prédilection est la colonne à chapiteau lotiforme et à feuillages de palmier : qu'est-ce autre chose que le chapiteau corinthien? Le portique égyptien diffère de celui des Grecs en ce qu'il est fermé latéralement par le prolongement des murs latéraux, qui forment ainsi des pilastres, disposition que les Grecs ont encore reproduite dans leurs temples *à antes,* c'est à dire à pilastres. De plus, tous les entre-colonnements, à l'exception de celui de la façade, qui sert de porte, sont fermés par un mur qui s'élève jusqu'au tiers et quelquefois jusqu'à la moitié de la hauteur des colonnes. Cette disposition enlève beaucoup de légèreté à l'ensemble, et la colonne elle-même, engageant sa taille déliée dans un lourd massif de maçonnerie, perd sa svelte élégance ; son diamètre énorme par rapport à la hauteur, les toits en terrasses, écrasent l'édifice et lui donnent des proportions basses et lourdes ; l'étendue des lignes horizontales abaisse encore pour l'œil les proportions et diminuent la hauteur. [1]

---

[1] Il y a des écrivains ingénieux qui ont trouvé que ces constructions horizontales, terre à terre, répondaient aux idées basses, sans élévation ni grandeur, que les hommes se faisaient alors de Dieu. La hauteur des flèches, des tours, des dômes, des églises, manifeste au contraire le sentiment élevé que les modernes ont conçu de la divinité. C'est le même auteur qui voit dans la pyramide une expression symbolique de Dieu, par cette raison

Malgré ces défauts, il y a déjà dans cette architecture des détails auxquels il faudra ajouter ou retrancher peu de chose, pour leur donner la légèreté, le mouvement, la grâce parfaite. Les colonnades qui forment ces immenses galeries ont de la grandeur; ces pylônes sont empreints d'une majesté grave; ces portiques hypostyles, couverts de peintures et de sculptures, flattent le regard par leur richesse et par leur élégance. Toutes les colonnes égyptiennes, comme les colonnes doriques, diminuent de la base au chapiteau; une incroyable variété règne dans les ornements du chapiteau, et dans un édifice, si grand qu'il soit, il n'y a jamais que les deux colonnes qui se répondent dont les chapiteaux sont entièrement semblables. Au contraire, les bases se ressemblent toutes; ce sont des chevrons brisés entre lesquels se trouvent des lotus, ou bien elles s'enfoncent dans le sol sans base ni talon; un dé carré surmonte le chapiteau dont il a le tiers de la hauteur, en sorte que l'architrave, ne portant pas immédiatement sur ce membre, n'en écrase pas les sculptures délicates, les mouvements gracieux, et surtout n'interrompt pas les grandes lignes qui sont l'animation du mouvement architectural. Lencret regrette que les Grecs n'aient pas imité cette disposition : a-t-il raison? Est-il raisonnable d'ajouter quelque chose au

qu'on y retrouve le nombre trois qui exprime, ainsi que le triangle, l'être, l'un, le parfait, et le nombre quatre, qui signifie ce qui émane de la puissance divine et tout ce qui est créé. Quand on fait parler les pierres et les nombres, on peut leur faire dire tout ce qu'on veut. Si, pour goûter les arts, il faut avoir étudié la symbolique des nombres, le plaisir esthétique aura tout à fait changé de caractère et perdu, je crois, quelques partisans.

chapiteau, sur la tête d'une colonne? Le fût reçoit de nombreuses variétés : ou il est tout uni, ou il est sculpté d'hiéroglyphes, ou il représente un faisceau de roseaux, ou de tiges de lotus liées, ou l'écorce du palmier ou du dattier. On voit, dans l'ouvrage de M. Prisse d'Avesnes, des colonnes lotiformes à faisceau, peintes, d'un effet charmant.

La coupe et l'assemblage des pierres semble avoir été la partie négligée et, jusqu'à un certain point, défectueuse de l'art égyptien. Il n'a pas toute l'élégance de proportion, la majesté simple, la mesure exquise qui, en tous les arts, caractérisent les ouvrages des Grecs; il vise à l'effet par la masse et par l'étendue. Un toit en terrasse, comme l'a très bien remarqué Hégel, ne termine pas un édifice; l'imagination peut encore bâtir sur ce terre-plein. Un toit à angles et terminé en pointe, détruit cette idée d'inachevé ou d'incomplet qui nuit à l'impression : il est évident qu'on ne saurait plus rien lui faire supporter.

Mais, malgré ces imperfections, on ne peut pas dire de cet art qu'il est resté en Egypte dans l'enfance. « L'architecture égyptienne, dit Lencret,[1] envisagée en elle-même et relativement à son objet, avait acquis des règles sages et bien liées, et semble avoir atteint toute la perfection dont elle était susceptible. Le travail du ciseau est parfait; il est impossible de trouver des surfaces mieux dressées, des colonnes mieux arrondies, des arêtes plus vives, des courbes plus pures

---

[1] *Grand Ouvrage sur l'Egypte*, Antiquités, *Mémoires*, tom. I.

et plus continues ; les feuillages des chapiteaux sont taillés avec une rare pureté. »

C'est dans la Grèce que l'art monumental arrive à sa perfection. Le temple en est toujours la production la plus considérable et la plus importante à tous égards, et par conséquent l'architecture est toujours liée à un but auquel il lui est interdit, d'ailleurs, de jamais se soustraire. Mais l'harmonie de ses formes paraît tellement libre, qu'elle transforme l'utile en beau et ne laisse apparaître que la grâce. Nous devons, d'ailleurs, faire une remarque trop négligée et qui s'applique aux monuments religieux de l'Egypte comme à ceux de la Grèce : la destination du temple n'est pas, comme le pourrait faire supposer l'analogie des idées, d'être le lieu de la prière commune ou du sacrifice public : c'est l'habitation terrestre du Dieu ; cela est tellement vrai, que le sanctuaire où repose l'épervier sacré dans sa cage de granit, est un lieu petit, complètement obscur et ne pouvant contenir que quelques prêtres, de ceux qui pouvaient paraître en présence même de la divinité. La Grèce, moins mystique, n'a pas reculé le sanctuaire de son temple si loin des regards de la foule et au delà de plusieurs salles intérieures, toutes obscures, comme le *sêkos* égyptien.

Cependant la *cella* ne contient non plus que l'image du Dieu et ne s'ouvre que rarement à l'admiration esthétique autant qu'aux hommages religieux des peuples. C'est sous le portique, dans le *pronaos*, qu'est placé l'autel et qu'ont lieu les sacrifices. Les assistants n'aperçoivent qu'à travers la fumée de l'encens et les vapeurs de la graisse des victimes, la statue du dieu auquel ils apportent leurs prières, leurs vœux et leurs offrandes. C'est dans le *téménos*, vaste enceinte de jardins, de bois, de prairies, parsemée de statues et d'autels isolés, qu'ont lieu les adorations individuelles, et ces cérémonies publiques qui, pour les Grecs, étaient de véritables fêtes.

Par cette circonstance, les architectes ont été affranchis de conditions qui, dans les religions modernes, ont pesé sur la liberté de leurs conceptions et enchaînent leur génie. Les constructeurs grecs ont joui d'une situation qui ne se renouvellera pas. Dieu, pour les païens, n'était que l'idéal de l'homme; or, l'idéal c'est la beauté. La divinité était conçue sous la notion de la beauté même, et voilà comment on a pu dire que l'art a été la vraie religion de la Grèce; c'est peut-être trop dire, car on semble lui reprocher d'avoir adoré le plaisir. Il est juste d'ajouter que ces deux idées étaient identifiées dans les esprits, et que l'une purifiait l'autre. Ce n'est pas seulement parce qu'il était beau, mais parce qu'il était divin, qu'ils adoraient le Beau; ce n'est pas seulement parce qu'il enchantait les imaginations, mais parce qu'il épurait les âmes. Aux Grecs seuls il a été permis de confondre l'art et la vertu, ou de les unir intimement l'un à l'autre, comme ils ont uni ce mot fameux de *kalokagathon*. Il est presque impossible de distinguer, dans leurs créations mythologiques et poétiques, ce qui vient du sentiment vraiment religieux ou du sentiment purement esthétique; ces deux éléments se mêlent, se confondent, se pénètrent si intimement qu'eux-mêmes ne savaient plus les discerner. Pour Platon, l'essence du bien se perd à chaque instant dans l'essence du Beau : en allant au théâtre, ils adoraient Minerve aux Panathénées, Bacchus aux Dionysiaques; en remplissant un acte religieux envers Vénus ou Apollon, ils jouaient de la flûte ou de la lyre, dansaient au son des doubles crotales et chantaient des vers de Pindare, de Simonide et d'Alcée.

Cela étant, il n'y avait plus dans l'esprit de l'architecte chargé d'élever un temple, qu'un but : de le rendre digne de celui qui devait l'habiter, de l'approprier à son caractère; et comme les hommes se choisissent ou transforment leur demeure, suivant leurs sentiments et leurs pensées, et qu'ainsi ils déposent, dans le lieu où ils vivent, l'empreinte et comme une partie de leur personnalité, le temple ne fut construit qu'au point de vue de la beauté et d'une beauté propre à la divinité qui y faisait son séjour et à ses attributs particuliers. Les dieux n'étaient pas soumis aux vils besoins des hommes; rien ne déshonorait leur demeure, où les hommes ne déposaient pas même la poussière de leurs pieds. Nulle condition de jours, d'air, d'espace; le temple est vide, ou plutôt il est rempli par la beauté.

De là la majestueuse simplicité, la mesure parfaite de ses dimensions que rien ne commande; de là la grâce qui décore toutes les parties aussi bien que l'ensemble. Qu'on se figure, au sommet de l'Acropole ou sur une pointe avancée du cap Sunium, le temple grec formant ce rectangle allongé que tous les yeux connaissent : il est construit sur un soubassement qui l'élève de plusieurs marches au dessus du niveau de la terre, et qui, tout en lui donnant plus de hauteur apparente, l'isole du sol où sont enfoncées les demeures des vivants. Des colonnes l'entourent de tous les côtés, et sa double façade est précédée d'un portique qui en a un double rang. Ce portique est surmonté du fronton grec, qui le couronne de tant de grâce et de majesté. L'œil pénètre dans ces colonnes, toujours isolées, qui jamais ne s'engagent dans les murailles, ni ne s'accouplent, et qui sont toujours des supports réels. Leur disposition habile en multiplie le nombre, jette quelque chose d'indéfini et trompe sur la grandeur; cependant elles ne sont jamais assez nombreuses, et l'édifice est mesuré avec une sagesse trop parfaite pour que nous soyons perdus dans les détails. L'œil embrasse facilement l'ensemble, saisit les proportions de chaque partie au tout et de toutes les parties entre elles; c'est la plus parfaite unité que puisse réaliser la matière inorganique. On a prétendu que les anciens avaient emprunté du corps humain les proportions de leur architecture, et que le fronton, tête du bâtiment, devait avoir le même rapport que la tête avec le corps.[1] Sans aller jusque là, il y a sans doute, dans l'aspect du Beau dans l'homme, qu'ont si bien possédé les Grecs, dans ce qui constitue la force et l'élégance, quelques analogies qui ont pu servir les architectes grecs, lesquels étaient souvent des sculpteurs.

---

1 Winckelmann, *Hist. de l'Art*. liv. IV, ch. 3, § 34.

L'ordre dorique est le type le plus ancien et le plus parfait de l'architecture grecque ; il n'est pas seulement le plus ancien, il est le fondement de tous les autres ordres : c'est sa colonne qui le caractérise, et tel est le style dans lequel a été bâti le Parthénon. Rien n'est plus simple, plus majestueux, plus sévère, plus robuste. Le chapiteau consiste, au sommet, en un grand *échinus* ou quart de rond, tout uni, fort allongé, épais, surmonté d'un vaste tailloir ou *abacus*, toujours carré, et qu'on appelle quelquefois pour cette raison *trapèze*.[1] Ce tailloir proéminent a une saillie énorme sur le quart de rond, qui donne à la colonne et au chapiteau qui l'ombrage un grandiose extraordinaire. Le fût de la colonne, toujours cannelé et à cannelures aiguës,[2] diminue de la base au sommet, et pose son pied nu, « sans cothurne ni sandale,[3] » non pas précisément sur le sol, mais sur le soubassement qui règne au dessous de tout le temple.[4]

Ce ne sont pas les seules propriétés de l'ordre dorique. Le génie grec, que dans l'architecture les Doriens semblent avoir le mieux représenté, a tiré parti de tout. L'édifice ayant toujours un but, et la solidité, la durée étant les premières conditions de cette destination, tout dans l'édifice doit y concourir ; aussi les ornements de l'ordre dorique ne sont qu'une indi-

---

[1] Ce mot, qui est pour *tétrapèze*, signifie table à quatre pieds.

[2] Cet ornement, appelé *diaxysma* ou *rhabôsis*, est très ancien.

[3] J'emprunte cette élégante et très juste métaphore à une précieuse notice de M. Vitet sur Pindare.

[4] On trouve cependant à Pœstum un temple dorique, celui de Cérès, dont les colonnes ont une base. C'est fort rare dans cet ordre.

cation des fonctions de chaque partie. Les *triglyphes* de la frise représentent, sur la face extérieure, les extrémités des entraits posés sur l'architrave.[1] La moulure, composée de trois rainures, rappelle les trois sillons parallèles que l'on taillait dans les extrémités de cette poutre, soit afin d'empêcher le bois de se fendre, soit afin de conduire l'eau de pluie qui coulait de la corniche. D'autres pensent que ces sillons n'étaient pas taillés artificiellement, mais qu'ils étaient naturellement produits par l'action de l'eau qui coulait le long des solives et finissait par y creuser comme de petits ruisseaux.[2] Les *gouttes* étaient des moulures triangulaires, placées au nombre de six, sous les trois rainures des triglyphes, qui représentaient les gouttes d'eau tombées de la charpente. Cet ornement, ordinairement placé dans l'architrave, se trouvait cependant quelquefois répété sous les *modillons* de l'ordre dorique, et leur présence dans ce membre de la frise s'expliquait par la même raison. L'espace entre chaque entrait, ou, ce qui revient au même, entre chaque triglyphe, était primitivement vide ;[3] on le remplit plus tard d'un panneau de marbre richement sculpté, comme au Parthénon.

La partie inférieure de la corniche dorique était

---

1 Vitruv., IV, II.

2 L'origine de cette moulure, empruntée, ainsi que beaucoup d'autres, à la charpente, a autorisé le savant archéologue, M. Otf. Müller, à dire : « La construction en pierre a emprunté, chez les Grecs, plusieurs formes à la construction en bois, formes qui se sont longtemps maintenues dans l'entablement. L'architecture égyptienne n'a pas reçu aussi visiblement ses formes de la construction en bois. »

3 Euripid., *Iphig. Taur.*, v. 113.

ornée de *denticules*, petits dés carrés, séparés les uns des autres et placés dans le *filet*; ils étaient destinés à représenter l'extrémité des chevrons du toit, tandis que les modillons, d'où tombaient aussi des *gouttes*, représentaient les extrémités des arbalétriers.[1] On voit donc que les denticules doivent être placés au dessus des modillons, comme les chevrons reposent sur les arbalétriers de la charpente, et que les Romains, en plaçant les denticules sous les modillons, en ont détruit le sens et méconnu la destination. Par la même raison, ces ornements ne se trouvent jamais en biais d'un fronton, puisque ce n'est jamais dans ce sens que les poutres peuvent faire saillie.

Tout est donc utile dans cet ordre : toutes les parties se correspondent et se lient, sont nécessaires les unes aux autres; toutes s'expliquent par elles-mêmes, en concourant toutes au but de la construction : c'est ce qui en fait la noblesse et la grandeur un peu sévère. La taille des pierres est exécutée avec la plus admirable précision, et elle est telle que certains temples, celui de Girgenti par exemple, sont bâtis sans mortier, et que les joints y sont encore parfaitement conservés par la seule adhérence des surfaces. Les colonnes doriques n'ont que le tiers de la largeur de l'édifice; l'entablement est énorme par rapport à cette hauteur; mais c'est à ces proportions graves plutôt que lourdes, qu'il doit ce grand caractère que tous les architectes

---

[1] Ils consistaient, dans l'ordre dorique, en une pièce carrée et en saillie, placée à des intervalles réguliers au dessus des triglyphes et des métopes, et juste au dessous du couronnement.

lui reconnaissent unanimement. « Le vrai Beau dans l'architecture, dit M. Barbier-Noisy, ne consiste pas à trouver des porportions plus légères de préférence à des proportions plus lourdes, mais à suivre exactement le système de proportion qu'on a jugé à propos de donner à l'édifice, et de mettre un accord parfait entre les proportions générales et les proportions particulières de chaque membre. »

L'important est surtout de donner un caractère à l'édifice, et la race dorienne, grave, religieuse, simple, a imprimé dans son architecture, comme dans sa musique, la forte empreinte de son génie rude mais non grossier. Winckelmann a pu dire avec vérité : « le temple dorique est la plus parfaite des constructions. »

Tout le monde sait que le chapiteau ionien est caractérisé par la *volute* : c'est une bande roulée en spirale et s'arrondissant en boule à chaque coin de l'*abacus*. Vitruve croit qu'elle est l'imitation des deux boucles de cheveux qui encadrent la tête d'une femme; mais son nom grec prouve que l'idée de la volute a été suggérée par les spirales de certaines coquilles.

La feuille d'acanthe ou d'olivier est le propre du riche chapiteau corinthien, dont le tailloir cesse d'être carré, est creusé sur les côtés, ne présente aucun angle, et porte au milieu une petite fleur ou rosette. Sous le tailloir, des tiges de plantes, se rencontrant deux par deux sous chaque angle et recourbées par lui, forment deux petites volutes.

Quant à l'ordre composite ou romain, dont le chapiteau bâtard a voulu réunir le feuillage corinthien à la volute ionienne, et qui, surchargé d'ornements, a pris la richesse pour la grâce, il appartient à l'époque impériale et aux temps de l'universelle décadence.

C'est à peine d'ailleurs si on peut dire qu'il y a eu une architecture romaine : les temples sont grecs ; les substructions du Capitole et la *Cloaca maxima* sont étrusques, et l'ordre toscan n'est autre chose que l'ordre dorique ; mais ce peuple pratique, patient et fort, cette race politique et militaire, a sinon inventé, du moins s'est approprié, par l'usage qu'il en a su faire, une forme architecturale dont le caractère est la solidité : la voûte, quoique usitée en Egypte et probablement en Grèce, la voûte est vraiment romaine. Dans les édifices d'utilité civile, comme les aqueducs, les théâtres, les cirques, les arcs de triomphe, les Romains en ont fait un admirable usage. A la platebande ils font succéder le plein-cintre qui, modifié lui-même par l'architecture gothique, fournira un principe nouveau, l'ogive. Le passage de l'une à l'autre de ces époques et de l'un à l'autre de ces styles, est rempli par l'architecture romane, qui substitue les piliers carrés à la colonne et la voûte à l'architrave.

Je ne puis partager l'admiration sans mélange que causent depuis quelque temps les constructions du treizième siècle aux fanatiques du moyen-âge. L'architecte chrétien, pour construire l'église, a été obligé de subir des conditions qui eussent entravé le génie grec lui-même. L'église est le lieu de la prière commune ; c'est là que se consomme le sacrifice, que la divinité descend au milieu des hommes et dans le cœur de chacun. Il faut que le temple contienne non seulement le chœur des chanteurs qui célèbrent les louanges de Dieu, l'autel où se passe le drame liturgique, mais encore la nef que doivent emplir les foules; il faut de la lumière pour les éclairer et de l'air pour qu'elles respirent. Ni la plate-bande ni la voûte ne pouvaient permettre de remplir ces conditions; l'une manque de solidité, l'autre d'élévation : de là l'ogive, principe d'une architecture nouvelle, remplaçant le lourd plein-cintre roman, et qui a créé des œuvres longtemps méconnues, autrefois injustement dédaignées, et vantées aujourd'hui avec un enthousiasme aveugle.

L'ogive, élégante, légère, a permis à la construction de s'élever; la direction générale de l'édifice est devenue verticale au lieu de s'étendre, comme dans le temple grec, dans le sens horizontal; il devient plus léger d'apparence, mais aussi moins solide, et son mouvement hardi ne semble pas naturel. Tout se dresse : les tours et les flèches s'élèvent dans les airs; la voûte agrandie se divise ; les murs, devenus presque inutiles, sont comme éventrés par d'immenses rosaces, par des fenêtres de hauteur prodigieuse qui répandent l'air et la lumière dans toutes les parties de ce vaste édifice. Les piliers portent tout le poids des voûtes ; aussi les colonnes s'accouplent comme pour mieux résister à la pression immense qu'elles vont supporter; elles s'engagent dans les piliers qui se confondent avec elles ; elles se prolongent ainsi, dans leur jet élégant et hardi, jusque dans les voûtes dont elles vont former les nervures ; mais néanmoins les robustes piliers succomberaient sous leur fardeau, dont la division des voûtes dissimule, mais ne diminue que peu la pesanteur ; on les appuie extérieurement sur des contreforts ou piliers de soutènement, qui n'ont d'autre raison d'être que de servir d'arcs-boutants aux piliers intérieurs des voûtes. Quoi qu'on fasse pour les décorer, ces contreforts n'ont aucune utilité par eux-mêmes : c'est un échafaudage permanent de pierre que rien ne justifie aux yeux et qui les choque ; on sent qu'ils n'ont aucune valeur par eux-mêmes, et cependant que s'ils manquaient, tout l'édifice tomberait. La construction n'a donc pas en elle-même le principe de sa solidité et de sa durée ; là est le vice incurable de ce système ; c'est comme un homme d'une taille gigantesque, dont les épaules robustes et le torse puissant reposent sur des jambes grêles et fléchissantes, et qui, pour se tenir debout, est obligé de s'adosser.

Aussi ce n'est pas du dehors qu'il faut contempler une cathédrale gothique ; elle est faite pour être intérieurement habitée. La hauteur des voûtes et les vastes dimensions saisissent l'esprit : le jet hardi de ces piliers vigoureux qui s'effilent peu à peu en minces colonnettes, et cependant le sentiment de solidité et de force que ne détruit pas la vue des contreforts extérieurs, cela plaît et charme ; l'édifice est plein d'air, plein de jour ; on y respire à pleins poumons. Je ne crois pas du tout que l'élévation des flèches ou des voûtes représente l'élévation de l'âme vers Dieu ; je ne crois pas que la lumière affaiblie par les vitraux qui éteignent la clarté extérieure et ne laissent briller que la lueur symbolique et mystérieuse des cierges, exprime cette lumière intérieure de la foi ; ni que ces hautes et pleines murailles, isolant le fidèle du monde et de la vie mondaine, le ramènent en soi, et impriment un grand sentiment de recueillement et de concentration à l'âme repliée en soi ; je trouve ces raisons un peu romanesques, et peut-être trop ingénieuses pour être vraies. Si « le temple chrétien exprime, par ses fortes ombres et la tristesse de ses demi-jours, la défaillance de l'univers obscurci depuis la chûte, [1] » que dira-t-on donc de la *cella* grecque et du sanctuaire égyptien, bien plus sombres encore? Il est certain toutefois que l'épaisseur des murs éteint le bruit, empêche la distraction extérieure et laisse l'âme religieuse à ses pensées ; l'édifice est bien approprié à son but. Cependant la plus grande impression qu'il produit, c'est lorsqu'il est vide et silencieux, lorsqu'il est enlevé à la réalité et rendu à la poésie par la solitude et le silence ; peut-être même alors l'impression esthétique n'est-elle pas sans mélange ; ce n'est pas l'unité qui lui manque le plus, c'est la simplicité ; le porche bas, comblé de sculptures, l'énorme quantité de statues et de bas-reliefs qui se disputent le regard, l'éblouissent, le lassent et bientôt le dégoûtent.

La Renaissance n'a pas trouvé de principe nouveau ; elle a cherché à concilier les ordres grecs avec les

---

[1] M. de Lamennais, *Esquisse d'une philos.*, tom. III, p. 145.

formes du moyen-âge, les lignes simples, naturelles, élégantes de la plate-bande grecque avec la hardiesse et l'élévation que permet seule l'ogive, les grandes voûtes de la basilique de Constantin avec la coupole du Panthéon d'Agrippa.[1] La basilique de Saint-Pierre a été le produit de cet art mélangé, qui ne se recommande ni par l'originalité des principes, ni par la pureté du style ; mais l'ensemble grandiose et la prodigieuse magnificence de l'édifice, en ont fait la merveille de l'architecture moderne. Bramante, Raphaël, Michel-Ange, y ont tour à tour déployé leur génie ; c'est une de ces œuvres dont on ne peut pas résumer la beauté et qui résiste à une analyse rapide, comme doit l'être la nôtre, par ses proportions immenses et l'infinité de ses détails.

LA PEINTURE.

Il ne nous reste des anciens que des peintures décoratives et murales. Les Egyptiens, comme les chrétiens du moyen-âge, ont peint l'intérieur de leurs temples, et quelque charme que puisse avoir pour les yeux le prestige des couleurs, l'esprit est vite rebuté par l'absurde contre-sens qu'il y a à peindre des pierres, comme si aucune peinture pouvait valoir la beauté des granits, des porphyres, de toutes les pierres colorées et veinées, et l'éclat merveilleux du

---

1 L'Odéon de Périclès, théâtre couvert destiné aux répétitions des chœurs de musique et de poésie dans les concours des fêtes dionysiaques, est probablement le premier édifice qui ait offert l'exemple d'une coupole.

marbre. Ce badigeon, toujours grossier, ramène l'édifice de pierre à l'apparence d'une maison de bois, et semble être comme un rideau épais destiné à en cacher la misère et la ruine. Les peintures murales qu'on retrouve en Egypte sont à teintes plates, d'une seule couleur; elles n'ont aucune vérité de dessin; pas plus que celles qu'on a découvertes récemment à Pompéi, elles n'ont aucune valeur esthétique. Le temps a détruit toutes les œuvres des grands peintres de la Grèce et affranchi l'art moderne d'une comparaison qui aurait pu n'être pas sans danger; car je ne saurais, en l'absence de documents, souscrire à l'opinion de Hégel, qui affirme que la peinture étant un art romantique, les anciens n'en ont pas dû connaître la perfection. Le seul argument que donne Hégel, c'est que s'il en était autrement, sa classification serait détruite et son système compromis : je ne suis pas obligé de les respecter. Nous sommes dans l'impossibilité évidente de juger de la peinture des anciens, par une raison qui me semble péremptoire : c'est que nous n'en avons pas conservé un seul ouvrage; nous ne pourrons donc appliquer nos principes qu'aux œuvres de la peinture moderne.

La peinture est un art véritable; car elle s'explique par elle-même et produit des œuvres qui, bien qu'ayant une destination, sont parfaitement comprises sans elle, et auxquelles l'imagination peut facilement la restituer. Une vierge de Raphaël n'a pas sans doute été faite pour être placée dans un musée, et la dispute du Saint-Sacrement serait moins à sa place dans le palais d'un prince protestant ou dans l'hôtel d'un banquier israélite que dans les chambres du Vatican ; mais on les y admirerait avec un égal enthousiasme ; l'imagination pourrait, sans aucun effort, les replacer dans le milieu des objets et des idées où ils devaient être exposés, sans qu'ils perdissent, d'une manière sensible, de leur puissance et de leur valeur esthétique.[1] La peinture n'est pas dominée par cette fin qui la complète et ne la constitue pas. L'art plaît ici par lui-même ; il exprime directement le Beau, la vie, la force, la pensée, l'âme, sous une forme sensible et dans son excellence idéale : la peinture atteint le fond et réalise l'essence vraie de l'art ; elle exprime la nature, l'homme, et fait effort pour atteindre jusqu'à la divinité, au moyen d'une représentation, d'une image visible, mais qui ne peut ni ne veut produire une illusion complète. Son but est, par des formes et des couleurs, et les formes ne sont elles-mêmes visibles que par leurs couleurs, d'exciter l'âme à produire en soi l'idéal suscité par elle ; pour cela, il faut que la représentation ne soit ni assez imparfaite pour que le spectateur ne puisse sans effort et sans peine achever l'œuvre de l'artiste ou n'ait qu'une faible idée de la beauté, ni assez parfaite pour que le sens trompé croie voir une réalité, et que l'esprit ne

---

[1] Rappelons-nous qu'une destination trop précise et trop nécessaire énerve les arts. Ce qu'il faut aux représentations figurées des religions, ce n'est pas d'être belles, mais d'être fidèles aux traditions, d'être antiques et constamment les mêmes. Dans les églises d'Italie, ce ne sont pas les madones de Raphaël qui excitent la dévotion, mais un vieux tableau enfumé dans le genre byzantin. La statue la plus vénérée de Cybèle, au temps de la perfection de la sculpture grecque, était une pierre conique noire. Le type conventionnel donne aux figures une antiquité artificielle pour en augmenter la vénération. Les dieux ne veulent pas qu'on change leurs anciennes formes, surtout le visage, dit Tacite.

cherche plus une signification esthétique aux choses représentées.

C'est au moyen de couleurs étendues sur une surface plane que la peinture ose essayer de représenter l'image de l'homme et de la nature, et, merveille de l'industrie et du génie humains, elle y réussit. On voit cependant déjà qu'elle est condamnée à une représentation très imparfaite, puisque dans ses œuvres tout est dans un même plan, tandis qu'il y a une multitude infinie de plans dans la nature ; mais l'art, aidé de l'observation, a su trouver le secret de présenter une apparence, une imitation suffisamment exacte des solides par un plan : ce secret c'est la perspective et le clair-obscur.

La perspective approche les parties des corps ou les fait fuir par la seule dégradation de leurs grandeurs. Tout le monde sait en effet que nous voyons les objets comme sur un plan où viennent s'attacher toutes les projections de leurs parties. Ainsi, bien que les corps soient pourvus de trois dimensions, nous ne les voyons que sous la forme d'un plan, que la dégradation des longueurs de leurs projections transforme en solide au moyen d'un jugement.

Il en est de même du clair-obscur : sa magie consiste à approcher les parties d'un corps, à les éloigner, par la dégradation de ses lumières ou par l'habile et juste distribution des teintes claires et des ombres. L'expérience nous apprend, en effet, que tous les plans des objets sont éclairés différemment, et ce qui divise à l'infini la gamme de ces tons, de ces demi-tons de lumière, c'est non seulement la distance relative des plans, dont le nombre est indéfini, ou la longueur des projections, mais encore les reflets, et comme les échos de ces plans diversement lumineux les uns sur les autres. C'est là la merveille et la difficulté suprême de l'art; mais il a poussé plus loin sa puissance : l'œil, par le clair-obscur, ne voit qu'un plan, et l'esprit voit un solide; mais il ne voit en solide que ce que le regard peut en embrasser, et il n'en embrasse que la moitié. Hé bien, il y a un art de faire tourner l'œil autour de l'objet, d'indiquer ce qu'on ne voit pas, ce qu'on ne peut pas voir, et de l'indiquer si fortement que l'œil circule au delà et autour du contour tracé. En effet, comme le remarque très bien Diderot, si l'on regarde une sphère, il ne faut pas croire que la limite où vous cessez de voir soit une ligne tranchée et nette; la ligne où nos moyens de voir expirent, n'a rien de précis; elle est vague et indécise, elle varie selon la forme des objets, et le vague augmente à mesure qu'ils se rapprochent de la forme sphérique, diminue à mesure qu'ils se rapprochent du cube ou du plan. Les contours doivent être dans un cas plus fuyants, dans l'autre plus ressentis, toujours enveloppés, malgré la franchise du dessin, toujours noyés d'un certain vaporeux et comme d'une poussière légère; dans la nature aussi, l'atmosphère noie les contours les plus fermes dans ses vapeurs humides; dans le paysage, cela donne de l'air, de la lumière, du mouvement aux choses de la nature; dans la peinture historique, de genre, et dans le portrait, cela donne un relief prodigieux aux figures, qui semblent s'avancer hors de la toile, s'animer et vivre.

L'étendue de cet art est sans borne : on peint, c'est Diderot qui le remarque, on peint tout ce qu'on veut; mais sa puissance d'idéalité est peut-être en raison inverse de la multiplicité de ses objets. L'un de ses moyens les plus puissants de séduction est aussi en même temps une de ses faiblesses.

La peinture montre la force sous une forme individuelle, et par là réalise une des conditions de la beauté; mais ce qu'on n'a pas assez remarqué, c'est que cette forme est non seulement personnelle, marquée du sceau de la personnalité, mais encore souillée par l'accident insignifiant qui la dégrade.

La personnalité, en effet, est en soi une force spirituelle; le moi est essentiellement une volonté. Il y a toute autre chose dans la peinture : la forme la plus idéale qu'elle aspire à reproduire est celle de l'homme : or, l'homme visible est une charpente d'os liés par des nerfs, soutenus par des muscles et entourés de chairs que laisse apercevoir la trame prodigieusement fine et transparente de la peau. Rendre la chair est donc rendre l'homme vivant; c'est là le sang, c'est la vie, c'est là ce qui fait le désespoir du peintre : « celui qui a acquis le sentiment de la chair a fait un grand pas; le reste n'est rien en comparaison. [1] »

C'est l'apparence de la chair, en effet, qui exerce la plus grande séduction; mais précisément parce que c'est le sang, la vie physique, c'est en même temps

---

1 Diderot, *OEuvres complètes*, tom. XIII, p. 353.

tous les accidents insignifiants qui l'accompagnent, afin que ce soit réellement de la chair, et de là cette *morbidesse*, ce teint où la fragilité humaine, la corruption de notre nature infirme a déjà déposé son empreinte. Mais en même temps que cette image est plus saisissante parce qu'elle est plus fidèle, elle est trop réelle et si parfaite que parfois elle arrive jusqu'au trompe-l'œil qui détruit toute beauté. D'un autre côté, la précision du dessin, la netteté des formes, la vérité même de la représentation, qui charment tout d'abord les yeux, ne permettent plus à l'esprit de créer en soi l'idéal; il est dominé par une sensation trop vive pour qu'il puisse s'en dégager. Le rôle de l'âme devient plus passif dans cette contemplation; on ne s'abîme pas, on n'a pas besoin de s'absorber dans la contemplation d'un tableau pour le goûter, et en même temps que le plaisir que cause la peinture est plus général, plus rapide, plus facile, il est moins vivace et moins profond.

Il résulte de là que la fonction principale de la peinture est l'œuvre où elle excelle : elle excelle à représenter la vie en action; c'est par là qu'elle émeut, qu'elle attache, qu'elle frappe. L'accident est le propre de l'action humaine, et tous ses moyens comportent l'accident ou s'y prêtent merveilleusement; elle jette dans les personnages, qu'elle multiplie à son gré pour ainsi dire, à condition de sauver l'unité de composition et d'intérêt, elle jette l'agitation du drame et la turbulence de la passion. Il ne faut pas cependant qu'on aille, pour exagérer l'expression, violer la beauté des formes ; l'idéal est ici, comme dans tous les arts, le but et la règle. Il est bien des objets que l'horreur ou la laideur ne permettent pas d'exposer aux yeux, qui se détourneraient offensés d'un tel spectacle. L'action même ne doit pas toujours être représentée dans le moment le plus dramatique et le plus agissant. Toute action se compose de plusieurs instants ; la peinture, qui n'en a qu'un, peut choisir, et elle ne doit pas toujours choisir le plus pathétique quand il est trop violent. Il est inutile que je voie la blessure affreuse dont le sacrificateur a frappé Iphigénie ; peignez-moi les diverses attitudes des acteurs de la scène qui se prépare, « montrez-moi le victimaire qui s'approche avec le large bassin qui doit recevoir son sang, [1] » et vous me ferez frémir d'une horreur qui ne sera que délicieuse. Songez que votre tableau dure ; que l'expression de vos figures, fixée sur le mur ou sur la toile, est permanente, et que plus les passions sont vives, moins elles sont durables. On ne peut donc pas soutenir longtemps la représentation d'une action trop forte, qui est trop accidentelle et qui, par la part qu'elle fait à l'accident, efface trop la vérité et l'essence de l'être dans sa force personnelle mais idéale. C'est pour cela qu'on ne peut me peindre un homme riant aux éclats. Le rire est passager de sa nature ; il n'entre pas dans l'essence vraie ou idéale de l'homme de rire toujours : [2] ce ne sont plus là que des figures qui grimacent.

1 Diderot, *OEuvres complètes*, tom. XIII, p. 169.

2 Il y avait au château de Frédéric II un tableau de Lamettrie, je crois, riant aux éclats. Au premier coup d'œil, par la force de sympathie, on se

Puisqu'elle est dramatique, la peinture doit avoir non seulement son unité de composition, son harmonie de couleur, mais encore sa moralité, c'est à dire qu'elle doit arracher une impression morale, [1] puisqu'elle peint des hommes dont l'essence est le sentiment du devoir. J'entends ce principe dans un sens plus large que Diderot. Je ne crois pas que « rendre la vertu aimable et le vice odieux, » soit le but de tous les arts ; mais j'ai dit plus haut et je crois avoir prouvé qu'il y a une affinité secrète, cachée, invisible, inconnue de l'artiste et du spectateur, entre l'art et la morale, et que si l'art n'a pas pour but la vertu, il doit se garder de l'offenser. Cependant cette impression morale tirée des arts du dessin est faible ; c'est un fait que les anciens avaient reconnu : ce n'est que peu à peu, par degré, lentement, que les images finissent par faire une impression morale sur ceux qui les contemplent ; aussi le dessin [2] n'entrait-il pas, comme la musique, dans l'éducation de la jeunesse. Ce que je viens de dire s'applique particulièrement à la peinture historique. Le portrait a des conditions un peu différentes ; il se rapproche, plus que toute autre forme de la peinture, des conditions et de la grandeur idéale de la sculpture. Un portrait ne doit pas reproduire la personnalité dans

---

prenait à rire ; mais bientôt le rire constant, opiniâtre, éternel de cette figure, semblait une contraction nerveuse, violente, horrible, et l'impression du spectateur devenait si pénible qu'il fuyait comme devant un cauchemar.

1 Virg., *Sunt lacrymæ rerum.*
2 Arist., *Polit.*, VIII, 5.

un moment donné, sous une impression morale déterminée, accidentelle, mais bien ce qu'il y a de constant en même temps que de vigoureux et d'énernique, c'est à dire un caractère. Pour cela il faut, comme le Titien et Philippe de Champagne, effacer de la réalité les mille accidents qui ne contribuent pas au caractère et qui plutôt le détruisent, il faut chercher à comprendre et à en faire comprendre l'énergie, et partant ne reproduire que les traits essentiels de la physionomie morale. Mais comme il ne faut pas créer cette physionomie et seulement la découvrir, l'artiste se trouve dans une difficulté énorme; le voilà obligé d'être un observateur et un moraliste : il faut qu'il idéalise pour ainsi dire la réalité; aussi les portraits sont nombreux et il y en a peu d'excellents. Ce ne sont pas les veines, les nerfs et le bourgeon qu'il faut peindre : c'est l'homme, et l'homme c'est son caractère moral; de plus, combien il y a-t-il d'individus qui aient un caractère et par conséquent une physionomie? et quand l'original n'a aucune personnalité vigoureuse, que voulez-vous que représente l'artiste, si ce n'est la banalité commune, effacée, pauvre, insignifiante, ou les accidents plus insignifiants encore qu'il a sous les yeux?

Le paysage est le genre le plus séduisant et le plus dangereux de la peinture; c'est par là qu'on arrive au réalisme. La nature est le théâtre de la vie de l'homme, et ses aspects semblent s'harmoniser avec nos pensées. Il y a plus : par une illusion volontaire, mais instinctive, nous prêtons une âme à ces objets, nous les imaginons à notre ressemblance, nous nous réfléchissons en eux ; il y a donc, au moins pour nous et par nous, un idéal dans la nature : l'arbre médite, la source sanglote, le vent soupire, la lumière se joue et rit. C'est nous qui déposons la vie dans la nature, et nous l'y admirons ensuite. C'est donc déjà un acte esthétique, un fait d'artiste, que de goûter les beautés de la nature, et d'attribuer un caractère moral à ses productions et à ses spectacles ; mais tout esprit n'est pas capable de cet effort, et la réalité, qu'on ne peut jamais complètement effacer, diminue pour tous la pureté de l'idéal qu'elle semble exprimer ; l'art intervient alors et, par un choix habile et intelligent, rétablit les rapports que la nature, toujours confuse, trouble par leur multiplicité même ; il distingue ce qui est vague en elle, et approprie à nos facultés des formes dont le sens obscur nous échapperait dans la réalité. Ce ne sont pas les objets réels qui nous plaisent : c'est le caractère moral qu'ils expriment ou sont censés exprimer ; c'est l'harmonie que leurs formes diverses sont susceptibles d'avoir avec les divers états de notre âme. Nous supposons qu'ils ont une âme, et c'est à notre âme qu'ils doivent parler ; c'est par là que nous pouvons entrer en commerce et former une union intime avec la nature. Les peintres réalistes, s'il y en avait jamais eu, ou ceux qui penchent sur cette voie fatale, devraient se rappeler que la beauté n'est rien de matériel, et qu'en faisant effort pour copier la réalité, ils entament avec elle une lutte où ils seront toujours vaincus. Diderot, qu'on ne saurait trop consulter, a très bien vu « qu'il n'y a peut-être pas sur toute la surface d'un tableau un seul point qui, rigoureusement parlant, ne soit faux. » Comment en pourrait-il être autrement? Tout est faux dans cette imitation; du moins tout est factice : formes, dimensions, couleurs, rien n'est tel que l'eût formé et éclairé la nature. Il faut remarquer que la gamme des couleurs, comme celle des tons, doit être relative à l'homme. La nature confond tout; ses lumières, comme ses bruits, infinies de nombre, et se pénétrant les unes les autres, n'ont aucune limite précise, aucune forme distincte ; tout y est inarticulé; les rapports des couleurs entre elles sont absolument irrationnels et presque insensibles. Ni le calcul ni le sens ne les peuvent mesurer ; on ne les sent que vaguement; l'homme, au contraire, ne comprend, ne goûte que ce qui est limité, clair, distinct. Dans ce ciel enflammé par les rougeurs du soleil couchant, qu'on me dise où finit le rouge, le jaune, et où commence l'azur qui va s'éteindre dans ces vapeurs grisâtres qui obscurcissent déjà l'orient? Il est rare même que les proportions naturelles des choses nous conviennent : la scène et les objets sont trop grands ou trop petits, et toujours infiniment trop compliqués; nous ne pouvons ni les pénétrer ni les embrasser. C'est donc une chimère que cette peinture réaliste, et la seule tentative en fait fuir l'idéal : le but poursuivi ne peut pas être atteint, il ne l'est jamais, et entre-temps, l'idéal et la beauté, c'est à dire le but vrai de l'art, se sont enfuis.

L'histoire de la peinture, considérée comme un art véritable, serait courte, si ses chefs-d'œuvre n'avaient été si nombreux. C'est en effet un caractère particulier à cet art que de produire les chefs-d'œuvre en abondance ; toutes les écoles en fourmillent ; ni la sculpture, ni la musique et surtout la poésie, ne sont aussi fécondes : les musées, les palais, les églises de toute l'Italie, de la Flandre, de la Hollande, de l'Espagne, en sont encombrés ; c'est là ce qui étend l'histoire d'un art qui a une durée si brève. Il commence en effet à Giotto ou, si l'on veut, au Cimabüé : [1] je n'ose pas dire quand il a fini. Le Cimabüé est encore un peintre byzantin ; la peinture est encore, de son temps, réduite aux procédés traditionnels d'une industrie religieuse ; les types des figures, consacrés par un long usage, et dont l'antiquité même recommande aux fidèles la vénération ; les fonds d'or ; des têtes sans animation, sans vie, sans beauté, copiées d'après le type sans jamais consulter la nature ; les mains raides, les pieds en pointe, les yeux effarés, en voilà les caractères. On dit cependant que Cimabüé adoucit la raideur du dessin, jeta quelqu'animation dans les visages, plia les draperies et groupa avec art les figures. Son meilleur ouvrage fut d'avoir formé le Giotto, son élève, qui s'éloigna des types conventionnels, refusa de reproduire perpétuellement la même figure, se rapprocha de la nature et de la réalité vivante, donna aux formes plus de symétrie, plus d'harmonie au coloris.

---

1 Cimabüé. Florence. 1240-1300.

Il a créé la peinture de portraits, et a fait celui de Dante, son ami.[1] Le mouvement produit par cet artiste, qui est le premier peintre des temps modernes, fut immense, et l'Italie tout entière met au monde des peintres immortels : c'est, en Toscane, Masaccio, l'élégant mais trop peu profond chef de l'école de Florence, dont on n'a pas surpassé le naturel et la vérité ; Fra Angelico di Fiesole, empreint de mysticisme, de suavité, de tendresse, d'angélique pureté ; il fait contraste avec l'école Florentine, qui aime à faire briller la science ou à déployer son esprit ; le spiritualisme de ce moine, qui ne fut un peintre que par dévotion, est une résistance et une opposition à la tendance à l'imitation de la réalité, principe de cette école ; c'est Léonard de Vinci ; Michel-Ange, si puissant, si hardi, qu'il étonne plus qu'il ne plaît ; André del Sarto, le Raphaël de l'école Florentine, en qui dominent la profondeur et le pathétique. Le nom qui domine au dessus de tous ces noms est celui de Raphaël d'Urbin, élève de Pérugin, dont ses premiers tableaux rappellent la manière, mais qui se créa bientôt un style plus original, quoique son originalité la plus éclatante ait été de s'assimiler et de transfigurer tout. Ce n'est plus seulement la puissance, la profondeur d'expression, l'aisance agréable et facile : c'est la vision de la beauté, c'est le don céleste de la grâce ; Raphaël a su ravir à la Grèce le charme de la forme ; il pénètre la forme de l'esprit, et le corps de l'essence immaté-

---

1 Le Giotto. 1276-1336.

rielle ; c'est un Grec du temps de Polyclète, ce qui ne l'empêche pas d'être un chrétien.

L'Italie n'a pas été seule à produire de grands maîtres.

L'Espagne, et surtout la Hollande, ont eu d'admirables écoles. J'avoue, pour ma part, que tout en admirant le merveilleux coloris de Rubens, je ne puis comprendre le système de composition de ses peintures, où l'histoire se mêle à la fable, et les personnages réels aux figures allégoriques. Les Rembrandt sont, comme des pages de Tacite,[1] pleins d'ombres fortes que traversent, en les illuminant, de soudaines et éblouissantes clartés. Les Téniers ne peuvent pas être goûtés par tout le monde, et c'est je crois un immense défaut ; il y a bien du mouvement dans ces danses grossières, bien de la naïveté franche dans cette folle et rude gaîté ; mais il faut un sentiment très vif et très éclairé de ces qualités de l'artiste, pour ne pas être choqué des grossièretés obscènes ou immondes des scènes ; il faut une grande dose d'enthousiasme esthétique pour admirer et contempler longtemps un ignoble paysan flamand vomissant sa bière dans un baquet. Je sais que le pinceau a des libertés : il ne dédaigne pas la licence et aime le libertinage ; la muse de la peinture n'est pas une muse chaste ou sévère ; il faut au moins que la grâce sauve tout ; la volupté, comme le désordre, pour être idéale, a besoin d'élégance et d'une certaine noblesse.

---

[1] C'est encore une image de Diderot.

Il faut avouer qu'on quitte une noce de Téniers avec de tout autres impressions que le célèbre tableau de Murillo représentant l'Immaculée Conception.

C'est un des chefs-d'œuvre de cette école espagnole, si originale, si ascétique, dédaigneuse de la grâce, presque de la beauté, mais où éclatent la force et la profondeur de l'expression. Nous en avions autrefois une galerie pleine ; le Louvre les a vus partir avec des hôtes non moins illustres. Ce qui frappe tout d'abord le regard dans cette toile immense, c'est la magnificence de la lumière, à la fois éclatante et douce, qui emplit les cieux où s'élève, entourée d'un chœur d'anges, la femme conçue sans péché, la mère vierge du Christ; ce n'est pas la beauté splendide des vierges de Raphaël, ni leur grâce tranquille, ni leur front pur, plein d'une sérénité qu'aucune pensée, aucune douleur, n'ont troublée ; la tête est légèrement renversée en arrière; les yeux, dont le regard profond est plein de pensées, se lèvent doucement, sans effort, pour contempler au plus haut du ciel, le roi et le Dieu des anges ; c'est l'amour divin seul et la joie austère dont il baigne l'âme qui se trahissent sur son doux visage ; ses yeux ne voient pas la terre ; ils ne la regardent pas: la pose n'a pas cette élégance un peu factice des vierges de Raphaël qui se montrent si bien au spectateur, et dont l'attitude est si favorablement destinée à mettre en relief toute la richesse de leur beauté. Ici, au contraire, l'expression viole peut-être la loi de la grâce : la tête renversée, les yeux levés au ciel ne laissent plus au visage toute sa beauté ; les mouvements indiqués sous les draperies flottantes la font monter, mais non pas comme le Christ brisant la pierre du tombeau ; elle s'élance sans effort, comme par la vertu d'une force puissante mais douce qui la pénètre et qui change pour elle les lois du mouvement et de la matière. Tout son être, pénétré de spiritualité, étranger à toute impression et à toute pensée de la terre, ne respire que la pureté, la céleste virginité de l'âme ; les mains croisées doucement sur la poitrine, expriment, devant les mystères des cieux qui se révèlent à ses regards, un étonnement que tempèrent la soumission et l'amour ; un ineffable sourire révèle sa joie intime ; elle ne prie pas : elle adore. Ce n'est pas le charme incomparable, la beauté enchanteresse de la forme que Raphaël sut dérober à la Vénus antique, sans tomber toutefois dans le naturalisme ; c'est une profondeur de sentiment et une puissance d'expression intime que rien n'a égalées ou du moins surpassées ; en un mot c'est la Vierge : *casta, verecunda, incorrupta Virgo.* [1]

La vérité et la force de l'expression paraissent être le caractère de l'école française, mais tempéré par ce sens de la mesure qui est propre à l'esprit français. Ascétique et sévère avec naïveté dans Lesueur, mais sans cet emportement de passion violente que l'Espagne a jeté dans son coloris ardent et souvent sombre, notre grande école de peinture se montre profonde, calme, grave, avec Le Poussin. Le Poussin est un vrai

---

[1] Cic., *Orat.*, 19, 64.

Français : il a le génie correct et profond, la beauté du dessin, l'harmonie de la composition; mais il n'a pas la chaleur, l'émotion intime, la passion qui s'oublie, qui se laisse entraîner mais qui entraîne; c'est le coloris qui lui manque; il n'a pas la fureur du pinceau. Il y a toujours une pensée dans ce qu'il peint, même dans le paysage, où il est peut-être plus créateur que dans l'histoire. Qui ne connaît le tableau des Bergers d'Arcadie? Quelle fraîche vallée! quels beaux ombrages! quelles prairies riantes où errent ces longs troupeaux! Qui nous transportera dans ces lieux fortunés, sous ces grands arbres, dans cette épaisse verdure? Tout respire ici la joie et le bonheur de la vie. Hélas! c'est une illusion trompeuse : une tombe attriste ce joyeux tableau; dans l'Arcadie aussi la mort frappe les hommes, et là aussi toute existence est fragile, toute joie courte, tout bonheur incertain.

Philippe de Champagne a mérité, par sa vigueur de coloris, d'être placé dans l'école flamande; mais cette gloire nous appartient et il ne faut pas nous la laisser ravir. Inférieur comme puissance et expression morale et sous le rapport de l'idéalité, il a, plus que tout autre maître français, le sentiment de la chair et le don de la couleur. Je ne crois pas que la peinture de portraits puisse citer un nom qui efface celui de Philippe : la gloire de Van Dyck l'égale et ne le dépasse pas. Il y a au château de Sablé, encore aujourd'hui possédée par un descendant de la famille alliée des Colbert et des Arnaud, une galerie de portraits faits de la main de ce maître, et parmi lesquels on admire ceux d'Angélique

Arnaud, la célèbre religieuse de Port-Royal, et de M. Arnaud de Pomponne, ministre de Louis XIV, son frère. Ce qui me paraît le côté dominant, l'originalité de Philippe, c'est le relief et le caractère. La puissance du relief, du clair-obscur, qui touche au trompe-l'œil sans y tomber, produit un effet immense dans la peinture, quand le caractère, l'âme de tous les arts, n'en est pas absent. Ici la magie de la couleur et l'illusion de l'art sont telles, que l'on croit, par instants, voir sortir du cadre et entrer dans la vie réelle cette admirable figure. C'est une femme âgée, en costume de religieuse, assise sur une chaise de paille, dans une cellule dont les murs sont absolument nus; sur une table de bois grossière, seul meuble de cette froide et vide cellule, est ouvert, mais renversé, un livre de prières; la main égrène un lourd chapelet; la figure est blanchie plutôt que pâlie par la vieillesse; l'austérité de la vie, passée à l'ombre du sanctuaire, la pureté des pensées, la pratique habituelle du sacrifice et du renoncement à soi-même, impriment au visage et surtout au front une inaltérable placidité; la lèvre est mince plutôt que forte; la bouche est fermée, elle ne s'ouvre point à la prière intérieure; les lèvres ne se laissent point agiter par la méditation solitaire, profonde, calme, que cette âme refoulée pratique silencieusement en elle-même ; mais le caractère se révèle surtout dans les yeux : *indices oculi*. L'œil est comme le miroir où se concentrent les rayons divers qui font l'essence de la personnalité humaine; s'il n'exprime pas tout le caractère, car toutes les parties du corps ont leur expression, il donne un sens à tous les traits de la physionomie, insignifiants, pauvres, froids par eux-mêmes ; il les éclaire de ses rayons, les échauffe de sa flamme, les agite de la vie de l'esprit qu'exprime le feu qui l'anime. L'œil de cette sévère et inflexible religieuse est grand, bleu, d'un bleu pâle, mais uniforme ; rien n'égale la puissance de cette expression : aucune tendresse, aucune douceur ; point de violence, mais nulle grâce ; rien de mystique, rien de passionné, rien d'angélique : c'est un esprit ferme, simple, droit, une volonté forte, intrépide, inflexible, qui ne connaît ni les angoisses de l'incertitude, ni les agitations de la lutte ; cet esprit a arrêté, une fois pour toutes, ses principes, et rien au monde ne pourra désormais ébranler son tranquille courage ou changer son immuable résolution. Le jansénisme est là tout entier : résigné à tout souffrir, mais à ne rien céder, s'abîmant dans la prière, mais n'attendant rien que de la grâce, il est personnifié admirablement ici dans cette volonté réfléchie, calme, tranquille, mais douée de la ténacité caractéristique de sa secte et de sa race héréditairement opiniâtre : on voit que Philippe a été élève du Poussin. Je n'ai pas vu les tableaux historiques et religieux de ce maître ; mais où il excelle, c'est à pénétrer l'essence d'une physionomie, d'un caractère, d'une situation, et à l'exprimer avec un relief de pinceau et une vérité saisissante d'expression. Il n'est pas de peintre qui cause des impressions plus vives et plus durables. Il me semble que j'ai toujours sous les yeux son Christ mort qu'a popularisé la gravure :

c'est une toile de petite dimension ; une masse d'épaisses ténèbres emplit toute la toile d'où se détache vivement le Christ étendu dans son linceul blanc, déployé, qui laisse voir son corps tout entier. C'est une tentative déjà bien hardie que d'oser essayer d'exprimer la divinité, ses attributs moraux, son essence intellectuelle, par la représentation d'une forme humaine et vivante ; mais il semble que ce soit une témérité folle et une contradiction impossible, presqu'un outrage et un sacrilége, que de vouloir représenter un Dieu expirant, c'est à dire la vie dans la mort, que d'emprisonner l'essence purement spirituelle, éternelle, incorruptible, dans des chairs inertes, immobiles, raidies, dans un cadavre enfin déjà bleu par la mort, et qui va bientôt devenir ce je ne sais quoi qui n'a de nom dans aucune langue humaine. Et pourtant, cela est certain, la peinture réalise ce prodige et accomplit ce miracle : elle donne une voix à cette bouche muette ; elle éclaire d'un invisible rayon ces yeux éteints ; elle agite d'une palpitation sourde ce cœur froid qui ne bat plus ; elle aussi ressuscite les morts. Le voilà étendu nu sur son linceul, sans symbole, sans attributs extérieurs qui révèlent à mes yeux sa nature véritable, et ne m'offrant pour signe que la plaie, saignante à peine, de ce sein blessé par la lance du centurion ; mais dans cette noble figure, voilés par l'apparence de la mort, et trahis par la vitalité secrète de la vie intérieure qui sommeille, éclatent tous les attributs de la divinité : la sérénité, la majesté, la douceur, la tendresse, attributs qui n'appartiennent qu'à l'esprit, enfin la persistance de la vie qui a vaincu la mort, la présence éternelle et éternellement active de l'esprit qui triomphe des défaillances et de la destruction même de la chair.[1]

LA SCULPTURE.

Les arts plastiques renferment la sculpture de ronde-bosse, les bas-reliefs, les terres cuites, les vases, les pierres gravées ; l'ivoire, l'or, l'argent, le bronze, le marbre, l'argile, les pierres précieuses, le bois, leur fournissent les matériaux ; ils doivent à la solidité relative de la matière une résistance et une durée plus grandes que les œuvres de la peinture ; ils ont par là dérobé quelques unes de leurs productions au temps et à la barbarie qui aiment également la destruction.

Si la beauté est la forme sensible d'une force idéale et individuelle, de l'essence, du caractère d'un être moral, je crois que la statuaire a une vertu d'effets esthétiques plus purs et plus profonds que la peinture ; sans doute elle n'est pas et ne peut pas être dramatique : les compositions de nombreux personnages entraînés dans une action vive, lui sont interdites par ses procédés de représentation ; les lois de la pesanteur et la nécessité de maintenir chaque personnage dans son centre de gravité, ne permettent pas toutes les attitudes. Comment, d'ailleurs, disposer les plans et

---

[1] J'ai omis à dessein de parler des fresques : il faudrait, pour en parler convenablement, en avoir vu, et pour en avoir vu, il faudrait avoir visité l'Italie.

les mettre en perspective? on ne peut éloigner les figures sans détruire la connexion qui les doit unir et rendre incompréhensible leur participation à l'action; les presse-t-on l'une contre l'autre, on ne sait comment rendre ces pressions de la chair; avec une matière aussi pesante que le marbre, un simple attouchement, quand il faudrait une pression forte, serait sans vérité et sans effet; si on les veut rendre dans leur vérité, cela forme un bourrelet qui, en certaines circonstances, serait le plus impertinent du monde, comme le qualifie plaisamment Diderot.[1] Toute action violente, toute action compliquée et même toute action passagère sont hors du domaine de la sculpture; c'est méconnaître les limites des arts que de vouloir composer un tableau de statues. Les chapelles des Bénédictins de Solesmes,[2] attribuées à Jean Goujon, sont composées dans cette pensée qui me paraît fausse.

La sculpture ne réveille qu'une des impressions sensibles, qu'une espèce des idées que nous percevons par la vue : la forme; la couleur lui fait défaut. Mais est-ce bien un véritable défaut? C'est une grande divinité que la lumière; mais la lumière qu'emploie la peinture, c'est à dire la couleur, a trop de réalité, trop de sensualité pour être parfaitement idéale. Ces couleurs qui vivifient les chairs, qui nous montrent d'une façon si vive les muscles, les nerfs, la peau, le sang, qui impriment à l'image ce caractère de vie vraie, mais humaine et maladive, cette *morbidezza*

---

[1] *OEuvres complètes*, tom. XIII, p. 291.
[2] Près Sablé, arrondissement de La Flèche.

tant recherchée de l'art moderne, parlent trop aux sens, expriment trop bien l'être physique, le corps, pour exprimer suffisamment l'essence spirituelle et idéale. La chair, avec toutes ses nuances, toutes ses taches, livides, jaunes, bleues, est le vêtement souillé et déjà corrompu de l'esprit, et le déshonore de son contact impur. La sculpture, elle aussi, a sa lumière ; mais c'est une lumière qui n'ébranle pas nos organes, qui ne séduit pas, mais qui ne trouble pas, qui ne blesse pas nos regards. Les œuvres de la statuaire sont baignées dans une lumière pure, immobile, incorporelle pour ainsi dire ; elle idéalise les chairs même, elle spiritualise le corps, en les rendant incorruptibles. Le marbre surtout les revêt de cette blancheur pure, qui contient toutes les couleurs, et qui semble le symbole de la pureté et de la divinité ; c'est une chair céleste et virginale, admirablement propre à exprimer les êtres surnaturels qui échappent à la corruption de notre nature ; car telle était la destination exclusive de la statuaire antique : Phidias fut poursuivi et exilé pour avoir osé mettre, dans un des accessoires de sa Minerve, la figure de Périclès, son ami, et la sienne même.

Les caractères de la sculpture concourent tous à cette destination. L'homme ne peut montrer sa grandeur que dans l'action ; l'action vive et grande, chez lui, est toujours accompagnée d'une certaine violence, d'une certaine passion particulière et momentanée ; ce côté humain, dramatique, profondément pathétique d'ailleurs, et qui intéresse l'homme par une sympathie si naturelle, jette une agitation qui n'est pas sans désordre, une certaine turbulence dans son action. L'être divin, le Dieu, n'est pas soumis à la passion ; son acte est serein, son action calme ; il agit toujours conformément à son caractère et à son essence ; la violence de la passion ne le fait pas sortir de lui-même ; il semble même que son acte est toujours identique et le même, et ne diffère pas de son caractère : or, si la peinture excelle à faire bouillonner la passion dans le mouvement dramatique et la couleur animée de ses figures, le calme d'une vie divine et la tranquillité inaltérable d'une force sûre d'elle-même coulent à flots dans le marbre et dans le bronze, avec une puissance douce, mais irrésistible. C'est par la sculpture qu'un caractère retrouve toute sa généralité et son essence persistante et idéale. Il est naturel qu'Apollon reste toujours dans cette fière et noble attitude que lui a donnée le sculpteur antique. L'homme est essentiellement changeant, parce qu'il est faible ; le Dieu est toujours semblable à lui-même, parce qu'il est puissant.

Hégel,[1] traduisant peut-être sans le vouloir Plotin, dit de la lumière de l'œil qu'elle est l'expression la plus immatérielle de l'âme. L'œil, dit le philosophe d'Alexandrie,[2] ne verrait jamais le soleil s'il n'était lui-même une espèce et une image du soleil. « La lumière de l'œil, ajoute Hégel, manque à la statuaire, et nous ne pouvons dès lors pénétrer dans ce monde

---

[1] *Cours d'Esthét.*, tom. II, p. 373.
[2] *Ennéad.*, VI, I, 9.

intérieur de l'âme que l'œil seul peut révéler au dehors. Ses personnages, privés du regard, sont privés du rayon de l'esprit. » Cela est peut-être moins exact qu'on ne serait disposé à le croire. L'organe complet de l'œil existe dans la statue; ce qui y manque, c'est la couleur et l'iris; mais la couleur n'est qu'une décomposition de la lumière à travers le prisme cristallin que l'œil renferme; c'est la couleur seule qui rend visibles l'iris, le blanc et la prunelle de l'œil : or, la couleur n'est pas la lumière; elle en est une décomposition, et si la chair divine est incorruptible, elle ne corrompt pas la lumière qui la traverse, et conserve, quoique baignée de lumière, sa blancheur virginale et sa pureté céleste. Je prétends que la statue voit; aucune statue ne fait l'effet d'un aveugle; on lit dans son regard; sans doute elle ne voit pas les mêmes couleurs, elle a le regard fixé sur un autre monde; elle contemple une lumière céleste qui laisse immobile l'organe dont la pureté ne la décompose pas, et qui remplit tout l'œil de sa blancheur sans tache. Le monde idéal a aussi sa splendeur sereine et sa radieuse, mais tranquille lumière.

> Largior hic campos æther et lumine vestit
> Purpureo, solemque suum, sua sidera norunt. [1]

Nous ne sommes plus dans le monde orageux de la passion qui lance ses éclairs dans le regard; nous ne pouvons plus lire la colère, la violence, dans ces yeux blancs et sereins qui ne décomposent pas les couleurs du prisme.

[1] Virg., Æn., VI, v. 640.

Quoi de plus inconstant que les jeux du regard, les expressions de l'œil, la mobilité de ses mouvements, les mille nuances de ses couleurs changeantes? Cette perpétuelle mobilité n'exprime la vie que sous un côté humain, c'est à dire sans permanence, sans persistance, sans unité. La peinture, en fixant un de ces moments et en lui donnant la durée, fait nécessairement un idéal faux : elle donne un caractère essentiel à ce qui est accidentel et changeant.

Dans la sculpture, la fixité du regard annonce une âme vraiment divine, [1] dont les pensées ne sont point agitées, et dont le flux et le reflux de la passion ne se peignent pas dans le miroir du regard, plus mobile et plus inconstant que les vagues de l'Océan. Ajoutons que la sculpture n'enchaîne pas l'être au sol; toujours sur un piédestal, la statue ne touche jamais la terre.

La difficulté que présente la fusion du bronze ou la dureté rebelle du marbre, interdit à la sculpture les sujets frivoles, légers, libres jusqu'au libertinage, que, dans un instant de folie, peuvent se permettre le crayon et même le pinceau; toute œuvre de sculpture est longue, pénible, et exige une inspiration profonde et opiniâtre; l'idéal qui sera déposé dans cette pierre rebelle sera grand et digne de l'effort qu'il a coûté; c'est une muse chaste et religieuse que la sculpture, « elle ne souffre pas le burlesque ni même le plaisant. Le marbre ne rit pas; [2] » il ne pleure pas non plus. Je trouve que

---

1 Xénoph., *Mémor.* III, 10. « La statuaire représente par des formes les actions de l'âme. »

2 Diderot., *OEuvres complètes*, tom. XIII, 287.

c'est une faute grave que de tracer des larmes sur le visage d'une statue. Je crois me rappeler qu'une statue moderne d'Ariane, qui est loin d'être sans beauté et sans mérite, n'était pas exempte de ce défaut choquant. Dans la sculpture, la douleur même est divine, c'est à dire est sereine : rien de commun dans ses sujets, rien de médiocre dans l'exécution. Cet art est évidemment propre à représenter la divinité, mais la divinité dans une religion comme celle de la Grèce. Impuissant à reproduire ce qui est accidentel dans l'homme,[1] les petites veines, les rides, les poils, les aspérités de la peau, et, plus que tout cela, les couleurs qui en sont des taches morbides, même la passion qui trouble la limpidité du regard, il lui est permis d'exagérer naturellement et sans faire violence à la réalité, le côté permanent, essentiel, divin de l'humanité : or, comme le Dieu pour la Grèce n'a été que l'idéal de l'homme, c'est à dire la beauté même, on comprend qu'on ait pu dire que le noyau de la pensée grecque s'accorde mieux avec le principe de la sculpture qu'avec celui de tout autre art; j'en excepte toutefois la poésie.

Il faut avouer que si les caractères de la sculpture se prêtent merveilleusement à l'expression du divin tel que l'entendaient les Grecs, les principes de leur religion et la notion des dieux anthropomorphes, toute la civilisation grecque, en un mot, favorisaient encore singulièrement les progrès de cet art. En retour, c'est lui qui a permis de créer des formes diverses, quoique

---

[1] Les statues ne montrent pas les dents.

également divines, en donnant à tous ces dieux, éclos du cerveau des poètes ou de la pensée des prêtres, une fonction, une histoire, un caractère individuels. C'est chez les Grecs que le sentiment d'une libre individualité commence à se manifester ; ils y ont vu la plus haute dignité de la vie ; c'est pour cela qu'ils font de leurs dieux autant de personnes, que chaque artiste individualisait à sa manière, en respectant, dans une certaine mesure, des traditions d'ailleurs peu gênantes. Vulcain était boiteux dans Homère, mais jamais l'art ne le représenta ainsi ; Alcamène, à une époque où la tradition était encore trop puissante pour être violée ouvertement, couvrit sa statue d'un long manteau pour dérober l'infirmité légendaire du dieu, et aima mieux le faire vêtu, ce qui est une faute, que d'offenser la règle de l'art, la beauté.

La précision des types divers produite par la plastique, empêcha la confusion des divinités que leurs attributs moraux n'eussent pas suffisamment distingués ; la forme plastique les gravait mieux que tout autre dans les esprits. Homère a contribué à créer la mythologie grecque, et Phidias est un autre Homère.

La pudeur, qui est certainement un secret de la nature, et, comme l'a dit Kant, un supplément nécessaire à la vertu, est un signe de faiblesse.[1] Le jour où l'homme reconnaît sa nudité et en rougit, il a perdu l'innocence et la confiance en sa force morale ; l'expérience lui apprend qu'il y a en lui des appétits vils et des désirs

---

[1] Kant, *Observations sur le Beau et le Sublime.*

grossiers que la nudité exalte; il rougit de les exciter comme de les ressentir; il y a même des parties viles de son être qu'aucune fonction noble ne relève, qu'aucune expression spirituelle n'anoblit et qui ne servent absolument qu'aux fonctions animales. La conscience vague de sa grandeur morale le fait rougir de montrer ses misères, ses blessures, ses plaies, et il les cache. Il n'en est point ainsi du dieu conçu par les Grecs; cette conception lui donne à la fois une nature humaine et surhumaine : c'est un beau corps représentant une belle âme, c'est la parfaite harmonie de la forme et de l'essence; il a donc un corps, mais nourri d'ambroisie; ce corps, incorruptible et toujours beau, ne connaît aucun des besoins immondes ni des passions grossières de l'humanité; tout l'être est anobli par la beauté dont il est l'incarnation immortelle et sensible, quoique ordinairement invisible;[1] il peut donc et il doit être nu; cela même est dans sa nature; tout vêtement le déshonore ou le cache : tout est pur, grand, beau, dans le Dieu.

Cette nudité décente, chaste, divine, rien ne la peut rendre comme la sculpture. La peinture, dans des représentations semblables, a trop de réalité pour n'être pas dangereuse; elle parle trop aux sens, et il faut un grand art pour purifier de pareilles images. La splendide beauté d'une vierge de Raphaël, surtout si on la suppose nue, dans un monastère ou dans un séminaire d'hommes, pourrait avoir des inconvénients : la

[1] On ne voit pas les Dieux, mais ils ne sont pas invisibles.

Vénus de Milo n'en saurait avoir aucun. La sculpture exagère; le corps est transfiguré par le bronze et par le marbre : ce ne sont plus là les chairs de l'homme, et rien n'excite en nous, dans ce spectacle, l'ardeur des convoitises sensuelles. Diderot commet, je crois, une erreur de fait en se demandant pourquoi la sculpture, tant ancienne que moderne, a dépouillé les femmes du vêtement qu'elle a laissé aux hommes. Les Grecs ont représenté les dieux, demi-dieux, héros, athlètes, empereurs, hommes célèbres, absolument nus; les déesses sont toutes vêtues, les Grâces elles-mêmes, à l'exception de Vénus : c'est Vinckelmann qui l'affirme. Quant aux hommes, Hégel dit qu'ils les ont représentés aussi souvent vêtus que nus. Quoi qu'il en soit, le goût de la nudité est grec : de sa nature, dit Sénèque, le Dieu est nu.[1] Pline ajoute : *Nil velare Græcum est.*[2]

Le spiritualisme peut-être outré du christianisme a rendu ces représentations impossibles : toute chair est souillée, tout corps est coupable et vil; c'est une pourriture, un corps de mort, un tombeau; on ne peut plus idéaliser quelque chose de pareil. En ôtant toute dignité au corps, le christianisme porte atteinte à l'essence même de l'art et surtout à la sculpture.

Il y avait du reste d'autres raisons qui ont propagé chez les Grecs le goût de la sculpture et de la nudité dans les formes. Le prix qu'attachaient les Grecs à la force élégante et agile, en honorant les concours des jeux gymniques à l'égal des concours de poésie et

---

[1] Sénèq., *Ep.* 31.
[2] Plin., 34, 10.

de musique, avait permis aux vainqueurs de se faire élever des statues que l'on consacrait soit dans l'Altis, bois d'Olympie, soit dans leurs villes natales ; cela n'eut pas pour effet seulement de multiplier les œuvres de la statuaire, mais de la faire renoncer aux types hiératiques et se rapprocher de la nature ; il fallait qu'ils se rapprochassent du modèle. Les anciens n'avaient pas un sentiment aussi délicat de la pudeur que les modernes ; la nudité ne les offensait pas dans la réalité ; leurs jeux étaient gymniques ; leurs athlètes combattaient nus ; les jeunes Lacédémoniennes dansaient dépouillées de tout voile. On comprend que ces mœurs favorisaient singulièrement un art qui, n'ayant de procédé d'imitation que la reproduction de la forme, doit aspirer à la reproduire tout entière. Le corps humain est admirable dans toutes ses parties, surtout quand il est idéalisé, purifié par l'art ; et les anciens ne se sont pas interdit d'enlever à la réalité ce qu'elle pouvait avoir, dans l'homme, laissé de traces d'animalité : ou ils les ont effacées ou ils les ont voilées.[1] La beauté était commune et le sentiment de la beauté physique était plus général, mieux compris en même temps que plus goûté. Aujourd'hui on goûte plus difficilement la sculpture, et les mœurs en sont une des causes, quoique ce ne soit pas assurément la seule.

Je crois, malgré le sentiment de Hégel, que le nu,

---

[1] Il n'y a rien de plus élevé que le sentiment maternel ; cependant les Grecs ont donné à leurs déesses, même à celles qui ont été mères, des formes virginales ; elles n'ont pas enfanté dans la douleur ; la beauté de leur forme n'est pas violée par une grossesse ridicule ; la pureté des contours et la grâce élégante des seins ne sont pas gâtées par l'allaitement.

au moins dans les parties expressives du corps, offre un sentiment plus élevé de la beauté. Le vêtement ne doit couvrir que les parties indifférentes au sens de la beauté, et encore ce vêtement doit prononcer les formes qu'il cache ; car lorsque la sculpture cache les formes, elle se détruit elle-même. Il faut, d'une part, que le vêtement ait sa souplesse, sa mollesse, qu'il tombe librement, qu'il soit indépendant, qu'il n'ait rien d'artificiel, qu'il soit complètement à la disposition de celui qui le porte, et non pas raide, gêné, cousu, et faisant comme la caricature ou le mannequin d'un homme ; aussi les plis des étoffes dans les statues semblent avoir été mouillés, afin que l'épaisseur ou la rudesse n'en gênent pas l'ampleur et la souplesse. On sait d'ailleurs qu'il est presque impossible et tout à fait inutile de chercher à reproduire la nature de l'étoffe. Le vêtement de la sculpture participe de l'idéalité du corps qu'il couvre ; il en a la blancheur pure, l'unité de façon et de caractère, et, malgré son épaisseur apparente, il ne perd rien de sa souplesse et tombe à plis flottants et amples comme un linge mouillé.

Nous avons apprécié les caractères de la sculpture antique en supposant que les statues et les groupes étaient composés d'une même et uniforme matière, bois, pierre, bronze ou marbre, et que ces statues n'avaient reçu l'addition d'aucune peinture. Ces deux faits ont été historiquement et esthétiquement contestés. Il est certain, d'une part, que l'or et l'ivoire ont été employés dans les statues des Dieux ; que c'était en ivoire qu'étaient faits la tête, les mains, les pieds, dans les statues de Minerve et de Jupiter Olympien de Phidias; et M. Raoul Rochette [1] nous apprend « qu'à la plus belle époque de l'art grec, les édifices de premier ordre étaient ornés de sculptures sinon peintes dans toute l'étendue du mot, du moins coloriées de manière à faire ressortir certain membre d'architecture; que, sur un grand nombre des plus belles statues antiques, on découvre l'emploi de teintes diversement colorées, qui détachaient certaines parties du vêtement, faisaient ressortir l'éclat des chairs et la beauté du nu, donnaient enfin au marbre presque le sentiment et la couleur de la peau, et produisaient, par dessus tout cela, l'immense avantage de conserver le marbre. »

Il y a là, je crois, quelques confusions et un certain entassement de raisons diverses qui se dérobent les unes par les autres. Il y a une architecture coloriée, peinte : nous le savons, nous en connaissons l'effet. Les temples de l'Egypte sont peints, et certaines chapelles du moyen-âge, Notre-Dame de Lorette, Notre-Dame même, ont été ou vont être ainsi habillées et, dit-on, restaurées dans ce style. Je le déplore quant à moi : je ne puis trouver aucune signification à la peinture appliquée à la pierre; un ornement qui ne signifie rien, qui ne sert à rien, me choque au suprême degré. Si l'on dit que notre climat noircit, use et dégrade la pierre, et que le climat de l'Italie et de la Grèce semble la conserver et presqu'embellir le marbre, je réponds que ce serait

---

[1] *Cours d'archéolog.*, p. 200 et 203.

l'extérieur de nos cathédrales qu'il faudrait ainsi protéger, et je commence à craindre qu'on n'en vienne à barbouiller nos monuments, comme les Hollandais leurs maisons, sous prétexte de propreté. Toutefois, ni les temples de Pœstum, ni le Parthénon, n'ont conservé aucune trace de peintures semblables, ni les colonnes, ni les bas-reliefs, ni les frises, ni les frontons, du moins que je sache. J'en dis autant des œuvres de la sculpture : ni le Laocoon, ni la Vénus de Milo, ni le Torse, ni l'Apollon du Belvédère, ne portent la trace de peintures pareilles.

Cependant il paraît certain que la Vénus de Médicis avait eu les cheveux dorés et des boucles d'oreilles rapportées ; que beaucoup de statues avaient des accessoires et des draperies en or ; mais toutes les parties expressives et nobles restent de la même matière, et je ne vois citer aucun fait particulier qui puisse prouver l'emploi général de la peinture à l'art plastique ou à l'art monumental. Ce fut Néron qui fit dorer la statue d'Alexandre, et non pas Lysippe. Si les anciens avaient découvert une substance qui, pénétrant le marbre, le préservât des injures de l'air et du temps, quand même cette substance eût été légèrement colorée, cela est une toute autre question ; on trouve en effet à tous les marbres antiques un éclat doré, une fraîcheur, une jeunesse admirables. A quoi faut-il l'attribuer ? On ne le sait pas d'une manière certaine. Quelques uns l'attribuent simplement à ce merveilleux climat où tout est fait à souhait pour l'art.

Il faut reconnaître que, dans la sculpture destinée

aux temples, au temps de Phidias, l'élément traditionnel jouait encore un grand rôle : des colosses comme la Minerve du Parthénon, qui avait trente-cinq pieds; comme le Jupiter Olympien, qui, assis sur son trône, en avait quarante-cinq, appartiennent beaucoup plus aux idées orientales et égyptiennes qu'aux idées grecques. Le dieu d'Olympie n'aurait pu se lever sans briser la toiture du temple : cette stature colossale était le symbole de la puissance de celui qui d'un signe de ses sourcils ébranle le monde; mais cela me paraît bien éloigné de ce sens de la mesure qui caractérise le pur génie grec. S'il est vrai qu'il apparaisse seulement dans les statues appropriées au culte et devant se soumettre au symbolisme hiératique, le mélange des matières de la sculpture ne peut pas être érigé en principe, en règle, et il ne faut pas attribuer à notre mauvais goût ou à un pur accident la préférence qu'ont les modernes, comme je crois les anciens, pour l'unité de matière, bronze ou marbre. Les idoles grecques auraient eu des yeux d'émail ou de pierres précieuses, comme on l'a dit à tort de la Minerve de Phidias, que cela ne tirerait pas à conséquence pour l'art; le statuaire n'eût fait ici que se conformer aux exigences du culte, qui aime dans les représentations moins la beauté que l'antiquité des formes; cela n'empêche pas que la tête de Jupiter, toute en ivoire, ne pût justifier les enthousiasmes qu'elle a excités dans toute l'antiquité. Phidias a pu cependant être obligé de subir des procédés et des buts introduits par l'élément religieux et qui n'appartenaient pas à son art, et je ne puis m'empêcher de dire avec Diderot, « que ces riches ornements et ces cheveux dorés ne sont que des inventions de prêtres sans goût. »

Quant à la sculpture peinte, nous pouvons nous en faire une idée très facilement : on n'a qu'à voir des figures de cire. Qu'est-ce qu'il y a de hideux dans cette exhibition ? c'est la réalité. En ajoutant à la vérité des formes, des yeux qui regardent, le sentiment de la chair et la morbidesse de la peinture, vous faites un monstre, un homme empaillé, une momie bien conservée : tout l'idéal s'est enfui. Cette couleur d'ailleurs est condamnée à être toujours fausse. Dans un tableau, le peintre distribue comme il veut la lumière ; c'est lui-même qui la crée ; elle vient et va où il veut, d'où il veut ; il éclaire à son gré ses personnages ; mais dans la vie réelle, la lumière est libre et indépendante de l'homme, et, sous l'influence de cette lumière changeante, l'homme change à chaque instant de couleurs. Le coloris inaltérable plaqué sur les chairs d'une statue, restant perpétuellement le même, à quelque jour qu'on l'expose, de quelque côté que vienne la lumière, quelles que soient l'heure et l'intensité de clarté, comment appliquer le clair-obscur à une statue? C'est une horreur et un mensonge : plus d'idéal, pas de réalité. D'ailleurs on n'a jamais pensé à peindre le bronze, et la seule pensée en est grotesque.

Je crois donc que ce n'est pas sans des raisons très fortes que l'art moderne préfère le marbre et le bronze à tous les matériaux combinés de la sculpture hiératique des anciens. Quelle que soit la juste admiration qu'aient causée aux anciens la Minerve du Parthénon et le Jupiter d'Olympie, nous pouvons imaginer difficilement quelque chose de plus beau que les sculptures en marbre que possèdent la Tribune de Florence et les cabinets de la cour du Belvédère au Vatican. Si Quintilien a pu dire à juste titre d'un ouvrage en ivoire que nous n'avons plus : *Majestas operis deum æquavit;* si Pline a dit : *Jovem Olympium nemo æmulatur;* il a dit du Laocoon, qui est en marbre et que nous avons sous nos yeux : *Opus omnibus et picturæ et statuariæ artis præponendum.* Nous ne voyons donc pas de motifs sérieux ni d'arguments, soit de fait, soit de logique, pour renoncer à un sentiment dont M. Raoul Rochette constate l'universalité et l'invincible persistance, quoiqu'il le combatte comme un préjugé.

D'après ce que nous avons dit, il n'y a pas lieu de s'étonner si la Grèce seule a produit des œuvres dignes d'admiration dans la sculpture ; cet art lui appartient pour ainsi dire en propre ; on n'en trouve que les origines obscures, les ébauches imparfaites ou l'imitation épuisée chez les autres peuples. Les Indous, abrutis par le panthéisme grossier de leur philosophie, qui ne savent rien dégager de la matière, de la confusion, ne sont pas arrivés à la notion de la forme pure, élégante, vivante d'un idéal qu'ils n'ont jamais pensé ; leur sculpture est grossièrement symbolique. L'idée qu'ils se font de la grandeur est une idée de dimension et de grandeur massive ; ils ne tiennent aucun compte de l'exactitude des formes, des proportions relatives des membres; leur tendance à l'exagération se déploie là à son aise : ils taillent dans les montagnes des idoles de cent vingt pieds, comme celles de *Lat* et de *Munat*, le premier homme et la première femme, qu'on voit dans les grottes de Bamiyan; ces deux colosses sont placés dans des niches formées par les parois du rocher où on les a taillés; le dessin est barbare, sans aucune élégance, et le type même des figures est affreux, plutôt abyssinien qu'indou.

L'Egypte, quoique supérieure à l'Inde, n'a pas eu non plus, dans une mesure vraiment esthétique, le don de la plasticité; elle a connu les deux formes de la sculpture, celle de ronde-bosse et le bas-relief; les sculptures sont en relief dans le creux : elle n'a excellé ni dans l'une ni dans l'autre, et ce qu'elle a produit de plus conforme aux règles de l'art et aux exigences du goût, ce sont les animaux. Il ne faut pas oublier que les dieux et les rois seuls pouvaient être représentés en statues; que les rois étaient des dieux, et qu'alors toutes les représentations figurées devenaient des idoles et faisaient partie de la religion : de là toute liberté enlevée à l'artiste; la religion commande à l'art, lui impose ses types qui ne sont que des formules, et lui interdit toute innovation qui serait un sacrilége. L'art n'est ainsi qu'une forme de l'écriture, une écriture symbolique, un système de hiéroglyphes; ce sont des idées rappelées et, dans une certaine mesure, exprimées par des formes qui sont plutôt des signes; cela est vrai surtout du bas-relief. C'est ainsi que, par un renversement outrageux de la dignité humaine, les têtes d'animaux se trouvent placées sur des corps d'hommes, parce que la réunion de ces deux natures n'a pas pour but de représenter un être vivant ou idéal, mais simplement d'être une sorte de personnification grossière d'une idée.[1] De là la négligence des corps et tout le soin du sculpteur reporté sur la tête, parce que la tête est l'idée principale et suffit seule à l'expression totale. L'immobilité la plus complète enchaîne ces êtres endormis ou plongés dans une béatitude divine, semblable au repos inerte de la mort ou du sommeil, plutôt qu'à la vie heureuse et active des Olympiens ; un petit nombre d'attitudes toujours reproduites, à tel point qu'on a pu dire sans exagération qu'il n'y a qu'une seule tête égyptienne, constamment copiée et avec la plus imperturbable et la plus insupportable fidélité ; point d'expression, ni vive, ni riante, ni triste ; point de réalité non plus ; il n'y a jamais ni os, ni muscles, ni indication de chair, ni détails de peau exprimés ; toutes les formes sont enveloppées comme d'un voile raide et collant qui les cache, et si l'œil est quelque temps séduit du travail doux et moelleux qui règne dans les mouvements, on ne peut s'empêcher de reconnaître que ce ne sont pas là des corps ; qu'ils n'ont ni les organes, ni les conditions de la vie, et surtout le souffle immortel qui en est le principe. Les statues sont toujours droites, ou assises,

---

[1] C'est le contraire chez les Grecs d'Egine ; mais, comme plus tard c'est dans la tête que siège la divinité, c'est dans le corps que réside la nature humaine : de là Phidias.

ou agenouillées, et constamment adossées à un pilastre, ce qu'on n'a pas encore clairement expliqué ; les bras sont pendants le long du corps, ou symétriquement croisés ; les pieds presque toujours parallèles ; ni les pieds ni les mains n'offrent aucune articulation. Les statues de femme sont vêtues d'une draperie raide, exactement collée sur le corps et qui semble incorporée à la personne. Les hommes sont nus jusqu'à la ceinture, d'où pend une espèce de tablier qui les couvre jusqu'au dessus du genou. Dans les reliefs, l'œil est de face, la tête de profil, les épaules de face, et le reste du corps de profil ; aucune trace de perspective ; les détails des figures très peu rendus : point de mouvement ; des attitudes raides, des bras levés sans souplesse, des détails de pieds, de mains, non sans habileté, mais sans vérité. [1]

Il n'y a donc rien ici qui réponde aux vrais caractères de la beauté : point de vie, point de mouvement, point de pensée, point d'individualité, point de caractère, point de grâce ; pour tout mérite, l'habileté pratique du ciseau, et une certaine sévérité, jointe à une grande tranquillité dans l'expression et les poses, caractères communs d'ailleurs à tous les arts encore emprisonnés dans le culte.

En pénétrant dans la Grèce, tout change : la vie

---

[1] L'homme ne peut imiter que ce qu'il a sous les yeux : or, la race égyptienne était une race laide. Le beau est essentiellement libre et création de la liberté : les Egyptiens étaient asservis ; le régime des castes tendait à effacer l'individualité des âmes, des idées, et par conséquent des physionomies. L'anatomie leur était interdite par les lois religieuses. La momie semble avoir servi de modèle à la sculpture égyptienne. Les hermès, par leur forme, accusent une origine égyptienne.

s'éveille; la statue, éternellement adossée à son pilastre comme un colosse de chair sans vie, qui chancelle et s'appuie pour ne pas tomber, se lève, se dresse, marche, court, vole; elle agit, elle médite, elle pense; elle a une physionomie individuelle, un caractère, une personnalité; elle a la souplesse, l'élégance, la grâce; elle a de réalité ce qu'il en faut pour vivre, et d'idéal tout ce qu'en comporte la nature humaine. Aucun art n'est plus essentiellement grec que la sculpture : il n'est pas sans intérêt de voir comment et pourquoi.

La religion est au fond la conscience d'une loi morale qui, nous enchaînant à un devoir, à une idée, nous fait reconnaître l'existence d'une puissance supérieure à nous, et la responsabilité de nos actes devant un juge éternel. Les Grecs ont eu ces deux idées : les Grecs ont donc connu la religion dans son essence auguste; mais, quoique supérieurs aux hommes, ils ont conçu les dieux comme des êtres semblables à eux, c'est à dire des esprits revêtus d'un corps, mais dont les corps augustes et les esprits infinis se pénétraient réciproquement pour former des personnes idéales. Partis de la personnification des forces de la nature, leurs prêtres d'abord, secondés ensuite par leurs poètes, ont conçu une mythologie, où l'élément religieux et l'élément esthétique se sont réunis sans s'identifier, et se sont confondus sans s'absorber l'un l'autre. Ces deux éléments, confondus pour nous, l'étaient pour eux peut-être également; mais ils étaient distincts s'ils n'étaient plus distingués. Du moment où les dieux étaient anthropomorphes, on était naturellement conduit à en reproduire les images les plus ressemblantes, et les plus ressemblantes étaient les plus belles; car la beauté était le signe de la force, de la vertu, comme du courage et de la santé. A mesure que les dieux se multipliaient dans l'Olympe il fallait multiplier les images, et la plastique seule pouvait, par sa puissance d'individualité, distinguer avec précision tous ces dieux innombrables sortis du cerveau des poètes, dont la poésie ne pouvait guère faire la séparation rigoureuse par des attributs moraux. Leur individualité risquait d'être compromise sans l'art plastique qui les dégagea de ce chaos confus. Phidias est comme un commentateur d'Homère; l'art, une véritable révélation de la divinité; et c'est avec un grand sens et une grande profondeur que Winckelmann a dit « que les Grecs seuls ont connu ce chemin vers les dieux par l'art. »

Le goût des Grecs pour les jeux gymniques, l'honneur qu'ils attachaient à ces prix de la force, de l'agilité, de l'adresse, la vue fréquente des corps nus, les poussaient à l'imitation de la réalité et les éloignaient du modèle hiératique, qui d'ailleurs n'avait pas la même domination qu'en Egypte; leurs théologiens étaient des poètes; le dogme n'était point défini, leur Olympe toujours ouvert. Néanmoins la tendance de toute religion étant de tenir à la conservation du passé, l'art subit longtemps son influence sans en être annihilé, mais non sans en être retardé et affaibli. On peut du reste diviser la sculpture grecque en trois périodes, suivant le degré d'action que l'élément traditionnel exerce sur cet art, quand déjà cependant il est devenu un art, c'est à dire une forme expressive de la beauté.

Ces trois périodes sont caractérisées par trois noms : Smilis, fondateur de l'école d'Egine, Phidias et Polyclète, l'auteur de l'Hermaphrodite. Les débris retrouvés à Egine du temple de Jupiter Panhellénien, et conservés à la pinacothèque de Munich ; les frontons brisés du Parthénon, qui font la gloire du British Museum ; et la Vénus de Milo, dont s'enorgueillit justement le Louvre ; enfin la Vénus de Médicis à Florence, le Torse, l'Apollon, le Laocoon au Vatican, le Gladiateur au Capitole, permettent d'étudier les caractères de ces trois écoles d'après leurs ouvrages.

Une certaine réaction, peut-être juste dans son principe, excessive dans ses conséquences, relève en ce moment la race dorienne de la condamnation qu'elle avait longtemps supportée de la part des modernes et, il faut le dire, même des anciens. On accusait les Doriens d'avoir été impropres aux arts et de les avoir négligés autant que méprisés : or, on a commencé à voir que ce sont eux qui ont inventé le type le plus parfait de construction que les hommes aient connu ; le mode le plus beau de musique, au sentiment des anciens ; le plus poétique dialecte de la plus poétique des langues, sinon le plus harmonieux ; enfin la sculpture vient de révéler leur talent inconnu longtemps, et leur génie peut-être aujourd'hui exagéré.

Egine est une île dorienne ; le temple de Jupiter, suivant les meilleures autorités, y fut construit lors des victoires médiques, cinquante ou soixante ans avant le Parthénon ; la beauté des bas-reliefs qu'on y a trouvés autorise M. Fortoul à dire que les Doriens ont été dans cet art encore les instituteurs de la Grèce, « et que c'est à eux que revient l'honneur de l'avoir mise en possession d'une statuaire qui lui fut propre. » Ainsi, non seulement la sculpture dorienne serait l'origine, elle serait encore le principe, le fondement de toute la sculpture grecque ; et Phidias, Polyclète et Myron n'auraient fait que développer les principes de l'école éginétique dont Smilis, contemporain de Dédale, avait été le fondateur. [1]

Les marbres d'Egine présentent un singulier contraste : les corps approchent de la perfection ; d'une vérité frappante de détails, d'une exécution très soignée, ils attestent une profonde connaissance de la structure du corps humain, et la reproduisent avec un peu de sécheresse jusque dans sa maigreur ; malgré la dimension un peu courte des bras, la proportion en est habilement mesurée ; les attitudes sont pleines de mouvements, et de mouvements vifs, presque violents ; on remarque une grande diversité de lignes que contient l'harmonie et qui se ramènent à l'unité ; la maigreur de ces formes allongées n'en détruit pas la grâce austère, dont le principe ici est une imitation vive et vraie de la vie, à la fois savante et naïve ; les vêtements tombent à plis droits et réguliers et semblent imiter les draperies réelles dont on couvrait autrefois les statues de bois : c'est l'art dorien dans sa pureté.

[1] Ce n'est pas là du reste l'opinion d'Otfried Müller, ni de Winckelmann.

A côté de cette perfection relative qui atteste le goût sinon de l'idéal, du moins de la vie, du mouvement, de la proportion, de l'harmonie, et d'une certaine élégance de formes et d'attitudes, par un contraste violent et choquant, on trouve des figures sans vie, des traits grossiers qu'anime à peine un rire forcé, stupide; des cheveux qui imitent une perruque, disposés par petites boucles frisées et symétriquement superposées, la barbe aiguë et indiquée par des traits en creux.

Les archéologues seuls ont à s'occuper des motifs qui ont pu inspirer aux artistes une telle négligence, ou des causes qui ont amené ces effets étranges. Que m'importe que ces têtes stupides soient la reproduction obligée du type hiératique, ou de la forme égyptienne, dont l'art grec n'a pas encore secoué le joug ou décliné l'imitation, ou de l'ignorance partielle des artistes : hypothèse bien invraisemblable d'ailleurs! Je suis tout prêt à reconnaître que l'archaïsme de ce style ne tient pas à une époque, ou du moins à l'ignorance d'une époque, mais qu'il est le fait d'une école soumise encore aux traditions religieuses, et qui n'osant, dans la reproduction des images divines, rien changer à l'expression de la tête et du visage, reprenait sa liberté dans le reste du corps; mais, par cela même, n'en faut-il pas conclure que cette école, qui a aussi son époque, enchaînée au type hiératique et gouvernée par des règles tout à fait étrangères à l'art, a dû être inférieure dans la reproduction des visages, et qu'elle a su mal faire ce qu'il lui était interdit de faire? La maladresse, l'absence de goût, ont dû être les résultats nécessaires des principes de cet art encore à moitié sacerdotal. Quoi qu'il en soit, l'effet est universellement reconnu : la partie essentielle de l'art sculptural est misérablement rendue ; des têtes sans beauté, sans expression, sans idéal comme sans réalité, condamnent les marbres d'Egine à ne jouer dans l'art, malgré la perfection des corps, qu'un rôle très secondaire ; la vie est comme atteinte dans sa source. Le principe de la vie est l'esprit ; la première condition de l'art est donc loin d'être remplie : il n'y a place ici ni pour la force, ni pour la liberté, ni pour la personnalité, ni pour le caractère, et il y a lieu, je pense, de refroidir un peu l'enthousiasme subit qu'a excité la vue de ces marbres.

Il n'en est point ainsi des sculptures de Phidias ou du moins de son école. Ces sculptures ornaient, comme on le sait, les deux frontons oriental et occidental du Parthénon, la frise qui régnait dans toute l'étendue du temple, et les métopes qui séparent les triglyphes ; cela forme une surface de près de cinq cents pieds couverte de bas-reliefs. Les sculptures des frontons étaient en ronde-bosse, et les statues y étaient posées sur la corniche comme sur un théâtre. Des frontons, dont Minerve occupait le centre, on n'a conservé que des fragments mutilés, dont les plus belles sculptures sont celles de deux déesses qu'on croit être Cérès et Proserpine ; celle du dieu Ilissus, très inférieure, et celle d'un jeune héros assis, qu'on croit être Thésée. La frise représentait la procession des grandes Panathénées ; un fragment très bien conservé nous montre un héros assis, et deux femmes ou deux déesses également assises. Sur les métopes était gravé le combat des Lapithes et des Centaures. On peut joindre à ces spécimens de la seconde époque de l'art grec, la belle statue de la Vénus de Milo, qu'on peut admirer au Louvre et dont le style est tout à fait analogue.

Ici l'admiration est universelle : tout est digne de l'enthousiasme ; presque toutes les règles de la beauté sont accomplies ; la vie coule à flots dans ces figures de marbre, la vie avec sa juste mesure, son excellence idéale, sa personnalité, son caractère; l'ordre et l'harmonie, la liberté des mouvements, le naturel et la simplicité des actions et des attitudes, tout y est. Il est impossible de rien voir de plus beau que le Thésée du fronton oriental, la Vénus de Milo, et la déesse de face du fragment de la frise que j'ai citée plus haut ; la pureté divine du front, la régularité des traits, qui sont pleins de force et de vie, l'expression tranquille et douce des yeux, la beauté admirable des seins découverts, la grâce des mouvements des bras étendus, l'action si forte, si calme, si noble, si simple de l'ensemble, la variété comme la mollesse des draperies élégantes, tout est admirable, et on ne peut comparer cette merveille qu'à la Vénus de Milo ; c'est une fusion, une pénétration merveilleuse de l'idéal et du réel, de l'élégance et de la force, de la simplicité et de la noblesse ; la grâce est ici dans la puissance et la majesté vivante, dans la mâle énergie, dans la simplicité antique qui rehausse et épure l'austérité des formes ; les mouvements ne sont ni trop multipliés ni trop accentués ; tout se meut avec une action noble, naturelle, vive, mais pleine d'ordre et d'harmonie ; les chevaux de la cavalcade piaffent et caracolent sous leurs élégants cavaliers pleins d'animation et de vigueur, coiffés du chapeau thessalien ; cependant quelques uns des chevaux du fronton postérieur sont grossièrement faits : des têtes grosses, lourdes, sans oreilles, une arrière-main massive, nulle vie, nulle souplesse. Parmi les Choéphores, on en distingue aussi dont le type de visage est sans beauté, et dont l'épaule est abaissée et comme écrasée par le poids des urnes ; cela produit une impression pénible, et, de plus, elles n'ont pas assez d'idéal et de beauté ; mais comme naturel, comme vérité, comme naïveté de pose, comme rendu savant des attitudes et des draperies, tout est admirable ; leurs robustes poitrines respirent la vie et battent, le sang bout sous ces draperies transparentes. Toutefois il y a dans l'exécution des inégalités, et dans ce fragment de frise de la façade orientale, le héros présente encore dans le bras pendant, un peu de maigreur archaïque et une imitation trop voisine de la réalité. C'est le déprécier que d'appeler ce style *angulaire*, comme l'a fait Winckelmann ; mais ce n'est pas lui faire tort que de dire qu'il n'a pas rendu l'idéal dans sa perfection divine, qui est la grâce, et la grâce dans l'art, qu'est-ce autre chose que la beauté ? La force et la majesté ont leur beauté ; mais la grâce est la beauté même. Je ne crois donc pas juste de reléguer au second rang l'Apollon du Belvédère et le Laocoon ; je trouve que c'est un jugement bien sévère que de ne voir dans ces marbres, si longtemps admirés et toujours admirables, que « des lignes déliées et subtiles et des perfections inanimées. »

Quoi! le Laocoon n'est qu'un habile composé de lignes subtiles? Quoi! l'Apollon n'est qu'une perfection inanimée? Il ne vit pas, il ne respire pas, ce dieu dont l'orgueil de la victoire gonfle légèrement les narines; ce dieu superbe, plein de majesté comme de grâce, de vie comme de beauté? Sans doute il n'a pas ces muscles proéminents, cette saillie accentuée des nerfs et des os, ces amaigrissements des formes; mais la divinité ne connaît pas ces misères qui accompagnent l'effort de la vie humaine, et l'idéal les supprime.

Au dire des Grecs eux-mêmes, ils préféraient Polyclète et Praxitèle à Phidias, et sans vouloir reléguer au second rang ce glorieux artiste, je crois pouvoir m'en tenir au jugement de tous les temps et de tous les artistes. Les récentes découvertes ont ajouté de nouveaux objets à mes admirations, mais ne les ont pas renversées. L'Apollon nous fait connaître un autre genre de beauté, mais non pas inférieur ; certes la vie y coule ; mais la simplicité y règne, le naturel et la force y éclatent, le caractère, la libre personnalité y saillissent; la forme est pénétrée de l'esprit : tout dans le corps signifie, parle, exprime; une harmonie céleste fond tous ces éléments dans une unité radieuse et forte, la grâce y triomphe et couronne l'œuvre.

LA MUSIQUE.

Jusqu'à présent toutes les formes particulières de l'art ne nous ont présenté l'idéal ou le Beau que sous l'apparence visible de la vie ; mais quelque parfaite que soit cette apparence, elle ne peut exciter en nous toutes les facultés créatrices de notre imagination ; ce n'est qu'une apparence : la sculpture n'est que du marbre ou du bronze inanimé ; la peinture qu'une illusion grossière, qu'une image sans vie. La musique nous fait pénétrer dans une sphère plus haute, pleine d'une action, d'une vie réelles, et dont la réalité ne détruit pas l'idéal. Le hasard ou les forces aveugles de la nature produisent des formes architectoniques dont la régularité merveilleuse étonne ; la pierre rongée par la pluie et par l'air ; le rocher battu par les vagues de l'océan ; le bois sculpté par le ver, offrent des formes plastiques qu'on dirait sorties du ciseau d'un artiste ; les dessins et les couleurs sont répandus sur la terre et dans le ciel avec une telle variété, une telle harmonie, une telle splendeur, qu'ils nous font souvent l'effet de l'art le plus habile, et qu'on a pu croire que le peintre était réduit à en reproduire la pâle et froide copie. Mais rien ne parle, rien ne chante dans l'univers muet, si ce n'est l'homme, « à qui seul les dieux ont accordé l'usage d'une voix articulée. » [1] Les bruits les plus doux de la nature ne sont ni des paroles, ni des chants ; rien n'articule ni un mot, ni un son, si ce n'est l'homme. L'homme seul a une voix, et cette

1 Plut., de Music., 1.

voix est la forme la plus énergique et la plus pure de la vie qui est en lui; elle est le retentissement le plus profond et le plus intime de son être. Tout ce qui vit a une voix, tout ce qui est muet semble mort. La voix humaine se confond tellement avec le principe vital, que toutes les langues l'identifient ou en marquent profondément l'analogie intime. La parole n'est qu'un souffle; mais ce souffle est l'esprit, est l'âme et le principe immatériel de la vie. La forme étendue, palpable et visible, est en effet une condition de l'humanité; mais le mouvement en est l'essence, et la voix est un mouvement; le mouvement est immatériel, et le son de la voix est impalpable et immatériel. Tout ce qui se meut, vit, et tout ce qui ne peut pas se mouvoir, n'a au plus que l'apparence menteuse de la vie.

Or, le plus haut caractère de l'idéal est la vie, parce que l'être vivant, animé, pensant, est ce qui est le plus profondément sympathique à l'homme. Voilà pourquoi, lorsqu'un souffle sorti des lèvres humaines a retenti dans le creux d'un roseau sonore; lorsque, sous la main de l'homme, a retenti la corde frémissante; lorsque surtout, sous l'impression de la beauté, il élève sa voix harmonieuse, la pensée est immédiatement jetée dans un idéal vivant, l'âme est émue et sympathise à ces sons qui lui rappellent et lui reproduisent un être semblable à elle-même.

Mais non seulement le son de la voix révèle l'être qui seul le peut produire; non seulement il le révèle sous sa forme essentielle, le mouvement, l'acte, mais il le révèle sous sa forme la plus spirituelle, la plus immatérielle, en un mot la plus idéale. Le son est un mouvement vibratoire des corps ; il suppose donc un corps, mais il le suppose seulement, et n'est point à proprement parler lui-même un corps ; ou si c'est un corps, comme l'air sonore, c'est un corps impalpable et invisible, qui se dérobe, ne se pèse ni ne se mesure, et qui, échappant aux catégories de l'étendue visible, semble se dérober à la catégorie même de la matière. C'est là ce qui fait le caractère céleste de la musique : elle n'appartient point à la terre ; c'est une invisible harmonie, qui ne se laisse ni toucher ni voir, qui n'a point de contact avec les choses matérielles, et qui, par là même, fait apparaître les radieuses visions de l'idéal. Il y a dans le chant quelque chose de divin ; il semble parfois, à l'entendre, que l'on entend comme un prélude des harpes célestes, comme un retentissement lointain, mais délicieux encore, des chœurs séraphiques des anges. Aussi de tous temps, en tous pays, le chant est inséparable de la prière, et en est la forme la plus naturelle comme l'expression la plus puissante ; l'adoration est un état d'exaltation morale qui fait vibrer naturellement les cordes de la voix, et que le chant, par sa puissance d'émotion, peut seul exprimer ; le premier chant de l'homme est un hymme.

Non seulement le son de la voix humaine nous révèle la vie et l'être ; mais parce qu'elle touche de si près au principe de notre vie, à notre essence spirituelle, elle est comme pénétrée de tout ce qui le caractérise et s'imprègne profondément de notre personnalité. C'est la voix qui appropie la pensée, impersonnelle de sa nature, et qui fait ressortir toutes les nuances du sentiment que le signe écrit est impuissant à traduire; elle individualise tous nos sentiments, les marque d'un caractère particulier, et, par là, leur donne véritablement la vie et par conséquent la puissance d'attraction sympathique qu'ils exercent. Tout être vraiment vivant est une personne, et chaque personne a sa voix à elle, qui lui appartient en propre, et chaque sentiment a sa note, son timbre, son accent.

Tout le monde sent bien aujourd'hui quelle est la différence du son parlé et du son chanté. Il ne faut pas croire cependant que la distinction en soit facile à établir théoriquement; et, en fait, en entendant chanter ou réciter des Arabes ou des Indous, on serait peut-être plus d'une fois embarrassé. La psalmodie même des prières dans l'Eglise latine et grecque, qu'est-elle? une musique, ou des paroles? Elle flotte entre ces deux formes, sans appartenir ni à l'une ni à l'autre : *psallens pronuncianti vicinior erat quam canenti*, dit Isidore de Séville.[1] Il n'est pas sans importance ni sans intérêt de déterminer cette distinction avec soin.

L'isochronisme prolongé des vibrations de l'air ou des corps ébranlés, est donné comme le caractère du son musical dans toutes les théories d'acoustique; c'est sur les nombres divers, suivant les divers degrés d'acuité des sons, de ces vibrations isochrones, qu'est établie la proportion, ou plutôt la série croissante qui

---

[1] *De Offic. Eccles.*, liv. I, ch. 5.

forme l'échelle ou la gamme des sons de la musique moderne. Mais la gamme moderne n'a pas été toujours ce qu'elle est : la gamme des peuples de l'Asie et de l'Afrique n'est pas la nôtre, et la nôtre est en train de se transformer elle-même, par suite de l'usage immodéré et de la vogue sans cesse croissante du piano. Ainsi, suivant M. Stafford, auteur d'un traité sur la musique cité par M. Ed. Du Méril, l'octave dans la musique indoue renferme vingt-deux notes, et il y a neuf cent soixante intonations différentes dans toute l'étendue de leur échelle musicale. Les Arabes divisent leurs intervalles en tiers de ton, et ils admettent des demi-quarts de ton; par là, ils ont ou peuvent avoir autant d'intonations dans l'intervalle d'un ton que nous en avons dans l'étendue entière de notre octave. Les Grecs eux-mêmes, dont les mathématiciens musiciens ont les premiers calculé les intervalles des sons, et par conséquent institué la première gamme, les Grecs avaient un genre, le chromatique, où la division se faisait par tiers, et un autre, l'enharmonique, où elle se faisait par quarts de ton, et, au rapport de Plutarque, c'était le plus beau et le plus majestueux. Rien n'empêche ces sons d'avoir un nombre de vibrations isochrones pendant un temps prolongé; ainsi entre les cent vingt-huit vibrations que donne l'*ut* le plus grave du violoncelle, et les cent quarante-quatre que donne le *ré*, il y a place pour seize nombres différents de vibrations isochrones, qui se prolongeront suffisamment, puisqu'elles se prolongent autant que celle de l'*ut*, et répondront à autant d'intonations différentes. Il y a donc, dans notre système musical actuel, autre chose que la durée prolongée de l'isochronisme pour constituer le son vraiment musical; il y a cela d'abord, puis ensuite et surtout la nature du rapport qui lie ces sons l'un à l'autre et en fait un tout. Notre gamme est déjà une mélodie; un son n'est faux que par rapport à un autre son; en soi, il est toujours juste.

Les sons de la voix musicale sont destinés à exprimer le Beau, qui étant une forme sensible, mais individuelle, a pour caractère essentiel l'unité; ils ne peuvent par conséquent pas être simplement une succession de sons doués du caractère prolongé de l'isochronisme; il faut que ces sons constituent une unité, un ensemble; il faut qu'ils soient comme un être vivant, dont les membres se lient les uns aux autres, et, s'enchaînant dans un accord et une proportion sensibles, produisent l'idée de l'unité; il faut donc d'abord que ces sons soient *articulés,* divisés en membres, et pour que ces parties élémentaires obtenues par l'analyse soient reconnues *membres* ou articulations d'un corps, d'un même corps, il faut que leur relation soit sensible et vraie, de nature à satisfaire l'esprit et à être saisie par les sens.

Or, le son n'occupant point d'étendue, les parties du système dont ils constituent l'ensemble ne peuvent pas être mesurées; le son n'appartient à la sensation que par sa durée; ce n'est donc que dans le domaine du nombre par rapport au temps, que les éléments *articulés* pourront en être appréciés : le son musical est donc éminemment un nombre.

Ainsi l'articulation elle-même ne consistera que dans le rapport des nombres ; les articulations n'existeront que par rapport à d'autres articulations ; les membres ne seront membres qu'à l'égard d'autres membres et à l'égard du tout qu'ils composent.

Qu'est-ce maintenant que cette articulation ?

Quel que soit le mystère qui entoure encore aujourd'hui les fonctions de l'organisme vocal, on sait, et cela nous suffit, que tous les sons, de quelque nature qu'ils soient, sont formés par les vibrations de l'air contenu dans les poumons et qui en est chassé par la respiration ; cet air passe dans le larynx, d'où il sort par la fente de la glotte ; arrivé dans la bouche, il est modifié de plusieurs manières par les vibrations accessoires des fibres qui tapissent l'intérieur de la bouche, la voûte palatine, la cavité nasale, la langue, les lèvres, les dents. Les observations recueillies sur l'homme vivant, montrent que la voix se produit dans la glotte elle-même, ni plus haut, ni plus bas.

La glotte fait partie du larynx : le larynx se compose principalement d'un tuyau à anneaux superposés, appelé la trachée artère, pouvant s'allonger et se raccourcir, et par conséquent monter et descendre, et, en outre, s'élargir et se rétrécir à volonté ; il renferme à sa partie supérieure quatre tissus membraneux, superposés deux à deux de chaque côté du canal, et ayant entre eux une ouverture de grandeur variable ; c'est là la glotte, et les tissus membraneux sont appelés cordes vocales, parce qu'ils se tendent à peu près comme des cordes, et que des degrés infiniment variables de leur tension dépend le nombre des ondulations imprimées à l'air expiré. Ainsi le son sortant de la bouche est produit par les vibrations imprimées à l'air des poumons par les cordes vocales, et varie suivant les divers degrés de tension de ces membranes élastiques, suivant l'ouverture plus ou moins grande de la glotte, de la trachée artère, suivant la longueur très mobile du larynx, qui monte et qui descend à volonté.

Les premiers sons que fait entendre l'homme quand il sort du sein de sa mère, sont des cris, des gémissements, des vagissements; les lèvres molles, les dents qui ne sont pas encore poussées, la langue encore enchaînée, inhabile, immobile, sont presque étrangères à leur production. On remarque même que ces sons vont rapidement s'affaiblissant, ce qui prouve qu'ils ne peuvent être maintenus que par un effet et un effort de la volonté dans leur identité et leur durée isochrone. Sous l'influence des besoins purement animaux, la voix reste inarticulée; à l'état naturel, l'homme peut crier, vagir, hurler, miauler, grincer, grogner : il ne parle pas, il ne chante pas, il n'articule pas.

L'articulation est un fait volontaire et un résultat de l'analyse, par conséquent de l'intelligence.

Articuler c'est décomposer tous les sons, si multiples, si voisins, si confus, que peut produire la voix, en sons élémentaires, distincts, simples, tellement simples que l'analyse ne va pas au delà, je dis une analyse sensible à l'oreille ; ils sont ainsi le dernier terme de la décomposition, et par conséquent le principe de tous les autres. Mais rappelons-nous que les sons de la musique ne sont que des nombres de vibrations isochrones ; l'articulation arrivera donc à établir une proportion de nombres différents ; mais le nombre ne doit pas être uniquement saisi par l'esprit : il doit être sensible à l'oreille ; c'est un nombre animé, vivant ; de 128 à 129 il y a une différence claire pour l'esprit ; du son produit par 128 vibrations isochrones au son produit par 129 vibrations de même nature, il n'y a pour l'oreille aucune différence sensible, et lorsqu'on l'aura rendue sensible, elle pourra être incertaine ; le rapport des nombres de ces deux sons ne sera pas clair ni certain pour l'oreille : dans le premier cas, il n'y a pas d'articulation ; dans le second elle est indécise et même fausse. Il y a plus : il ne suffit pas que l'oreille puisse reconnaître facilement, clairement, avec plaisir, le rapport qui lie les deux nombres ; il faut que la voix puisse les reproduire avec clarté, avec plaisir ; il faut donc qu'il y ait un saut d'un son à l'autre, une distance, un rapport fixe, constant, facile et agréable à entendre et à reproduire. Ce n'est pas tout : il faut que ces rapports soient des membres, c'est à dire des parties d'un tout ; il faut que je reconnaisse, dans la succession de ces sons, une loi unique et comme une raison arithmétique qui gouverne la progression des nombres, et, embrassant sous son unité la diversité des éléments, aille clore le rythme : telle est la gamme diatonique, admirable création qu'a complétée Gui d'Arezzo en créant un intervalle nouveau, la 7ᵉ sensible, qui prépare et qui appelle la chute, et l'empêche de se précipiter brusquement et de tomber violemment. [1] Dans ce mouvement, dans cette marche, comme dans tout ce qui se développe, il doit y avoir des points intermédiaires, de même qu'un commencement et une fin. Ces temps intermédiaires, médiante ou dominante, lient le commencement à la fin et forment la proportion suivante :

$$128 - 160 - 192 - 256$$
$$ut - mi - sol - ut^2$$

On voit donc que lorsque la progression du nombre des vibrations va jusqu'à doubler, le son est le même, seulement plus aigu. La gamme est à la fois finie et recommence. L'ut^1 est à l'ut^2 dans le rapport double ; le *mi* par rapport à l'*ut*, dans le rapport exprimé par la fraction $\frac{5}{4}$ et le sol $\frac{3}{2}$; les quatre notes forment plus simplement la série suivante : 4. 5. 6. 8. On reconnaît la simplicité de ces rapports, l'unité de la loi qui les régit et qui les rattache au même ensemble ; c'est un cercle parfait et complet ; le *ré*, le *fa*, le *la* et le *si*, comblent les intervalles trop grands qui séparent chacun de ces nombres, et qui laisseraient à l'oreille un trop grand vide ; de plus, ils constituent, dans les divisions établies par le *mi* et le *sol*, une unité ; ils font d'*ut ré mi*, de *mi fa sol*, de *sol la si*, des unités indépendantes de l'ensemble, qui ont leur agrément en soi, et qui, tout en concourant à la beauté du tout, ont leur beauté particulière.

---

1 Cic., *Orat.* Deponendus est enim ille ambitus, non abjiciendus.

En dehors de ces sons, il n'y a plus de rapports fixes, constants, et dont l'identité puisse être constamment reconnue par l'oreille, reproduite par la voix; il n'y a plus d'unité dans la succession des membres; il n'y a plus de distinction nette qui les sépare et à la fois les lie; il n'y a plus de proportion, plus d'ordre, plus d'harmonie, plus de beauté : *Pulchra numero placent; ratio sentit nihil aliud sibi placere quam numeros.* La musique est donc une mathématique entendue, une combinaison, un système de rapports sensibles à l'oreille, une résolution et une discussion d'équations mélodieuses, et, pour mieux dire, animées et vivantes; car le son n'est pas un nombre abstrait : c'est le nombre parlant, vivant.

La sensation n'est pas parvenue toute seule à créer ce noble système ; la raison est venue compter et calculer ces rapports, et dès l'antiquité même on discutait la question de savoir qui, de la raison ou de la sensation, devait donner les principes. En se fondant uniquement sur le calcul, on faisait entrer dans la musique le dièse enharmonique ou le chromatique que l'oreille rejetait. Pythagore oubliait ou voulait oublier que l'art n'est pas une pure jouissance de l'esprit; que c'était un plaisir de l'imagination profondément liée à notre sensibilité; que la forme du Beau devait être sensible et passer du monde de la sensation dans le cœur. L'oreille a donc rejeté pour jamais tous ces quarts, ces tiers, ces demi-quarts de ton, qui détruisent l'articulation musicale, en faisant rentrer les sons dans le domaine des cris inarticulés;

et la science a rendu visibles l'ordre et la proportion des rapports des tons et des demi-tons ; elle a montré qu'une corde à qui l'on voulait faire produire ces divers tons, devait être, si elle restait également tendue, divisée en parties proportionnelles, et même que la corde en mouvement décrivait dans ses ondulations des figures géométriques d'une régularité et d'une symétrie parfaites.

Ce n'est pas seulement dans le son, qui est comme la matière musicale, qu'apparaît le nombre, qui seul peut lui donner la forme, l'ordre, la proportion, en un mot la beauté ; ce n'est pas seulement dans les rapports divers des divers nombres de vibrations isochrones dans le même temps, c'est encore dans le rapport des sons au temps, je veux parler du rhythme et de la mesure. Les anciens avaient placé dans le rhythme la forme même, et l'essence de la musique, le principe mâle, comme dit Aristide Quintilien. La mélodie, l'air, la succession des sons réglés par le nombre, n'en constituaient qu'un principe inférieur, femelle, et, comme la matière indéterminée, vague ; or, toute matière indéterminée est par elle-même pour ainsi dire dépourvue d'essence et incapable de beauté sans l'intervention de la forme. Cette forme est donnée aux sons, ou du moins est achevée en les faisant entrer dans le temps, et en les ordonnant quant à leur durée. Le temps est ou l'écoulement uniforme, ou la division et la multiplicité infinies et arbitraires de la durée.

L'unité de tout ce qui est sensible n'est qu'une

unité de rapport : tout rapport suppose une division ; il faut qu'il y ait plus d'un temps, car un seul temps est indivisible. Ces temps, occupés et remplis par les sons, doivent avoir entre eux des rapports fixes, mesurés, que l'oreille saisisse, que la voix reproduise avec plaisir, et dont le calcul rende raison ; c'est ce rapport, ce nombre qui lie les temps, fait sentir la chaîne qui les suspend les uns aux autres et le principe qui en ramène la diversité à l'unité. La succession doit être cohérence, et partout où ce lien cesse, la chaîne est rompue, et les parties du temps ne se mesurent ni ne se déterminent plus par rien, puisqu'elles ne peuvent se déterminer et se mesurer que l'une par l'autre, c'est à dire par un rapport qui est détruit.

La totalité des temps doit donc se diviser en unités partielles, lesquelles se déterminent et se mesurent l'une par l'autre, où éclate à l'oreille l'identité de la loi et du rapport qui les lient et en font un tout. Ces unités partielles se divisent elles-mêmes en parties qui se mesurent et se règlent l'une l'autre : or, ces parties de temps sonores doivent être diverses et à la fois correspondantes pour se balancer à la fois et s'opposer. La nature nous en fournit le moyen : l'aspiration et l'expiration de l'air qui forme le son, durent à peu près un temps égal et forment deux temps ; mais ces deux temps égaux ne sont pas identiques : il y a naturellement sur le premier temps une énergie dans l'émission du son, une tension de la voix [1] qui en fait un

---

[1] C'est proprement *la thesis*, c'est à dire un coup de gosier donné sur la syllabe : ce que les Italiens nomment *Sforzato*.

temps fort et l'oppose au temps correspondant qui reste terne et faible. Cette alternance est naturelle et nécessaire ; elle se produit dans les mouvements des animaux, le vol de l'oiseau, le galop du cheval ; elle se produit instinctivement et comme mécaniquement dans le mouvement du sang et le pouls des artères. Cette alternance répétée constitue un retour régulier, périodique, et l'unité du mouvement total est saisie par le caractère commun des mouvements particuliers ; le rhythme du tout est saisi dans les rhythmes particuliers, dans lesquels il se décompose, et qui ont, eux aussi, leur mouvement formé complètement, leur alternance, leur temps fort suivi d'un temps faible.

Le rhythme n'est parfait que lorsque la mesure l'achève et lui donne une règle absolue et des proportions numériques, géométriques, par le nombre arithmétique. C'est par la mesure, d'une part, qu'est établie la durée égale de chacun des temps qui composent le rhythme, et la durée égale de chacune des unités rhythmiques qui composent le rhythme continu. Il ne peut y avoir que deux espèces de rhythme, ternaire ou binaire, croissant ou décroissant ; il y a une infinité de mesures, surtout si on fait rentrer dans ce nom, comme on le devrait, ce qu'on appelle généralement le mouvement, qui ne fait que mesurer le degré de lenteur ou de vitesse de l'unité rhythmique. La versification ancienne fournit des moyens de reconnaître la différence plus sentie que définie du rhythme et de la mesure, que leur coïncidence a souvent fait confondre; l'iambe est un rhythme; avec cet iambe on forme des vers d'une seule mesure ou d'une seule couple de pieds, qu'on appelle iambique monomètre; des vers de deux mesures, qu'on appelle dimètres; de trois mesures, qu'on appelle trimètres, qui sont les plus usités.

Outre le rhythme du son, qui est presque instinctif, il y a le rhythme de l'idée, l'expression du sentiment, ce qu'on appelle la phrase, le style, l'accent, qui fait éclater la passion et où se révèle l'âme des sons. La voix est un mouvement; mais il y a des mouvements produits par des forces mécaniques, animales. Pour arriver à la beauté, il faut que je sente que la voix a une âme : c'est par l'expression qu'elle y arrive; cette expression dérange quelquefois la mesure et le rhythme mécanique du mouvement; mais elle ne doit pas le détruire ou l'effacer, ou même le rendre insaisissable. Plus d'un musicien de talent, par ce défaut a fait de l'audition de ses œuvres une vraie fatigue d'un divertissement.

Le nombre, c'est à dire l'ordre, éclate partout dans la musique : c'est donc un art intellectuel; mais comme c'est un nombre vivant, la voix d'un être qui pense, qui aime, qui jouit, qui souffre, c'est un art prodigieusement pathétique. Sans doute la musique est pathétique parce qu'elle parle à l'âme, que ses sons sont là comme la voix d'un être qui exprime ce qu'il sent, ce qu'il est, et qui, par l'ordre qu'il met dans cette forme expressive, se présente à nous avec les caractères de la beauté idéale. Sans doute la sensation de l'oreille n'est ici qu'un intermédiaire ; mais c'est un intermédiaire qui souvent usurpe et est trop puissant. La musique a une action directe et profonde sur tout le système nerveux et indépendamment de toute expression ; les sons lui impriment un frémissement tantôt délicieux, tantôt voluptueux, tantôt violent : c'est le côté sensuel de l'art ; le plaisir éprouvé n'est pas pur ; il trouble l'âme en enivrant d'harmonie les sens charmés ; c'est une sirène voluptueuse et dont la beauté est un péril.

Ce péril est d'autant plus grand que toute pensée pour l'homme, qui ne se résout pas ou ne peut pas se résoudre en une image étendue, n'a jamais une forme véritable, nette, précise. Les êtres fantastiques dont j'entends les concerts, qui me ravissent par les sons délicieux de leurs voix, je ne les puis pas voir ; je ne puis pas ramener à des images étendues et à des notions précises les sons qui m'enchantent et qui me transportent ; ils ne sont pas semblables à moi : tout ce que je sens, tout ce que j'aime, tout ce que je pense, je le ramène à une forme visible ; je ne puis le faire pour eux : ils n'ont point de forme ; ils flottent dans l'air vaporeux des demi-jours, dans le crépuscule incertain d'une aurore qui promet la lumière et ne la donne jamais. Sans doute l'imagination remplit ce vide et le comble par ses créations ; mais tandis que d'autres arts réduisent peut-être trop son rôle actif, on lui laisse ici trop à faire ; elle ne peut, sans l'intervention d'une forme visible, qui la limite, qui la soutienne, créer ces formes ; le vague règne toujours dans ses conceptions confuses, et le vague est toujours un tourment pour l'esprit. Sans doute il y a un charme indéfinissable et une délicieuse langueur dans cet état de l'âme; elle forme à son gré mille images confuses, et se livre à des sentiments, des idées, des formes que rien ne lui impose et que rien ne définit; c'est le caractère de toute musique, même de la musique chantée, dont les paroles n'ont jamais assez de force pour dominer le pathétique des sons, et empêcher l'âme de s'envoler sur les ailes de la mélodie, dans le monde de la fantaisie et du rêve; mais dans ce ciel sans terre, dans cet abîme, la pensée tournoie et l'esprit se perd; cette molle langueur est malsaine et le rêve a ses dangers.

Si l'on fait sonner fortement la corde d'un piano, on entendra distinctement, au dessus de la note même, flotter en murmurant la médiante, la dominante et l'octave de cette même note. Ce fait, qui est un inconvénient quand il est trop sensible, doit être commun à tous les sons de tous les instruments, et à la voix elle-même, quoiqu'il soit là insensible et tout à fait inaperçu : c'est là l'origine rationnelle de l'harmonie ou de la science des accords. Toute mélodie, c'est à dire la succession expressive, rhythmée et mesurée, de sons simples, est véritablement accompagnée d'un murmure confus et d'un système d'accords inaperçus : ce sont des voix invisibles et à peine entendues, qui viennent mêler leur sons vagues et associer leurs pensées et leurs sentiments aux pensées et aux sentiments du chanteur; l'harmonie fait une réalité de cet accompagnement invisible, et lui crée un rôle qui croît tous les jours en importance.

L'art des modulations a singulièrement augmenté l'empire de la musique. Les accords ont entre eux des oppositions et des affinités; ils ont comme des reflets et s'éclairent les uns les autres : c'est le jeu de la lumière et de l'ombre, le clair-obscur de la musique. L'accord de 7e sensible, en créant les dissonnances, appelle la modulation qui a enrichi l'harmonie de mille nuances fortes et délicates; elles expriment ces discordances de l'âme, ces orages de sentiments qui s'accumulent en elle, qui, traversant toutes les phases de la passion, grondent, éclatent, et peu à peu se calment ou s'apaisent. Les modulations permettent de développer tous les détails d'une même pensée, de la teindre de mille couleurs, d'exprimer tous les degrés d'une même passion. Toutes les relations, les oppositions, les contrastes des accords sont comme le retentissement des mouvements invisibles de notre âme; Beethoven en a fait un usage admirable, et peut-être en a-t-il abusé. L'allegretto de la 7e symphonie en *la* débute par une simple marche d'accords et un mouvement de modulations qui composent déjà toute la mélodie. L'accord de *la* mineur, puis de la 7e dominante, le retour au ton, une modulation de la 7e dominante renversée de *sol* majeur qui amène au ton d'*ut*, composent la première phrase; la seconde part de l'accord d'*ut* majeur, de là arrive subitement dans celui de *si* majeur, passe par l'accord de *si* mineur pour arriver par la 7e dominante, un instant en *la* majeur, passage naturel pour rentrer dans le mineur, ton fondamental de la mélodie. On ne saurait imaginer l'impression triste, douloureuse, que produit cette marche d'accords qui changent à chaque mesure, cette mélodie à peine dessinée, noyée encore dans l'harmonie, qui se traîne dans tous les tons, qui ne se tient dans aucun, comme une âme brisée par la douleur, qui ne peut soutenir sa voix et qui la laisse à chaque instant tomber : expression aussi vraie que pathétique de cette faiblesse de la pensée qui ne se peut fixer à rien dans une âme abattue.

Sur cette harmonie gémissante qu'ont ébauchée les cors et que les basses continuent, se détache enfin la mélodie à deux parties, traitée dans les cordes graves des violoncelles, et qui n'est que la répétition du mouvement d'accords qu'on a déjà entendus, mais dégagée de l'harmonie où elle était encore à demi plongée. La mélodie est reprise à l'octave par les violons ; des instruments plus nombreux s'y mêlent ; enfin l'orchestre tout entier s'ébranle, et il semble qu'une foule entière associe ses douleurs et confond, dans une seule expression et comme dans un seul cri, ses chants et ses larmes. Le tumulte cependant s'apaise par degrés ; une fraîche et douce mélodie en majeur vient, comme un souffle, chasser ces tristesses ; c'est comme la voix d'un ange consolateur ; mais l'affliction est trop profonde et ne veut pas être consolée : après quelques phrases échangées entre les deux sentiments qui se combattent, le morceau se termine comme il a commencé, et va expirer dans les mêmes accords gémissants et plaintifs.

Il n'est pas moins rare de trouver un homme qui

sache exprimer sa pensée, ses sentiments, par le chant, faire passer son âme dans une mélodie, qu'un homme qui puisse, par le discours, rendre tous ces effets. Celui qui possède cette puissance, élève seul alors la voix : il parle ou il chante; les autres écoutent, mais ils ne se taisent pas; des cris d'approbation ou de mécontentement, des interruptions qui s'associent aux passions de l'orateur ou du chanteur, partent du sein de la foule et lui font prendre une part active à cette expression. La musique surtout a une puissance d'entraînement, une ivresse communicative telle qu'il est impossible d'y résister. Qu'une pensée grande, simple, forte, soit exprimée par une mélodie facile et caractérisée, expressive, entraînante, et le chanteur qui l'aura fait entendre une ou deux fois, l'aura bientôt mise dans les oreilles de quelques auditeurs ; ceux-ci la répèteront timidement; d'autres vont s'y joindre ensuite; ceux qui n'en pourront reproduire les détails, en reproduiront les notes essentielles, fondamentales, la cadence, en marqueront le rhythme et la mesure, et bientôt la foule entière la répètera ou l'accompagnera de ses accords. Il y a peu d'assistants, fidèles ou non, qui pourraient résister à l'entraînement exclusivement musical de la *Marseillaise* ou de l'*Alleluia* du jour de Pâques. L'art a profité de cette observation, et trouvant l'harmonie dans la nature même, il l'a réglée et régularisée ; il a créé des chants où chacun a trouvé son rôle à jouer ; mais en distribuant ces rôles, il a respecté la subordination, sans laquelle il n'y a pas d'unité, ni par conséquent de beauté ; il a voulu que chacun même pût exprimer librement, et presque avec une force et une indépendance égales, ses sentiments; mais alors ce sont des sentiments dont l'identité ou l'analogie ramènent chaque individu à une expression semblable ou au moins analogue. L'harmonie n'est donc pas toujours un accompagnement, c'est à dire un cortége de voix inférieures qui s'associent humblement, de loin, aux sentiments de l'individu puissant et libre qui les mène, et qu'elles suivent à pas comptés et pour ainsi dire respectueusement.

La musique fuguée rend à chaque partie une valeur presque égale et une indépendance absolue ; pour que cette indépendance se manifeste, comme c'est la même idée qui est exprimée, il faut que ce soit par les divers moments où les chanteurs entament le thème, que la diversité se manifeste : tous donc commencent quand ils veulent, mais jamais deux parties ensemble; elles commencent toutes avant que la première ait fini; par conséquent deux parties ne se trouvent jamais arriver en même temps au même point du développement total; elles se suivent, s'évitent, semblent se fuir, *fuga*. Il faut donc écarter la pleine harmonie dans la fugue, parce que les autres parties auraient l'air de se fondre dans la partie principale et d'en accompagner seulement la mélodie dominante ; mais cette indépendance nuit à l'harmonie purement sensible et au plaisir de l'oreille: c'est un travail que d'entendre et de suivre à la fois le développement d'une idée exprimée à intervalles par des chanteurs qui semblent ne penser qu'à eux ; que de suivre à la fois la suite de l'idée et le fil de la phrase mélodique, qui n'est, à aucune partie de la mesure, coïncidente pour aucun, si ce n'est à la fin qui, généralement, aboutit brusquement à un accord; cet accord contraste avec le ton général, et semble exprimer leur étonnement de se voir enfin subitement réunis, après s'être si longtemps poursuivis sans s'atteindre.

C'est une chose assez singulière que l'homme ne se soit pas contenté, pour exprimer la beauté au moyen des sons, de la voix, le plus parfait, le plus pathétique, le plus idéal des instruments. Il a fait grincer des cordes, siffler des roseaux, mugir des tuyaux de cuivre, nasiller des anches frémissantes, tonner des peaux tendues frappées à coup de marteaux, éclater des cymbales retentissantes; toutefois il n'a pas agi sans une raison profonde, ou plutôt sans un instinct supérieur de la beauté et de l'art.

L'homme n'est pas seul dans la création : la nature est le théâtre où il joue le drame agité de sa vie, la scène où il livre ce dur combat. De même que toute action se passe dans un lieu, et que les aspects de ce lieu peuvent être conçus comme ayant quelque rapport avec les sentiments de l'homme, de même, par une illusion naturelle, ou plutôt par une fiction dont il cesse bientôt d'être la dupe, mais dont il persiste à s'enchanter, l'homme imagine autour de lui une nature qui non seulement assiste à sa vie, mais y participe, s'associe à ce qu'il fait, à ce qu'il ressent, et mêle, comme le chœur de la tragédie grecque, sa pensée, ses sentiments, les met en commun avec ceux de l'humanité. C'est surtout par la musique que cette illusion peut être facilement réalisée. L'homme ne peut guère s'abuser au point de croire voir agir, se mouvoir les objets inanimés; leur vie est immobile; mais il peut facilement imaginer qu'ils parlent, qu'ils chantent et s'associent par leurs voix à ses propres pensées; en effet, les objets ne se meuvent pas, ils bruissent : du sein de la création sort une harmonie confuse, vague, inarticulée, dissonnante, que la musique instrumentale reproduit, mais dont elle reproduit le charme seulement et la grâce.

L'art a été plus loin : il a créé une musique purement instrumentale, et a fait taire la voix de l'homme pour ne plus laisser parler que les objets extérieurs : cela a été le résultat d'une grande révolution dans l'art, et qui ne s'est pas accomplie sans résistance. Quelque légitime qu'ait été cette création déjà ancienne, on peut croire qu'on a été emporté trop loin.

Les anciens considéraient comme une véritable barbarie de faire entendre le son d'un instrument quelconque sans des paroles. La raison même qui faisait préférer par Platon la lyre à la flûte, c'est que celle-ci ne pouvait permettre au musicien de chanter. Sans aller jusque là, on doit reconnaître que si pathétique que soit un instrument, il n'arrive jamais à ce degré de puissance, de délicatesse, d'expression, de caractère, de personnalité, de pureté, que la voix seule possède. L'articulation de la voix est infiniment plus précise, plus tranchée, susceptible à la fois de plus de nuances et de plus de justesse; la langue est un archet bien autrement souple et obéissant que celui des violons ou des violoncelles. Je crois que la symphonie, si elle faisait encore des progrès parmi nous, serait plus funeste qu'utile ; c'est le chant de la nature idéalisé ; mais il reproduit, dans ses vagues harmonies, tout le vague de ces voix murmurantes, indécises, que le poète y fait entendre. La nature prend trop de place aujourd'hui dans les arts ; il y a là une source d'émotions plus profonde que pure, et dont le charme est précisément une certaine langueur délicieuse qui provient du vague des idées et des sentiments ; mais cet état a sa mollesse, et c'est une vision maladive. L'esprit s'énerve dans cette succession de confuses images auxquelles il ne peut prêter de corps, qui, éveillées à grand' peine par des sons sans durée, ne parviennent jamais à prendre aucune consistance, parce qu'elles sont sans cesse remplacées par d'autres images. Tout est brouillé, confus ; c'est pour réveiller l'esprit qui se perd, qu'on a recours à une instrumentation parfois si violente et à des effets souvent bizarres. Sans doute le génie de Beethoven a su tirer de la symphonie la poésie la plus élevée. Cette mélodie, qui germe quelquefois sourdement dans les profondeurs de l'orchestre, qui flotte confusément et surnage à peine dans les masses et comme dans les ombres d'une harmonie vague, se précise peu à peu, et les divers détails, les fragments isolés, se rapprochent, se groupent, se lient ; l'unité se fait, l'idée se complète, s'accentue, et enfin la mélodie, dégagée de ses voiles, éclate et s'épanouit ; mais il y a toujours quelque chose d'indécis, de murmurant, presque d'inarticulé dans ces voix de la nature.

La symphonie nous vient d'Allemagne. Ce n'est pas précisément le pays de la lumière, et malgré la profondeur pathétique et le puissant génie de Beethoven, il n'y a pas une de ses symphonies qui cause un plaisir aussi pur, aussi délicieux, aussi noble, aussi divin, que les *Noces de Figaro* ou que *Don Juan*. Mozart est le maître du chœur : son génie est incomparable ; il a tout : la profondeur, la gravité, la simplicité, la grâce, l'expression ; il a répandu sur les caractères qu'il a créés la pureté de l'art. Comme son Chérubin est chaste, si on le compare au libertin précoce de Beaumarchais ! Quelle scène, quelle grandeur tragique que l'apparition de la statue du Commandeur ! C'est un créateur, c'est un vrai poète ;[1] il combine ces deux conditions du musicien, le charme de la mélodie, et l'expression par la mélodie du caractère et de la situation ; il ne va pas aussi loin que Gluck, dont la théorie excessive, en sens contraire de la symphonie, allait presque

---

[1] Qui n'a dans la mémoire cette mélodie suave et si profonde, d'un style si large, la sérénade

Que don Juan déguisé chante sous un balcon.

Le poète a bien vivement exprimé la langueur délicieuse de cette chanson d'amour que balance mollement le rhythme composé du 6/8, tandis que les notes agitées, vives, moqueuses, de l'accompagnement à 3/4, rhythme valsant, semblent dire au chanteur si tendre : tu mens ! Cette explication rappelle un mot de Gluck, à qui on demandait pourquoi, dans l'air d'Oreste, *le Calme rentre dans mon cœur*, il avait accompagné la mélodie calme et tranquille de la voix, des murmures agités et menaçants des bassons et des violoncelles ? il répondit : c'est qu'il ment ; il a tué sa mère ! Sans se rendre un compte aussi exact de son inspiration, le génie de Mozart a suivi le principe de l'expression, mais non en servile imitateur des paroles et jamais au point de lui sacrifier la grâce.

jusqu'à détruire le sens propre, l'expression indépendante de la musique. Gluck est un ancien, et quoique peut-être il ne fût pas un savant harmoniste, et que Hœndel ait dit de lui qu'il ne savait pas plus de contrepoint qu'un cuisinier, ce n'est pas par ignorance, mais de parti pris qu'il renonce aux effets tumultueux, et qu'il ne déchaîne pas les orages de l'orchestre dans sa simple et sévère musique; il veut que les sons expriment des paroles, ce qui est une idée fausse et qui enlève aux sons de la musique toute leur valeur propre; mais son génie ne va pas aussi loin que son système; sa phrase a la netteté de contour et la précision de dessin d'une pensée et presque d'une parole, et ne perd pas cependant le charme musical : de là la simplicité sévère de sa mélodie.

Haydn est le créateur de la symphonie, que Beethoven, son élève, a portée à la perfection et dont il a fait un drame instrumental où il a su porter un pathétique inouï. La grâce facile, la naïveté enjouée, l'élégance naturelle du style, une inspiration féconde mais réglée, l'ordre et la méthode, un génie heureux sans effort : voilà Haydn dans ses symphonies et dans ses sonates charmantes; un thème d'une simplicité extrême, qu'il varie avec une facilité et dont il se joue avec une habileté merveilleuses; sa musique religieuse, les sept paroles de Jésus-Christ, son oratorio de la *Création*, respirent tous un caractère de gravité calme, d'onction religieuse et d'une tristesse sereine. Mozart, qui est universel, est partout à la même hauteur : son *Requiem* et sa messe en *ut* ont les mêmes caractères que son œuvre dramatique et sont des chefs-d'œuvre ; avec une pensée toujours claire, méthodique, une grâce correcte, moins d'abandon, moins de gaîté, moins de liberté qu'Haydn, moins de profondeur émouvante et tragique que Beethoven, il ne fatigue et n'épuise jamais, intéresse et charme toujours ; il se renouvelle, toujours égal à lui-même et l'égal de tous, là même où ils excellent, supérieur à tous en quelques genres et dans les hautes parties de son art.

Ce n'est pas une faible gloire pour les noms de MM. Rossini et Meyerbeer, de pouvoir être encore cités après ces noms qui sembleraient tout effacer. Sans égaler aucun des maîtres que nous avons cités, ils soutiennent cependant une comparaison terrible et n'en sont pas accablés. La mélodie italienne, dans sa fraîcheur, sa grâce un peu sensuelle, son charme propre, éclate dans tous les opéras italiens de Rossini. *Guillaume-Tell* seul et quelques parties de *Moyse* attestent l'influence du génie français, et révèlent la puissance d'expression dont ce maître eût été capable : par exemple, le fameux trio où éclate ce cri déchirant : *Mon père ! tu m'as dû maudire !* et quand la vengeance a fait taire l'amour et la douleur ; quand, ayant rompu les liens qui le détournaient des devoirs sacrés qui l'appellent à venger son père et la patrie, le héros s'écrie : *D'Altorf, les chemins sont ouverts, suivez-moi ! suivez-moi !*

On se souviendra longtemps de l'émotion frémissante et contenue qui agitait tous les cœurs et suspendait la respiration de toutes les poitrines, dans cette salle immense de l'Opéra qu'aux jours de sa gloire M. Dupré bouleversait de ses cris pathétiques et sublimes. J'oserai pourtant dire que dans cette œuvre il manque une chose, peut-être une seule, mais essentielle : la variété.

M. Meyerbeer, si différent de M. Rossini, lui est cependant égal. Ce n'est pas la variété qui lui manque : il aime, recherche les contrastes, et peut-être il en abuse. Quoi qu'il en soit, il intéresse, et malgré la longueur un peu effrayante de ses œuvres lyriques, il mène jusqu'au final de son dernier acte ses auditeurs, sinon charmés et séduits, du moins captivés, intéressés, émus. C'est un français dont le principe est l'expression, mais qui ne veut pas y sacrifier la mélodie, et qui connaît, comme un allemand, tous les mystères de l'orchestre ; mais aussi c'est un moderne ; il pousse loin la fidélité de l'expression ; il aime les situations passionnées, et il en poursuit la vérité souvent au détriment du naturel, de la simplicité, de la grâce, toujours aux dépens de la sérénité. Il n'y a pas de sérénité dans les œuvres de M. Meyerbeer ; mais quelle éloquence ! quels cris tragiques ! comme cet homme sait peindre la douleur, l'amour, les luttes du devoir et de l'honneur, les tentations du mal ! comme il associe l'orchestre aux chanteurs ! c'est un échange de sentiments qui se préparent et se complètent ; le côté orageux, les tempêtes de l'âme, sont exprimés avec une puissance saisissante. Comparez ses opéras comiques avec les *Noces* de Mozart ; il semble qu'on passe d'un intérieur d'usine avec ses machines compliquées, et dont l'ordre même n'exclut pas l'idée du désordre et imprime une certaine terreur, dans le jour frais et l'atmosphère limpide des champs, par une belle matinée de printemps. Il y a dans M. Meyerbeer toujours une intention, mais qui n'arrive pas à son but sans laisser de traces, quelque chose de pénible et de tourmenté ; la mélodie ne coule pas de source ; elle est de courte haleine ; la tonalité, le mouvement, le rhythme, la mesure, tout change brusquement et à chaque instant ; son style puissant n'est pas simple ; il n'a pas de naïveté, c'est à dire, outre la simplicité, une certaine vérité innocente, une certaine originalité naturelle et sans contrainte de l'artiste, et, ainsi entendu, « le naïf est essentiel à toute production des beaux-arts.[1] » M. Meyerbeer a une manière, mais c'est un créateur : *Bertram*, *Marcel*, *Raoul*, *Alice*, sont des figures qui laissent dans l'imagination une empreinte profonde, qui ont une physionomie originale, vraie, distincte, un caractère ; ils vivent ; aucun d'eux ne se ressemble ; M. Rossini n'a pas, autant que je suis capable d'en juger, cette force de création dramatique.

LA POÉSIE.

La poésie est l'art de donner à la pensée, par le moyen de la parole, la forme de la beauté.[2]

---

[1] Diderot, *OEuvres complètes*, tom. XV, p. 209.
 « Sans naïveté, point de vraie beauté. »

[2] C'est ici surtout qu'il importe de se rappeler que nous n'avons entrepris ni une histoire de l'art, ni un traité de poésie. Dans ce dernier essai, comme dans tous ceux qui précèdent, nous n'avons pas la prétention d'être complet ; nous voulons seulement appliquer nos principes aux points importants et

Quelles pensées, quel langage, sont susceptibles de recevoir cette forme? Et d'abord qu'est-ce que le langage?

Le but de tous les arts, l'essence de toute beauté est la vie ; donner la beauté à la pensée c'est lui donner la vie ; la pensée étant générale, universelle de sa nature, l'embellir c'est l'individualiser, et la véritable individualité, la vie véritable n'étant que dans un être qui veut, c'est lui donner une personnalité. La poésie a donc pour but de créer, dans la mesure qui nous est permise, un monde idéal de personnes dont les actes, les sentiments et les pensées intéressent, touchent, émeuvent les hommes, en leur présentant une image embellie de leur vie réelle transfigurée. L'homme ne vit qu'au milieu d'une nature et d'une réalité dont il ne peut pas s'isoler ni s'affranchir ; la poésie idéalisera cette nature et la transformera à son gré, tout en restant fidèle à la vérité : ainsi la poésie est une véritable *création*.

De toutes les formes du Beau, c'est la plus complète, la plus parfaite, la plus indépendante. Les arts plastiques n'ont qu'un moment à représenter ; l'un d'entre eux ne reproduit même qu'une partie, une surface de l'être. La musique exprime bien la succession des sentiments ; mais elle ne produit aucune image, aucune forme étendue, elle n'exprime pas de pensées. La pierre et le bronze, les couleurs et les lignes sont des moyens grossiers de pénétrer la forme essentielle de

---

aux œuvres les plus considérables de chacun des arts libéraux. L'abondance des œuvres poétiques nous condamne à des lacunes et à des omissions qui ne sont pas des oublis.

l'être; la chair, le corps, occupent dans leurs représentations une trop grande place et l'esprit une trop petite ; l'esprit n'y luit que dans l'étincelle enflammée du regard. La musique n'exprimant que des sentiments, n'exprime encore qu'un côté non essentiel de l'être; l'essence de l'être est de penser, de vouloir; des pensées précises, des actions compliquées et déterminées, des volontés fortes, voilà l'homme. La parole seule dégage l'élément indéterminé de son essence, détermine ses pensées, ses volontés, ses actes; donne à chacune de ses idées, de ses intentions, la forme la plus claire, la plus précise, et descend au fond du cœur pour y lire les plus secrets mouvements. Tous les instants de la durée lui appartiennent; elle dessine la plasticité des formes, elle représente les mouvements successifs de la danse, elle peint des plus riches couleurs, non pas pour les yeux, mais pour l'esprit à qui elle laisse achever le tableau ; elle a les accents pathétiques et le charme séducteur des rhythmes, des sons, des cadences; enfin elle est l'expression de la volonté, du moi, de la personnalité humaine, dans son essence la plus pure et la plus haute. Entre la parole et l'esprit, il n'y a pour ainsi dire rien ; c'est par là que la poésie, dont elle est l'organe propre et l'instrument unique, se spécialise et devient un art particulier. En effet, la poésie réunit toutes les expressions des autres arts; elle a ses constructions, sa symétrie, sa belle ordonnance, et comme son architecture; elle a ses tableaux, ses portraits, ses statues ; elle a le mouvement de l'action et le sentiment de la musique ; mais la parole, qui édifie, qui sculpte, qui peint, qui chante, fait tout cela d'une façon qui lui est propre ; ce n'est point aux yeux qu'elle s'adresse ; c'est directement à l'esprit, et à cette faculté merveilleuse de notre esprit qui a le don de concevoir les idées sous des formes sensibles, le général sous la forme du particulier, l'abstrait sous la forme du concret. Toutes les représentations des arts sont matérielles ; elles parlent à nos sens ; la parole ne parle qu'à l'esprit. Il n'y a presque rien dans le mot qui ait un rapport sensible et naturel avec l'idée qu'il signifie ; il est un signe pur, et il ne devient une expression que par un nouvel artifice, et au moyen de l'association des idées, qui joue dans le style un rôle trop méconnu. Par ces analogies à la fois naturelles et de convention, la pensée revêt dans l'esprit une forme sensible qui en devient l'expression ; mais c'est une expression spirituelle et une représentation tout intérieure ; ce ne sont plus des formes réelles, qui arrêtent l'imagination autant qu'elles l'excitent ; ce sont des formes imaginables, par conséquent à la fois sensibles et intellectuelles, idéales en un mot. Nous pouvons comparer la Vierge de la Sainte-Famille du Louvre, à un type intérieur plus pur encore, plus élevé ; mais cette image parfaite de la beauté, *species eximia pulchritudinis*, qu'éveille la poésie au dedans de nous-mêmes, nous ne pouvons concevoir rien qui la dépasse ; car ce qui la dépasserait ne pourrait être également qu'une conception de notre esprit.

Ce moyen de représentation, que seule possède dans

sa plénitude la poésie, et qui est le seul du reste qu'elle possède, révèle le caractère et détermine l'étendue de son action, marque la limite de son empire.

L'imagination, faculté mystérieuse qui tient à la fois de la sensibilité et de la raison, a pour ainsi dire un organe visuel; c'est comme un œil intérieur, ouvert sur les choses extérieures; elle voit des choses que nos yeux ne peuvent atteindre, et que sa puissance créatrice produit au dedans d'elle-même; elle supprime l'espace et le temps, perce la profondeur des eaux et l'épaisseur ténébreuse de la terre, voit des formes qui n'existent pas, qui n'ont jamais existé, qui ne peuvent pas, mais qui devraient pouvoir exister. C'est une puissance énorme, prodigieuse, qui a cependant ses limites; les mille accidents, les détails infinis, particuliers, lui échappent; elle a moins d'énergie que d'étendue : à force d'être intellectuelle, elle est trop délicate; elle ne peint que les traits vigoureux, profonds, saillants; mais ce sont les traits essentiels aussi; tout ce qui est trop physique lui cause du trouble, et noie dans la confusion des idées trop multipliées pour qu'elle puisse les conserver et les embrasser; l'imagination ne peut s'exercer sans un effort de mémoire d'une part, et de recueillement de l'autre; il faut que sans cesse elle se rappelle toutes les perceptions isolées, et que sans cesse elle les tienne réunies entre elles et assemblées sous son regard; si ces perceptions sont trop nombreuses, ces images trop multipliées, ces détails trop délicats, tout se brouille, le lien qui doit les unir se relâche, et tout se dissipe dans le vague et la confusion ; ajoutez-y l'ennui et l'effort laborieux d'un travail stérile.

Ce n'est pas, comme on pourrait le croire, une infériorité pour la parole que de n'avoir pas la force et, pour ainsi dire, la violence que possèdent les autres arts ; la vivacité même de la perception sensible nuit à l'idéalité de la représentation : c'est à l'esprit qu'il faut s'adresser surtout, et la poésie ne s'adresse qu'à l'esprit seul :

> Segnius irritant animos demissa per aurem.

Lorsque les yeux sont trop occupés du spectacle extérieur, l'esprit ne forme pas une image aussi idéale : il est plus passif, moins créateur. Certainement la sculpture et la peinture laissent, des formes et des couleurs, une impression plus vive que la poésie ; certes la musique enchante autrement l'oreille, par ses rhythmes compliqués, par ses mouvements, par ses mélodies qui font vibrer l'âme et sont comme un écho du sentiment, par ses accords puissants et doux ; mais la poésie use de tous ces moyens en les modérant, en les épurant, en les spiritualisant si je puis dire ; elle enlève ce qui est le vice originel de tous ces arts, ce qui les dégrade : la part excessive de réalité qu'ils contiennent encore, et elle le fait sans rien détruire de la vérité ni de la force de la représentation. Quoi de plus vrai, en chaque chose, que ce qui lui est essentiel ? Négliger l'accident, c'est plutôt la ramener à son essence vraie que l'en écarter. Il y a quelque chose de trop réel dans les représentations figurées, plastiques, et surtout pittoresques ; il y a quelque chose de trop sensuel dans les impressions, et de trop vague dans les sentiments que produit en nous la musique ; la poésie modère et atténue ces défauts, et loin d'être une infériorité, c'est un de ses priviléges ; elle ne parle directement à aucun sens ; en même temps qu'elle est plus idéale, elle est plus étendue ; son empire n'a pour ainsi dire point de limites : on a pu circonscrire le domaine de l'architecture, de la sculpture, de la peinture et de la musique ; il n'y a pas de sujet que la poésie ne puisse traiter, pourvu qu'elle sache lui donner la vie, qu'elle le revête de la grâce et le purifie d'idéalité.

> Il n'est point de serpent ni de monstre odieux,
> Qui, par l'art imité, ne puisse plaire aux yeux.

C'est un art universel. Il y a des choses, des horreurs, des laideurs physiques ou morales que le pinceau se refuse à retracer : voici un homme, brave jusqu'à l'héroïsme, tendre jusqu'à l'abnégation la plus absolue, ami fidèle jusqu'au plus complet dévouement ; mais cet ange de vertu a la figure ignoble, horrible, d'un satyre ou d'un démon : c'est Quasimodo ! « Comment pourrait-on le peindre puisqu'on ne saurait le voir ?[1] » tant il est vrai que, dans les arts figuratifs, l'élément moral, spirituel, est opprimé par la sensation et presque détruit par elle. La poésie seule peut faire

---

1 *Epigr. Antholog.*, lib. II, c. 4.

usage de la laideur physique ; seule elle peut compléter la peinture du méchant. Le sentiment, qu'excelle à exprimer la musique, se perd quand il ne se précise pas, quand il ne s'attache pas à une situation, à un caractère, à une action, à un être déterminés. Si la poésie et la danse ne restaient pas, par l'imagination, toujours étroitement liées à la musique, ce serait un plaisir presque uniquement physique ; mais comment chanter sans parler ? tout chant est une parole et par conséquent une pensée. C'est cette pensée, exprimée par la parole, qui détermine dans la musique de chant, assurément la plus haute et la plus belle, l'élément trop vague de l'expression des sons en soi ; et c'est par l'habitude d'interpréter les sons par des idées, des pensées en forme, que nous prêtons un sens aux symphonies : ce sont des opéras dont nous faisons les paroles nous-mêmes. Quoi qu'il en soit, on voit que c'est à la poésie que la musique, qui y a été si longtemps associée, doit les plus purs de ses effets ; la poésie détermine les situations, descend au fond des âmes, y pénètre les plus secrètes pensées, et liant tous les instants qui composent une action, toutes les actions qui achèvent un caractère, tous les traits qui composent une figure, elle donne à ses créations une vie, une individualité, une personnalité, et surtout une *unité* que sont bien loin de posséder les autres arts ; mais ce qui surtout la distingue, c'est qu'elle est absolue, indépendante ; elle n'est liée à aucun dessein, et, pour ainsi dire, ne dépend pas de la matière, pas même des mots : la traduction ne la détruit pas tout entière.

La prose est liée à un dessein, à un but ; elle doit servir à persuader les âmes, entraîner et éclairer les esprits, dompter les volontés et les conduire à des actes réels dont le but ou la fin est pratique, ou n'est pas purement contemplative et esthétique. La poésie n'a d'autre but que d'enchanter l'imagination du spectacle de la beauté. La Grèce seule a pu faire servir à des buts religieux les œuvres de ses poètes et de ses artistes ; nous avons eu souvent l'occasion de dire pourquoi : c'est que la beauté était l'essence même de la divinité pour eux ; leur adoration, leur admiration, leurs transports confondaient ou réunissaient, comme leur langue, le Beau et le bien, le Dieu et l'idéal, le sentiment esthétique et le sentiment religieux, la religion et l'art. Ce qui prouve cependant que le côté artistique dominait dans ces heureuses imaginations, c'est qu'aujourd'hui, où nous ne nous enchantons plus des mêmes erreurs, où nous avons conçu la divinité comme un esprit pur, absolument amorphe, incapable de s'unir à la matière, les poésies de Pindare sont restées le chef-d'œuvre de la poésie lyrique ; les tragédies de Sophocle seront éternellement relues et admirées ; et Homère recevra les hommages de toutes les générations des hommes. On pourrait soutenir même que la beauté des poèmes n'est vraiment et complètement goûtée que lorsqu'ils sont dégagés de toute fin religieuse ou autre? Le plaisir est plus esthétique et plus pur quand aucune autre émotion ne le domine ou ne l'altère. Il ne me semble pas que ce soit un paradoxe de soutenir que le plus beau psaume de David, ou le cantique de Moïse sur la montagne, récités dans l'église par un prêtre convaincu, avec l'accent de la ferveur la plus profonde, avec la plus religieuse onction, ne lui feront pas goûter à lui-même, et n'éveilleront pas dans l'imagination de ceux qui l'écoutent, le vrai plaisir du Beau. Peut-être l'élévation de son âme vers la divinité lui cause-t-elle un ravissement plus délicieux encore que le spectacle de la beauté; mais ce ne sont pas des jouissances du même ordre et de la même nature. La poésie a en soi seule son vrai but, sa vraie fin; elle ne dépend de rien que de l'esprit; elle n'a besoin d'aucune matière : l'immatérielle parole lui suffit; il ne lui faut ni pierres, ni marbres, ni toiles, ni murailles, ni ciseau, ni marteau, ni pinceau, ni archet, ni cordes; une feuille de papyrus, un peu de boue noire, la pointe d'un roseau, voilà tous ses instruments, encore lui sont-ils utiles sans lui être indispensables. Il est presque démontré qu'Homère n'a pas écrit ses deux poèmes, qu'il les a composés de mémoire, et qu'une école de chanteurs, qui les apprenaient ainsi et les récitaient de même, les a légués à la postérité par la voie de la tradition orale, presque jusqu'au temps de Pisistrate. Homère était aveugle : il aurait pu être sourd, et s'il eût su écrire, il aurait pu devenir muet sans cesser d'être poète. La poésie ne dépend d'aucun but; elle ne dépend pas même des misérables instruments qui aident l'homme à fixer et à perfectionner le langage, qui est la forme sous laquelle elle exprime la beauté.

Le poète, en effet, ne se contente pas du langage ordinaire, où cependant l'instinct universel du Beau a déposé déjà des germes ; plongé dans le commerce impur ou trivial de la réalité, et dépouillé de ce qui fait le charme et la grâce de la forme, le langage ordinaire des hommes ne lui a pas suffi, il a créé une langue, la langue des vers ; l'harmonie et la beauté des sons en sont les premières conditions. Sous ce rapport, il y a des langues plus heureusement nées les unes que les autres. Il y a dans toute langue deux éléments : l'un positif, le son vrai, la voix ou voyelle ; l'autre négatif ou limitatif, qui modifie et détermine la voix par une addition au son élémentaire ; mais, muette en elle-même, la consonne n'a qu'un son insaisissable, une résonnance indistincte que la voix ne peut reproduire ; elle est, comme dit très bien M. de Lamennais, elle est à la voyelle ce que l'ombre est à la lumière ; cependant c'est la charpente de la syllabe ; c'est la consonne qui en dessine la forme en la limitant, qui soutient les sons des voyelles, trop fluides et trop mous, qui en arrête les contours, qui accentue avec énergie et facilite l'articulation, sans elle difficile et sans précision. Les langues les plus propres à la versification sont donc non pas celles où les voyelles sont le plus abondantes, mais où il y a entre ces deux éléments, la matière et la forme, le plus juste équilibre, où il n'y a ni trop de lumière ni trop d'ombres, où l'ombre ne sert qu'à faire ressortir les formes lumineuses, en s'y opposant et en les limitant. Chaque langue même fait un choix dans son dictionnaire et exclut de ses vers certains termes, certains sons, comme elle exclut certaines idées et certaines images.

Cela n'a pas paru suffisant. Il y a déjà un rhythme dans la langue, dans le mot, merveilleuse création du génie grec. Le mot est le résultat de plusieurs facultés; il n'est donc pas étonnant qu'il ne soit pas simple dans ses éléments, et que l'analyse purement logique soit fréquemment à court pour expliquer ses transformations. Il n'est ni sans intérêt ni sans importance d'en étudier l'origine et de montrer quel rôle il joue dans la formation d'une langue poétique.

Rien de ce qui est sensible et touche à l'essence de la matière n'est absolument simple, absolument un; toutes choses, au contraire, se divisent et s'ajoutent, l'espace aussi bien que le temps; toutes les choses matérielles sont composées et se succèdent ou cohèrent; nos idées, qui, à l'exception des idées premières, ont toutes leur origine dans le sens, nos idées sont complexes, successives dans notre esprit, et, quoiqu'imperceptible, il y a un espace de temps entre chaque acte de notre intelligence, par lequel nous les apercevons et les unissons par la mémoire. Nos premières connaissances sont comme des blocs informes, d'où l'esprit, semblable à un sculpteur habile, cherche à tirer laborieusement des idées précises et distinctes, en les taillant, en les coupant, en les disséquant. Les plus simples des éléments, où l'on peut ainsi réduire nos pensées premières, sont encore des idées très composées ; la notion de paul, de marteau, de papier, sont des notions entièrement complexes ; de là ce fait très remarquable, que tout le monde a remarqué et qu'on a peu expliqué : c'est qu'aucune langue ne présente à l'état usuel un thème pur, une vraie racine, n'exprimant qu'une idée simple ; par une raison excellente, c'est qu'il n'y a pas d'idées absolument simples dans notre esprit, et que donner à une racine la forme d'un nom, d'un verbe ou d'une préposition, c'est y ajouter un nombre considérable d'idées.

Cependant rien n'existe pour notre esprit que par l'unité. Nous ne comprenons rien que ce qui est distinct, par conséquent qui est séparé des autres choses et a son individualité précise.[1] La succession de nos idées, en admettant même que nous ayons la force de les retenir toutes, ne saurait se prolonger sans fin ; il faut qu'elle ait une limite, une unité. Nous groupons donc autour de l'idée principale, qui attire particulièrement notre attention, laquelle ne peut se répandre avec une égale énergie sur toutes nos idées, nous groupons autour de ce foyer, de ce centre d'attraction, en les liant, en les subordonnant entr'elles, les idées accessoires et les syllabes qui les expriment; celles-ci se fondent l'une dans l'autre, exercent l'une sur l'autre une action réciproque, en obéissant aux lois d'une syntaxe intérieure, expression de l'ordre des idées, de leurs rapports de dépendance, d'accord, de régime.

---

[1] Il est cependant des peuples où ce besoin de l'esprit est peu actif. (V. *Mém. sur le système Grammat. des lang. de q. q. nations indiennes de l'Amériq.*, Duponceau, 1838, p. 166, Paris.) Leur langage n'est qu'une phrase, ou plutôt une succession sans lien de molécules syllabiques.

L'étendue de ce groupe d'idées, au point de vue logique, serait uniquement déterminée par la force très variable que chaque individu possède de recueillir et de conserver le lien des idées ; chaque homme serait libre de l'agrandir ou de la restreindre à sa propre mesure ; au fond il n'y aurait pas de mot, si, dans la succession des syllabes significatives, il n'y avait qu'un signe de nos idées. Mais ces syllabes sont sonores et mélodieuses ; elles s'adressent à nos sens ; et nos sens ou notre imagination, par l'intermédiaire de nos sens, réclame un plaisir ; déjà agréables par leur son même, quoiqu'il ne soit pas musical, le goût du Beau en veut achever la beauté ; il veut leur donner l'unité, la forme, la vie, l'âme, et il crée l'accent, par lequel il donne le nombre aux sons et organise le mot. Par lui l'unité devient sensible, le nombre animé, le mot vivant ; une syllabe est frappée d'une énergie particulière de la voix qui s'élève sur elle ; autour de cette syllabe forte se groupent les syllabes faibles qu'elle domine et rallie à elle comme à un centre ; le mot est coupé en deux temps, en deux parties qui se mesurent, se déterminent, se balancent l'une par l'autre : le rhythme est créé, c'est à dire la proportion, l'ordre ; ce chant syllabique rend sensible et parlante la hiérarchie expressive des syllabes ; en même temps qu'il charme l'oreille, il achève l'unité de la pensée, et ajoute à la clarté du signe dont il contribue à faire une expression : c'est l'âme de la parole. Le rhythme est non seulement le père du vers, comme le disait Aristide Quintilien, c'est le père du mot : or, c'est en

Grèce seulement que les règles de l'accentuation, fondées sur la nature de l'oreille, ses exigences et son goût, se fixent; c'est là que, pour la première fois, le mot se dégage absolument de tous les éléments où il flottait égaré et noyé, et qu'il arrive à cette perfection d'individualité qu'il ne perdra plus; il reçoit une vertu de poésie, une force admirable d'expression; pour tout dire, il reçoit la beauté.

Tel est l'accent syllabique qui crée ou organise le mot. Sans cet accent, il y a encore une langue; il n'y a plus de mot et il n'y a plus de vers. Toute langue qui le connaît est déjà un instrument poétique; mais cette poésie du mot est bien vite perdue par l'usage familier et vulgaire auquel il est asservi; l'élément musical, le nombre, l'accent, devient une tradition, une coutume; on le transporte dans l'échange de toutes les idées; tous les mots étant accentués, dans toutes circonstances, leur mélodie devient banale et inexpressive; il reste à créer une forme qui ne serve qu'à la poésie, qui lui soit à la fois convenable et propre, et cette forme c'est le vers.

Le vers c'est le rhythme dans sa perfection savante, appliqué à la parole, et créant, au milieu du langage ordinaire, un langage supérieur, une langue des dieux.

Le rhythme ou le nombre ne peut s'appliquer dans la poésie qu'aux parties du temps remplies par les syllabes; l'accent rhythmique détermine la nature du rhythme, en imprimant à la succession des syllabes un mouvement de voix croissant ou décroissant, suivant que le temps fort commence ou finit, et la mesure détermine soit le nombre, soit la valeur prosodique des syllabes qui peuvent entrer dans l'unité rhythmique. La mesure multiplie donc indéfiniment les formes du vers, et ce n'est pas sans raison que les vers sont appelés en grec des mesures, des mètres. Son rôle a, comme on le voit, son importance. L'unité du rhythme et son identité sont marquées d'une manière sensible par la répétition régulière, aux mêmes parties de la mesure, des temps forts et des temps faibles. Des rhythmes semblables, de mesures différentes, ou même des rhythmes différents, de mesures différentes, peuvent être associés ensemble et groupés entre eux, de manière à former un rhythme composé, dont l'unité ne pourra être marquée que par la reproduction, dans le même ordre, de la même série de rhythmes et de mètres : ce sont les strophes, dont les combinaisons sont si variées et si riches d'expressions dans la versification grecque et latine. On peut considérer la strophe comme un vers. Enfin, quand une langue a créé ses rhythmes et ses vers; quand une versification est établie, qu'elle a ses principes et ses traditions; que l'artiste est sûr de la délicatesse des oreilles auxquelles il s'adresse, et qui sauront reconnaître les vers en les comparant non pas entre eux, mais à la forme idéale qu'ils en ont si souvent entendue et dont l'harmonie résonne encore dans leur âme, on peut faire succéder des rhythmes différents, de mesures différentes, sans les lier par aucune loi générale; il n'y a plus d'ensemble; il n'y a que des parties, dont le rhythme particulier échapperait sans une délicatesse extrême de l'auditeur : ce sont à peine des vers ; c'est la pensée, l'expression qui choisit alors le rhythme; la langue des vers a perdu son mode propre d'expression, et par conséquent sa beauté. Cependant, dans certains genres de poésie, on a tiré un merveilleux parti de ces rhythmes brisés que les Grecs appelaient *soluta*, dont ils faisaient usage dans les parties lyriques de leurs tragédies, quand la vérité de l'expression et la force de la situation ou des sentiments semblaient leur faire une loi de renoncer à la forme antistrophique. Dans la versification française, où l'accent porte toujours sur la dernière syllabe des mots, le rhythme ascendant ou anapestique règne exclusivement. La Fontaine a donné l'exemple de ces vers de mesures diverses, que le caprice seul du poète, ou plutôt son génie, distribue, et dont il a su tirer des effets charmants, mais des effets d'expression ; c'est l'idée qui impose ici le rhythme, lequel par conséquent a toute sa valeur propre.

> Même il m'est arrivé quelquefois de manger
> Le berger.
> Mais qu'en sort-il souvent ?
> Du vent.

La coupe est d'un effet saisissant de vérité; mais comme aucun rhythme, aucune mesure ne sont dessinés, que rien n'a fait obstacle à ce mouvement, il n'étonne pas, il ne surprend pas ; il peut être de la prose aussi bien que des vers, auxquels il n'appartient que par la rime. *Le berger, du vent*, ne faisant partie d'aucun rhythme, ne sont pas des expressions rhythmiques.

Il n'en est pas ainsi du *nascetur ridiculus mus*, [1] ni du *procumbit humi bos*. [2] Ces chutes faisant partie de la cadence et rentrant dans le rhythme, frappent d'autant plus qu'elles étonnent en faisant une certaine violence au mouvement régulier et à la chute musicale du vers, où les accents sont violemment déplacés. Les moyens de marquer fortement le rhythme et la mesure sont fort divers; les langues richement accentuées peuvent se contenter de l'accent : les vers blancs y sont en usage. Cependant toutes les langues modernes manquant de l'élément prosodique, ont recours à des moyens plus complets, et ajoutent à l'accent, soit la rime, soit l'*allitération*, soit l'*assonnance* [3] ou répétition des mêmes sons à la fin ou au commencement de l'unité métrique ou des parties de cette unité, mais s'ajoutant toujours au temps fort des unes ou des autres. La langue française ne peut se passer de la rime; la monotonie de son rhythme assimilerait complètement le vers à la prose, s'il n'y avait rien pour battre la mesure que son très faible accent.

Le rhythme, combiné avec la mesure, a son expression; il a un caractère aussi bien que les tons en musique; non seulement il est la grâce et la beauté du discours, déposées dans les parties du temps qu'il remplit; mais il se prête, par des combinaisons ingé-

---

[1] Horace, *Art poét.*, V, 139.

[2] Virgile, *Æneid.*, liv. V, v. 481.

[3] *Allitération*, répétition d'une seule et même lettre au commencement des mots.

Assonnance, répétition de lettres ayant le même son, au milieu ou à la fin des mots différents.

nieuses, à tous les sentiments et concourt à leur expression. Cela n'est pas extraordinaire et cela est d'ailleurs prouvé par l'expérience : tous les mouvements de l'homme se cadencent, se balancent, s'équilibrent, se proportionnent ; tous ses mouvements physiques, ou la plupart au moins, ont quelque rapport avec la volonté et les mouvements intérieurs de l'esprit. Comment ces volontés et ces sentiments ne réagiraient-ils pas sur les mouvements, sur la marche de la voix ? Le besoin d'ordre est tout spirituel de sa nature. Si l'homme rhythme son pas, sa course, sa parole, ce n'est pas uniquement le besoin de respirer, d'affermir son pied, qui lui inspire cette pensée ; il sent que cette parole et cette démarche ainsi rhythmées sont non seulement plus aisées, mais plus élégantes, plus libres. Mais cela admis, on ne peut se refuser d'admettre que l'esprit et ses passions réagissent sur le rhythme de la voix ; que, calmes, elles le modèrent ; que, maladives, elles l'allanguissent ; qu'agitées, elles le troublent et le précipitent. Le rhythme peut donc être pathétique, *éthique*, comme diraient les Grecs ; l'art est de lui donner cette force d'expression, sans rien lui enlever de sa grâce, et de ne point sacrifier à l'effet passionné la vertu de la beauté. Les Grecs avaient poussé cet art d'approprier au fond des idées la forme rhythmique si loin, qu'ils en avaient fait une science ;[1] avec un peu de subtilité, ils avaient posé des principes, établi des règles,

---

[1] Plut., *de Music.*, 33. La convenance ou la rhythmopée, qui ne consistait pas seulement à inventer de nouveaux rhythmes, mais à les approprier aux idées et aux sentiments.

déduit des conséquences, et avaient déterminé dans quel mètre et dans quel rhythme chaque genre poétique devait être écrit. Horace nous a donné quelques unes de ces règles dans sa lettre aux Pisons :

> Quo scribi possent numero monstravit.

L'unité du rhythme général d'un poème en caractérisait la nature et en déterminait le genre. Le dactylique hexamètre exprimait, par son accent un peu triste, la mélancolique grandeur des souvenirs déjà lointains ; il était consacré au récit épique des faits de la vie d'un peuple, et lui racontait son histoire. L'ïambe, vif, qui a le mouvement, le *crescendo* de l'action présente, s'appliquait admirablement au drame : *natum rebus agendis*. Le languissant distique élégiaque, avec son épode mourante et sa double catalexis, convenait à la douleur, aux soupirs de l'amour, qui mêle toujours bien de la langueur, de la mollesse, et comme de l'épuisement, dans ses joies et dans ses ardeurs. L'anapeste est plus noble que l'ïambe, d'un élan moins vif, moins léger, mais plus soutenu, plus ferme, plus irrésistible ;[1] c'est le rhythme des marches militaires, et c'est aux accents de flûtes jouant sur des rhythmes anapestiques, que les soldats lacédémoniens

---

[1] C'était le rhythme des chants de Tyrtée. Ces marches militaires, dont la plus célèbre était celle de Castor, étaient jouées sur des flûtes et les paroles écrites en dialecte dorien, non pas pour exciter la fureur et l'emportement des courages ; au contraire, pour les retenir et les modérer : *sed contra, ut moderatiores modulatioresque fierent.* Aul. Gell., 1. 11. Cf. Thuc., V, 70. Val. Max., II, 6. Cicér. Tusc. 11, 16, et Otf. Müller, *Die dorer*, tom. II, p. 249, 10, et p. 333.

marchaient au combat. Les poésies lyriques, constamment associées à la musique, et exprimant toutes les passions et tous les sentiments de l'âme, s'emparaient de tous les rhythmes, les combinaient et allaient jusqu'à associer, dans des rhythmes nouveaux, les mouvements les plus contraires : [1] le choriambe, par exemple, qui réunissait le mouvement ascendant de l'ïambe au mouvement du trochée. Je suis confondu de voir qu'un Grec, et ce Grec est Aristote, au milieu de cette abondance de preuves qui démontrent non seulement que la poésie est attachée à un rhythme, mais que chaque genre de poésie avait son rhythme propre qui lui était exclusivement consacré; je suis confondu de voir Aristote prétendre que le vers n'est pas essentiel à la poésie. [2] Le vers n'est qu'un costume, je le veux bien, mais c'est le costume naturel, expressif et gracieux de la pensée poétique, qui n'est pas nue, comme on le dit de la vérité; le vers est une aile qui l'enlève au dessus de la terre et l'empêche de ramper à pied dans notre fange, et de souiller sa robe blanche dans notre boue; c'est l'idéal du langage; on ne parle pas ainsi, mais c'est ainsi qu'on devrait pouvoir parler; c'est une langue divine, immortelle; elle a cela pour elle :

> Que les sots d'aucun temps n'en ont su faire cas,
> Que le monde l'entend et ne la parle pas.

Malgré l'autorité de Bacon, qui prétend que « le vers

---

[1] Hephœstion.
[2] Aristt., *Poétiq.* I et IX.

est une forme d'élocution qui n'a rien de commun avec les différences des genres ; car on peut écrire en vers une histoire vraie, et en prose une fiction ; » malgré l'autorité d'Aristote, qui dit que les vers seuls ne constituent pas un poème, ce qui est très exact ; que le vers n'est pas l'essence de la poésie, [1] et que là ne se trouve pas sa définition ; mais qui ajoute qu'on pourrait mettre en vers l'histoire d'Hérodote, qu'elle n'en serait pas moins une histoire et pas plus un poème ; je dis que ce serait un tour de force impossible à réaliser. On ne peut pas supposer qu'un écrivain soit capable de parler si longtemps la langue des vers, de boire à la coupe enchanteresse de la poésie, sans se laisser enivrer ; son imagination, charmée par la musique et la beauté divine de ce langage, introduirait dans la véridique histoire des éléments étrangers qui en gâteraient la sévère essence ; je dis que sous le charme de la beauté de la forme, il cesserait de juger les choses, d'apprécier les événements tels qu'ils sont, tels qu'ils ont été ; son esprit, troublé et partagé par ces deux visions du réel et de l'idéal, produirait une œuvre sans unité, sans caractère, qui ne serait plus de l'histoire et encore moins de la poésie ; et je crois avec Hégel, que c'est d'un point de vue assez étroit et assez court qu'on a pu considérer la forme rhythmique comme indifférente, même comme un embarras, un plaisir de sensualité populaire qui nuit à la pureté de la poésie, laquelle, « arrivée à son âge viril, dépouille ces langes de sa puérilité. [2] »

[1] Aristt., *Poét.*, c. IX.
[2] M. de Lamartine, *Entretiens familiers de littérature.* Tel n'est point le

Ce n'est pas, il est vrai, par là que la poésie se distingue de la prose. Aristote l'a vu avec sa profondeur habituelle : la poésie généralise, et la prose exprime des idées particulières. [1] Mais ces idées générales doivent avoir une forme particulière, et c'est ce qu'aucun genre de prose ne doit avoir, parce que la poésie ne veut que plaire, tandis que la prose a un dessein, un principe hors d'elle auquel elle est asservie.

Voilà donc avec quelles armes, avec quels instruments la poésie aborde sa tâche de transformer le réel en idéal, et d'offrir à l'homme la plus parfaite et la plus haute image de lui-même, la notion représentée, aux yeux de l'imagination, des hommes particuliers épuisant toute la richesse de leur genre, toute l'essence de l'humanité. Mais aussitôt que la poésie véritable est née, aussitôt qu'elle est sortie de la confusion et du

---

sentiment de Diderot sur le rhythme; il dit, *OEuv. compl.*, tom. XIV, p. 429 : « Qu'est-ce donc que le rhythme? me demandez-vous. C'est une certaine distribution de syllabes longues ou brèves, dures ou douces, sourdes ou aigres, légères ou pesantes, lentes ou rapides, plaintives ou gaies, ou un enchaînement de petites onomatopées analogues aux idées qu'on a et dont on est fortement occupé.... C'est l'image même de l'âme, rendue par les inflexions de la voix, les nuances successives, les passages, les tons d'un discours accéléré, ralenti, éclatant, étouffé, tempéré en cent manières diverses... Le sentiment se plie de lui-même à l'infinie variété du rhythme. Sans la facilité de trouver ce chant, on n'écrit ni en vers ni en prose; c'est elle qui prête aux écrits une grâce toujours nouvelle. On retient une pensée, on ne retient point l'enchaînement des inflexions fugitives et délicates de l'harmonie. Ce n'est pas à l'oreille seulement, c'est à l'âme, d'où elle est émanée, que la véritable harmonie s'adresse. Ne dites pas d'un poëte sec, dur et barbare, qu'il n'a point d'oreilles; dites qu'il n'a pas assez d'âme. »

[1] L'individualisation du général, trop peu mise en relief par Aristote, est pourtant bien indiquée par lui, en disant que la poésie n'exprime le général que sous des noms particuliers. C'est une chose bien étrange que l'un des derniers éditeurs de la *Poétique*, M. Ritter, n'ait vu là qu'une interpolation inintelligible.

mélange, du chaos où bouillonne toute chose qui germe encore et qui n'est pas formée, elle prend des formes particulières et se divise en genres. C'est d'abord un fait que démontre l'histoire littéraire de tous les peuples qui ont une littérature ; mais c'est aussi une conséquence logique, forcée, qui a sa racine dans la nature vraie de la poésie, et c'est ce qu'on a récemment contesté. On a contesté la légitimité des genres, et, sous prétexte de romantisme, de liberté, on a voulu nous ramener à cette confusion d'impressions comme d'images, à ce chaos indéchiffrable où se noie la poésie de l'Inde : poésie, religion, philosophie, sciences, réalité, chimère, là tout est dans tout ; rien n'a de formes, rien ne persiste, rien ne demeure ; on croit saisir un fait historique, on trouve une allégorie ; on croit admirer une conception poétique, c'est une légende religieuse. De même, de nos jours, on a conçu la poésie sous une forme vague, immense, infinie ; qui a le droit de s'attaquer à tous les sujets, sous une même forme ; de les embrasser tous dans une même œuvre, et de les représenter confondus dans cet embrassement monstrueux ; le grotesque a coudoyé le sublime ; le rire a éclaté en même temps que les larmes ; les bouffonneries de Scapin et les turpitudes risibles d'Harpagon se sont mêlées aux douleurs de Chimène, à l'héroïsme de Polyeucte, à la majesté de Joad : le drame a été inventé. Je doute de la durée de ses succès modestes ; mais du jour de son triomphe douteux, la poésie ne comptera plus ni la muse fière, noble, sublime de la tragédie, ni la muse moins austère et tout aussi profonde, tout aussi humaine de la comédie ; à la place de *Polyeucte* ou d'*Horace* on nous offrira le *Faust*, à la place de l'*Iliade* le *Ramayana* ou les *Nibelungen*, à la place de *Tartufe* ou du *Misanthrope*, rien. Il importe donc de savoir à quoi s'en tenir sur cette question des genres qu'on a voulu troubler, et avec laquelle l'on a jeté la poésie et le génie hors de leurs voies ; on ne peut pas tout embrasser, et, faute de pouvoir se reconnaître, avoir un but, donner à sa pensée une forme, avoir un genre, le talent s'est perdu et noyé dans un océan sans rivages.

La poésie a pour objet de plaire ; pour moyen, l'imitation ; pour instrument, la parole ; mais il ne faut pas croire que tout plaisir, toute imitation, toute parole soient poétiques. La poésie a son plaisir, son imitation, son langage propres ; elle plaît au moyen de l'expression de l'idéal ou de la représentation de la beauté par la parole ; mais ceci est déjà un genre ; la poésie est un genre, une forme générale entre tous les moyens de plaire par la représentation de la beauté, et les raisons qui fondent et qui légitiment la division de l'art en genres particuliers, sont absolument les mêmes que celles qui justifient la division de la poésie en genres poétiques. Pourquoi a-t-on séparé en des arts particuliers les plaisirs de la peinture, de la musique, de la poésie, ces deux derniers surtout, qui sont si intimement unis ? On n'a pas assez remarqué le rôle créateur que joue l'imagination dans le plaisir du goût. On a cru que l'auditeur n'avait qu'à recevoir, toute faite et parfaite, la représentation, la forme idéale de la beauté : il n'en est rien. L'art le plus parfait ne peut qu'exciter les facultés créatrices, les diriger, les soulever ; mais il ne termine pas ce qu'il commence. Toutes les formes matérielles sont impuissantes à exprimer l'idéal ; elles ne peuvent que révéler qu'il y a sous elles quelque chose qu'elles ne signifient pas. L'esprit seul peut produire l'idéal : or, l'homme a des facultés bornées, et il ne peut pas les mettre en une activité également intense toutes en même temps ; tandis qu'il fait des efforts pour achever au dedans de lui-même la forme idéale de la beauté plastique, s'il est provoqué par des excitations, des chants, à former l'idéal de la beauté par les sons et par des vers, à former l'idéal de la beauté par la parole, ses facultés ne pouvant se porter également sur tant de formes diverses, s'épuisent, ses conceptions se brouillent, il ne voit plus rien, n'entend plus rien ; ses plaisirs se nuisent, se détruisent l'un l'autre ; l'unité d'impression, de conception, l'unité de la forme intérieure est impossible à réaliser dans l'imagination. Les sens eux-mêmes ne se prêtent pas à réunir dans une seule perception des perceptions diverses ; l'œil ne voit pas bien quand l'oreille est fortement saisie, et quand les sens extérieurs sont tous violemment attirés par les formes matérielles, l'œil intérieur de l'âme perd de sa perspicacité, de sa puissance et de sa clairvoyance. Sans doute la réalité n'est pas simple, la vie vraie ne comporte pas ces genres,

---

1 La nature, dit-on, ne connaît aucun genre. Sans doute les genres

qui ne sont que des abstractions ; tout est confus et confondu dans la nature ; les sons, les couleurs, les formes, les sentiments, les actions, les idées, tout se confond, se mêle, se trouble ; mais c'est précisément la souffrance que ce chaos de la réalité nous cause, qui nous excite à concevoir un monde où tout est ordonné, distribué, où une clarté limpide enveloppe nos impressions et nos idées, où toutes choses prennent des formes précises, imaginables, lumineuses.

Il n'est pas prudent de donner un concert ou une représentation dramatique dans une salle pleine des chefs-d'œuvre de Raphaël ou de Michel-Ange. Si j'étais prince, ce n'est pas pendant mon dîner que je ferais jouer la symphonie pastorale. Quel ragoût peut-on donc composer d'un verre de vin de Chypre, combiné d'une mélodie pathétique de Beethoven ou d'une strophe enflammée de Goëthe ou de Schiller ? Vous avez beau me dire que l'on prend son plaisir où on le trouve : ce n'est pas parce que les Romains aimaient à voir défiler sur la scène des animaux bizarres, ou qu'ils adoraient le spectacle des gladiateurs ; ce n'est

---

sont artificiels, en ce sens qu'ils sont une création d'un art ; mais la poésie est sans doute un art ; ce n'est ni au coin d'un bois, ni au détour d'une rue qu'on la rencontre : c'est une création humaine. Mais artificiels, les genres ne sont pas faux ; ils ont leur vérité dans la nature idéale que crée la poésie, et c'est pour achever sa création qu'elle les produit ; elle veut plaire : quels moyens a-t-elle de plaire ? doit-elle les réunir ou les séparer ?

On dit : c'est la Grèce dont vous avez sucé les leçons, qui, vous pénétrant de notions préconçues, de préjugements, vous ôte la faculté de comprendre la beauté sous de nouveaux aspects. Nous répondons : c'est parce que vous n'êtes pas des fils de la Grèce que vous n'avez pas la faculté de voir que cette forme de la beauté n'est pas grecque, mais universelle ; qu'elle n'est pas destinée à durer un siècle, mais que l'éternité, l'immortalité du moins lui est promise.

pas, dis-je, une raison pour que l'exhibition des girafes ou la danse des ours soient des éléments de la poésie dramatique. C'est vraiment là de la barbarie, et sans doute ce n'est pas seulement l'orgueil blessé, mais l'outrage fait à la dignité de la muse, qui arrachait à Térence ses plaintes et sa colère éloquentes, quoique contenues.

Il en est ainsi des genres poétiques. C'est pour épurer, pour idéaliser le plaisir, pour le laisser pur et limpide, que les genres ont été institués par la raison et l'expérience; ils sont nés peu à peu du dégoût produit par la confusion et le désordre; certainement la nature n'en a pas fourni l'idée; la nature ne connaît que des individus; l'homme seul généralise. Les genres, il faut le proclamer, sont artificiels, en ce sens qu'ils sont le produit de l'art, d'un ensemble de moyens vérifiés par la réflexion, justifiés par l'expérience pour produire la plus parfaite image de la beauté. Ils sont artificiels, c'est à dire qu'ils sont une création de l'art; mais n'en est-il pas ainsi de la poésie? Ce n'est point sans doute au coin d'une rue ou d'un bois qu'elle a été trouvée. La poésie est un art, une création humaine; elle est artificielle comme ses formes : ce qui ne veut pas dire que ni l'une ni les autres soient fausses; elles ne sont pas réelles, elles sont idéales; elles ont leur vérité dans le monde supérieur que crée notre imagination pour sa propre satisfaction, dans la nature de l'esprit humain et de ses besoins. C'est pour achever cette création et la rendre plus parfaite, plus lumineuse, plus idéale, qu'elle les produit par une séparation des éléments divers et confus qui s'agitent dans son sein; elle sépare et réunit, c'est à dire elle ordonne, elle vivifie, elle crée. La prose se distingue de la poésie, l'épopée de l'histoire, la peinture de l'enluminure, l'art du métier, le grotesque du tragique, le récit de l'action; le tout pour ne pas troubler l'esprit dans ses conceptions, pour ne pas nuire à leur netteté, et pour augmenter les jouissances de notre imagination en les épurant et en les ordonnant. Les genres donc ne sont pas simplement une tradition grecque, un préjugé classique; c'est le jugement du sens commun et la tradition de l'expérience qui les produisent et aussi qui les conservent. Pour emprunter une parole célèbre, le vrai génie aime les genres tranchés; l'inspiration n'est pas le désordre : c'est la liberté, mais la liberté qui sait les limites de son droit et qui les respecte. Au delà c'est de la folie,[1] ou, comme on l'appelle par euphémisme, la fantaisie, la muse très courtisée du royaume du vide et du vague.

[1] M. H. Blaze, *Revue des Deux-Mondes*, 1839, tom. XVIII, p. 603, sur le Faust : « Ce doit être pour le génie une volupté auguste que de donner ainsi libre carrière à toute son inspiration, et d'en arriver à ne plus compter avec lui-même, à ne plus choisir, à ne plus émonder, avec la faucille de la raison, l'arbre touffu de ses idées.... On se demande si de pareils hommes ont pu vivre parmi nous... Goëthe a eu la conscience de sa force surnaturelle, » et il y a eu un jour « où il a senti la divinité de son cerveau. » J'avoue humblement que voilà un lyrisme d'admiration dont je suis incapable : ni les adieux d'Hector et d'Andromaque, ni la prière du vieux Priam, ni le vieil Ulysse essuyant furtivement avec son manteau les larmes que lui arrache la mort du chien qui l'a reconnu, ni l'introduction d'Œdipe roi, ne m'ont jamais fait penser à la force surnaturelle, ni à la divinité du cerveau de Sophocle et d'Homère. On appelle la raison une faucille; cette faucille est d'or comme celle des Druides : il n'y a pas de chêne si robuste et si sain où elle ne soit obligée de tailler les rameaux désordonnés qui le déparent, qu'elle ne soit obligée de délivrer d'une végétation stérile et parasite qui en épuise la sève et en compromet la beauté.

Quels sont donc les genres ou les formes particulières de la poésie, et sur quoi sont-ils fondés? sur l'objet de l'imitation ou sur la manière dont on représente les objets.

Aristote use tour à tour de ces deux principes. nous sommes portés à admirer la grandeur des choses, ou, au contraire, à les voir sous leurs côtés petits et faibles : or, comme nous les reproduisons comme nous les avons senties, c'est de là que découle une grande division dans la poésie : les œuvres destinées à peindre, à louer et à célébrer le bien; les autres, à peindre et à censurer le mal; de là la comédie et la tragédie, les ïambes et les hymnes, le Margitès et l'Iliade. Mais sans entrer à fond dans cette question de détail, ce principe peut bien sous-diviser les genres; il ne les crée pas; il y introduit des espèces, les caractérise, mais n'en fonde pas le principe générateur. Aussi Aristote lui-même a-t-il recours à un autre principe : les moyens divers dont use la parole rhythmée pour représenter; ce n'est pas dans la matière immense que choisissent ou qu'usurpent indifféremment toutes les formes de la poésie, que l'on peut trouver en effet leur origine. On peut, en effet, par cet unique instrument de la parole, donner une forme à nos idées, et exprimer les conceptions de notre imagination de deux manières, mais de deux manières seulement : ou bien l'on raconte, ou bien l'on agit ou l'on fait agir des personnages vivants qui imitent des caractères, des actions ou des personnages fictifs. Le génie mimique ou d'imitation et le goût du conte sont également naturels à l'homme ; il est né conteur, comme il est né comédien : d'où le récit et le drame. On remarquera que, dans cette division des genres, a disparu la poésie lyrique, que l'on a coutume de considérer comme le troisième genre de la poésie, et qu'on caractérise par le chant ; le récit, le chant, l'action, voilà par où seulement la parole peut exprimer la beauté et plaire. Mais il n'y a pas dans la poésie lyrique d'essence propre qui la distingue et qui l'isole, et l'élève au rang d'un genre véritable. Le chant est de la musique et appartient à un autre art que la poésie. Dira-t-on que c'est une forme qui s'associe naturellement et nécessairement à la musique, parce que la vivacité profonde des sentiments qu'elle veut exprimer ne peut pas être rendue par les formes ordinaires du langage des vers, et que là est sa différence propre et son caractère essentiel ? Je répondrai que, loin de lui être à la fois particulier et essentiel, la poésie lyrique a partagé ce caractère d'être associée à la musique avec tous les autres genres, et que depuis longtemps elle l'a perdu comme eux et tout autant qu'eux.[1] Ce caractère, qu'on lui dit propre, était autrefois commun à la poésie épique et dramatique ; on dit qu'il lui est essentiel, et tout le monde sait qu'on ne chante plus aucune espèce de poésie, si ce n'est le *lied* et la chanson, espèces inférieures et à peine littéraires.

Je crois donc avec Aristote, avec Proclus, je dirai

---

[1] Le poème épique, le plus populaire, parce qu'il a été un poème patriotique et religieux, a été partout chanté.

même avec Bacon, qu'il n'y a que deux genres poétiques tirés de la forme de l'imitation, toutes ces différences ne pouvant guère être empruntées qu'à la forme, puisque les objets de cette imitation sont absolument identiques, puisqu'ils sont tous, l'homme, sa vie, son âme, ses actions, ses pensées, ses sentiments, ses passions. Quant à la poésie lyrique, elle nous paraît rentrer dans la poésie dramatique; car elle est, ce nous semble, éminemment une action. L'ode est la forme que prend la parole pour exprimer une action solitaire, d'un acteur unique, au moins le plus souvent; c'est une action simple, unique, immobile, fixée et renfermée dans un seul lieu, dans un seul temps, le temps et le lieu présents; mais c'est une action. Je vois un homme au pied d'un autel, élevant vers le ciel des mains suppliantes; j'entends une ardente prière que son âme ne peut contenir et qui sort de sa bouche frémissante : qu'est-ce que cette prière, si ce n'est une action que l'on pourrait décomposer facilement en plusieurs actes ou en plusieurs instants? Les évolutions du chœur qui se divise, la strophe, l'antistrophe, l'épode, et toutes les combinaisons systématiques de la poésie lyrique chez les Grecs, [1] ne sont-elles pas des coupures, des scènes diverses de l'action totale, et comme une répartition des rôles? L'ode est tellement dramatique dans son essence qu'elle admet des personnages. Il y a deux acteurs dans le

---

[1] La parabase de la comédie grecque se divisait en sept parties, auxquelles répondaient sept figures de danse, sept mouvements du chœur, et toute figure rhythmique du chœur, divisée en sept parties, s'appelait aussi parabase.

Donec gratus eram, et deux demi-chœurs dans le chant nuptial de Catulle ; les Idylles de Théocrite et celles de Virgile en ont presque toujours davantage. Les Grecs ne s'y sont pas trompés ; ils ne pouvaient pas d'ailleurs s'y tromper, puisqu'ils avaient des faits sous leurs yeux qui leur montraient l'identité réelle du chœur dans la poésie lyrique et dans la tragédie. Les hymnes, les pæans, les chants de victoire, de procession religieuse, les dithyrambes, étaient chantés dans les téménés des temples, autour des autels, sur les places publiques décorées pour ces fêtes et représentant un véritable théâtre. La plupart de ces odes étaient dansées, et la danse chez les anciens était mimique ;[1] cela constituait de véritables représentations dramatiques. D'un autre côté, qu'était-ce que la tragédie et la comédie ? un chœur dansé et chanté en l'honneur de Bacchus. L'une est le développement des chœurs dithyrambiques, l'autre des chœurs phalliques, tous les deux consacrés à la même divinité. On peut donc soutenir que la poésie lyrique ne forme pas un véritable genre, et qu'il n'en est que deux qui se distinguent par la forme qu'ils donnent à leur imitation : le récit et l'action.

---

[1] Elle n'avait d'autre objet, dit Athénée, liv. XIV, p. 627, que de préciser le sens des paroles chantées au son desquelles on dansait. La danse s'unissant à la parole, constitue immédiatement le drame ou l'action théâtrale. Chez les anciens, elle se composait de trois parties distinctes : *la marche*, la suite des mouvements terminés par des pauses, qui transportaient le danseur d'une partie à l'autre du théâtre de l'action représentée ; *la figure*, la pose et l'attitude des danseurs, le dessin chorégraphique de leurs mouvements ; enfin *la démonstration*, qui était « moins une imitation qu'une représentation frappante des choses qui sont l'objet de la danse. » C'est l'introduction de l'action dramatique, comme on le voit, au sein de toute poésie chantée et dansée. Plut., *Sympos.*, IX, 15.

Il ne faut pas se laisser tromper par les mots : l'action n'est pas le sujet de la poésie dramatique, elle est un moyen d'expression ; c'est par des personnages agissants et parlants, fictifs, qu'elle représente l'acte idéal ; c'est là son caractère propre. On dira : mais raconter aussi est une action. Sans doute, mais une action qui n'a aucun rapport avec celle qui est racontée. Mais quoi ! si l'on raconte des faits auxquels on a pris part, *quorum pars magna fui*; si c'est Enée, Ulysse ou Télémaque, faisant le récit de leurs aventures, la distinction n'est-elle point effacée ? Bien loin de là : elle n'est jamais plus visible. L'action actuelle de raconter n'a aucune analogie avec les actions passées qu'ils racontent. Remarquons bien que nous ne vivons et n'agissons jamais que dans le moment présent ; nous ne nous appartenons que par un point infiniment court de la durée qui nous échappe sans cesse. Toute la partie de notre vie tombée dans le passé, cesse d'être à nous, et la mémoire que nous en avons conservée, le récit que nous en pouvons faire, peuvent seuls la rendre présente à notre imagination, mais ne la peuvent pas restituer à notre être. Ce n'est plus nous-mêmes ; il y a là deux êtres, l'un qui raconte et vit, l'autre qui a agi et qui est mort. Tout récit d'ailleurs impliquant le passé, le conteur, le poète épique, ne peut pas être actuellement en action dans son récit. Le drame, au contraire, fait revivre, au moyen d'une action fausse, mais réelle et présente, d'*acteurs* vivants et actuellement parlant, l'action vraie perdue dans le passé.

Mais bien qu'il y ait peut-être lieu de contester,

d'après ces principes, la classification des trois genres, comme elle est entrée dans les habitudes de la critique et qu'elle n'a guère d'inconvénients, nous la suivrons nous-mêmes dans la rapide appréciation que nous avons à en faire.

La poésie épique est la première fleur que cueille le génie humain : le premier poème de l'humanité est une épopée, et son premier poète en est le plus grand. On a cherché à expliquer ce phénomène par l'état originairement poétique du monde, au moment où se produit la véritable épopée, que le roman, a-t-on dit, vient remplacer, quand sur des bases plus équitables, mais moins brillantes, s'organise une civilisation sans éclat et une société prosaïque. C'est dans l'aimable simplicité du monde naissant que s'élève le génie de l'épopée. Ne se laisse-t-on pas tromper par le charme même de cette poésie, quand on juge, à travers l'éclat de ses formes, la société qu'elle nous peint? Je crois, quant à moi, que la poésie n'a d'existence que dans l'imagination ; l'idéal n'est jamais descendu sur la terre ; le monde a été et sera toujours prosaïque, et je ne me fais pas une idée d'une société poétique ; je ne crois pas plus à l'aimable innocence du monde naissant qu'à la vertu des villageois et à l'innocence des bergères. Il y a des races, des imaginations plus poétiques, qui transforment plus aisément la réalité en idéal ; mais vont-elles jusqu'à réaliser leur idéal? La poésie grecque est incomparable ; nul peuple n'a reçu des dieux des dons de l'imagination plus complets et plus parfaits. Leur société était-elle meilleure que la nôtre, plus simple, plus aimable, plus innocente? Vue dans les scènes de la *Bible* ou de l'*Iliade*, l'hospitalité antique est pleine de grâce, et ces mœurs respirent comme la fraîcheur matinale de la vie humaine à son printemps; mais qu'était-elle en réalité? Le monde n'était pas des plus poétiques assurément, quand Virgile a ramené sur les bords du Pô les bergers de l'idylle. Je n'aime pas cette analyse chimique qui me démontre les ingrédients dont se compose le génie d'un peuple, ou d'un homme, et qui va jusqu'à compter et m'en peser les doses; il y a un peu plus de mystère que cela, et je crois que le génie ne se laisse pas ainsi analyser; il n'y a pas de recette qui puisse faire un homme de génie, ni même de science qui puisse atteindre la loi de sa formation.

J'ignore absolument pourquoi les Grecs ont produit les plus grands poètes et les plus grands prosateurs, les plus grands sculpteurs, les plus grands architectes, comme les plus grands philosophes, et comme si ce n'était pas assez de toutes ces gloires, pourquoi ils ont eu jusqu'à la gloire de la vertu? Je ne veux pas nier l'influence réciproque des mœurs sur l'imagination; mais elle ne va pas jusqu'à expliquer tout. Je n'ai aucun goût pour les théories qui démontent si savamment la machine compliquée du génie, et qui argumentent d'une manière logique si intrépide pour me prouver qu'étant né ici, dans ce temps, au milieu d'une telle société, dans un tel climat, auprès de telle rivière, La Fontaine ne pouvait manquer de faire des fables, de faire les fables mêmes qu'il a faites, de les faire telles qu'il les a faites, et qu'Homère devait nécessairement être ce qu'il a été, le plus grand poète qu'ont admiré les hommes.

Laissant donc de côté cette question : « quelle est la forme sociale propre à l'épopée ? »[1] je chercherai quelle est la nature de ce genre de poésie, tel qu'il se montre dans Homère, et tel qu'il est en soi.

C'est un récit. On ne peut guère raconter que des faits, et où il n'y a qu'un récit les faits sont le développement d'une même action. Les faits les plus divers, qui entrent pour la plus grande part dans l'épopée, doivent donc tous être comme les divers instants d'une seule action composée. Le passé est comme le lointain ; il idéalise les choses, leur enlève leurs souillures, et les revêt d'une majesté auguste et d'une grandeur fière ; il faut donc que l'action soit reculée dans les profondeurs du temps, pour prêter à cette magie de perspective, et afin que les regards d'une curiosité indiscrète n'aillent pas trop facilement déchirer le voile de pourpre et le royal manteau étendu sur ce passé obscur ; mais comme tout ce qui est passé est mort, ne vit plus que par l'imagination, et que la forme du récit lui laisse et lui impose même ce caractère, le style doit être empreint de cette gravité lente et calme, de cette magnificence sage et tempérée, qui empruntent leur beauté des choses et non des formes, du sujet et non de l'impression qu'il a faite sur le conteur. Le poète ici est un témoin, non pas indifférent, mais

---

[1] Hégel, *Cours d'Esthétique*, tom. IV, p. 281.

étranger à l'action qu'il raconte ; il ne doit pas substituer son jugement à la vérité ; il doit s'absorber dans son ouvrage et comme disparaître ; on ne doit même pas sentir pour quel but il la raconte. Il doit paraître qu'elle se raconte naturellement et comme d'elle-même, qu'il ne pouvait la taire, tant elle était supérieure à lui, tant elle était grande, auguste, divine : de là les formes d'invocation à la muse. Le poète ne craint pas le détail et l'abondance des développements ; il se laisse entraîner par l'action même et la suit presqu'en s'oubliant. De là les larges proportions du poème et la sérénité abondante des développements, où se mêle un souffle de tristesse, comme il convient en parlant des choses et des hommes qui ne sont plus, et dont il ne reste que de la poussière et un nom : c'est de la grandeur, mais la grandeur mélancolique du passé.

Le conteur est comme un vieillard qui se souvient ; il marche en ses développements d'un pas tranquille, et s'arrête avec complaisance sur les détails. Etranger à l'action dont les personnages le dominent, il a un regard pour l'auditeur et fait visiblement effort pour lui plaire : de là les comparaisons qui abondent, les digressions faites pour soulager l'attention et reposer l'âme, les épisodes pour suspendre l'intérêt ; le poète n'est pas possédé par son sujet : c'est lui qui le dirige et le gouverne.

Du moment où le poète doit être ou paraître dominé par la nature des faits qu'il raconte, il faut que des êtres supérieurs à l'homme se mêlent à l'action, et des êtres supérieurs à l'humanité ne peuvent se mêler à des actions humaines sans les conduire. Le merveilleux entre donc comme un élément nécessaire dans l'œuvre poétique. Pour que cet élément ait sa vie propre et qu'il ne soit pas une pure machine poétique, insignifiante et morte, il faut que le côté surnaturel des choses qu'il raconte ne trouve pas, dans le poète et dans les auditeurs, un esprit absolument disposé à ne pas les admettre; il faut que, sans y ajouter une foi véritable, qui ne lui permettrait pas de les traiter avec assez d'indépendance, qui lui ôterait même toute espèce de liberté et ne ferait plus de son œuvre une production libre, il faut qu'il y ait encore, entre le poète et les faits, un fonds commun d'idées et de croyances, que les habitudes de l'imagination font durer plus longtemps qu'on ne le suppose; il faut aussi que la puissance divine, en se montrant, n'écrase pas l'individualité humaine, et ne fasse, avec la liberté humaine, périr tout l'intérêt et toute la vitalité du poème. En effet, bien que les faits soient la matière la plus apparente du récit, et même son unique objet direct, comme les faits ne sont jamais que des actes d'êtres pensants et vivants, intelligents et libres, et que c'est seulement parce qu'ils émanent de cette puissance qu'ils nous touchent; comme l'homme est au fond le seul être qui intéresse l'homme, les faits, malgré leur intérêt particulier, qui ne peut s'adresser qu'à la curiosité, doivent être, sans qu'on s'en aperçoive, le développement des caractères, et nous peindre, comme par des traits successifs, sous des faces diverses, les héros qui agissent dans cette mêlée. J'entends par héros, des figures idéales, dont la grandeur, sans manquer à la réalité, peut la dépasser beaucoup plus que dans toute autre forme poétique, parce que je n'ai rien sous les yeux, et que reculant dans le passé, le prestige et le mirage de la distance contribuent à envelopper d'un certain nuage propice les contours trop précis des choses et les nuances trop distinctes. L'émotion n'atteint pas à cette violence tragique que le drame seul exploite, parce que l'action des personnages et la vue peuvent seules les rendre et les justifier; les situations les plus pathétiques y sont adoucies par l'étendue même des détails; et ce n'est que par la continuité et par la succession complète de tous les instants de l'action, que naît peu à peu et grandit sans jamais éclater, une profonde mais douce émotion.

La poésie dramatique a d'autres caractères et d'autres exigences; presque toutes les nations y ont créé des chefs-d'œuvre; et si les Grecs sont encore nos maîtres, ils ont au moins des émules et quelquefois des égaux. Je n'hésite pas à placer Molière au niveau même de Plaute et d'Aristophane, et Corneille et Shakspeare assez peu loin de Sophocle.

L'homme est naturellement curieux et conteur; mais autant il aime à écouter et à faire les récits des choses d'autrefois, autant il aime à faire revivre réellement les actions et les personnages dont il a conçu l'idée et dont il a conservé le souvenir : il aime les choses imitées, l'imitation; il a le génie mimique. Oublier qui il est, et être un instant un autre; souffrir, aimer, penser, agir, en revêtant une individualité autre que la sienne, c'est pour lui une jouissance que les jeux de l'enfance et les grossiers plaisirs du sauvage nous montrent dans son germe. Cependant cette action ne doit pas l'abuser lui-même : il sait qu'il imite, qu'il joue un rôle ; c'est une action simulée ; sans cela il n'y aurait plus d'art : le masque dont il se couvre le visage est peut-être moins destiné à représenter plus au naturel le personnage dont il veut jouer le rôle, qu'à déguiser le sien, pour qu'il soit bien entendu, aux yeux du spectateur et à ses yeux même, que tout cela n'est qu'un jeu.

Aristote a cru devoir agiter la question de savoir si la forme dramatique ou au moins tragique était supérieure à l'épopée, et il semble avoir penché pour l'affirmative. Bien que cette discussion paraisse assez oiseuse, et qu'il soit difficile de comparer les goûts divers et de peser la quantité de génie déployé par les poètes dans des genres si opposés, nous ne pouvons laisser passer sans protestation les théories qui, nées sans le savoir d'un problème qui n'est peut-être pas d'Aristote,[1] exagèrent en tout cas sa proposition timide, et aventurent cette solide et provoquante affirmation : « le drame est la poésie complète.[2] » « Le drame doit être regardé comme le degré le plus élevé de la poésie et de l'art en général.[3] » « L'art dramatique a le privilége de représenter le Beau dans son développement le plus parfait et le plus profond.[4] »

---

[1] M. Ritter.
[2] M. V. Hugo.
[3] Hégel, *Cours d'Esthét.*, tom. V, p. 82.
[4] Hégel, *Cours d'Esthét.*, tom. I, p. 185.

L'homme ne peut représenter que l'homme. L'homme, le caractère, sera donc l'objet propre de l'art dramatique ; mais ce sera l'homme tout entier, dans sa vie publique, religieuse, privée. La tragédie sera la représentation de cette lutte de tous les intérêts et de toutes les idées qui se disputent notre cœur. On a voulu la réduire à la représentation de la vie privée ; les faits protestent contre cette diminution de son empire. *Athalie* est une restauration, *Cinna* une conjuration, *Horace* une guerre, *Polyeucte* un martyre. Sans doute les intérêts et les émotions de la vie privée s'y mêlent, mais parce qu'ils font partie de l'homme. Peut-être intéressent-ils davantage, parce que tous les hommes les sentent. Ne peut-on pas dire cependant que tous les hommes ont une patrie, une religion comme ils ont une famille ? L'action humaine, étant toujours un combat, parce qu'elle a sa source dans une volonté à la fois forte et fragile, exclut le merveilleux ; la réalité trop grande de ses représentations rend toute intervention de la divinité plaisante : c'est le *Deus ex machinâ*. Les événements, les faits de l'action où l'homme se mêle nécessairement et qu'il produit, doivent donc servir par dessus tout à mettre en relief le caractère. Par sa nature, la représentation étant courte, l'intérêt très profond parce que le spectacle attire fortement la sensibilité nerveuse, qu'on voit les coups de poignard et qu'on entend les cris des mourants, l'action doit être renfermée dans un intervalle de temps assez bref, et il ne doit y entrer que des faits saillants. Toute tragédie est une crise ; la tragédie française est, comme on l'a dit, une violente explosion. Vouloir donner à une action si rapide et si forte la continuité, le lien nécessaire des effets et des causes qui expliquent le développement des caractères, c'est méconnaître, je crois, la limite respective des genres, qui ne doit pas être moins respectée que celle des arts.

La tragédie n'est pas le développement d'un ou de plusieurs caractères; ce sont des caractères tout faits qui, dans une action donnée et avec un progrès juste, s'élèvent, grondent et éclatent. Il ne faut pas vingt ans pour faire éclater le caractère d'Othello. Les événements s'y doivent précipiter. Il est imprudent de ramener le drame aux proportions de l'épopée. Le récit comporte une longueur, et quelquefois une insignifiance morale de détails odieuse à la tragédie. Il faut ici que tous les coups portent, parce que l'action ne peut pas se prolonger. Sans doute les actions où les situations se pressent ainsi, où les passions éclatent soudain, où les caractères se déploient brusquement, où le temps et les situations intermédiaires qui les amènent peuvent être ou supprimés ou singulièrement réduits, sont rares; il faut savoir les choisir ou les créer : c'est néanmoins la loi du genre, et ce n'est pas la détruire que de la violer; tôt ou tard elle se venge. L'action dramatique a son caractère. Toute action suppose un agent, et c'est par l'effet qu'a produit sur sa situation morale le cours de l'action, que l'intérêt dramatique s'éveille; c'est du choc des événements que doit jaillir le caractère.

Les règles françaises, et on peut dire grecques, en

resserrant l'action et en concentrant les caractères, ramassent toutes les impressions en une seule qui en devient d'autant plus intense.

Sans doute la tragédie française a un côté faible, mais ce n'est pas celui-là. Le caractère du drame est non pas « le réel, » comme le dit M. V. Hugo, ce qui serait le destituer d'idéal et de vraie poésie, mais la plus énergique et la plus vivante individualité. Il n'en saurait être autrement : l'individualité dans le drame arrive même à une limite excessive ; car elle met en péril la généralité, l'essence, le fond du caractère. Quand l'homme représente l'homme, c'est nécessairement un homme ; sa personnalité est éclatante dans l'acteur qui le représente. De là deux périls : l'un, d'accuser cette personnalité par des traits si précis que l'unité du caractère et son idéalité disparaissent en même temps qu'apparaîtra la réalité ; l'autre, que la personnalité n'ait pas le temps de se caractériser par des formes assez particulières : c'est par là que la tragédie française, jusque dans son créateur et son plus parfait représentant, peut laisser quelque chose à désirer. On a dit, et avec raison, que ces personnages qui ne vivent que par une seule passion et pour une seule passion ; pour qui tous les autres sentiments, tous les autres intérêts de la vie, toutes les réalités disparaissent, ont quelque chose de factice, ne sont plus que des figures allégoriques, des personnifications vagues, froides, sans vie, sans caractère, des êtres généraux, abstraits, et en quelque sorte des arguments philosophiques ; par conséquent le but de l'art dramatique est absolument manqué; ce qu'il doit me montrer, c'est l'homme, non pas réel, comme on le dit, par une confusion de termes qui conduit à une confusion d'idées, et en fin de compte au réalisme; mais l'homme individuel, quoiqu'en même temps idéal. Il est évident que ce n'est pas là l'homme que nous présentent souvent les héros de la scène française; ils manquent trop souvent d'une physionomie propre, d'une individualité forte; mais je n'accepte pas ce défaut comme inhérent à la forme classique de la tragédie; c'est une faiblesse des écrivains inférieurs du genre, à peine sensible dans Corneille, plus manifeste dans Racine, et qui éclate dans Voltaire. — Shakspeare n'a pas créé des personnages plus vivants que Chimène, le Cid, Pauline, Emilie, Cléopâtre; sans doute ils ont un caractère idéal, et si l'on efface d'eux ce caractère, il en restera peu de chose; mais n'est-ce point par cette puissance intérieure et cette essence idéale qu'ils vivent véritablement, qu'ils sont ce qu'ils sont, et non autres? L'action tragique a pour objet de mettre en relief et de faire éclater, par une explosion progressive, ce principe d'unité de leur physionomie morale, plus accusé en eux assurément que dans la vie réelle, mais qui peut dominer l'accident sans le détruire, et, par un effort rare mais possible du génie, associer, dans une création, l'individualité la plus forte à la généralité la plus vraie et la plus idéale.

La vie réelle présente rarement ces figures accentuées, ces physionomies morales où domine, au milieu des traits accidentels qui marquent extérieurement leur individualité mais ne la constituent pas, ce principe d'action, ce caractère essentiel et à la fois particulier et général, qui fait l'idéal. Mais si la vie réelle les présentait, le théâtre et l'art ne serviraient plus à grand'chose. L'art existe pour corriger la réalité pauvre, étroite, et non pas pour la copier. On peut, par le système réaliste, s'il y a là un système, produire un effet puissant et remuer avec une incomparable force tous les sentiments de l'âme; mais l'impression sera-t-elle aussi pure, aussi élevée, aussi esthétique que profonde? L'art a-t-il rempli son office lorsque, devant Macbeth, Hamlet ou Othello, je m'écrie : c'est là un homme, non pas perdu dans la généralité vague d'un caractère idéal, mais un être réel et vivant, en chair et en os, ayant cet ensemble de passions, de sentiments, d'idées multiples, complexes, quelquefois contradictoires, qui révèlent l'individualité humaine, où la contradiction n'est pas rare? « Oubliez les événements, sortez du drame, tous ces personnages demeureront réels, animés, distincts; ils sont vivants par eux-mêmes; leur existence ne s'évanouira point avec leur situation.[1] » C'est à dire que l'illusion devient complète, et que la fidélité de la peinture et la force d'expression sont telles, que je crois voir la réalité elle-même, et l'individu en chair et en os. J'avoue que je ne trouve point là le triomphe de l'art dramatique; l'illusion n'en a jamais été le but, et dans les grandes créations qu'on nous oppose, si l'idéal, si la grandeur

---

1 M. Guizot.

héroïque, si la beauté surhumaine, si le caractère, ne sont pas aussi manifestes qu'ils le pourraient, ils ne sont pas cependant absents; il y a une faible part de cette purification que demande Aristote à toutes les passions dramatiques. Non! ces personnages, Iago, Othello, Cassio, Desdémone, ne sont pas absolument vrais, complètement réels; il y a en eux de l'idéal; le poète a ajouté quelque chose, enlevé quelque chose à la réalité; ce n'est pas un drame intérieur de famille, dont il a su jeter par un artifice les acteurs sur un théâtre; il leur a donné une âme plus perverse, ou plus tendre et plus chaste, ou plus héroïque et plus passionnée, qu'on ne les rencontre dans la vie vraie; il les a purifiés, c'est à dire idéalisés dans une mesure que je crois insuffisante, mais dans une certaine mesure que n'ont pas su garder ces terribles ennemis des grands hommes, qu'on appelle les disciples et les imitateurs. S'ils n'ont pas tous un caractère, ils ont tous au moins une passion dominante, principe d'unité et de leur individualité véritable, sans laquelle ils ne mériteraient pas d'attirer nos regards et ne sauraient intéresser nos âmes. Je ne parle pas des conséquences qu'entraîne le principe du réalisme dans l'art dramatique; de la nécessité de mettre tout sous les yeux, de faire à chaque minute changer le lieu de la scène, dût-on, comme Shakspeare, l'indiquer par des poteaux avec des écriteaux, et de substituer, pour une trop grande part, aux inventions de la poésie le travail du décorateur et du machiniste. L'esprit s'habituant facilement à ces émotions passives que le spectacle lui transmet sans la peine, mais aussi sans les jouissances de l'activité, qu'ajoutera le spectateur à la scène dont tous les détails sont si fortement exprimés? Je trouve que ne pas ensanglanter la scène est une loi bien judicieuse; ce n'est pas là une fausse délicatesse : c'est dans l'intérêt même de l'émotion. La représentation a trop de réalité pour que le spectateur ne se mette pas en garde; il regarde comment l'acteur donnera le coup de couteau, et si la lame rentrera dans le manche, parce qu'il sait bien qu'on ne tuera pas un homme pour réaliser plus complètement le tableau. Je doute qu'aucun coup de poignard, administré devant le public, fasse un effet aussi esthétique qu'un seul mot, si on sait le trouver sublime et tragique. Au boulevard du crime on peut s'y tromper; on a besoin là de frapper les yeux; mais l'art a-t-il quelque chose à voir là? la parole ne devient plus l'instrument véritable de la représentation, ce n'est presque plus un art de l'esprit. La perfection même des moyens de représentation réelle, animée, vivante, est un péril pour l'art dramatique. [1]

[1] On a dit que le théâtre, né au sein du peuple, ayant besoin d'un grand concours de spectateurs, ne pouvait être isolé de la foule, et devait, sous peine de tomber dans la langueur, rester constamment un plaisir populaire. Mais tous les arts n'en sont-ils pas là? Y a-t-il des arts plus aristocratiques, plus démocratiques les uns que les autres? Je n'en crois rien. Les arts ne doivent point s'adresser à un public privilégié, en ce sens qu'ils s'adressent à l'essence de l'humanité, qui ne connaît point les distinctions sociales ou politiques; mais ils ne s'adressent à aucune classe particulière, ni élevée, ni basse; et si l'on entend par populaire, un plaisir qui doit s'adresser plus spécialement à une certaine classe des nations, le théâtre n'est pas un plaisir populaire. Il y a un public idéal pour qui l'écrivain doit composer son œuvre, et s'il veut rester grand, il ne doit flatter ni la grossièreté des uns, ni les raffinements efféminés des autres.

Quel acteur, fût-il Talma, pourra remplir la conception idéale que le nom seul d'Achille éveille en moi ? Quelle est la tragédienne, fût-ce Mlle Rachel, dont l'art pourra me montrer, dans leur haute et pleine idéalité, ou le personnage de Pénélope, ou celui de Didon ? La beauté de la femme est un danger de plus ; le théâtre parle plus aux sens que toute autre forme de l'art poétique ; il donne plus de réalité à ces figures devenues moins chastes et moins hautes, à ces peintures devenues plus périlleuses ; pour le purifier, pour le purger de tout ce que la partie la plus matérielle de notre imagination y peut mêler de sensible et d'énervant, il faut un génie rare, et toutefois je doute que jamais le théâtre devienne une école de mœurs ; c'est une tentation trop forte pour qu'il soit prudent d'exposer à ses plaisirs la jeunesse : c'est le plaisir des âmes fortes, et du caractère comme de l'âge virils. Cet art est à la poésie épique ce que la peinture est à la sculpture ; et bien qu'il soit oiseux à peu près de comparer des formes vides, des généralités, abstraction faite des réalités qui les remplissent, je ne puis, au point de vue esthétique, préférer la tragédie à l'épopée, ni la peinture à la sculpture ; je ne puis préférer ce qu'on appelle le système romantique, qui n'est autre que le réalisme plus ou moins logique et conséquent, au système des Grecs et de la France, qu'on a eu toute raison d'appeler glorieusement classique. La tragédie française a encore des héros ; c'est une nature humaine, mais idéale, qu'elle présente ; elle est par conséquent plus pure ; elle laisse dans l'âme des impressions moins violentes, des traces moins troublées ; mais elle l'abat moins ; elle la fortifie, elle la console, elle l'élève. Je pense qu'on doit sortir d'une représentation de *Macbeth* et d'*Hamlet* avec une moins haute idée de l'homme, plus troublé dans ses espérances et plus agité dans son cœur, que de la scène des *Horaces*, de *Polyeucte* ou de la *Mort de Pompée*. Le mot de Macduff, la profondeur de cette haine et de cette implacable vengeance qui m'attestent la profondeur de la douleur paternelle, me font frémir ; mais quoi qu'en dise M. de Châteaubriand, je trouve le mot de Curiace encore plus beau. L'héroïsme n'a pas étouffé la tendresse ; et si j'entends comme un accent douloureux, comme le murmure de la passion luttant contre le devoir, retentir au fond de mon cœur, qui comprend son silence, je m'exalte au cri triomphal que poussent avec une sérénité fière et triste, l'honneur et le patriotisme victorieux. Ni Macbeth, ni Hamlet, ni César, ni Othello, ne sont des héros ; c'est plutôt aux femmes que Shakspeare a réservé ce rôle ; mais je ne sais, parmi ses plus ravissantes créations, Ophélie ou Desdémone, quelle est celle qui effacerait ou ferait seulement pâlir la gloire de Chimène ou de Pauline.

L'idéal du caractère n'est pas la moralité : c'est sa force, c'est sa liberté, c'est sa personnalité ; c'est l'individu atteignant, dans la mesure que permet le genre dramatique, toute la richesse du genre auquel il appartient. Si l'on entend par l'individu autre chose, on enlève toute poésie, toute pureté au drame ;

la représentation doit être le but de toute cette poésie; le drame doit être fait pour être joué; il doit se prêter à une représentation possible, imaginaire, et cette représentation peut seule déployer le mouvement de l'action, le lien des scènes qui n'en sont que des moments, le naturel du dialogue et l'intérêt dramatique. Je ne comprends pas un drame que l'on ne puisse pas jouer. Quant au style, la métaphore abonde, parce que la passion est toujours mêlée d'un élément physique, la sensation, et que la sensation imprime son caractère à la pensée pure, et la transforme en un corps, en une image.

La tragédie met un peu les hommes sur un piédestal. Les Français les ont mis souvent comme sur une tribune; ils ont pris la pompe pour la grandeur, la déclamation pour l'éloquence, la solennité de la forme pour la majesté; ils ont donné des attitudes un peu apprêtées et comme des poses plastiques à leurs personnages.[1] Fénelon a justement reproché à Corneille l'emphase de paroles qu'il a prêtées à ses héros, et qui est contraire non seulement à la vérité historique, mais à la loi de l'art. Ce qui est fort, libre, l'être qui s'appartient à lui-même, a une liberté de mouvements et comme une grâce simple et familière qui se courbe sans se baisser;[2] il n'a pas besoin de se

---

[1] Athalie est toujours représentée un poignard à la main :

Un poignard à la main l'implacable Athalie
Au carnage animait ses barbares soldats.
. . . . un poignard à la main,
Rit du faible rempart de nos portes d'airain.

[2] Sophocle est ici un incomparable modèle.

guinder pour se hausser ; on ne sent nul effort ; mais si l'on peut signaler ce défaut trop véritable dans le style, on ne le saurait faire aux situations et aux caractères.

On a remarqué[1] que ce n'était pas par une complaisance ridicule pour les aristocraties, que la tragédie allait choisir ses héros parmi les princes. Tant que le monde ne sera pas reconstruit sur des bases nouvelles et contraires, il y aura des hommes, des races, en qui se concentrera tout l'intérêt de l'histoire ; qui occuperont dans l'imagination des peuples, et dans leur respect, dans leur haine qui souvent est encore un hommage, un rang auquel la foule sans nom ne peut prétendre ; ils ont plus de pensées, plus de sentiments, plus de passions, et des passions et des pensées plus fortes et plus hautes ; l'âme remplit dans leur existence plus de place ; ils vivent davantage ; la multiplicité des passions qu'ils éprouvent multiplie l'intérêt et la sympathie qu'ils provoquent ; l'homme conçoit de lui-même, en les voyant, une plus haute image, et les malheurs qui les atteignent l'émeuvent davantage, parce que la chute est plus profonde et le contraste plus accablant.

La tragédie grecque est la forme la plus parfaite du genre dramatique, et si le chœur a cessé d'être possible, la suppression de cet élément n'a pas entraîné la ruine de la forme entière. On y reviendra après en avoir rafraîchi les sources et fécondé l'inspiration.

— Vivre et se sentir vivre est tout le bonheur de l'homme ; augmenter sa vie, multiplier et étendre sa

---

[1] V. Hégel, *Cours d'Esthétique*, tom. I, p. 168.

vitalité, est toute son occupation ; s'identifier par la sympathie aux héroïques douleurs, ou aux chutes des tragiques vertus, même aux crimes des personnages dramatiques, jusqu'à en verser des larmes ou en frémir de terreur, est pour lui une jouissance : c'est lui-même qu'il a vu et qu'il a aimé, dans ce tableau de nobles misères et d'effrayantes faiblesses ; mais il s'est vu autre qu'il n'est, et plus grand, et plus libre ; il s'est vu en beau. Mais comment se fait-il qu'il prenne plaisir à voir de lui-même un portrait enlaidi, et n'ayant pas, dans le vice, cette profondeur, cette hauteur d'âme qui l'idéalisent ? Comment, après avoir pleuré sur lui-même, peut-il prendre plaisir à rire de sa sottise, de ses vices, de ses défauts, et à se donner ce spectacle qui devrait offenser sa dignité et blesser si durement son orgueil ?

Il y a là un phénomène étrange, peu connu, et dont on a donné les explications les plus diverses parce qu'on ne connaît pas la véritable. Peut-être a-t-on souvent confondu, et il n'est pas facile de les bien distinguer, le ridicule du comique, dont la profondeur ne se mesure pas toujours par l'intensité du rire ; les fourberies de Scapin, les infortunes de M. de Pourceaugnac, Arlequin et Polichinelle exciteront toujours des rires plus bruyants et plus nombreux que le *Tartufe* et surtout que le *Misanthrope*.

Qu'est-ce donc d'abord que le rire ? Ce n'est qu'une contraction nerveuse des muscles de la face. Le muscle est l'agent de la contraction, et c'est le nerf qui est le moteur du muscle ; mais le principe du mouvement nerveux est dans l'âme, d'où tout part. C'est l'âme qui rit, dit Jean-Paul, et non le corps ; de même que c'est elle aussi qui pleure.

Ce rire naît, dit-on, d'une absurdité infinie,[1] du contraste violent entre ce qui est et ce qui doit être, d'une dissonnance profonde et inattendue dans le rapport des choses ; c'est la disproportion entre l'effort et le résultat qui provoque le rire et constitue le ridicule.

> Parturient montes : nascetur ridiculus mus.

J'avoue que cette explication ne me satisfait pas complètement ; je n'aperçois aucune relation nécessaire entre le mouvement nerveux du rire et l'objet qu'on appelle ridicule. Pourquoi l'absurdité fait-elle rire ? c'est ce qu'on ne me dit pas. D'ailleurs ce contraste entre la réalité et ce qui doit être, ne peut-il pas exciter les larmes de la pitié, les terreurs de la sympathie? Pleurer est aussi une action des nerfs sur les muscles et des muscles sur la face ; physiologiquement, ils se touchent : les larmes, dans les accès nerveux, deviennent facilement un rire effrayant, et le rire exagéré arrive promptement jusqu'aux larmes On pourra voir quel rapport ont entre eux le rire et les larmes, en étudiant avec soin la comédie de *Georges Dandin*. Certes il est ridicule ; mais sa douleur et sa honte sont dignes aussi de pitié, et on pourrait peut-être

---

[1] C'est le sentiment d'Aristote qu'on a commenté en mille manières : *Poét.*, V. Ridiculum est peccatum quoddam et turpitudo doloris expers neque perniciosa.

avec raison reprocher à Molière d'avoir ici marché trop près des limites d'un genre tout à fait opposé. Le rire me paraît être évidemment l'expression physiologique d'un sentiment très vif de joie, de bonheur, de plaisir; ce plaisir est si vif qu'il contracte les muscles du visage, et s'épanouit comme une fleur de gaîté sur les joues de la face.

Le rire a ses degrés : il y a le sourire, le franc rire, l'éclat de rire. A toutes ses nuances, il a sa source dans le sentiment plus ou moins vif d'une joie intérieure, d'une satisfaction personnelle, toujours produite par la conscience d'une augmentation de notre être, ou de sa puissance ou de sa liberté.

L'homme seul rit. L'animal ne sait ni pleurer ni rire : à quoi sont dues les phases diverses de ce phénomène physiologique? Un ineffable sourire erre sur la bouche des divinités grecques et sur les lèvres des anges, produit par la conscience de la plénitude de leur être, et de l'équilibre juste et sain de toutes leurs facultés.

Qu'est-ce qui peut encore produire ce rire?

Ecoutons Platon; voici ce qu'il nous apprend dans le *Philèbe :*

« — SOCRATE. L'ignorance, dans les hommes puissants, est odieuse et honteuse, parce qu'elle est nuisible au prochain; au lieu que l'ignorance accompagnée de faiblesse, forme la classe et le caractère des personnages ridicules. — PROT. C'est fort bien dit; mais je ne découvre pas encore en ceci le mélange du plaisir et de la douleur. — SOCR. Commence par concevoir la nature de l'envie. — Prot. Explique-la-moi. — Socr. N'avons-nous pas dit que l'ignorance est un mal partout où elle se trouve? — Prot. Et avec raison. — Socr. Mais quoi! par rapport à la fausse opinion que nos amis se forment de leur sagesse, de leur beauté, et des autres qualités dont nous avons parlé, n'avouerons-nous point que cette disposition de nos amis, lorsqu'elle ne nuit à personne, est ridicule? — Prot. Oui. — Socr. Ne convenons-nous point aussi qu'à titre d'ignorance c'est un mal? — Prot. Sans doute. — Socr. Quand nous rions d'une pareille ignorance, sommes-nous joyeux ou affligés? — Prot. Il est évident que nous sommes joyeux. — Socr. N'avons-nous pas dit que c'est l'envie qui produit en nous ce sentiment de joie à la vue des maux de nos amis? — Prot. Nécessairement. — Socr. Ainsi il résulte de ce discours que, quand nous rions des ridicules de nos amis, nous mêlons le plaisir à l'envie, et par conséquent le plaisir à la douleur, puisque nous avons reconnu que l'envie est une douleur de l'âme, et que d'ailleurs rire est un plaisir. — Prot. Cela est vrai. — Socr. Ceci nous fait connaître en même temps que, dans les lamentations et les tragédies, non seulement celles du théâtre, mais dans la grande tragédie et comédie de la vie humaine, le plaisir est mêlé à la douleur. »

C'est là une admirable et profonde analyse des plus cachés sentiments et des plus secrètes pensées du cœur humain. Oui, l'âme humaine est ainsi faite : l'envie nous fait goûter un plaisir coupable, mêlé de remords, mêlé de tristesse, et par conséquent douloureux à la vue de la laideur physique, intellectuelle ou morale d'autrui, mais qui ne va pas jusqu'à rire du mal ; nous sommes joyeux, mais d'une joie qui n'est pas pure, du mal qui se trouve dans un autre. Il y a une souffrance dans l'ironie ; car ce n'est pas le mal lui-même qui fait plaisir à l'âme : comment pourrait-elle se complaire au spectacle du désordre qui l'offense et qui la fait souffrir ? ce serait plus que de la faiblesse ; ce serait être complice du désordre, que d'y sympathiser et de s'y associer. Mais cette envie a son côté noble et grand. L'homme est fait pour commander et non pour obéir : il y a en lui une soif de supériorité, *appetitio quædam princ patus,*[1] qui, ne trouvant pas à se satisfaire dans la réalité positive, se repaît d'une supériorité relative que rend manifeste et éclatante l'infériorité d'autrui. On en a voulu conclure que c'était le signe d'un sentiment profond de personnalité, d'égoïsme ; on a vu je ne sais quel plaisir malin dans cette satisfaction d'amour-propre et d'orgueil ; on a dit que le rire était malsain[2] et qu'il n'exprimait jamais la sympathie ni la bienveillance, et l'on a menacé de la colère divine ceux qui s'y abandonnent :[3] malheur à vous qui riez ! car vous pleurerez.

Il y a bien quelque chose de vrai dans ces observations ; mais on en tire des conclusions excessives. D'abord, si l'éclat de rire annonce une faiblesse de l'âme, il en est ainsi des larmes. Platon blâme Homère

---

[1] Cic., *de Offic.*
[2] M. de Lamartine, *Cours famil. de littérat.*
[3] Bossuet.

de montrer les dieux dominés par un rire qu'ils ne peuvent modérer ni arrêter ; [1] mais il lui reproche également de nous peindre Jupiter lui-même versant des pleurs sur le sort de Sarpédon. [2] Tous les sentiments, la compassion comme l'orgueil, la conscience de la force et le sentiment de la faiblesse, peuvent arriver à un excès qui les rend funestes. A cet état de paroxysme, qui efface la beauté et fait grimacer la figure, le rire et les larmes indiquent également un trouble profond de l'âme, un désordre dans l'équilibre qui seul constitue le bonheur comme la sagesse.

Mais cet équilibre, dans l'homme qui est faible, ne peut jamais être parfait ; il ne l'est jamais. Il y a donc place pour des êtres qui penchent vers l'un ou vers l'autre, et pour des arts qui exploitent plus spécialement l'un ou l'autre de ces sentiments. La tragédie fait appel aux tendresses et aux pitiés de l'âme ; la comédie réveille le sentiment de dignité, d'orgueil, de soif de commandement, qui fait, lui aussi, partie de la noblesse de notre être.

Mais il faut que ces sentiments soient l'un et l'autre épurés par l'art. Et voici comment l'art épure le rire et justifie le ridicule et le comique. De même qu'il y a une félicité mélancolique dans le malheur tragique, résultant de la grandeur d'âme qu'il révèle, de même il y a, dans la sottise comique et dans la satisfaction joyeuse qu'elle provoque, un certain retour qui la mesure et comme une certaine tristesse qui la tempère.

---

1 *Iliad.*, I, 599.
2 *Iliad.*, XVI, 433.

On voit donc comment la disproportion, le défaut de convenance entre les choses, l'absence d'harmonie entre ce qui est et ce qui doit être, tout en choquant la raison et en blessant parfois le sens moral, peuvent encore être esthétiques, c'est à dire plaire et causer une satisfaction qui n'est pas égoïste et une envie qui n'est pas malsaine.

Ce n'est pas un sentiment égoïste et étroit de supériorité personnelle que la vue de la sottise provoque; le moi n'y joue aucun rôle, pas plus que dans aucune émotion esthétique, dont le caractère le plus certain et le plus clair est d'être désintéressée. Il n'y a pas de retour sur soi-même, considéré comme une individualité; mais tout spectateur fait partie d'un public; et tout public, c'est l'homme en général; il porte l'humanité en soi. Ce qui rit en nous, au théâtre, ce ne sont pas les individualités, le côté mesquin et petit, mais bien le sentiment essentiel et l'instinct général de grandeur inné à tout homme. En écoutant un opéra, une comédie, en contemplant un tableau, je me dépouille de tous les petits accidents qui sont encore en moi; je m'élève à la plus haute généralité dont je sois capable, et c'est à ce public idéal que s'adresse et parle l'art. Il en résulte qu'au spectacle de certains vices qui déshonorent quelques individus de son espèce, l'humanité se réjouit de n'en être pas atteinte, et de s'élever, au moins idéalement, par le mépris qu'elle leur témoigne, au dessus de ces faiblesses qui abaissent parfois l'homme jusqu'à la bestialité.

Une des premières manières de faire rire les hommes,

a été de leur montrer quelques uns de leurs semblables déguisés en bêtes; plus tard, abêtis et enlaidis par le vice. La luxure était représentée par le bouc; le gros ventre des silènes, leurs lèvres épaisses, leurs yeux gonflés, dépeignaient la gourmandise, l'ivrognerie, la sensualité grossière. L'humanité, à ce spectacle, sent se réveiller plus forte, par un contraste saisissant, la conscience de sa noble destinée; elle sent plus vivement qu'elle vaut mieux que cela, et la joie orgueilleuse de se sentir supérieure à ces infirmités et à ces misères, chatouille son âme d'un plaisir si vif qu'il produit tous les degrés et toutes les nuances du rire, indulgent ou railleur, jovial ou méprisant. Le mépris que nous inspire Tartufe relève plus distinct et plus fort en nous le sens de la loyauté et de l'honneur; et à rire du poltron et du lâche, tout spectateur devient plus courageux et plus brave. Non pas que je veuille dire que la comédie corrige les vices de chaque spectateur individuel; mais elle entretient en chaque homme l'essence de l'humanité en général, l'idée de sa grandeur morale, le respect et l'amour, l'estime de ce qu'il y a de noble et de haut dans la nature humaine.

Cependant il faut avoir bien soin que cette malignité, cette envie, qui se plaisent à voir rabaisser autrui en se sentant élever d'autant, ne deviennent cruelles. Pour rire du vice, il faut que le spectateur retranche le vicieux de l'humanité, non pas de l'humanité telle qu'elle est, mais telle qu'elle devrait être; mais néanmoins, comme ces vicieux sont cependant des hommes, il faut encore que sous ces rires moqueurs il sente percer une sorte de sympathie profonde pour l'homme en général. Les grands comiques ont l'âme tendre, et même le caractère triste et mélancolique : regardez Molière.[1] Il ne faut pas que dans le caractère comique l'humanité soit trop abaissée, trop humiliée, trop méprisable ; la scélératesse, le vice pervers, les hontes odieuses ne doivent pas être rendus ridicules : mais nous pouvons rire des vices légers, des inconséquences, des faiblesses, des travers, qui n'atteignent pas le fond et ne détruisent pas l'essence de la moralité. Faire rire d'un assassin, et surtout de l'assassinat, c'est un attentat contre le goût autant que contre la morale ; il en est de même de rire de la vertu ; remarquons bien, dans Alceste, par exemple, qu'on peut et qu'on doit rire quelquefois d'un honnête homme, mais non de ce qu'est en lui l'honnêteté. Tout ce qui est profondément odieux ou misérable reste digne de la colère ou de la pitié : sachons conserver en nous la vertu de l'indignation et du mépris.

Tartufe est le comble de l'art : il est le personnage comique de la pièce, mais non le personnage éminemment ridicule, rempli par Orgon, cet autre Sganarelle.

---

[1] On s'est demandé pourquoi le rire, s'il est un attribut de l'intelligence, est si fréquent sur la bouche des enfants, des femmes, des nègres? Le rire est chez eux insouciant et cruel ; ils n'ont ni les uns ni les autres l'âme tendre. Dans le vicieux, ils ne voient que le vice et le raillent sans pitié ; ils ne voient pas l'homme, et ne le ménagent ni ne le respectent jusque dans son abaissement ; ils sont implacables dans leur vengeance. Quoi ! dira-t-on, la femme n'est pas tendre, et le rire chaste et pur de la jeune fille est cruel? La femme est égoïste dans son amour ; elle sacrifierait à celui qu'elle aime l'univers entier ; en dehors des êtres qui lui sont chers, il n'y a rien ; pour elle l'humanité n'existe pas, les idées générales sont sans intérêt et sans influence ; pour punir un crime qui lui a ravi l'objet de son amour, elle ne trouvera pas de supplices assez cruels ; et si le crime ne la touche pas, il pourra trouver en elle un juge d'une faiblesse coupable.

Le contraste de la passion de Tartufe et de ses intérêts, la lutte de ses vices les uns contre les autres, de sa luxure contre son avidité; l'aveu effronté, cynique, de ses impurs désirs, mêlé à l'hypocrisie de ses manières habituelles et de son langage confit et dévot, le rendent digne d'un mépris ironique et railleur; quand il dépose son masque sous l'influence d'une passion qui, n'étant que sensuelle, n'est pas élevée, il reste justement exposé au rire, tandis que si son amour eût été pur il eût cessé d'être ridicule.

Je suis loin de comprendre parfaitement la théorie d'Hégel sur le comique, ni même celle de Jean Paul, qui semble y voir l'essence même de la poésie. Hégel veut que les travers des personnages soient plaisants pour eux-mêmes en même temps que pour les autres, qu'ils se plaisent à étaler leur propre sottise, disposés à en rire les premiers; il nie par conséquent le comique dans l'*Avare* et le *Tartufe*, et l'admire dans *Arlequin*, *Pierrot* et *Polichinelle*. Je ne puis admettre ces principes : ce sont là des bouffons, des graciosos, des clowns, et non plus des caractères comiques. Aristote a fait une distinction un peu plus profonde et ce me semble un peu plus vraie, quand il nous a appris que « la bouffonnerie [1] se moque des autres, tandis que le caractère comique fait rire de lui, mais sans le savoir. » Toutefois ce n'est pas encore une distinction du ridicule et du comique; peut-être y a-t-il de la subtilité à la poursuivre : je crois cependant qu'elle existe. Les

---

1 *Rhét.*, III, 18.

caractères seuls sont comiques; les situations, les accidents sont ridicules. Le comique entraîne une idée de moralité que n'accompagne pas nécessairement le ridicule. Comme la tragédie, la comédie est l'imitation d'une action, mais d'une action qui déploie le caractère comique des personnages, et où l'intérêt de la curiosité et de l'intrigue, non seulement ne nuit pas, mais concourt à mettre en relief et à développer dans son entier la moralité comique du personnage. Je ne conçois pas une forme de comédie plus parfaite que le cadre de la comédie de Molière; même la comédie politique d'Aristophane me paraît d'un genre moins pur et moins élevé; nulle création comique ne surpassera et peut-être n'atteindra le *Tartufe* et *Alceste*, pour ne parler que des figures principales, dans ces chefs-d'œuvre où se meuvent avec tant de vérité, tant de caractères si différents et de physionomies si prononcées.

J'ai cherché à démontrer que l'essence de la poésie lyrique ne consistait pas à être chantée. De toutes ses formes particulières, celle qui aujourd'hui est encore chantée, la chanson, est peut-être la moins lyrique. Ce qui caractérise la poésie lyrique c'est d'être le retentissement le plus intime de l'être, l'expression même du sentiment, le son de la lyre frémissante de l'âme; c'est par là, il est vrai, qu'elle se rattache à la musique, ou plutôt qu'elle s'en rapproche; aussi exploite-t-elle le même ordre de sujets, et a-t-elle des moyens d'expressions analogues. Comme le sentiment manque de précision, de netteté, vise à l'effet pathétique, la poésie lyrique recherche les rhythmes expressifs, la mélodie des sons, le mouvement tumultueux, orageux, presque le désordre des idées, qui expriment si bien la passion que l'âme ne peut plus contenir. Dans la réalité, tout sentiment est personnel; mais toute personnalité réelle est pauvre, étroite, insignifiante. Que me font à moi, public, lecteur, c'est à dire homme, les douleurs de M. un tel ou de Mlle une telle? Le poète peut parler de lui-même; mais il faut alors qu'il se transforme, qu'il s'idéalise; il faut qu'il oublie en lui tout l'accident, toutes les faiblesses et les circonstances de la réalité; l'art doit transformer ces sentiments personnels en sentiments généraux; il faut que ce qui fait battre votre cœur, fasse battre aussi le cœur de tous ceux qui vous écoutent.

La poésie lyrique est l'expression des pensées et des sentiments qu'arrache la force d'une situation actuelle. Toute situation est ou une action, ou le résultat d'une action; c'est donc comme une scène d'un drame. Il y a pourtant quelque chose de plus : l'homme ne chante pas seulement pour lui-même, pour épancher ses sentiments, pour se délivrer de leur oppression par la vertu libératrice de la beauté; il faut que le poète lyrique ait pour objet de les vouloir communiquer; ce n'est pas une prière silencieuse qui sort de ses lèvres frémissantes, c'est une prière publique; il veut enflammer tous les cœurs du même enthousiasme qui le brûle, et précipiter toutes les âmes dans un même courant de sentiments. C'est l'éloquence de la poésie; il se mêle comme un but sérieux, religieux, patriotique et haut, à l'inspiration lyrique ; aussi se permet-elle des libertés étranges. Emporté par l'inspiration et comme par le souffle divin, le poète s'égare en digressions prolongées, d'où il revient brusquement pour s'égarer encore, ne mettant d'autre unité, dans son œuvre, que l'unité d'impression. Souvent les lois mélodiques du rhythme sont violées pour faire place à l'expression ; à chaque instant ce sont des formes nouvelles de style, des images violentes, des tours heurtés, que répudient les lois des formes grammaticales ; tout respire une émotion profonde, concentrée, tout intérieure, dégagée des règles et libre de ses mouvements ; c'est l'âme seule que l'art exprime et dont il peint les agitations, les transports, les orages de sentiments ; cependant il ne dédaigne pas de peindre le monde extérieur ; mais quand il est ainsi descriptif, ce n'est pas pour elle-même qu'il peint la nature, mais pour en montrer l'impression et le retentissement au fond du cœur humain. Toute pièce lyrique est courte, parce que les sentiments violents épuisent vite l'âme, et que la nature ne résiste pas longtemps à ces ardeurs lyriques, à ces cris de triomphe, ou à ces accents pathétiques de la douleur. Pindare est le chef de ces chantres sublimes. Je m'étonne d'avoir entendu dire par un des hommes qui connaissent le mieux et qui savent le mieux goûter les œuvres de l'art antique, que « le vrai, le grand lyrisme, est presque impersonnel, [1] » et que « Pindare n'introduit pas cette émotion

---

[1] M. Vitet, *Revue des Deux-Mondes*, 1 fév. 1860.

cachée et communicative que se permet Eschyle. » Sans doute l'émotion est plus contenue, l'inspiration plus sereine, plus haute, plus idéale : et cela se comprend, l'ode pindarique ne fait pas partie d'un drame. Mais quoi ! ces prières publiques, récitées et chantées avec tant de solennité et de pompe ; qui parlaient aux Grecs de leurs divinités et de leurs héros, de leur religion et de leur histoire également nationales, n'auraient pas eu la vertu par excellence de la poésie lyrique, le don d'échauffer les âmes et cette émotion communicative qui en semble un caractère éminent ? Ce n'est pas l'effet que le grand poète thébain a produit sur Horace, qui sans doute pouvait le comprendre, et témoigne pour lui une admiration enthousiaste qui l'a si noblement lui-même inspiré :

> Monte decurrens velut amnis, imbres
> Quem super notas aluere ripas,
> Fervet, immensusque ruit profundo
>   Pindarus ore.

TABLE DES MATIÈRES.

	Pages
Avertissement	v
Introduction	1
Préliminaires	25
Première Partie. — Principes de la science du Beau. — Du Beau considéré comme un état de l'âme	39
§ I. Caractère de l'état esthétique	39
§ II. A quelle faculté de l'âme faut-il rapporter l'état ou l'acte esthétique	80
Deuxième Partie. — Principes de la science du Beau. — Du Beau considéré en soi, c'est à dire au point de vue objectif	159
§ I. Du Beau idéal, ou simplement du Beau	165
§ II. Du Beau moral	257
§ III. Du Beau réel	302
§ IV. De l'Art	336
Troisième Partie. — Histoire des principaux systèmes d'esthétique, tant anciens que modernes	351
Les anciens : Saint Augustin	353
Saint Thomas	359
Aristote	362
Les Stoïciens	365
Platon	367
Plotin	379
Les modernes : Kant	388
Thomas Reid	418
Hutcheson	426
Burke	428
Pierre Crousaz	429
Le P. André	430
Diderot	435
Schiller	441
Solger	443
Jean Paul	445

	Pages
M. de Lamennais	447
M. de Schelling	459
Hégel	470
Quatrième Partie. — Système et Critique des arts particuliers.	489
L'architecture	509
La peinture	538
La sculpture	559
La musique	588
La poésie	616

ERRATA.

P. 191, lig. 14, *au lieu de :* qu'elles conçoivent, *lisez :* qu'il conçoit.

P. 226, lig. 6, *après :* dans sa perfection même, *ajoutez :* impose à l'art l'obligation de le satisfaire.

P. 237, lig. 25, *au lieu de :* comme le Beau est un concept de la raison, *lisez :* comme le Beau est un concept de l'entendement.

P. 283, lig. 24, *au lieu de :* mais qu'ils ont perdu, *lisez :* mais qu'ils n'ont pas perdu.

P. 375, lig. 18, *au lieu de :* un animal est un bipède, *lisez :* un animal et un bipède.

P. 415, lig. 10, *lisez :* notre supériorité morale, qu'il atteste et qui le fait naître, sur la nature.

www.ingramcontent.com/pod-product-compliance
Lightning Source LLC
Chambersburg PA
CBHW050056230426
43664CB00010B/1339